Dariusz Libionka

Die Ermordung der Juden im Generalgouvernement

Aus dem Polnischen von Steffen Hänschen

(M) | METROPOL

Veröffentlicht in Zusammenarbeit mit dem Staatlichen Museum Majdanek

Polnische Originalausgabe:
Dariusz Libionka, Zagłada Żydów w Generalnym Gubernatorstwie:
zarys problematyki, Państwowe Muzeum na Majdanku 2017

Umschlagabbildung:
Hubert Pfoch fotografierte als Soldat der Deutschen Wehrmacht im August 1942 am Bahnhof in Siedlce einen Deportationstransport von polnischen Jüdinnen und Juden in das Vernichtungslager Treblinka (siehe auch S. 177)
Dokumentationsarchiv des österreichischen Widerstandes (DÖW), Foto 08603-1

Lektorat: Klaus-Peter Friedrich

ISBN: 978-3-86331-547-4

Druck: buchdruckerei.de, Berlin

Inhalt

Einleitung

In der Nacht vom 16. auf den 17. März 1942 setzten deutsche und österreichische Nationalsozialisten eines der größten Menschheitsverbrechen der Geschichte, die „Aktion Reinhardt“, in Gang. Der Begriff bezeichnet die Massenvernichtung der Juden durch deutsche und österreichische Nazis auf dem Gebiet des im Oktober 1939 aus Teilen des besetzten Polen gebildeten Generalgouvernements (GG). Zwischen März 1942 und November 1943 fanden rund 1,7 Millionen Juden und Jüdinnen in den Gaskammern von Belzec, Sobibor und Treblinka den Tod. Sie waren zumeist Bürger der Zweiten Polnischen Republik. Hunderttausende mehr verloren in den Ghettos ihr Leben, im Konzentrationslager Majdanek, in Arbeitslagern und bei den zahllosen Massenhinrichtungen, die die Deportationen und Razzien begleiteten. Unter den Opfern befanden sich jedoch nicht nur Bewohner des Generalgouvernements, sondern auch Juden aus dem zu einem späteren Zeitpunkt annektierten Gebiet um Białystok und Bürger anderer europäischer Staaten. Die „Aktion Reinhardt“ gehört zu den entsetzlichsten Kapiteln der Geschichte des 20. Jahrhunderts. Binnen nur weniger Monate wurde der jahrhundertealten Geschichte der polnischen Juden radikal und unwiderruflich ein Ende gesetzt.

Der vorliegende Band enthält eine zusammenfassende Darstellung des Holocaust im Generalgouvernement. Er richtet sich weniger an Fachleute, sondern allgemein an Leserinnen und Leser, die am Thema Nationalsozialismus und Holocaust interessiert sind. Obwohl polnische, amerikanische, englische und deutsche Autoren umfassende wissenschaftliche Studien über die Verfolgung der Juden im Generalgouvernement veröffentlicht haben, die unterschiedliche Einzelaspekte beleuchten, fehlt bisher eine Gesamtschau.

Die Darstellung orientiert sich an der zeitlichen Abfolge der historischen Ereignisse, wobei es ein besonderer Anspruch ist, die Fakten klar und übersichtlich zu präsentieren. Dies ist durchaus kein nebensächlicher Aspekt. Denn wie eine vom Muzeum II Wojny Światowej w Gdańsku (Museum des Zweiten Weltkriegs in Danzig) in Auftrag gegebene Untersuchung zeigte, wussten nur rund 14 % der polnischen Befragten, dass Treblinka, das größte Vernichtungslager der „Aktion Reinhardt“, ein Ort des Massenmords an Juden gewesen war. In Bezug auf das Vernichtungslager Sobibor waren es rund 2 % der Befragten und bei Belzec nicht einmal 1 %.[1] Bei einer Befragung in Deutschland dürften die Ergebnisse ähnlich ausfallen.

Zu Beginn dieses Bandes werden die Ideologie der Nationalsozialisten, die Ursprünge und Voraussetzungen der Vernichtungspolitik sowie die Lage der Juden im Dritten Reich dargestellt. Der zentrale Teil behandelt dann die Jahre 1942/43, also die Zeit, in der der Großteil der polnischen Juden ermordet wurde. Angesichts des Ausmaßes dieses Verbrechens an Millionen von Menschen erfordert der begrenzte Umfang der Publikation eine Beschränkung auf die wichtigsten Ereignisse. So beschäftige ich mich im Allgemeinen nicht mit der Lage in den dem Dritten Reich eingegliederten westpolnischen Gebieten, mit dem Geschehen im Vernichtungslager Auschwitz-Birkenau und mit dem europäischen Kontext der Judenverfolgung; eine Ausnahme bilden die Fragestellungen, die mit den Mordaktionen im Generalgouvernement unmittelbar im Zusammenhang stehen. Ebenso beschreibe ich weder die Lage der polnischen Juden in den zwei Jahrzehnten zwischen den Weltkriegen, die Phase der sowjetischen Besatzung von September 1939 bis Juni 1941 noch die Zeit unmittelbar nach Kriegsende. Vielmehr konzentriere ich mich in erster Linie auf das Vorgehen der Täter und die Mechanismen des Massenmords. Weniger im Fokus stehen somit die jüdischen Reaktionen, der Widerstand und der Aufstand im Warschauer Ghetto. Intensiver befasse ich mich hingegen mit den Handlungen und Haltungen aufseiten der christlichen Bevölkerung. Dabei bin ich mir bewusst, dass eine grundlegende Erörterung dieser Frage den Rahmen der Studie sprengen würde. Ursprünglich sollte diese Arbeit ausschließlich auf Publikationen und gedruckten Quellen basieren, zur Klärung einer Reihe von Fragen stellte es sich jedoch als unvermeidbar heraus, auch unveröffentlichte Dokumente und Berichte hinzuzuziehen.

Durch die Beschränkung auf das Generalgouvernement ist es unmöglich, das nationalsozialistische Vernichtungswerk in seinem gesamten Ausmaß zu erfassen. Die Mordpolitik der Nationalsozialisten traf ausnahmslos alle jüdischen Gemeinden. Jeder Jude, jede Jüdin, unabhängig von Geschlecht, Alter, Wohnort, Beruf oder gesellschaftlicher Stellung, war Ziel und Opfer der organisierten Verfolgung. Sei es nur für wenige Tage, sei es für viele Monate – die Marktplätze so gut wie aller Groß- und Kleinstädte im Generalgouvernement und nahezu sämtliche größeren Bahnstationen verwandelten sich in den Jahren 1942 und

1 Siehe Lech M. Nijakowski, Pamięć o II wojnie światowej a relacje Polaków z innymi narodami, in: Piotr T. Kwiatkowski/Lech M. Nijakowski/Barbara Szacka/Andrzej Szpociński, Między codziennością a wielką historią. Druga wojna światowa w pamięci zbiorowej społeczeństwa polskiego. Einleitung: Paweł Machcewicz, historischer Kommentar: Marcin Kula, Gdańsk/Warszawa 2010, S. 277.

1943 in einen dunklen Punkt auf der Karte der Vernichtung. Von jüdischen Wohnungen blieben oft nicht einmal Überreste zurück. In Anbetracht der Rolle, die das Lubliner Land in den nationalsozialistischen Vernichtungsplänen spielte, widme ich dieser Region besondere Aufmerksamkeit – ebenso wie Warschau, wo die größte jüdische Gemeinde Europas lebte. Eigentlich war es mein Anliegen, die Lage in dem gesamten Gebiet zu beschreiben, das Generalgouvernement genannt wurde. Doch musste ich die Geschehnisse in einigen Ortschaften in einem kurzen Absatz abhandeln, während ich andere, und dabei vor allem kleinere, überhaupt nicht erwähnen kann.

Wie in vielen Abhandlungen über den Holocaust war dem komplizierten Problem der Zahlenangaben nicht auszuweichen. Ähnlich verhält es sich mit Formulierungen wie „Aussiedlungen“ oder „Transporte“ „von 5000 oder 10 000 Personen“ sowie mit den Begriffen, die das nationalsozialistische Vernichtungswerk begleiteten, wie „Aktion“, „Ghettoauflösung“, „Judenumsiedlung“ usw. Hinter diesen Bezeichnungen verbirgt sich das unermessliche und unverschuldete Leid der Opfer, und sie verstellen den Blick auf die ungeheuerlichen Verbrechen und Gewalttaten der Nationalsozialisten.

← Abbildung

In der Potsdamer Straße (hier Nr. 26) in Berlin-Tiergarten beseitigen jüdische Händler die Spuren des nächtlichen Pogroms, 10. November 1938.
Links im Bild: Martha Jacobowitz, sie wurde am 9. Mai 1942 im Vernichtungslager Kulmhof ermordet.

Stiftung Denkmal für die ermordeten Juden Europas | Public Domain

Die Nationalsozialisten verfolgten mit ihrer „Judenpolitik" im Jahr 1938 noch nicht die physische Vernichtung aller Jüdinnen und Juden. Mit der „Reichskristallnacht" steigerten sie den Terror, um den Druck auf die Auswanderung der Juden zu erhöhen. Zugleich aber hatten sie bei der „Polenaktion" Ende Oktober 1938 bereits Erfahrungen mit den organisatorischen Herausforderungen einer Deportation von größeren Bevölkerungsgruppen gemacht, auf die sie später zurückgreifen konnten.

I. An der Schwelle zur „Endlösung"

Hitler und der Nationalsozialismus

Der „moderne Antisemitismus" entstand in Deutschland in den 1870er-Jahren und breitete sich von dort schnell über ganz Europa aus. Es war ein neuartiger, rassistisch motivierter Hass auf Juden, der sich fundamental vom traditionellen Antijudaismus unterschied, der sich allein religiöser Kategorien bedient hatte.[1] Wer als Jude eingestuft werde, hieß es nun, könne die Zugehörigkeit zu seiner Ethnie nicht einfach ablegen. Es war also unmöglich, der Zuschreibung „Jude" durch den Übertritt zu einer anderen Religion zu entgehen.

Die Entstehung antisemitischer Bewegungen war eine Reaktion auf die sich damals weltweit vollziehenden Modernisierungs-, Demokratisierungs- und Säkularisierungsprozesse, die auch die Gleichberechtigung von Juden vorsahen. Antisemiten prangerten Assimilierungsbestrebungen von Juden an, unterstellten ihnen, aus den Veränderungen Nutzen zu ziehen, und sahen in ihnen schließlich sogar eine tödliche Bedrohung in sämtlichen Lebensbereichen. Mal wurden Juden als Aktivisten der radikalen Linken diffamiert oder auch als Atheisten, während sie gleichzeitig als Verfechter des Kapitalismus galten. Jegliche „jüdischen Einflüsse" wurden als „destruktiv" betrachtet. Antisemiten waren überzeugt, dass eine vollständige Integration der Juden in einer Katastrophe enden würde. Sie forderten eine „Lösung der Judenfrage", die auf die Rücknahme der Emanzipation zielte. Bis zum Ende des 19. Jahrhunderts hatte der Antisemitismus in Deutschland keine herausragende Rolle im politischen Leben gespielt. Antisemitische Parteien waren klein, ihr Einfluss unbedeutend. Anders sah es beispielsweise in Frankreich aus, das in der sogenannten Dreyfus-Affäre, in der der Offizier Alfred Dreyfus grundlos der Spionage für Deutschland beschuldigt wurde und die ihren Höhepunkt in den Jahren 1898/99 erreichte, tief gespalten war.

1 Siehe dazu unter anderem das Standardwerk von Léon Poliakov, Geschichte des Antisemitismus, 8 Bde., deutsche Übersetzung Rudolf Pfisterer, Frankfurt a. M. 1989 (Erstausgabe Worms 1977–1988).

Auch im russischen Zarenreich war Antisemitismus weitverbreitet. Von Beginn des 18. Jahrhunderts an erschütterten immer wieder Wellen antijüdischer Gewalt das Land. Zu ersten Pogromen kam es nach dem Attentat auf Zar Alexander III. im Jahr 1881 durch Angehörige der Organisation Narodnaja Wolja.[2] Einige Pogrome waren organisiert, die Mehrheit brach jedoch spontan aus. 1903 wurde die Stadt Chişinău, die Hauptstadt von Moldawien, zum Ort eines blutigen Pogroms. Über 40 Personen kamen um, mehrere Hundert wurden verwundet. Die Pogrome hatten ein Anschwellen der jüdischen Emigration nach Westeuropa und in die Vereinigten Staaten zur Folge. Die nächsten Pogrome überrollten Russland und das Königreich Polen in den unruhigen Revolutionsjahren 1905 und 1906. In Russland galten antijüdische Gesetze, die vorsahen, dass Juden sich im sogenannten Ansiedlungsrayon niederlassen mussten. Der Rayon umfasste flächenmäßig in etwa das Gebiet, das nach der ersten Teilung Polens im Jahr 1772 an Russland gefallen war. Nach der Einrichtung des Rayons bedurften Juden einer speziellen Genehmigung, wenn sie etwa nach St. Petersburg oder Moskau zurückkehren wollten. Die politische Polizei des Zarenreichs, Ochrana, ließ die berüchtigten „Protokolle der Weisen von Zion“ anfertigen – eine Broschüre, die den Juden andichtete, die Weltherrschaft anzustreben.[3] Sie sollten innerhalb kurzer Zeit einer der zentralen Texte des europäischen Antisemitismus werden.

Eines der wichtigsten antisemitischen Zentren zu dieser Zeit war Wien. In der Stadt lebten rund 200 000 Juden, darunter viele, die aus (Ost-)Galizien stammten. Hier, in der Metropole der Österreichisch-Ungarischen Monarchie, entwickelte sich das Weltbild Adolf Hitlers. Geboren 1889 in Braunau am Inn, zog Hitler 1907 in die österreichische Hauptstadt. In den sieben Jahren, in denen er in Wien lebte, hielt sich Hitler mit Gelegenheitsarbeiten über Wasser. Er bewarb sich an der Allgemeinen Malerschule der Wiener Kunstakademie. Doch es fehlte ihm an Talent, er wurde nicht aufgenommen. Hitler las viel und bewunderte unter anderem Karl Lueger, einen hervorragenden Redner, der die antisemitische Christlichsoziale Partei Österreichs gegründet hatte und zu ihrem Vorsitzenden gewählt worden war. Hitler schrieb später in seinem Grundlagenwerk „Mein Kampf“, in Wien sei er zu „einem fanatischen Antisemiten“ geworden.[4] Den Ersten Weltkrieg erlebte

2 Der russische Begriff Народная воля steht zugleich für „Volkswille“ und „Volksfreiheit“.

3 Siehe Wolfgang Benz, Die Protokolle der Weisen von Zion. Die Legende von der jüdischen Weltverschwörung, 4. Aufl., München 2019. Zur Entstehung und Rezeption der „Protokolle“ siehe auch Janusz Tazbir, Protokoły Mędrców Syjonu. Autentyk czy falsyfikat?, Warszawa 2003.

4 Zur Weltanschauung Hitlers liegen zahlreiche Studien vor, etwa Ian Kershaw, Hitler, 1889–1936, Stuttgart 1998; Raul Hilberg, Täter, Opfer, Zuschauer. Die Vernichtung der Juden

Hitler als Soldat in den Reihen der deutschen Armee an der Westfront, wo er verwundet wurde.

Nach Kriegsende zog Hitler nach München, wo er sich den dort aktiven nationalen Kreisen anschloss. Im September 1919 trat er der einige Monate zuvor gegründeten Deutschen Arbeiterpartei (DAP) bei, deren Vorsitz er schon nach kurzer Zeit, unter anderem aufgrund seiner rhetorischen Fähigkeiten, übernehmen konnte. In dieser Zeit äußerte er sich erstmals auch zu Juden und machte seine Einstellung deutlich. Er erklärte sich zum Anhänger eines „verstandesmäßigen" Antisemitismus, der die „Privilegien" der Juden mithilfe von Gesetzen statt mit Pogromen bekämpfen wolle. Das letzte Ziel sollte die unumkehrbare „Entfernung" der Juden sein. Was er darunter verstand, präzisierte er nicht. Hitler stützte sich auf Elemente der damals weitverbreiteten Rassentheorien: „Und damit ergibt sich die Tatsache", so führte er aus, „daß zwischen uns eine nichtdeutsche fremde Rasse lebt, nicht gewillt und auch nicht im Stande, ihre Rasseneigenarten zu opfern, ihr eigenes Fühlen, Denken und Streben zu verleugnen, und die dennoch politisch alle Rechte besitzt wie wir selber. [...] Aus diesem Fühlen ergibt sich jenes Denken und Streben nach Geld, und Macht, die dieses schützt, das den Juden skrupellos werden läßt in der Wahl der Mittel, erbarmungslos in ihrer Verwendung zu diesem Zweck. Er winselt im autokratisch regierten Staat um die Gunst der ‚Majestät' des Fürsten, und mißbraucht sie als Blutegel an seinen Völkern."[5] Schon nach kurzer Zeit waren die Juden zur Obsession Hitlers und der Antisemitismus zu einem der wichtigsten Elemente seiner Weltsicht geworden.

Am 24. Februar 1920 wurde das Programm seiner Partei, die sich nun Nationalsozialistische Deutsche Arbeiterpartei (NSDAP) nannte, bekannt gegeben.[6] Das 25-Punkte-Programm enthielt einige Bemerkungen zu Juden. Zentral war Punkt 4: „Staatsbürger kann nur sein, wer Volksgenosse ist. Volksgenosse kann nur sein, wer deutschen Blutes ist, ohne Rücksichtnahme auf Konfession. Kein Jude kann daher Volksgenosse sein." In Punkt 5 wurde erklärt: „Wer nicht Staatsbürger ist, soll nur als Gast in Deutschland leben können und muß unter Fremden-Gesetzgebung stehen." In Punkt 6 hieß es weiter: „Das Recht, über Führung und Gesetze des Staates zu bestimmen, darf nur dem Staatsbürger

1933–1945, Frankfurt a. M. 1992, S. 15–33. Zu Hitlers „Mein Kampf" siehe Christian Hartmann u. a. (Hrsg.), Hitler. Mein Kampf. Eine kritische Edition, 2 Bde. Hrsg. im Auftrag des Instituts für Zeitgeschichte, München/Berlin 2016.

5 Diese Aussagen sind in Form von Briefen überliefert. Zit. nach Joachim Fest, Hitler. Eine Biographie, Frankfurt a. M. 1973, S. 167.

6 25-Punkte-Programm der Nationalsozialistischen Deutschen Arbeiterpartei vom 24. Februar 1920, www.documentarchiv.de/wr/1920/nsdap-programm.html [20. 1. 2021].

zustehen. Daher fordern wir, daß jedes öffentliche Amt, gleichgültig welcher Art, gleich ob im Reich, Land oder Gemeinde nur durch Staatsbürger bekleidet werden darf.“ Demzufolge sollten Juden keine öffentlichen Ämter mehr übernehmen können, sei es auf Reichsebene, im Land oder in der Gemeinde. Punkt 7 enthielt die Forderung, „daß sich der Staat verpflichtet, in erster Linie für die Erwerbs- und Lebensmöglichkeit der Bürger zu sorgen. Wenn es nicht möglich ist, die Gesamtbevölkerung des Staates zu ernähren, so sind die Angehörigen fremden Nationen (Nicht-Staatsbürger) aus dem Reiche auszuweisen.“ Generell forderte das Programm: „Jede weitere Einwanderung Nicht-Deutscher ist zu verhindern. Wir fordern, daß alle Nicht-Deutschen, die seit 2. August 1914 in Deutschland eingewandert sind, sofort zum Verlassen des Reiches gezwungen werden.“ (Punkt 8). Festgehalten wurde auch, dass „Schriftleiter und Mitarbeiter von Zeitungen, die in deutscher Sprache erscheinen, Volksgenossen sein müssen“ (Punkt 23).

Antisemitische Propaganda wurde zu einem zentralen, wenn auch nicht einzigen Mittel der Mobilisierung und Wirkmächtigkeit der NSDAP. In den meisten öffentlichen Auftritten machte Hitler die Juden für die Niederlage Deutschlands im Ersten Weltkrieg verantwortlich und diffamierte sie als den größten Feind des Landes. Die antisemitische Hetze attackierte zuallererst die Juden aus Osteuropa („Ostjuden“), die nach dem Weltkrieg nach Deutschland gekommen waren. Anfang der 1920er-Jahre spielte in der antijüdischen Propaganda das Stereotyp des „jüdischen Bolschewismus“ eine große Rolle, dem zufolge sich in revolutionären – darunter auch den bolschewistischen – Bewegungen vor allem Juden engagierten. „Die „Mission des deutschen Volkes“ sei der Kampf gegen den Bolschewismus und damit „gegen den Todfeind: den Juden!“, fasste Ian Kershaw die damaligen Ansichten Hitlers zusammen.[7] Die Presseorgane der NSDAP verbreiteten derartige antijüdische Agitation: in der Tageszeitung „Völkischer Beobachter“, darüber hinaus in der von Julius Streicher (1885–1946) herausgegebenen Wochenzeitung „Der Stürmer“. Die seit 1923 erscheinende Zeitung zeichnete sich durch einen pathologischen Antisemitismus aus und berief sich dabei auch auf mittelalterliche Vorurteile, und sie war durchsetzt mit Aufrufen zu antijüdischer Gewalt. Das Erkennungszeichen der Wochenzeitung waren ihre antijüdischen Karikaturen.

Seine antisemitischen Auffassungen fasste Hitler in einem Werk zusammen, dessen ersten Teil er als Autobiografie im Zuchthaus von Landsberg, einer Kleinstadt westlich von München, niederschrieb; der zweite Teil, der vor allem das politische Programm der Nationalsozialisten enthält, entstand nach seiner

7 Kershaw, Hitler, 1889–1936, S. 304.

Haftentlassung. Nach dem gescheiterten Putsch vom 8. und 9. November 1923, auch Hitler-Ludendorff-Putsch genannt, war Hitler in Landsberg in „Festungshaft" genommen worden. Er stellte in seinem Werk den Konflikt mit den Juden als einen Kampf dar, der seit ewigen Zeiten andauere, und versuchte zu beweisen, dass man bei „der Verteidigung vor dem Juden übereinstimmend mit dem Plan des allmächtigen Erschaffers" handele. Bereits hier sprach er von „Umsiedlung" und von der „Ausrottung" der Juden, die er als „Schädlinge" und „Sünde" bezeichnete. Der Vergleich mit Parasiten war nichts Ungewöhnliches in der antijüdischen Literatur. Was Hitler jedoch von anderen unterschied, war sein extremer Radikalismus. Zu seiner Obsession wurden die „Reinheit der Rasse" und die Herrschaft der „arischen Rasse". Um die Juden loszuwerden, gäbe es nur eine Möglichkeit: Gewalt („mithilfe des Schwertes"). Von dem Gedanken besessen, dass die Juden schuld seien an der Niederlage im Ersten Weltkrieg, gelangte er zu einer radikalen Schlussfolgerung: „Hätte man zu Kriegsbeginn und während des Krieges zwölf- oder fünfzehntausend dieser hebräischen Volksverderber so unter Giftgas gehalten, wie Hunderttausende unserer allerbesten deutschen Arbeiter aus allen Schichten und Berufen es im Felde erdulden mußten, dann wäre das Millionenopfer der Front nicht vergeblich gewesen." Er bezog sich dabei auf den Einsatz von Chemiewaffen an der Ostfront. Die Deutschen hatten damit am 22. April 1915 bei Ypern begonnen, gefolgt von den Armeen der Entente. Opfer eines dieser Angriffe wurde auch Hitler, der als Folge des Kontakts mit Senfgas im Herbst 1918 eine Zeit lang erblindet war. Den zitierten Ausschnitt aus „Mein Kampf" führen Historiker als Beweis dafür an, dass Hitler den Massenmord von Anfang an im Sinn hatte. Neben der deutschen Hegemonie in Europa und der Erweiterung des deutschen „Lebensraums" war eines seiner Ziele, die er um das Jahr 1925 schriftlich festhielt, die „Beseitigung der Juden".[8]

Nachdem Hitler aus dem Gefängnis entlassen worden war, gewann die NSDAP mehr und mehr an Zustimmung. Im Jahr 1929 hatte die Partei bereits über 100 000 Mitglieder. Auch die uniformierten Kämpfer der Partei mit dem Namen Sturmabteilung (SA) erlangten große Bedeutung. Ihre Aufgabe bestand darin, Parteiversammlungen und Aufmärsche zu schützen sowie die politischen Gegner zu bekämpfen. Für den Erfolg bei den Wahlen entscheidend war letztendlich die auch in Deutschland herrschende Wirtschaftskrise. 1930 errang die Partei Hitlers bei den Reichstagswahlen über 18 % der Stimmen (gegenüber noch nicht einmal 3 % 1928) und war damit zweitstärkste Kraft. Bei den folgenden Wahlen 1932 wurde sie größte Partei im Reichstag, stellte jedoch noch nicht den

8 Ian Kershaw, Hitler, the Germans and the Final Solution, New Haven/London 2008, S. 90 f.

Reichskanzler. Nur wenige Monate später, nach dem Scheitern des Kabinetts unter Kanzler Kurt von Schleicher, ernannte Reichspräsident Paul von Hindenburg am 30. Januar 1933 den Parteiführer der NSDAP zum Reichskanzler. Damit war Hitler am Ziel – und Antisemitismus Staatsdoktrin.

Die Juden im Dritten Reich

Die in der Weimarer Republik gezählten knapp 600 000 jüdischen Deutschen machten noch nicht einmal ein Prozent der Gesamtbevölkerung aus. Die meisten von ihnen wohnten in Städten und waren zum großen Teil assimiliert. Sie engagierten sich in zahlreichen, völlig unterschiedlich agierenden religiösen und kulturellen Institutionen. Tausende Juden hatten während des Ersten Weltkriegs in den deutschen Armeen gedient. In nur wenigen Jahren zerstörte die Politik des NS-Staates die Existenzgrundlage der jüdischen Gemeinschaft. Antijüdische Restriktionen wurden konsequent durchgesetzt. Am 1. April 1933 rief die NSDAP zum allgemeinen Boykott jüdischer Geschäfte, Banken, Arztpraxen und Rechtsanwaltskanzleien auf. Victor Klemperer, ein Literaturprofessor aus Dresden, notierte in seinem Tagebuch: „[...] geschlossene Läden, SA-Leute davor mit dreieckigen Schildern: ‚Wer beim Juden kauft, fördert den Auslandboykott und zerstört die deutsche Wirtschaft.‘ – Die Menschen strömten durch die Prager Straße und sahen sich das an. [...] Banken [waren] ausgenommen. Anwälte, Ärzte einbegriffen. Nach einem Tage abgeblasen – der Erfolg sei da und Deutschland ‚großmütig‘.“[9] SA-Männer zerschlugen Fensterscheiben jüdischer Geschäfte, misshandelten und demütigten ihre Inhaber. Der Boykott wurde unter anderem deswegen aufgehoben, weil das Ausland mit Entsetzen reagiert und die Maßnahmen scharf verurteilt hatte.

Viele Zeitgenossen verstanden damals noch nicht, dass die Ziele der Nationalsozialisten, die immer neue antijüdische Gesetze und Verordnungen einführten, noch viel weiter gingen. Klemperers Tagebuch enthält eine Auflistung der diskriminierenden Bestimmungen, eine Beschreibung des alltäglichen Lebens deutscher Juden und auch eine Analyse der Sprache des Dritten Reichs.[10] Seine Position als protestantischer „Halbjude“, als Kriegsveteran und Ehemann einer „Arierin“ verschaffte Klemperer Privilegien, und die antijüdischen Restriktionen

9 Victor Klemperer, Ich will Zeugnis ablegen bis zum letzten. Tagebücher 1933–1945. Bd. 1, Berlin 1995, S. 18.

10 1947 veröffentlichte Klemperer eine tiefer gehende Auseinandersetzung mit der Sprache des Dritten Reichs: Victor Klemperer, LTI. Notizbuch eines Philologen, Berlin 1947.

erreichten ihn erst mit einer gewissen Verzögerung. Dies bewahrte ihn schließlich vor der Deportation „in den Osten", die für viele deutsche Juden den Tod bedeutete.

Die Grundlagen der antijüdischen Maßnahmen schuf das Reichsministerium des Innern, das zunächst eine Unterscheidung zwischen „Ariern" und „Nicht-Ariern" einführte. Als „Nicht-Arier" galten diejenigen, die zumindest einen jüdischen Großelternteil hatten. Dieser Festlegung folgend, begann aufgrund des „Gesetzes zur Wiederherstellung des Berufsbeamtentums" die „Säuberung" des Staats- und Bildungsapparats. Eine Ausnahmeregelung gab es nach einer Intervention des Reichspräsidenten Paul von Hindenburg lediglich für jüdische Frontkämpfer. Nach Hindenburgs Tod im August 1934 veränderten die Nationalsozialisten das Regierungssystem noch einmal. Hitler bekam Sondervollmachten zugesprochen und regierte mithilfe von Dekreten. Nichtnationalsozialistische politische Parteien und Gewerkschaften waren schon 1933 aufgelöst und zahlreiche ihrer Mitglieder verhaftet worden. Sie wurden in Gefängnisse oder in frühe Konzentrationslager eingeliefert. Das KZ Dachau bei München war bereits 1933 eingerichtet worden, um politische Gegner auszuschalten.

Am 29./30. Juni 1934 kam es zu einem bedeutenden Einschnitt in der nationalsozialistischen Bewegung. Auf Hitlers Befehl wurden in der sogenannten Nacht der langen Messer die Führer der SA ermordet, die der Diktator als Rivalen bei der Durchsetzung des nationalsozialistischen Staatswesens ansah. Die SA verlor ihre mächtige Position. Gleichzeitig wuchs die Bedeutung der 1925 gegründeten SS (Schutzstaffel), einer paramilitärischen Organisation der NSDAP, und deren Anführer Heinrich Himmler (1900–1945). Himmler trug den Titel „Reichsführer SS" und wurde später auch zum Chef der deutschen Polizei ernannt. Er war der Mann hinter Hitler, der die antijüdische Politik rücksichtslos umsetzte.[11] Auch der Einfluss von Reinhard Heydrich (1904–1942) nahm zu. Heydrich, der Himmler direkt unterstand, leitete den Sicherheitsdienst (SD), die Sicherheitspolizei (Sipo) und die Geheime Staatspolizei (Gestapo).

Der Status der jüdischen Bevölkerung wurde in den von Hitler in Auftrag gegebenen „Nürnberger Gesetzen" – dem „Reichsbürgergesetz" und dem „Gesetz zum Schutze des deutschen Blutes und der deutschen Ehre" – und ihren Ausführungsbestimmungen bis ins Kleinste geregelt. Am 15. September 1935 wurden sie auf dem Parteitag der NSDAP in Nürnberg der Öffentlichkeit

11 Siehe zu seinem Lebenslauf Peter Longerich, Heinrich Himmler: Biographie, München 2008.

verkündet und zur gleichen Zeit vom Reichstag verabschiedet. Der Ausdruck „Nicht-Arier“ wurde nun durch den Terminus „Juden“ ersetzt. Als solche galten Personen, die über mindesten drei jüdische Großeltern verfügten. Juden sollten aus der Gesellschaft ganz und gar ausgeschlossen werden. Ein anderer Status war „Mischlingen“ vorbehalten, denen man eine vorläufige Staatsbürgerschaft weiter zugestand. Verboten wurde die Trauung von „Mischehen“ zwischen Jüdinnen und Juden und „Ariern“ und auch das Zusammenleben von Jüdinnen und Juden mit „Reichsbürgern deutschen oder verwandten Bluts“ sowie die Beschäftigung von „deutschblütigen“ Hausangestellten unter 45 Lebensjahren bei Juden. Ihnen wurde zudem verboten, an Nationalfeiertagen die Reichs- und Nationalflagge zu hissen.

Einige Wochen nach der Einführung der Nürnberger Gesetze erließ das Regime weitere Anweisungen für „Mischlinge“. Dabei wurde, abhängig von der Anzahl der jüdischen Großeltern, zwischen „Mischlingen“ ersten und zweiten Grades unterschieden. Unterdessen war jeder Deutsche verpflichtet, seinen Stammbaum nachzuweisen, wenn er sich um eine Anstellung bei einer staatlichen Behörde bewarb. Die gesetzliche Herabstufung der jüdischen Bevölkerung ermöglichte und intensivierte ihre Isolation und bereitete die Einführung weiterer Restriktionen und Verbote vor. Unter dem Vorwand der Zurückdrängung des „jüdischen Einflusses“ verbannten die NS-Behörden nun Juden nun vollends aus Schulen und Universitäten, Redaktionen und Verlagen, aus der Filmindustrie und dem Theaterleben.

Weitere Maßnahmen betrafen die „Arisierung der Wirtschaft“: Das Eigentum von Juden sollte in die Hände von „Ariern“ übergehen. Zunächst konnten Juden ihre Habe noch verkaufen, allerdings weit unter dem eigentlichen Wert. Schließlich wurde entschieden, dass Juden ihren Besitz zwangsweise übergeben mussten. Jüdische Betriebe wurden vom Staat oder von „Ariern“ übernommen, andere Firmen – und dazu gehörten vor allem die kleineren – aufgelöst. Juden sahen sich nun zu Tausenden mit der Vernichtung ihrer wirtschaftlichen Existenz konfrontiert. Sie waren dadurch gezwungen, ihre bisherige Lebensweise aufzugeben. Viele entschieden sich für die Emigration.

Der polnische Konsul, Feliks Chiczewski, berichtete im Oktober 1938 aus Leipzig, auf welche Weise der Übergang jüdischen Besitzes in die Hände von Nichtjuden in der Praxis vor sich gehen konnte: „Immer mehr jüdische Handelsbetriebe gehen in deutsche Hände über. […] Wer ein Auge auf ein jüdisches Unternehmen geworfen hat, macht Parteiorganisationen, wie z. B. die Arbeitsfront, darauf aufmerksam, die dann anfängt, den jüdischen Besitzer zu verfolgen und zu schikanieren und das Publikum von diesen Läden abzuschrecken. Es endet mit dem Vorschlag, an eine deutsche Firma zu verkaufen, die unter solchen

Umständen für wenig Geld Besitzer eines in der Regel blühenden Handels- oder Industrieunternehmens wird. Auch Immobilien gehen auf diese Art in deutsche Hände über."[12]

Mit dem Anschluss Österreichs an das Dritte Reich begann im März 1938 eine neue Phase der nationalsozialistischen Politik gegen die Juden. Österreichs jüdische Bevölkerung umfasste etwa 200 000 Personen, die zumeist in Wien lebten. Unmittelbar nach dem Anschluss wurden sie körperlichen wie psychischen Repressalien ausgesetzt und insbesondere die Wiener Jüdinnen und Juden von einer Welle der Gewalt überrollt. Nazis aus der Nachbarschaft griffen sie an, zwangen sie zu erniedrigenden Arbeiten etwa bei der Säuberung von Straßen, um sie zu demütigen und zu verhöhnen. Entsprechend den Nürnberger Gesetzen wurden die Staatsinstitutionen und die Verwaltung „gesäubert". Nachdem jüdische Einrichtungen aufgelöst worden waren, sorgten die neuen Machthaber für die Verhaftung und Verschleppung der Angestellten in das Konzentrationslager Dachau. Jüdisches Eigentum unterlag in großem Stil dem Raub. Viele Juden begingen angesichts der Gewaltakte aus Verzweiflung Selbstmord. Dann setzte eine länger andauernde Politik der kleinen Schritte ein, mit der es den Nationalsozialisten gelang, die jüdische Bevölkerung weitaus wirkungsvoller zu vermindern als durch antijüdische Ausschreitungen. Gleichzeitig hatte dieses Vorgehen eine beruhigende Wirkung auf die allgemeine gesellschaftliche Stimmung. Heydrich war in Wien durch SS-Obersturmführer Adolf Eichmann (1906–1962) vertreten. Dessen Aufgabe bestand darin, die jüdische Auswanderung voranzutreiben und die beteiligten Behörden zu koordinieren. Sein dafür eingerichtetes Instrument war die Zentralstelle für jüdische Auswanderung, die später zum Vorbild für die Durchführung der Deportationen wurde. Eichmann setzte sich dafür ein, die Emigration zu „erleichtern" und vor allem auch zu finanzieren, indem er Vertreter der jüdischen Gemeinschaft zur „Zusammenarbeit" verpflichtete.[13] Infolge des immer größer werdenden Drucks verließen bis zum September 1939 126 445 Juden Österreich. Aus Angst vor der jüdischen Flüchtlingswelle aus Deutschland und Österreich, von wo aus sich Tausende auf den Weg machten, verschärften viele Länder ihre Einwanderungsbestimmungen.

Auch Polen gehörte zu diesen Ländern. Die Behörden verweigerten deutschen Staatsbürgern, zu denen inzwischen auch Österreicher gehörten, nicht nur

12 Bericht vom 18. 10. 1938, zit. nach Jerzy Tomaszewski, Auftakt zur Vernichtung. Die Vertreibung polnischer Juden aus Deutschland im Jahre 1938, Osnabrück 2002, S. 101.

13 Zu Eichmann siehe u. a.: David Cesarani, Adolf Eichmann. Bürokrat und Massenmörder, Berlin 2004, zu seiner Zeit in Wien siehe das Kapitel: Der Auswanderungsexperte 1938–1941, S. 89–131.

die Ausgabe von Visa. Sie beriefen sich auch auf ein vom polnischen Parlament in aller Eile verabschiedetes Gesetz, nach dem „Personen von nicht-polnischer Nationalität“ ihre polnische Staatsbürgerschaft verlören, wenn sie dem polnischen Staat geschadet hatten oder länger als fünf Jahre außerhalb des Landes gewesen waren. Dieses Gesetz, das zum 1. April 1938 in Kraft trat, betraf vor allem Juden, die als schädliche und „zersetzende Elemente“ galten. Die Urheber des Gesetzes im polnischen Außenministerium verschwiegen ihren abwertenden Standpunkt zwar nicht, traten damit aber auch nicht in öffentlichen Bekanntmachungen hervor. Am 6. Oktober 1939 gab das Innenministerium eine Anordnung bekannt, nach der sich polnische Staatsbürger, die sich außerhalb des Landes aufhielten, bis Ende des Monats die Gültigkeit ihres Passes mit einem Stempel bestätigen lassen mussten. Für die Behörden des Dritten Reichs war die Haltung Polens ein willkommener Vorwand, um konkrete Schritte gegen die polnischen Juden einzuleiten und sie des Landes zu verweisen. Ende Oktober 1938 schoben sie in der sogenannten Polenaktion rund 17 000 Juden mit polnischer Staatsbürgerschaft aus dem Deutschen Reich ab.[14]

Die „Polenaktion“ wurde von der – von Heydrich geleiteten – Sicherheitspolizei (Sipo) in außergewöhnlich brutaler Weise ausgeführt. Man holte die zur Abschiebung bestimmten Personen aus ihren Wohnungen, brachte sie zu Sammelpunkten und setzte sie in Züge. Die meisten Betroffenen wurden auf diese Weise von ihrem gesamten Besitz getrennt, sie verfügten danach kaum mehr über die notwendigen Mittel, die ein wirtschaftliches Überleben hätten sicherstellen können. Die polnischen Behörden weigerten sich aus unterschiedlichen Gründen, die aus Deutschland Vertriebenen polnisches Staatsgebiet betreten zu lassen. Die Folge war, dass die Abgeschobenen gezwungen waren, sich unter primitiven Umständen in unmittelbarer Grenznähe zwischen dem Deutschen Reich und Polen aufzuhalten. In Zbąszyń entstand das größte Lager für die Vertriebenen. Viele Wochen lang harrten hier Tausende aus. Der Warschauer Historiker Emanuel Ringelblum (1900–1944) initiierte ein Hilfskomitee für die Vertriebenen und fuhr nach Zbąszyń. Er berichtete: „Noch nie zuvor war es zu einer solch brutalen und rücksichtslosen Deportation einer jüdischen Gemeinde gekommen, wie es uns die Deutschen vorführten. Ich sah eine Frau, die aus ihrem Haus in Deutschland geholt worden war und nichts anhatte als ihren Pyjama (diese Frau ist jetzt teilweise dement). Ich sah eine über fünfzigjährige querschnittgelähmte

14 Tomaszewski, Auftakt zur Vernichtung, S. 73–145. Tomaszewskis erstmals 1998 unter dem Titel „Preludium zagłady“ erschienene Studie ist die ausführlichste und genaueste Bearbeitung dieses Themas in polnischer Sprache, seit 2002 liegt sie in deutscher Übersetzung vor; auf Deutsch siehe auch Alina Bothe/Gertrud Pickhan (Hrsg.), Ausgewiesen! Berlin, 28. 10. 1938. Die Geschichte der „Polenaktion“, Berlin 2018.

Frau, die aus ihrem Haus geholt und deportiert worden war. Den gesamten Weg zur Grenze wurde sie von jungen jüdischen Männern auf einer Couch getragen. Ich sah einen Mann im Koma, der auf einer Bahre über die Grenze getragen wurde – diese Grausamkeit findet in der Geschichte nicht ihresgleichen."[15] Dank der Hilfsbereitschaft polnischer Juden konnten 3 500 000 Złoty gesammelt werden, ein Betrag, der das Überleben vieler Juden sicherte. Als die polnische Regierung die Bestimmungen lockerte, ließen sich die Vertriebenen in verschiedenen Teilen des Landes nieder.

Die Lage der Juden im Reich hatte sich nach dem Anschlag von Herschel Grynszpan auf den deutschen Botschaftssekretär in Paris, Ernst vom Rath, am 7. November 1938 radikal verschlechtert. Der junge Mann, dessen Familie in der „Polenaktion" zwangsweise aus ihrer Heimatstadt Hannover ausgewiesen worden war, wollte mit seinem Attentat auf das Schicksal der Juden in Zbąszyń aufmerksam machen. Den Propagandisten der NSDAP mit Joseph Goebbels (1887–1945) an der Spitze kam der Vorfall gelegen, um ihre Hetze gegen die Juden zu verstärken. Genau in diesen Tagen fanden die Festlichkeiten zum Gedenken an den Münchner Putsch vom November 1923 statt. Die Schläger der Partei standen in Bereitschaft.

In der Nacht vom 9. auf den 10. November brannten im Deutschen Reich landauf landab die Synagogen. Jüdische Menschen wurden angegriffen, geschlagen, manche auch ermordet, und ihre Geschäfte und Wohnungen verwüstet. Was der Propagandaapparat als spontane Reaktionen der Bevölkerung hinstellte, war jedoch geplant und fand unter Anleitung der Partei statt. Die Polizei erhielt Anweisung, nur dann einzugreifen, wenn das Zerstörungswerk in Plünderungen und Diebstahl überging. Ein begeisterter Goebbels notierte in seinem Tagebuch: „Der Stoßtrupp verrichtet fürchterliche Arbeit. Aus dem ganzen Reich laufen nun die Meldungen ein: 50, dann 7[5] Synagogen brennen. Der Führer hat angeordnet, daß 2[5]–30 000 Juden sofort zu verhaften sind. Das wird ziehen. Sie sollen sehen, daß nun das Maß unserer Geduld erschöpft ist. [...] In Berlin brennen 5, dann 15 Synagogen. Jetzt rast der Volkszorn. [...] Als ich ins Hotel fahre, klirren die Fensterscheiben. Bravo! Bravo! In allen großen Städten brennen die Synagogen. Deutsches Eigentum ist nicht gefährdet."[16]

Die Vorfälle gerieten vielerorts außer Kontrolle. Es wurde misshandelt, gemordet und in großem Maßstab geraubt. Innerhalb von zwei Tagen starben

15 Notiz von Emanuel Ringelblum, 6. 12. 1938, in: Alina Skibińska/Robert Szuchta u. a. (Bearb.), Wybór źródeł do nauczania o zagładzie Żydów na okupowanych ziemiach polskich, Warszawa 2010, S. 63.

16 Die Tagebücher von Joseph Goebbels, Teil 1, Bd. 6: August 1938–Juni 1939. Hrsg. v. Elke Fröhlich, München 1998, S. 181, Eintrag vom 10. 11. 1938.

400 Juden. 1400 Synagogen, Betstuben und andere jüdische Einrichtungen sowie Tausende Geschäfte wurden zerstört und viele jüdische Friedhöfe entweiht. Die Nationalsozialisten verhafteten rund 30 000 jüdische Männer und sperrten sie in die Konzentrationslager Dachau, Buchenwald und Sachsenhausen. Für die furchtbaren Geschehnisse kam die Bezeichnung „Reichskristallnacht“ in Umlauf. Es war das letzte Mal, dass es im Dritten Reich zu einem kollektiven, Tausende mobilisierenden Ausbruch von öffentlich inszenierter Gewalt kam.

Am 12. November 1938 lud Hermann Göring in seiner Funktion als Bevollmächtigter des Vierjahresplans, dessen Ziel der Ausbau eines autarken deutschen Wirtschafts- und Militärraumes war, zu einer außerordentlichen Konferenz. Es kamen der Finanz-, Wirtschafts- und Propagandaminister, die Staatssekretäre und hochrangige Beamte unter anderem des Reichsministeriums des Innern, der Polizei und Vertreter von Versicherungen zusammen. Behandelt wurden wichtige Fragen zum Umgang mit der „jüdischen Frage“. Die Teilnehmer diskutierten, wie die kurz- und langfristige „Entjudung“ des Reichs vollzogen werden könnte. Göring war der Ansicht, die Ausschreitungen vom 9. und 10. November hätten nicht den Juden geschadet, sondern vor allem schwerwiegende Folgen für die deutsche Wirtschaft gehabt. Es seien während der „Kristallnacht“ Schäden von bis zu 25 Millionen Reichsmark entstanden, die nun die Versicherungsgesellschaften zu tragen hätten. Um deren Ausgaben einzugrenzen, wurde beschlossen, dass die Haftung für Zahlungen, die Juden zustanden, vom Staat übernommen werden. Im Gegenzug mussten Juden dem Staat eine „Kontributionszahlung“ in Höhe von einer Milliarde Reichsmark leisten. Die „Arisierung“ des verbliebenen jüdischen Eigentums sollte in einem kurzen Zeitraum abgewickelt werden. Die wertvollsten Unternehmen sollten übernommen werden. Der Großteil der Firmen wurde jedoch liquidiert, was den bisherigen Inhabern ihren Lebensunterhalt raubte. Über allem stand das Ziel, der deutschen Wirtschaft Vorteile zu verschaffen. Das größte Problem für die Nationalsozialisten war nun, wie man die verarmten früheren jüdischen Geschäftsleute und ihre Familien loswerden konnte.[17]

Kurze Zeit später wurde es Juden vollständig verboten, sich in bestimmten Wirtschaftszweigen zu betätigen. Die Ärzte unter ihnen durften schon lange keine „Arier“ mehr behandeln und Anwälte sie nicht vertreten. Nun blieben jüdischen Kindern öffentliche Schulen verschlossen. Die Aktivitäten jüdischer Organisationen wurden drastisch eingeschränkt. Ghettos wurden nicht

17 Siehe Götz Aly/Susanne Heim, Vordenker der Vernichtung. Auschwitz und die deutschen Pläne für eine neue europäische Ordnung, Frankfurt a. M. 2013, S. 20–30.

eingerichtet, obwohl eine solche Idee auf der Konferenz am 12. November 1938 aufgekommen war. Heydrich sprach sich dagegen aus und begründete dies mit Sicherheitsbedenken: „Das Ghetto in der Form vollkommen abgesonderter Stadtteile, wo nur Juden sind, halte ich polizeilich nicht für durchführbar. Das Ghetto, wo der Jude sich mit dem gesamten Judenvolk versammelt, ist in polizeilicher Hinsicht unüberwachbar. Es bleibt der ewige Schlupfwinkel für Verbrechen und vor allen Dingen von Seuchen und ähnlichen Dingen. Heute ist es so, daß die deutsche Bevölkerung – wir wollen die Juden auch nicht in demselben Haus lassen – in den Straßenzügen oder in den Häusern den Juden zwingen, sich zusammenzunehmen. Die Kontrolle der Juden durch das wachsame Auge der gesamten Bevölkerung ist besser, als wenn Sie die Juden zu Tausenden und aber Tausenden in einem Stadtteil haben, wo ich durch uniformierte Beamte eine Überwachung des täglichen Lebensablaufes nicht herbeiführen kann."[18]

Der Prozess der Isolierung wurde aber drastisch vorangetrieben, als die Juden den Befehl erhielten, in sogenannte Judenhäuser umzuziehen. Ihre Ausweise mussten einen Vermerk über ihre „Rasse" enthalten. In Übereinstimmung mit einer Verordnung des Innenministeriums vom 17. August 1938 sollten Juden verpflichtet werden, aus Gründen der einfacheren Identifikation einen zweiten Vornamen anzunehmen: Männer „Israel", Frauen „Sarah". Aufgrund eines Widerspruchs Hitlers unterblieb die Kennzeichnung jedoch vorerst.[19]

Am Vorabend des Krieges

Das deutsche Außenministerium suchte faktisch von Beginn nach einer „internationalen Lösung des Judenproblems". Im Januar und Februar 1939 versicherten deutsche Regierungsbeamte ausländischen Diplomaten, dass die einzige „Lösung der Judenfrage" die Vertreibung der Juden aus Europa sei. Das Dritte Reich habe sich „zur Aufgabe gestellt, den Weg, die Mittel und den Ort für die jüdische Emigration zu finden". Der Parteiideologe Alfred Rosenberg brachte Guyana und dann die Insel Madagaskar ins Spiel. Aufgrund der gesetzlichen Repressionen wanderten immer mehr Juden aus dem Deutschen Reich aus. Im Frühjahr 1939 gab es noch rund 330 000 jüdische Bürger, die vor allem in den

18 Protokoll der Konferenz vom 12. 11. 1938 (PS-1816), zit. nach: Raul Hilberg, Die Vernichtung der europäischen Juden, Bd. 1, Frankfurt a. M. 1993, S. 176.

19 Hilberg schließt nicht aus, dass bei Hitlers Entscheidung „ästhetische" Gesichtspunkte eine Rolle spielten, ebenda, S. 186.

großen Städten wohnten. Das größte Zentrum war Wien, wo 91 000 Juden lebten, in Berlin waren es rund 9000 weniger. Sie wurden von der übrigen Bevölkerung immer mehr isoliert, ihres Vermögens beraubt und einer immer genaueren Überwachung unterworfen. Jüdische Organisationen mussten aufgelöst werden. An ihre Stelle trat im Februar 1939 die Reichsvereinigung der Juden in Deutschland mit Leo Baeck als Vorsitzendem. Die Reichsvereinigung war unter anderem verantwortlich für die schulische Bildung und die Wohlfahrt, ihre Hauptaufgabe bestand jedoch darin, Anweisungen der Behörden in die Praxis umzusetzen. Die Sicherheitspolizei kontrollierte die Reichsvereinigung. Obwohl sich die deutsche Gesellschaft von der antisemitischen Indoktrination nicht völlig vereinnahmen ließ, war ihre Haltung angesichts der Judenverfolgung vor allem von Gleichgültigkeit geprägt.

Am 15. März 1939 erreichte die aggressive Politik des Dritten Reichs gegen die benachbarten Länder eine neue Stufe: Die Wehrmacht marschierte in Prag ein und beendete damit die Existenz der Tschechoslowakei. Am folgenden Tag entschied Hitler, das Protektorat Böhmen und Mähren einzurichten. Hier lebten 118 000 Juden, 50 000 allein in der Stadt Prag. Unter ihnen befanden sich auch Flüchtlinge aus Österreich – und aus dem Sudetenland, also jenen Teilen der Tschechoslowakei, die nach der Münchner Konferenz 1938 in das Deutsche Reich eingegliedert worden waren. Nach dem Einmarsch misshandelten die deutschen Besatzer an vielen Orten Juden und setzten Synagogen in Brand. Antijüdische Gesetze folgten unmittelbar danach, und jüdischer Besitz wurde genau registriert. Es dauerte nur wenige Monate, bis die Nürnberger Gesetze auch im Protektorat zur Anwendung kamen. Juden wurde der Zutritt zu öffentlichen Orten in Prag verweigert und angeordnet, dass ihre Geschäfte und Firmen deutlich zu kennzeichnen seien. Die nächsten Verordnungen begrenzten ihre Bewegungsfreiheit. Eichmann traf kurz danach ein, um die „Zentralstelle für jüdische Auswanderung“ in Prag einzurichten. In dem nach dem Auseinanderbrechen der Tschechoslowakei neu entstandenen Staat Slowakei sah es, wie noch darzustellen ist, anders aus.

Am 30. Januar 1939, dem Jahrestag seiner Machtübernahme, drohte Hitler in einer Rede vor dem Reichstag: „Und eines möchte ich an diesem vielleicht nicht nur für uns Deutsche denkwürdigen Tage nun aussprechen: Ich bin in meinem Leben sehr oft Prophet gewesen und wurde meistens ausgelacht. In der Zeit meines Kampfes um die Macht war es in erster Linie das jüdische Volk, das nur mit Gelächter meine Prophezeiungen hinnahm, ich würde einmal in Deutschland die Führung des Staates und damit des ganzen Volkes übernehmen und dann unter vielen anderen auch das jüdische Problem zur Lösung bringen. Ich glaube, daß dieses damalige schallende Gelächter dem Judentum in Deutschland unterdes wohl schon in der Kehle erstickt ist. Ich will heute wieder ein Prophet sein: Wenn es dem internationalen Finanzjudentum in und außerhalb Europas gelingen sollte, die Völker noch einmal in einen Weltkrieg zu stürzen, dann wird das Ergebnis nicht die Bolschewisierung der Erde und damit der Sieg des Judentums sein, sondern die Vernichtung der jüdischen Rasse in Europa.“[20]

Auf diese „Prophezeiung“ kam Hitler später bei öffentlichen Auftritten wie in Gesprächen mit seinen engsten Vertrauten immer wieder zurück.

20 Auszüge aus Hitlers Ansprache vor dem „Ersten Großdeutschen Reichstag“ (30. Januar 1939), in: Deutsche Geschichte in Dokumenten und Bildern (DGDB), http://ghdi.ghi-dc.org/docpage.cfm?docpage_id=2925&language=german [20. 1. 2021].

Das vom Deutschen Reich und der Sowjetunion besetzte Polen

Grenzen vom 21. Oktober 1939 – 22. Juni 1941

Generalgouvernement

← Abbildungen

links: Nach der Eroberung Polens gliederte das NS-Regime Teile des von der Wehrmacht eroberten Gebietes als Reichsgaue „Wartheland“ und „Danzig-Westpreußen“ in das Deutsche Reich ein. Schlesien und Ostpreußen wurden um polnische Gebiete erweitert. Das übrige von Deutschland besetzte Gebiet – mit Krakau, Warschau, Radom und Lublin – wurde zum sogenannten Generalgouvernement zusammengefasst.
Am 17. September 1939 war gemäß der Geheimvereinbarung im „Hitler-Stalin-Pakt“ auch die Rote Armee in Polen eingefallen. Damit war die erneute Teilung des Landes besiegelt, die Republik Polen wurde zerschlagen.

rechts: Das Generalgouvernement entstand am 26. Oktober 1939. Es grenzte im Westen an die im Herbst 1939 ins Deutsche Reich eingegliederten Gebiete, im Osten an die sowjetisch besetzten Teile (bzw. ab August/September 1941 an den Bezirk Bialystok und das Reichskommissariat Ukraine); ab Sommer 1941 kamen weitere Teile Galiziens hinzu. Im Süden grenzte es an die Slowakei, Ungarn und nach der Erweiterung auch an Rumänien im Südosten.

links: Public Domain; rechts: Państwowe Muzeum na Majdanku w Lublinie

II. Die Situation der Juden im besetzten Polen (September 1939 – Juni 1941)

Polen unter deutscher Besatzung

September 1939

Der Angriff auf Polen am 1. September 1939 leitete eine Wende in der nationalsozialistischen Politik gegen die Juden ein. Polen wurde in den Monaten nach der Besetzung zu einer Art Laboratorium für ein beispielloses Zusammenspiel von Gesellschaftsplanung und Verbrechen. Am 22. August 1939 hielt Hitler vor Führern der Wehrmacht eine Ansprache und erklärte ihnen, was er von ihnen erwartete: „Ziel ist die Beseitigung der lebendigen Kräfte [Polens], nicht die Erreichung einer bestimmten Linie. Auch wenn im Westen ein Krieg ausbricht, bleibt die Vernichtung Polens im Vordergrund. […] Herz verschließen gegen Mitleid. Brutales Vorgehen. 80 Millionen Menschen müssen ihr Recht bekommen. Ihre Existenz muß gesichert werden. Der Stärkere hat das Recht. Größte Härte."[1]

Das NS-Regime bildete fünf Sondereinsatzgruppen der Sicherheitspolizei und unterstellte sie Reinhard Heydrich. Die Kampfhandlungen waren noch nicht beendet, als zwei weitere Gruppen geschaffen wurden. Insgesamt bestanden die Einsatzgruppen aus rund 4000 ausgewählten Angehörigen des Sicherheitsdienstes, der Geheimen Staatspolizei, der Kriminalpolizei (Kripo) und der Ordnungspolizei (Orpo). Ihr Auftrag war, das Land hinter der Frontlinie „abzusichern", jegliche Widerstandsversuche niederzuschlagen und systematisch gegen Gruppen vorzugehen, die als besonders gefährlich galten. Dazu gehörten die politische und

1 Aufzeichnungen des Chefs der Abwehr, Wilhelm Canaris, über die Rede Hitlers am 22. 8. 1939 vor den Oberbefehlshabern, abgedruckt in: Ernst Klee/Willi Dreßen (Hrsg.), „Gott mit uns". Der deutsche Vernichtungskrieg im Osten 1939–1945, Frankfurt a. M. 1989, S. 12. Ähnliche Aufzeichnungen finden sich im Tagebuch von General Franz Halder, Kriegstagebuch. Tägliche Aufzeichnungen des Chefs des Generalstabes des Heeres 1939–1942. Hrsg. v. Arbeitskreis für Wehrforschung. Bearb. v. Hans-Adolf Jacobsen, 3 Bde., Stuttgart 1962–1964, hier Bd. 1: Vom Polenfeldzug bis zum Ende der Westoffensive (14. August 1939 – 30. Juni 1940), Stuttgart 1962, S. 52.

kulturelle Führungsschicht sowie die Geistlichkeit. Vor Angriffsbeginn waren Schwarze Listen angefertigt worden, auf deren Grundlage nun Massenverhaftungen stattfanden. Diese antipolnischen Verfolgungsmaßnahmen firmierten unter der Bezeichnung „Unternehmen Tannenberg“.[2] In den Kriegsplänen nicht festgelegt war der Umgang mit den Juden.

Die Einsatzgruppen unterstanden zwar formell der Einsatzleitung der Wehrmacht, in der Praxis konnten sie jedoch weitgehend selbstständig vorgehen. Für die meisten Verhaftungen und Exekutionen waren sie verantwortlich. Geschätzt wird, dass allein im September über 12 000 Personen aus den unterschiedlichsten Gründen erschossen wurden. Darunter befanden sich zwar auch Soldaten, die größte Gruppe waren jedoch Zivilisten. Diese Eskalation der Gewalt bediente sich des Vorwands, dass der polnische Widerstand gebrochen werden müsse. Um die von ihm ausgehende Bedrohung deutlich zu machen, bauschte die nationalsozialistische Propaganda Aktionen von bewaffneten Gruppen gegen die sogenannten Volksdeutschen auf.[3] Am 3. September befahl Himmler, alle „Aufständischen“ ohne vorheriges Gerichtsverfahren hinzurichten. Von Anfang an gehörten auch Juden zu den Opfern. So war es etwa an vielen Orten üblich, dass Geschäfte und Wohnungen geplündert und Juden den unterschiedlichsten Schikanen ausgesetzt wurden. Besonders gewalttätig war das Vorgehen gegen orthodoxe Juden. Ihnen wurden Bärte und Schläfenlocken abgeschnitten und „Späße“ veranstaltet, die sie demütigen und verhöhnen sollten. Man zwang sie, „Gymnastik“ zu machen, zu singen, zu tanzen und die Straßen zu „reinigen“. Teilweise wurden diese Übergriffe auf Filmen und Fotografien festgehalten. Zudem wurden in den neu besetzten Gebieten Synagogen verwüstet, in Brand gesteckt und religiöse Kultgegenstände zerstört. In Będzin setzte die von Udo von Woyrsch befehligte Einsatzgruppe am 8. September die örtliche Synagoge mit Flammenwerfern in Brand und tötete Hunderte Juden. Proteste der Wehrmachtsführung änderten nichts an dem Vorgehen. Der Terror sollte das Chaos vergrößern, abschrecken und Massenfluchten verursachen.

Juden aus dem Karpatenvorland wurden in Gebiete umgesiedelt, die unter sowjetische Besatzung kommen sollten. Zu Vorfällen, bei denen Juden erniedrigt und ermordet wurden, war es u. a. in Łowicz, Rawa Mazowiecka, Wieruszów,

2 Siehe Jochen Böhler/Klaus-Michael Mallmann/Jürgen Matthäus, Einsatzgruppen in Polen. Darstellung und Dokumentation, Darmstadt 2008. Siehe auch: Stephan Lehnstaedt/Jochen Böhler (Hrsg.), Die Berichte der Einsatzgruppen aus Polen 1939. Vollständige Edition, Berlin 2013.

3 Als Volksdeutsche werden Deutsche bezeichnet, die nicht die Staatsbürgerschaft des Dritten Reichs besaßen und nicht in den Grenzen des Deutschen Reichs von 1937 lebten. Staatsangehörige des Reichs wurden Reichsdeutsche genannt.

Zgierz, Piotrków Trybunalski, Bielsko, Kalisz, Mielec, Łuków und Końskie gekommen.[4] Nicht nur Angehörige der SS-Einheiten gingen gewalttätig vor, auch Offiziere und Soldaten der Wehrmacht nahmen an den Gewaltexzessen teil oder initiierten sie teilweise sogar. Schon die Anschuldigung des versuchten Widerstands reichte, um Juden zu töten. Manchmal war es aber auch einfach nur Teil eines „Spaßes", den man sich gönnte. Zudem wollten sich viele bereichern. Auch Standgerichte und Hinrichtungen von Soldaten jüdischer Herkunft kamen vor. Es fiel den Tätern leicht, Juden zu attackieren. Das lag in hohem Maße an der radikalen Indoktrination, die Ostjuden als Symbol von Rückständigkeit und Barbarei darstellte und sie als unproduktive Parasiten und nicht zuletzt als Überträger ansteckender Krankheiten diffamierte. Die Täter konnten sich durchaus sicher fühlen, dass ihre Taten nicht sanktioniert wurden. Die Wehrmachtsjustiz nahm nur wenige Ausschreitungen zum Anlass, mit Ermittlungsverfahren und Strafen dagegen einzuschreiten.[5]

Dies war lediglich der Auftakt zur systematischen Verfolgung. Am 6. September, nur wenige Stunden nach der Einnahme von Krakau, ordnete Hans Frank als Chef der Zivilverwaltung beim Armeeoberkommando an, dass es verboten sei, jüdische Besitztümer für sich zu behalten oder an einen anderen Ort zu bringen. Zwei Tage später befahl er, dass jüdische Geschäfte und Gastwirtschaften gekennzeichnet werden müssten. Jenen, die diesen Anordnungen zuwiderhandelten, wurden „strengste" Strafen angedroht.[6] Jüdischer Besitz wurde von nun an systematisch geraubt. Man enteignete Wohnungen an zentralen Punkten der Städte und übergab sie der neu geschaffenen deutschen Zivilverwaltung und der Polizei. Jüdischen Wohnungsinhabern ließ man nur wenig Zeit, wenn sie ihre Wohnung verlassen mussten. Noch schlimmer war, dass sie wertvolle Gegenstände oder Möbel nicht mitnehmen durften. In vielen Ortschaften wurden den jüdischen Gemeinden bereits zu Beginn der Besatzung Kontributionszahlungen auferlegt, die sie den neuen Machthabern abzuliefern hatten. Um die geforderten Summen schneller zusammenzubringen, wurden Geiseln genommen und damit gedroht, diese zu erschießen.

4 Alexander B. Rossino, Hitler Strikes Poland: Blitzkrieg, Ideology, and Atrocity, Lawrence/KS 2003, S. 173 f.

5 Zahlreiche Beispiele in: Jochen Böhler, Auftakt zum Vernichtungskrieg. Die Wehrmacht in Polen 1939, Frankfurt a. M. 2006, S. 188–200. Dort wird auch die Propaganda beschrieben, der die Soldaten ausgesetzt waren.

6 Siehe: Der Chef der Zivilverwaltung beim Armeeoberkommando verbietet am 6. September 1939 die Veräußerung jüdischen Vermögens im besetzten Gebiet, in: Die Verfolgung und Ermordung der europäischen Juden durch das nationalsozialistische Deutschland 1933–1945, Bd. 4: Polen September 1939 – Juli 1941. Bearb. v. Klaus-Peter Friedrich, München 2011 (VEJ 4), Dok. 4, S. 80.

Die Kampfhandlungen waren noch nicht abgeschlossen, als in Berlin bereits die ersten Entscheidungen darüber fielen, was mit den polnischen Juden geschehen sollte. Himmler und Heydrich sprachen in dieser Angelegenheit bei Hitler vor. Die ersten Richtlinien wurden in einem Schnellbrief niedergelegt, den Heydrich am 21. September an die Führer der Einsatzgruppen versandte. Das „Endziel" sollte über Zwischenziele schrittweise erreicht werden, und die „geplanten Maßnahmen" erforderten „gründlichste Vorbereitung sowohl in technischer als auch in wirtschaftlicher Hinsicht". Die ins Reich eingegliederten polnischen Gebiete sollten „nach Möglichkeit [...] von Juden freigemacht werden". Falls dies nicht realisierbar war, sollten Juden in wenigen größeren „Konzentrierungsstädten" festgesetzt werden. Für die Ordnung hatten eigens zu bestellende „Ältestenräte" zu sorgen, welche „im Sinne des Wortes *voll verantwortlich* zu machen [seien] für die exakte und termingemäße Durchführung aller ergangenen oder noch ergehenden Weisungen". Den Räten waren gleichzeitig „die schärfsten Maßnahmen anzukündigen", falls sie die Anordnungen nicht in der gewünschten Weise ausführen würden.[7] Die erste Aufgabe der Räte bestand in der Zählung der jüdischen Bevölkerung. Außerdem sollten sie die logistischen Probleme lösen, die mit der „Konzentration" verbunden waren. Für die nahe Zukunft waren Anordnungen vorgesehen, welche die Polizeistunde und die Beschränkung der Bewegungsfreiheit der Juden festlegten. Bei den genannten Vorhaben, die in Abstimmung mit der Wehrmachtführung und den entstehenden zivilen Behörden umgesetzt werden sollten, war darauf zu achten, dass sie nicht mit den deutschen Wirtschaftsinteressen kollidierten.

Mit der organisatorischen Zusammenfassung von Sicherheitspolizei (Sipo) und Sicherheitsdienst (SD) im Reichssicherheitshauptamt (RSHA) am 27. September 1939 konnten die Polizeistrukturen gebündelt und der Überwachungs- und Verfolgungsapparat ausgebaut werden. An der Spitze des Amtes stand Heydrich, der direkt Himmler unterstellt war. Ähnlich wie zuvor in Österreich und dem Protektorat gingen die „Judenangelegenheiten" im besetzten Polen gleich am Anfang in die Hände der Sicherheitspolizei über.

Die Angehörigen der Einsatzgruppen hatten in manchen Ortschaften bereits zuvor Judenräte mit der Durchsetzung der deutschen Befehle beauftragt. Am 8. September berief der SS-Mann und Leiter des Judenreferats in Krakau, Paul Siebert, den vor dem Krieg in der jüdischen Fürsorge aktiven Marek Biberstein zum Vorsitzenden des Judenrats in Krakau und ordnete an, die restlichen

7 Der Chef der Sicherheitspolizei übersendet den Einsatzgruppen in Polen am 21. September 1939 Richtlinien für die Vorgehensweise gegenüber Juden, in: VEJ 4, Dok. 12, S. 88–92.

Mitglieder dieses Gremiums im Laufe von 24 Stunden zusammenzustellen. Die ersten deutschen Erlasse, die der Krakauer Judenrat an die Bevölkerung weitergab, betrafen die Öffnungszeiten von Geschäften und das Begleichen von Steuerschulden. In Warschau, der von den Deutschen zuletzt eingenommenen Stadt, bestimmte die Sicherheitspolizei den Ingenieur Adam Czerniaków (1880–1942) als Vorsitzenden des Judenrats. Dies geschah am 4. Oktober, als die Stadt noch belagert wurde und kurz nachdem Stefan Starzyński, der Stadtpräsident Warschaus, Czerniaków anstelle von Maurycy Mayzel zum Vorsitzenden der Jüdischen Kultusgemeinde ernannt hatte; dieser hatte die Stadt wie viele andere Politiker und jüdische Aktivisten verlassen. Der Wechsel ging schnell vonstatten. Czerniaków schrieb in sein Tagebuch: „Leider wurde ich nach dem Hineingehen [in das Gebäude der Gemeinde] vorläufig festgenommen [...]. Man brachte mich zur Szucha-Allee [Sitz der Sicherheitspolizei], und dort teilte man mir mit, daß ich 24 Personen für den Gemeinderat aussuchen und ich an dessen Spitze treten soll."[8] In den folgenden Tagen bewilligten Offiziere der Sipo die Berufung der restlichen Angehörigen des Judenrats. Vertreten waren in ihm die wichtigsten politischen Kräfte, gesellschaftliche Aktivisten und auch Angehörige des Wirtschaftssektors.

Die ins Deutsche Reich eingegliederten polnischen Gebiete

Das deutsch-sowjetische Übereinkommen vom 23. August 1939, den Hitler-Stalin-Pakt, löste am 28. September 1939 ein deutsch-sowjetischer Grenz- und Freundschaftsvertrag ab. Bei den Verhandlungen vereinbarten beide Seiten, dass die Grenze zwischen der Sowjetunion und dem Deutschen Reich entlang der Flüsse San und Bug verlaufen sollte. Damit erhielten die Deutschen den Zugriff auf das Gebiet um die Stadt Lublin. Die Rote Armee, die diesen Teil Polens nach dem Angriff vom 17. September besetzt hatte, zog sich wieder zurück. Unter deutscher Besatzung befanden sich damit 48,5 % der Fläche Vorkriegspolens (188 000 Quadratkilometer). Es handelte sich um ein Gebiet, in dem 22,1 Millionen Menschen lebten, von denen 84 % Polen und 10 % Juden waren. Ein Teil davon mit einer Fläche von 92 000 Quadratkilometern wurde am 8. Oktober dem Deutschen Reich eingegliedert. Es waren die Wojewodschaften Pommerellen, Posen, Schlesien und kleinere Gebiete der Wojewodschaften Warschau, Krakau und Kielce. Die Provinz Ostpreußen wiederum wurde verwaltungstechnisch um den

8 [Adam Czerniakow], Im Warschauer Getto. Das Tagebuch des Adam Czerniaków, München 1986, S. 6. Zur Biografie siehe Marcin Urynowicz, Adam Czerniaków 1880–1942. Prezes Getta Warszawskiego, Warszawa 2009.

nördlichen Teil Masowiens (Regierungsbezirk Zichenau/Ciechanów) und die Landkreise Suwałki und Augustów erweitert. Pommerellen und das Gebiet der Freien Stadt Danzig befanden sich in dem neu geschaffenen Gau Danzig-Westpreußen. Oberschlesien, das Kohlebecken von Dombrowa (Zagłębie Dąbrowskie) und der westliche Teil der Wojewodschaft Krakau wurden in das deutsche Schlesien eingegliedert. Nach kurzer Zeit entstand aus einem Teil Schlesiens die Provinz Oberschlesien (unterteilt in die Regierungsbezirke Kattowitz und Oppeln). In dem Gebiet Polens, das dem Deutschen Reich angeschlossen wurde, lebten rund zehn Millionen Menschen, darunter 600 000 Juden. Der größte Verwaltungsbezirk in diesem neu geschaffenen Teil des Deutschen Reichs war der rund 50 000 Quadratkilometer große Reichsgau Wartheland, der aus der ehemaligen Wojewodschaft Posen und aus Teilen Pommerellens und Masowiens gebildet wurde. Anfang November bekam der Reichsgau auch die Stadt Łódź zugesprochen. Das Gebiet war seither in drei Regierungsbezirke – Hohensalza, Łódź und Posen – unterteilt. Reichsstatthalter des neuen Reichsgaus wurde Arthur Greiser (1897–1946), der vor dem Krieg Präsident des Senats der Freien Stadt Danzig gewesen war.

Die eingegliederten Gebiete wurden sofort einem schnellen Germanisierungsprozess unterworfen. Großflächig gingen die Besatzungsbehörden gegen potenzielle Gegner vor, was beschönigend als „politische Flurbereinigung" galt. Vor Kriegsbeginn waren auf deutscher Seite Proskriptionslisten erstellt worden. Auf ihnen standen politische und gesellschaftliche Aktivisten, Kulturschaffende, katholische Geistliche und vor allem diejenigen, die für ihre antideutsche Haltung bekannt waren. Opfer der Repressalien waren außerdem Personen, die der Sicherheitsapparat und die Polizei an Ort und Stelle als potenziell gefährlich einschätzten. Oft waren sie denunziert worden. Manchmal führte die Rache von Nachbarn zur Hinrichtung eines Verfolgten. Den größten Terror übten die Deutschen in Pommerellen aus, jenem Gebiet, das zwischen den deutschen Provinzen Pommern und Ostpreußen gelegen war. Dort operierte der aus Volksdeutschen gebildete und von Ludolf von Alvensleben geführte „Selbstschutz".[9] Ab September 1939 kamen die Verhafteten zum Teil in das Dorf Stutthof bei Danzig, wo ein provisorisches Lager eingerichtet worden war. Anfang 1942 wurde es in ein Konzentrationslager umgewandelt. Schätzungen gehen davon aus, dass bis Ende 1939 in den eingegliederten Gebieten mehr als 40 000 Menschen ermordet wurden. Die meisten von ihnen, 30 000, kamen im Reichsgau Danzig-Westpreußen ums

9 Zum Selbstschutz siehe: Izabela Mazanowska/Tomasz S. Ceran (Hrsg.), Zapomniani kaci Hitlera. Volksdeutscher Selbstschutz w okupowanej Polsce 1939–1940. Wybrane zagadnienia, Bydgoszcz/Gdańsk 2016.

Leben, 10 000 im Warthegau und weitere rund anderthalb Tausend in Schlesien.[10] Zur gleichen Zeit wurden weitreichende Planungen ins Auge gefasst, um aus den eingegliederten Gebieten Hunderttausende „fremde und unerwünschte Elemente" zu entfernen.

Das Generalgouvernement

Am 12. Oktober 1939 ordnete Hitler per Erlass die Errichtung des Generalgouvernements für die besetzten polnischen Gebiete an.[11] Es wurde am 26. Oktober installiert und löste damit die kurze Übergangszeit der Militärverwaltung ab. Hitler selbst traf die Entscheidung, Krakau zum Regierungssitz zu machen, weil er die Position der Hauptstadt Warschau im besetzten Polen schwächen wollte. Sein Hass auf die Hauptstadt war so unerbittlich, dass er verbot, die Kriegsschäden in Warschau zu beseitigen. Das Generalgouvernement war 95 743 Quadratkilometer groß und umfasste damit 24,6 % der Fläche Vorkriegspolens. Unterteilt wurde das Gebiet in die vier Distrikte Lublin, Krakau, Radom und Warschau, die wiederum in Kreise eingeteilt waren, deren Grenzen nicht mit den Verwaltungseinheiten aus der Vorkriegszeit übereinstimmten. Im März 1940 lebten 12 110 000 Menschen im Generalgouvernement, 81 % Polen, 11,5 % Juden, 5,7 % Ukrainer und 0,8 % Deutsche.

Das Amt des Generalgouverneurs übernahm Dr. Hans Frank (1900–1946), ein Anwalt und Berater Hitlers, der bis zu diesem Zeitpunkt Abgeordneter des Reichstags und in der Reichsregierung Minister ohne Geschäftsbereich gewesen war.[12] Frank wählte als Amtssitz die Krakauer Burg – das Schloss auf dem Wawel. Er stellte damit seine Geltungssucht unter Beweis und ließ deutlich werden, welchen Weg er einschlagen wollte. Einige wichtige Nationalsozialisten bezeichneten ihn deswegen sarkastisch als „König von Frank-Reich". Hitler direkt unterstellt, erstreckte sich Franks Einflussbereich auf die Gebiete Wirtschaft, Armee und Polizei. Das Amt des Generalgouverneurs, das am 9. Dezember 1940 die Regierungsaufgaben im Gebiet übernahm, gliederte sich in verschiedene Hauptabteilungen: Innere Angelegenheiten, Finanzen, Recht, Wirtschaft, Versorgung, Wälder und Landwirtschaft, Propaganda, Wissenschaft und Bildung, Arbeit,

10 Czesław Łuczak, Polska i Polacy w drugiej wojnie światowej, Poznań 1993, S. 101; Böhler/Mallmann/Matthäus, Einsatzgruppen in Polen, S. 87 f.

11 Einen Überblick bietet: Martin Winstone, The Dark Heart of Hitler's Europe. Nazi Rule in Poland under the General Government, London 2014; siehe auch Czesław Madajczyk, Die Okkupationspolitik Nazideutschlands in Polen 1939–1945, Berlin 1987.

12 Ausführlich zu Frank: Dieter Schenk, Hans Frank: Hitlers Kronjurist und Generalgouverneur, Frankfurt a. M. 2006.

Gesundheit, Monopole, Bankaufsicht, Bahn und Post. Als Staatssekretär in der Regierung des Generalgouvernements wurde mit Dr. Josef Bühler (1904–1948) ein enger Mitarbeiter Franks aus der Vorkriegszeit berufen.

Eine Position in der Verwaltung des Generalgouvernements bedeutete für manch ehrgeizigen Deutschen eine Wende in seiner beruflichen Karriere. Ein Beamter, ein promovierter Ökonom, notierte in sein Tagebuch: „Die im Osteinsatz Tätigen sind in eine ganz einmalige Situation hineingestellt. Ungewöhnliche Chancen bieten sich jedem einzelnen. Keiner hätte sich je im Leben erträumen können, auf einen Posten gestellt zu werden, der an Umfang der Aufgabe, Verantwortung und Eigeninitiative alle bisherige Tätigkeit, wo auch immer der einzelne bisher gewirkt haben mag, weit übertraf. Wer als bescheidenes Rädchen in heimatlichem Amt treu und brav bei schmalem Gehalt seiner Tagespflicht nachgegangen war, sah sich hier draußen plötzlich als Leiter einer Abteilung oder gar einer Behörde – finanziell weit besser gestellt – vor zehnmal größerer Verantwortung.“[13]

Den einzelnen Distrikten standen Gouverneure vor. Diese Posten erhielten erprobte und ergebene Nationalsozialisten, die fast alle Vertraute von Frank waren. Den Gouverneuren unterstanden die Kreishauptmänner und in größeren Städten die Stadthauptmänner. Ähnlich wie die Beamten der zentralen Verwaltung wurden sie aus dem Reich in das Generalgouvernement abgeordnet. In vielen Orten fühlten sie sich wie absolute Herrscher, die in dem ihnen anvertrauten Gebiet ihre Macht missbrauchten. Die Mentalität dieser Beamten gibt ein Brief des Kreishauptmanns von Sokołów Podlaski, Ernst Gramß, wieder. Kurz nach seiner Ankunft an seinem Amtssitz im Juni 1940 schrieb er voller Euphorie an seine Ehefrau: „Ich habe hier einen herrlichen Sitz, 2 Reitpferde, Wagen u. was zu einer repräsentablen Lebensführung als ‚kleiner Gouverneur‘ gehört. Schwimmbad im Park – Sauna wird gebaut.“[14] Gramß war lang gedienter und überzeugter Nationalsozialist, der am Hitlerputsch im Jahr 1923 teilgenommen hatte. Es gab aber auch Beamte, die reine Karrieristen waren. Ähnlich sah es im unteren Beamtenapparat aus. Die deutschen Angestellten der Zivilverwaltung kamen oft mit ihren Familien in das Generalgouvernement. Ihr Personal in den Kreishauptmannschaften waren Polen, die zum größten Teil bereits vor dem Krieg Staatsangestellte gewesen waren. Jetzt konnten sie Positionen wie

13 Tagebuchblätter von Dr. Dietrich Troschke, beginnend am 22. 4. 1940, zit. nach: Aly/Heim, Vordenker der Vernichtung, S. 192.

14 Brief von Ernst Gramß an seine Frau, wahrscheinlich 11. 6. 1942, zit. nach Markus Roth, Herrenmenschen. Die deutschen Kreishauptleute im besetzen Polen. Karrierewege, Herrschaftspraxis und Nachgeschichte, Göttingen 2009, S. 50.

Bürgermeister oder Gemeinde- und Ortsvorsteher erlangen. Insgesamt waren im Jahr 1943 über 30 000 Polen bei der Zivilverwaltung des Generalgouvernements angestellt. Die Hälfte von ihnen arbeitete bei der Bahn und bei der Post.[15] Das polnische Staats- und Verwaltungsrecht sowie das Finanzrecht wurde durch neue Gesetze der Besatzungsbehörden ersetzt. Nur das polnische Zivilrecht blieb teilweise in Kraft.

Die Polizei spielte eine herausragende Rolle im Generalgouvernement. Ihr Chef war bis zum 9. November 1943 der Höhere SS- und Polizeiführer (HSSPF) Ost Friedrich-Wilhelm Krüger (1894–1945), der nur nominell der Befehlsgewalt Franks unterstand. In der Praxis war Himmler sein direkter Vorgesetzter. In der Hierarchie kamen nach Krüger die Befehlshaber der Sicherheitspolizei und des Sicherheitsdienstes und die Befehlshaber der Ordnungspolizei. In den einzelnen Distrikten vertrat ein SS- und Polizeiführer (SSPF) die Polizei. Den SS- und Polizeiführern wiederum unterstanden die Kommandeure der Sicherheitspolizei und des Sicherheitsdienstes (KdS), die selbst Vorgesetzte der Gestapo und Kripo waren. In den meisten Kreisstädten wurden mit der Zeit lokale Niederlassungen der Polizei eingerichtet, in denen zehn bis zwanzig Angestellte – Reichsdeutsche und Volksdeutsche – arbeiteten. Die Aufgaben der Kriminalpolizei erledigten meist Polen.

Eine von diesen Ämtern unabhängige Struktur bildete die Ordnungspolizei, die von dem Kommandeur der Ordnungspolizei befehligt wurde. In größeren Städten war Schutzpolizei (Schupo) stationiert, in kleineren Orten Gendarmerie. Normalerweise war ein Gendarmeriezug auf mehrere Posten im Kreis verteilt. In einigen Regionen waren zu einem späteren Zeitpunkt zusätzlich Polizeibataillone stationiert.

Die Ordnungspolizei befehligte auch die Polnische Polizei im Generalgouvernement, die umgangssprachlich wegen der Farbe ihrer Uniformen Blaue Polizei genannt wurde. Hans Frank ordnete die Bildung der polnischen Polizei am 17. Dezember 1939 an. Die Angehörigen der Blauen Polizei waren vormalige Angestellte der polnischen Staatspolizei. Später wurden auch Freiwillige aufgenommen. Insgesamt standen in der Besatzungszeit 17 000–19 000 Personen im Dienst dieser Polizei. Im Distrikt Galizien, der Ostgalizien umfasste und im August 1941 in das Generalgouvernement eingegliedert wurde, fand diese Struktur in der Ukrainischen Polizei ihre Entsprechung.

15 Siehe Schenk, Hans Frank, S. 214; Bogdan Musial, Deutsche Zivilverwaltung und Judenverfolgung im Generalgouvernement. Eine Fallstudie zum Distrikt Lublin 1939–1944, Wiesbaden 1999, S. 87 (Grafik).

Deutsche Politik gegenüber der polnischen Bevölkerung

Im Verhältnis zu dem Terror, den die Deutschen in den ins Reich eingegliederten Gebieten ausübten, hielten sich die Repressalien im Generalgouvernement in Grenzen, obwohl es im Herbst 1939 auch dort zu Massenverhaftungen und Erschießungen kam. Geschätzt wird, dass 5000 Menschen den Exekutionen zum Opfer fielen. Ähnlich wie in den nun reichsdeutschen Gebieten beteiligten sich Einheiten des volksdeutschen Selbstschutzes an den Repressionen. Der Stadtpräsident von Warschau Starzyński wurde verhaftet. In Lublin wurden unter fingierten Vorwürfen zwei Bischöfe festgenommen. Am 6. November verhaftete die Sicherheitspolizei in der „Sonderaktion Krakau" 183 Professoren. Sie waren zunächst im Gefängnis Montelupich eingesperrt, bis man sie in das Konzentrationslager Sachsenhausen verlegte. Polen wurden von Standgerichten zum Tode verurteilt, wenn sie auf die eine oder andere Weise gegen das Besatzungsregime vorgegangen waren. Eine der ersten Massenhinrichtungen fand als Vergeltung für den Tod von zwei deutschen Unteroffizieren bei Warschau in der Nacht vom 26. auf den 27. Dezember 1939 statt: 107 Bewohner von Wawer und Anin fielen ihr zum Opfer. Die meisten Festgenommenen saßen im Warschauer Gefängnis Pawiak ein, das von März 1940 an das Untersuchungsgefängnis der Sicherheitspolizei und des Sicherheitsdienstes für den Distrikt Warschau und das größte Gefängnis für politische Häftlinge im besetzten Polen war. Hier kamen während der Besatzungszeit mehrere Tausend Menschen ums Leben.

Ziel der deutschen Besatzer war es, das Generalgouvernement rücksichtslos auszubeuten. Es sollte Rohstoffe und Arbeitskräfte für das Deutsche Reich bereitstellen. Für Polen im Alter von 18 bis 60 Jahren wurde die Arbeitspflicht eingeführt. In einem zweiten Schritt sollte das Gebiet von Deutschen besiedelt werden. Die Bevölkerung unterlag einer Vielzahl von Einschränkungen, politische Parteien und Vereine wurden aufgelöst, Universitäten und höhere Schulen geschlossen, der Besitz von Rundfunkgeräten und Radiohören war verboten. Die Deutschen gingen gegen die intellektuelle Führungsschicht vor und ließen für Polen lediglich die allgemeine Schul- und Berufsausbildung gelten. Sie beseitigten Symbole der polnischen Kultur, änderten Straßennahmen und zerstörten Denkmäler, sie raubten Kunstwerke oder beschlagnahmten sie, und sie legten exklusive deutsche Stadtviertel in polnischen Städten an. Sie verboten die existierenden Zeitungen und Zeitschriften und gründeten stattdessen eine polnischsprachige Propagandapresse[16] („Nowy Kurier Warszawski", „Nowy Głos Lubelski", „Kurier

16 Siehe Lars Jockheck, Propaganda im Generalgouvernement. Die NS-Besatzungspresse für Deutsche und Polen 1939–1945, Osnabrück 2006; Tomasz Głowiński, O nowy porządek

Bei einer der ersten Massenerschießungen im besetzten Polen im Jahr 1939 erschossen deutsche Besatzungstruppen am 18. Dezember 1939 über 50 Einwohner von Bochnia (nahe Krakau). Die Exekutionen waren Teil einer Vergeltungsaktion für einen Angriff auf eine Polizeistation, den die polnische Untergrundorganisation „Orzeł Biały" (Weißer Adler) zwei Tage zuvor verübt hatte. Dabei waren zwei deutsche Polizisten getötet worden. *Album eines deutschen Offiziers | Public Domain*

Częstochowski", „Kurier Kielecki", „Dziennik Radomski" und weitere Blätter). Nur das Polnische Rote Kreuz und ab 1940 eine weitere Fürsorgeorganisation mit dem Namen Polnischer Hilfsausschuss, geleitet von Graf Adam Feliks Ronikier, durften ihre Aufgaben fortführen.[17]

europejski. Ewolucja hitlerowskiej propagandy politycznej wobec Polaków w Generalnym Gubernatorstwie 1939–1945, Wrocław 2000; Klaus-Peter Friedrich, Die deutsche polnischsprachige Presse im Generalgouvernement (1939–1945). NS-Propaganda für die polnische Bevölkerung, in: Publizistik 46 (2001), S. 162–188.

17 Der Polnische Hilfsausschuss wurde im Polnischen auch als Rada Główna Opiekuńcza (Haupthilfsausschuss) bezeichnet. Daneben bestanden die Jüdische Soziale Selbsthilfe und ein Ukrainischer Hilfsausschuss. Sie bildeten gemeinsam den Obersten Hilfsausschuss (Naczelna Rada Opiekuńcza) mit Sitz in Krakau.

Am 16. Mai 1940 berieten dort die Machthaber auf einer Konferenz über die Frage, welche Mittel „zur Aufrechterhaltung von Ruhe und Ordnung im Generalgouvernement" eingesetzt werden sollten. Hans Frank hielt es für wahrscheinlich, dass es zu einem von der polnischen Widerstandsbewegung organisierten Ausbruch von „gewalttätigen Zwischenfällen" kommen würde, und man beschloss, eine „außergewöhnliche, energische Befriedungsaktion" in die Wege zu leiten. Bevollmächtigt mit der Umsetzung wurde SS-Brigadeführer Bruno Streckenbach, Befehlshaber der Sicherheitspolizei und des SD im Generalgouvernement. Der Beginn des Kriegs im Westen sollte der geeignete Moment sein, um die polnische Führungsschicht auszuschalten. Die Idee war, mit einem präventiven Schlag zu verhindern, dass das „polnische Volk [...] an Stärke gewann aufgrund der deutschen Verluste [an der Westfront]". Die „Aktion", die das gesamte Generalgouvernement betraf, dauerte bis zum 10. Juli. Sie ging als Außerordentliche Befriedungsaktion (Aktion „AB") in die Geschichte ein. Getötet wurden Angehörige politischer Parteien, Intellektuelle und Aktivisten, darunter Politiker der Polnischen Sozialistischen Partei (Polska Partia Socjalistyczna – PPS) wie Mieczysław Niedziałkowski, langjähriger Abgeordneter und Präsident des Parlaments in den Jahren 1922–1927, sowie der Vorsitzende der Polnischen Volkspartei (Stronnictwo Ludowe), Maciej Rataj. Die Aktion „AB" forderte insgesamt 3500 Opfer unter den Angehörigen der polnischen Führungsschicht. Außerdem wurden noch 3000 als Kriminelle eingestufte Menschen ermordet.[18] Die Besatzungsmacht setzte die Repressionswelle bis 1941 fort, was sich in der Verhaftung ungezählter Personen niederschlug, unter ihnen Jugendliche, Politiker und Mitglieder gesellschaftlicher Gruppierungen, Offiziere, Geistliche sowie Kämpfer, die an den Schlesischen Aufständen und dem Großpolnischen Aufstand teilgenommen hatten. Die überwiegende Mehrheit von ihnen wurde in Konzentrationslager verschleppt.

Das größte deutsche Konzentrationslager, in das Häftlinge aus dem Generalgouvernement eingewiesen wurden, befand sich in einem ins Reich eingegliederten Ort Polens – in Auschwitz (Oświęcim). Am 27. April 1940 erteilte Himmler den Befehl, auf dem ehemaligen Kasernengelände ein Lager zu errichten. Am 14. Juni 1940 trafen die ersten 728 polnischen politischen Häftlinge aus Tarnów in Auschwitz ein; am 15. August erreichte der erste Transport aus Warschau das Lager: 1666 Personen, die am 12. August Opfer von Razzien geworden waren. Ende 1940 waren 7879 Häftlinge in Auschwitz inhaftiert worden, die meisten von ihnen entweder Polen, denen man vorwarf, die Widerstandsbewegung zu

18 Łuczak, Polska i Polacy, S. 102.

unterstützen, oder Personen, die aus präventiven Gründen (z. B. im Rahmen der Aktion „AB") verhaftet worden waren. Dagegen waren verhältnismäßig wenige gewöhnliche Kriminelle festgesetzt worden. Polen stellten bis Ende 1941 die größte Häftlingsgruppe in Auschwitz.

Erste Ansätze zur „Lösung der Judenfrage"

Deportationen aus den eingegliederten Gebieten in das Generalgouvernement

Der Beginn des Krieges und die Besetzung Polens boten den Nationalsozialisten die Möglichkeit, ihre rassistischen und antisemitischen Pläne in die Tat umzusetzen. Die ersten Schritte zur Verfolgung der polnischen Juden unternahmen Heydrich und die ihm untergeordneten Polizeieinheiten. Dabei nutzten sie die Lage im besetzten Polen, um die Vertreibung der Juden aus dem Reich und dem Protektorat Böhmen und Mähren massiv zu intensivieren. Anfang Oktober 1939 beauftragte der neue Gestapochef Heinrich Müller (1900–1945) den Leiter des Referats „Auswanderung und Räumung", Adolf Eichmann, mit der Deportation der Juden aus Wien, dem Protektorat Böhmen und Mähren und den ins Reich eingegliederten Gebieten Schlesiens zu beginnen. Das Referat Eichmanns trug im Reichssicherheitshauptamt das Bezeichnung IV D4 (auch bekannt als Referat IV B4; nach einer Reorganisierung trug es den Namen „Jüdische Angelegenheiten/Evakuation B4). Während Beamte seines Referats in Absprache mit den lokalen Behörden die dafür notwendigen Schritte einleiteten, begab Eichmann sich nach Polen. Vor Ort wählte er in dem sumpfigen und kaum besiedelten Landstrich in der Umgebung von Nisko am San den Ort für ein zukünftiges „Transitlager" aus. Der erste Transport aus Mährisch Ostrau (Ostrava) mit 916 Männern erreichte Nisko am 19. Oktober, die folgenden trafen aus Wien und Kattowitz ein. Eichmann ließ auch Baumaterialien und Gerätschaften für die entstehende Infrastruktur des Lagers heranschaffen. Nach der Ankunft von zwei weiteren Zügen wurde das Programm jedoch plötzlich gestoppt. Die Juden, die bis zu diesem Zeitpunkt nach Nisko gebracht worden waren, blieben ihrem Schicksal überlassen. In den folgenden Wochen starben viele von ihnen an Krankheiten und Kälte. Im April 1940 wurde das Lager aufgelöst. Hunderte Männer kamen frei und konnten auf eigene Kosten wieder nach Hause fahren.[19] Der Nisko-Plan endete mit einem totalen Fiasko.

19 Cesarani, Eichmann, S. 109–112.

Hinter der Einstellung des Vorhabens stand Heinrich Himmler, der von Hitler zum Reichskommissar für die Festigung deutschen Volkstums ernannt worden war. Damit übernahm er die Verantwortung für Umsiedlungsaktionen, die nun erheblich ausgeweitet wurden und ein schier gigantisches Ausmaß annahmen. Alle Umsiedlungen und Menschentransporte sollten jetzt einem Ziel untergeordnet werden: der schnelleren Germanisierung der eingegliederten Gebiete. Nach Unterzeichnung einer Vereinbarung zwischen dem Reich und der UdSSR begannen die Nationalsozialisten, Volksdeutsche aus den baltischen Ländern, Wolhynien und anderen Regionen in die eingegliederten Gebiete umzusiedeln. Voraussetzung dafür sollte die Vertreibung Hunderttausender Polen und sämtlicher Juden aus diesem Gebiet sein. Lokale SS- und Polizeiführer bekamen den Auftrag, einen Umsiedlungsplan auszuarbeiten. In das Generalgouvernement waren zu diesem Zeitpunkt bereits Tausende Polen aus Pommerellen und Danzig umgesiedelt worden.

Die Nationalsozialisten begründeten die Umsiedlung der Juden mit ihrer eigenen rassistischen Logik. Propagandaminister Goebbels schrieb nach einem Besuch in Łódź Anfang November 1939 in sein Tagebuch: „Fahrt durch das Ghetto. Wir steigen aus und besichtigen alles eingehend. Es ist unbeschreiblich. Das sind keine Menschen mehr, das sind Tiere. Das ist deshalb auch keine humanitäre, sondern eine chirurgische Aufgabe. Man muß hier Schritte tuen, und zwar ganz radikale. Sonst geht Europa einmal an der jüdischen Krankheit zugrunde. Fahrt über polnische Straßen. Das ist schon Asien. Wir werden viel zu tuen haben, um dieses Gebiet zu germanisieren.“[20] Der Goebbels an Radikalität in nichts nachstehende Hans Frank äußerte sich zunächst enthusiastisch. Auf einer Konferenz in Radom sprach er sich am 25. November 1939 dafür aus, „aus dem Land einen großer Konzentrationsraum [zu machen], Polen und Juden aufzunehmen, verteilen, unterkommen, muß möglich sein. 2½–3 Millionen Polen und Juden, sie sind nicht gewohnt sauber und ordentlich zu leben. [...] Bei den Juden nicht viel Federlesens. Eine Freude, endlich einmal die jüdische Rasse körperlich angehen zu können. Je mehr sterben, umso besser. [...] Diese Juden werden wir überall unterdrücken, wo wir können. Es geht hier ums ganze. Die Juden aus dem Reich, Wien, von überall, Juden im Reich können wir nicht gebrauchen.“[21]

20 Die Tagebücher von Joseph Goebbels, Juli 1939–März 1940. Teil 1, Bd. 7. Hrsg. v. Elke Fröhlich, München 1998, Eintrag vom 2. 11. 1939, S. 177.

21 Zit. nach Faschismus – Getto – Massenmord. Dokumentation über Ausrottung und Widerstand der Juden in Polen während des zweiten Weltkriegs. Ausgewählt, bearbeitet und eingeleitet von Tatiana Berenstein, Artur Eisenbach und Adam Rutkowski, Frankfurt a. M. 1962, S. 46.

Bis zum Jahresende wurden alle Juden aus dem Regierungsbezirk Posen und aus einigen Kreisen der Bezirke Hohensalza und Łódź vertrieben. Die ins Auge gefasste Abschiebung von Millionen Menschen innerhalb von vier Monaten erwies sich jedoch als völlig unrealistisch. Der SS- und Polizeiführer des Warthelands, Wilhelm Koppe, stellte aus diesem Grund einen „kleineren“ Umsiedlungsplan vor, der die Vertreibung von 200 000 Polen und 100 000 Juden vorsah. Aber selbst dieser stellte sich als nicht umsetzbar heraus. Also begann man, sogenannte Nahpläne zu erarbeiten und auszuführen.

Unabhängig davon, wie erfolgreich die Umsetzung der Umsiedlungspläne war, waren Tausende Menschen Leid, Not und Elend ausgesetzt. Ausgenommen waren nur diejenigen, die aus wirtschaftlichen Gründen nützlich waren. In einem ersten Schritt wurden die Deportationen mit der Konzentration der Betroffenen an wenigen Orten vorbereitet. Man erlaubte ihnen normalerweise nur Handgepäck, persönliche Gegenstände und eine kleine Summe an Bargeld mitzunehmen. Die Wohnungen der Umgesiedelten durften die neuen volksdeutschen Bewohner sofort beziehen, während die Vertriebenen teilweise mehrere Wochen in provisorischen Unterkünften und Baracken auf ihren Abtransport warten mussten. Ihre Reisebedingungen waren äußerst hart. Der deutsche Beamte des Arbeitsamts bei der Regierung des Generalgouvernements informierte den Gouverneur des Distrikts Krakau, „daß die meisten Umsiedler 2–3 Tage hindurch in ungeheizten Viehwagen transportiert wurden, die zumeist während der Fahrt überhaupt nicht geöffnet wurden. [...] Die Transporte waren mit wenigen Ausnahmen ohne jede Verpflegung, ja häufig auch [ohne jede] Möglichkeit, Trinkwasser zu sich nehmen, gelassen worden.“[22]

Es war Winter, und die Umsiedler litten unter der Kälte, da ihnen vor der Abfahrt nicht nur Geschirr, sondern auch Decken abgenommen worden waren. Viele starben bereits auf dem Weg. Lejb (Leon) Felhendler, der Sohn eines Rabbis und Vorsitzender des Judenrats in der Ortschaft Żółkiewka im Lubliner Land, beschrieb die Ankunft von Umgesiedelten: „Transporte aus anderen Städten zogen durch den Ort. Auf einem Fuhrwerk waren 16–20 Personen, der Frost erreichte 30 Grad, sie waren barfuß, hatten kleine Kinder. Das Elend dieser Menschen war schrecklich. [...] Der Großteil wurde in das Gotteshaus geführt, wo sie eine Unterkunft fanden. Es kam vor, dass sie Pantoffeln in verschiedenen Größen anhatten. Oft gab es Fälle von Wahnsinn unter ihnen.“[23] Ähnlich sah es auch in anderen Ortschaften aus. Trotz der geringen Mittel, die

22 Zit. nach ebenda, S. 48.

23 Bericht Leon Feldhändler [Felhendler], 1945, Archiwum Żydowskiego Instytutu Historycznego [Archiv des Jüdischen Historischen Instituts, AŻIH], 301/72.

ihnen zur Verfügung standen, organisierten die jüdischen Gemeinden Hilfsaktionen.

Man konnte fast von einem „Reservat“ für Juden im Distrikt Lublin sprechen. Die Transporte aus dem Wartheland verteilten sich jedoch auf Ortschaften im gesamten Generalgouvernement. An den Ankunftsorten gab es weder Arbeit noch Wohnungen für die Umsiedler. Sie vegetierten unter äußerst primitiven Bedingungen. Krankheiten breiteten sich aus, und die Sterblichkeitsrate stieg rasant. Die Ankömmlinge wurden zu einer Last – einerseits für die Judenräte, die über sehr begrenzte Möglichkeiten verfügten, sie zu unterstützen, andererseits aber auch für die lokalen Besatzungsverwaltungen. In einigen Orten weigerten sich die Verantwortlichen in den Behörden, Transporte aufzunehmen. Sie bemühten sich, die Juden so weit wie möglich vom eigenen Territorium entfernt unterzubringen. Kompetenzstreitigkeiten innerhalb des nationalsozialistischen Apparates bewirkten schließlich das Ende der Deportationen. Am 12. Februar 1940 fand ein Treffen am Amtssitz Görings statt. Der Hausherr sprach sich dabei in Anwesenheit von Himmler, Frank und Greiser entschieden dafür aus, ideologische Ziele militärischen und wirtschaftlichen Fragen unterzuordnen. Am selben Tag deportierte die Sicherheitspolizei unerwartet 1200 deutsche Juden aus Stettin und anderen Ortschaften. Viele von ihnen starben kurz nach der Ankunft am Zielort, in Lublin oder in der kleinen Ortschaft Piaski. Der Vorfall sprach sich herum, auch die ausländische Presse berichtete, und von da an sahen die Deutschen von einem solchen Vorgehen ab. Im März 1940 befahl Hitler, die Umsiedlungen einzustellen. Bis Ende Dezember wurden 77 000 Polen und 10 000 Juden in das Generalgouvernement verschleppt. Die überwiegende Mehrheit bestand also – wie auch bei späteren derartigen Aktionen – aus Polen.[24]

Einrichtung des Ghettos in Łódź

Nachdem der Plan der Massenumsiedlungen aus den eingegliederten Gebieten gescheitert war, machten sich die Deutschen daran, nach neuen „Lösungen“ zu suchen. Die meisten Juden in den eingegliederten Gebieten lebten in der Stadt Łódź, die am 11. April den Namen Litzmannstadt erhielt.[25] Vor dem

24 Zur Umsiedlung siehe beispielsweise Christopher Browning, Die Entfesselung der „Endlösung“. Nationalsozialistische Judenpolitik 1939–1942, München 2003. Siehe auch: Geplante Zwangsumsiedlung von 1,6 Mio. Menschen, in: Herder-Institut (Hrsg.), Dokumente und Materialien zur ostmitteleuropäischen Geschichte. Themenmodul „Holocaust in Polen“, bearb. von Imke Hansen, www.herder-institut.de/resolve/qid/2443.html [14. 4. 2020]

25 Damit wurde der preußische General Karl Litzmann (1850–1936) geehrt, der im Herbst 1914 die russische Offensive in der Nähe von Łódź aufgehalten hatte und später ein aktiver Nationalsozialist wurde.

Krieg hatten die 200 000 Juden ein Drittel der Stadtbevölkerung ausgemacht. In den ersten Septembertagen ergriffen viele von ihnen panikartig die Flucht. Die Fluchtbewegung hielt auch nach der Besetzung durch die Wehrmacht an. Am 13. Oktober 1939 ernannte die Besatzungsverwaltung Mordechaj Chaim Rumkowski zum Ältesten der Juden in Łódź. Rumkowski war vor dem Krieg Mitglied des Vorstands der jüdischen Gemeinde gewesen und einer von ganz wenigen jüdischen Funktionären, die in der Stadt geblieben waren.[26] Zu weiteren Mitgliedern des von ihm geleiteten Ältestenrats wurden 31 Personen berufen. Die Besatzer verhafteten die meisten von ihnen, kaum dass sie ernannt worden waren. Auch den zweiten Ältestenrat lösten sie auf, wodurch Rumkowski zum einzigen Mittelsmann zwischen den Juden der Stadt und den deutschen Behörden wurde.

In den eingegliederten Gebieten erließen die deutschen Machthaber rücksichtslose antijüdische Anordnungen in einem Ausmaß, wie es sie bisher im modernen Europa nicht gegeben hatte. Es begann mit der Bestimmung über die Kennzeichnungspflicht der jüdischen Bevölkerung. Włocławek war die erste Ortschaft, in der sie eingeführt wurde. Alle Juden – hier waren es 17 000 – hatten auf Brust und Rücken ein Dreieck in gelber Farbe zu tragen. Der Kennzeichnungspflicht war eine Kontributionszahlung vorausgegangen, Synagogen waren in Brand gesetzt worden, Razzien und Verhaftungen hatten stattgefunden. Angeordnet hatte die Kennzeichnungspflicht Stadtkommissar Hans Cramer. Der Regierungspräsident in Kalisch, Friedrich Uebelhoer (1893–1945?), ordnete am 14. November 1939 an, dass sich alle Juden in Łódź ohne Rücksicht auf ihr Geschlecht und Alter mit einem Abzeichen „in judengelber Farbe" in einer Größe von 10 Zentimetern kennzeichnen mussten.[27] Zwei Wochen später wurden die Vorschriften für den Warthegau vereinheitlicht. Eine Anordnung von Arthur Greiser verpflichtete Juden, an der Vorder- und Rückseite ihrer Kleidung einen gelben Stern zu tragen. Gleichzeitig gab es erste Stimmen, die dazu aufriefen, ein geschlossenes Ghetto in Łódź einzurichten. Gedacht war an ein „Sammellager" für Juden, die das Wartheland „verließen", um gleichzeitig ihre Ausplünderung zu erleichtern. Greiser gab zu verstehen, dass durch die Schaffung eines Ghettos das Vermögen der Juden eingezogen werden könne, „sofern sie nicht alles für Essen abgeben, was sie besitzen". Danach sollten sie dann ins Ausland vertrieben werden.

26 Zu den Kontroversen um seine Person siehe Monika Polit, „Meine jüdische Seele fürchtet den Tag des Gerichts nicht". Mordechaj Chaim Rumkowski – Wahrheit und Legende, Osnabrück 2017.

27 Faschismus – Getto – Massenmord, S. 69 f.

Wachposten an einem Tor zum Ghetto Litzmannstadt,
dahinter das Schild „Wohngebiet der Juden. Betreten verboten", 1941
Propagandakompanien der Wehrmacht – Heer und Luftwaffe (PK) 689
Bundesarchiv, Bild 101I-133-0703-30 | Fotograf(in): Zermin | CC-BY-SA 3.0

Die offizielle Anordnung zur Einrichtung des Ghettos erließ der Polizeipräsident am 8. Februar 1940. Als Ghettogebiet wurden die ärmsten Stadtviertel bestimmt – Bałuty und die Altstadt (Stare Miasto), in denen vor dem Krieg das jüdische Proletariat gewohnt hatte. Bereits zuvor hatte man Juden dorthin umgesiedelt, deren Wohnungen für Deutsche und Volksdeutsche requiriert worden waren. Der Umzug ins Ghetto sollte im Laufe einiger Wochen stattfinden. Tausende Juden nutzten diese Zeit, um ihre Flucht in das Generalgouvernement zu organisieren. Am 30. April wurde das Ghetto von der Außenwelt abgeschlossen. Deutschen und Polen war es nicht erlaubt, das Gelände zu betreten; ein Holzzaun mit Stacheldraht umgab das Areal, das Posten der Ordnungspolizei bewachten. Post- und Telefonverbindungen wurden eingeschränkt. Im Ghetto entstand eine Art eigenständiger „Staat", der ab Juli 1940 sogar eine „Währung" einführte, die die Bewohner „Rumki" nannten.

Die Lebensbedingungen waren von Beginn an unmenschlich. Auf nur 4,13 Quadratkilometern waren einer Zählung vom Juni 1940 zufolge rund 160 000 Menschen zusammengedrängt. Die Bebauung war sehr schlecht und bestand zum größten Teil aus Holz. Lediglich 382 Wohnungen von insgesamt 48 000 Zimmern verfügten über eine Kanalisation. Hunger und Krankheiten breiteten sich aus. Die Lebensmittelrationen waren unzureichend, und aufgrund der Abriegelung durch die Polizei war es nicht möglich, Lebensmittel hereinzuschmuggeln. Oberstes Ziel der deutschen Ghettoverwaltung, die ab Mai 1940 unter der Leitung des Bremer Kaffeeimporteurs Hans Biebow (1902–1947) stand, war die Ausbeutung der jüdischen Bevölkerung. Das Ghetto wurde zu einem riesigen Arbeitslager. Rumkowski war überzeugt, dass nur die Steigerung der Produktivität einen entscheidenden Beitrag dazu leisten könne, das Überleben der Bevölkerung zu sichern.[28]

Das Ghetto Litzmannstadt, das eine „Übergangslösung" sein sollte, existierte bis in das Jahr 1944.

Bis Ende 1940 entstanden in mehreren Ortschaften des Warthelandes Ghettos, u. a. in Pabianice, Warta, Kutno und Żychlin. In den Kreisen Koło, Konin, Turek wurden sogenannte Landghettos eingerichtet. Das größte, Kowale Pańskie, umfasste 18 Dörfer und zählte 4000 Personen. Dort lebten die Juden jedoch nicht getrennt von der polnischen Bevölkerung. Łódź war in dieser Hinsicht eine Ausnahme.

Judenräte

Das Schicksal der jüdischen Bevölkerung im besetzten Polen lag im September und Oktober 1939 in den Händen der Sicherheitspolizei, um dann in den Verantwortungsbereich der Zivilverwaltung überzugehen. Das Verhältnis der Besatzungsbehörden untereinander war jedoch von Beginn an von Konflikten und Kompetenzstreitigkeiten geprägt, die sich vor allem an der Frage entzündeten, wie Profite aus dem Raub des jüdischen Eigentums und der Ausbeutung der jüdischen Arbeitskraft gezogen werden konnten. Erst im Sommer 1940 gelang es der Zivilverwaltung, diese Streitigkeiten vorerst für sich zu entscheiden. Sie hatte bis zum Beginn der Deportationen in die Vernichtungslager im Frühjahr 1942 die offizielle Entscheidungsgewalt.

28 Aus der umfangreichen Literatur zum Ghetto Litzmannstadt siehe z. B. Andrea Löw, Juden im Getto Litzmannstadt. Lebensbedingungen, Selbstwahrnehmung, Verhalten, Göttingen 2006. Zur Ghettoverwaltung siehe Adam Sitarek, „Otoczone drutem państwo". Struktura i funkcjonowanie administracji żydowskiej getta łódzkiego, Łódź 2015.

Die ersten Ältestenräte wurden – wie erwähnt – auf Anordnung der Sicherheitspolizei eingerichtet. Die Nationalsozialisten schufen bevorzugt neue, von ihnen vollkommen abhängige Institutionen, statt sich auf bestehende Gemeindestrukturen zu stützen. Nachdem die Zivilverwaltung die Verantwortung für die jüdische Bevölkerung übernommen hatte, vereinheitlichte Frank das Vorgehen mit einer Anordnung vom 28. November 1939. Künftig sollten die Judenräte in Ortschaften mit weniger als 10 000 Einwohnern aus 12, in größeren aus 24 Personen bestehen. „Der Judenrat ist verpflichtet, durch seinen Obmann oder durch seinen Stellvertreter die Befehle deutscher Dienststellen entgegenzunehmen. Er haftet für ihre gewissenhafte Durchführung in vollem Umfange. Den Weisungen, die er zum Vollzuge dieser deutschen Anordnungen erlässt, haben sämtliche Juden und Jüdinnen zu gehorchen.“[29]

In den folgenden Wochen mussten sie in den meisten Ortschaften Judenräte einrichten. Ihre Angehörigen sollten durch Wahlen berufen werden, tatsächlich entschieden jedoch in den meisten Fällen die Deutschen über die Zusammensetzung. Es kam vor, dass sie die Namen der ihnen vorgeschlagenen Kandidaten strichen, manchmal wechselten sie sogar den ganzen Judenrat aus. In den meisten Fällen ließen sich Funktionsträger der jüdischen Gemeinden, Stadträte oder Vorsitzende lokaler Initiativen aus der Vorkriegszeit in die Judenräte berufen. So beispielsweise in Lublin, wo Henryk Bekker nach Einrichtung des Judenrats zu dessen Vorsitzendem ernannt wurde. Bekker war zuvor Vorsitzender der jüdischen Glaubensgemeinschaft gewesen. In einigen Ortschaften des Distrikts Lublin kam es bei der Bildung der Judenräte zu Problemen. In Biłgoraj musste der Judenrat von oben bestimmt werden, da sich niemand fand, der diese Stellung freiwillig übernehmen wollte.[30] Da politische Aktivisten teilweise in den Osten geflohen waren, nahm man in manchen Ortschaften auch Umsiedler oder Flüchtlinge aus dem Westen Polens in den Judenrat auf. Da sie über deutsche Sprachkenntnisse verfügten, fiel ihnen die Kommunikation mit den Besatzern leichter. In einigen Landkreisen ernannte die Zivilverwaltung einen Vorsitzenden für alle Judenräte im Kreis.

Die Judenräte sahen sich mit unzähligen Problemen konfrontiert. Im Vergleich zu den Aktivitäten der jüdischen Gemeinden in der Vorkriegszeit, die religiöse und philanthropische Aufgaben übernommen hatten, standen sie nun äußerst komplizierten innergemeinschaftlichen, politischen und religiösen

29 Verordnung über die Einrichtung der Judenräte. v. 28. 11. 1939. Verordnungsblatt des Generalgouverneurs für die besetzten polnischen Gebiete/Verordnungsblatt für das Generalgouvernement, hg. vom Amt für Gesetzgebung in der Regierung des Generalgouvernements, Krakau 1939–1944, S. 72.

30 Siehe Tadeusz Radzik, Lubelska dzielnica zamknięta, Lublin 1999, S. 58 f.

Schwierigkeiten gegenüber. Dabei waren die Judenräte keine selbstständigen Institutionen, sondern mussten den Anordnungen der Verwaltung nachkommen, gleichzeitig für die ankommenden Flüchtlinge sorgen und soziale Hilfe organisieren. Sie wurden verpflichtet, die Kontributionszahlungen einzutreiben, die jüdische Bevölkerung statistisch zu erfassen und deren Eigentum zu registrieren sowie täglich Kontingente von Zwangsarbeitern zusammenzustellen. Zu ihren Aufgaben gehörten sämtliche finanziellen, wirtschaftlichen, gesellschaftlichen und Verwaltungsangelegenheiten. Die Unterstützung für die Umsiedler, die Notleidenden und all diejenigen, die ihre Einkunftsmöglichkeiten verloren hatten, stand im Vordergrund. Allen zu helfen war jedoch unmöglich.

Angesichts der stetigen Verschärfung der antijüdischen Politik der Nationalsozialisten konnten die Judenräte mit der Zeit immer weniger ausrichten. Sie befiel, wie Raul Hilberg es formulierte, „tiefe Beklemmung angesichts ihrer Berufung“. Einerseits unternahmen sie verzweifelte Versuche, das Leid zu lindern, andererseits wurden sie in die Vernichtungsmaschinerie hineingezogen. „So war es der jüdischen Führung beschieden, ihre Gemeinde zugleich zu retten und zu vernichten; sie verschaffte den Juden für den Augenblick Rettung, um sie im nächsten Augenblick der Vernichtung anheimzugeben. Einige Führer weigerten sich, auf diese Weise Macht auszuüben, andere ließen sich von der Macht verführen.“[31]

Eine generelle Beurteilung der Judenräte und ihrer Aktivitäten war und ist äußerst schwierig. Die Debatten über dieses Thema sind bis heute nicht beendet. In der neueren Forschung wird es eher vermieden, auf der Basis der Analyse einzelner Judenräte und des Kontextes ihres Handelns verallgemeinernde Aussagen und Bewertungen zu treffen.[32]

Antijüdische Verordnungen im Generalgouvernement

Die jüdische Bevölkerung wurde im Laufe weniger Monate völlig entrechtet. Die Verwaltung des Generalgouvernements erließ immer repressivere Anordnungen. Einige waren bereits aus dem Deutschen Reich und dem Protektorat bekannt, andere völlig neu. Eine der ersten Anordnungen war die am 26. Oktober 1939 verkündete Arbeitspflicht für Juden im Alter von 14 bis 60 Jahren. Bereits vor diesem Beschluss hatten lokale Behörden Juden jedoch zu verschiedenen

31 Hilberg, Die Vernichtung der europäischen Juden, Bd. 1, S. 228.

32 Siehe Yehuda Bauer, Die dunkle Seite der Geschichte. Die Shoah in historischer Sicht. Interpretationen und Re-Interpretationen, Frankfurt a. M. 2001, S. 105–111.

Aufräum- und Bauarbeiten herangezogen. Besonders folgenschwer war die Anordnung Franks vom 23. November, nach der Juden, die älter als zehn Jahre waren, ab dem 1. Dezember auf der Bekleidung ihres rechten Arms eine spezielle Kennzeichnung tragen mussten. Sie bestand aus einem weißen, 10 cm großen Band, auf dem ein blauer Davidstern angebracht war.[33] Wie erwähnt, war eine ähnliche Anordnung im Warthegau bereits drei Wochen zuvor ergangen. Der Gouverneur in Lublin hatte verfügt, dass zwei gelbe Abzeichen zu tragen waren, eines auf der linken Brustseite und ein zweites mit der Aufschrift „Jude" auf dem Rücken. Auch der Gouverneur des Distrikts Krakau war Frank zuvorgekommen. Ab Januar 1940 wurden in einzelnen Distrikten eingeführte Kennzeichnungen der zentralen Regelung angepasst. Zur Herstellung und Verteilung der Abzeichen zogen die Besatzer die Judenräte heran. Die Kennzeichnungspflicht betraf auch zum Christentum Konvertierte und Polen mit jüdischen Vorfahren. Bei Nichtbeachtung der Kennzeichnungspflicht drohten Geld- oder Haftstrafen, die Sondergerichte aussprachen.

Für die Jüdinnen und Juden war die Einführung der Abzeichen ein Schock, von dem sie sich lange nicht erholten. Den Nationalsozialisten ging es jedoch nicht allein darum, die Juden zu demütigen, indem sie auf mittelalterliche Praktiken der Stigmatisierung zurückgriffen. „Die Unterscheidung der Juden von normalen Menschen", wie es die Warschauer Propagandazeitung „Nowy Kurier Warszawski" umschrieb, ermöglichte zudem eine einfachere Kontrolle. Ein Deutscher war nämlich gewöhnlich nicht in der Lage, Menschen, die sich nicht eindeutig als Juden zu erkennen gaben, von „Ariern" zu unterscheiden. Juden, die sich im öffentlichen Raum aufhielten, wurden Opfer von Schikanen und Angriffen, die nicht nur von Deutschen, sondern auch von Polen ausgingen. Dies bezeugen Eintragungen in Tagebüchern. Der Warschauer Lehrer Chaim Aron Kapłan notierte in seinem Tagebuch: „[Die Besatzungsmacht] gab zu verstehen, dass Juden außerhalb vom Gesetz stehen, dass die Behörden nichts dagegen tun, wenn jemand ihnen Leid antut. Rowdys verstanden blitzschnell, was dies bedeutet. In den letzten Tagen werden Juden immer wieder angegriffen, und das am helllichten Tag und auf den Hauptstraßen. Der Besatzer reagiert nicht darauf, und Juden werden von ihnen geschlagen und ausgeraubt. Solche Übergriffe finden vor den Augen zahlloser Passanten statt. Es gibt viele Geschädigte, jedoch

33 Verordnung über die Kennzeichnung von Juden und Jüdinnen im Generalgouvernement, 23. November 1939, in: VBlGG 1939, S. 61, abgedruckt in: Karol Marian Pospieszalski, Nazi Occupation „Law" in Poland. Selected Documents. Part II: General Government, Poznań 2019, S. 744, http://www.iz.poznan.pl/archiwum/wp-content/uploads/2019/12/DOCUMENTA-OCCUPATIONIS-VI_ENG.pdf [22. 1. 2021],

niemanden, an den diese sich wenden können."[34] Die jugendliche Mary Berg schrieb: „Juden vermeiden es, sich auf den Straßen blicken zu lassen, da sie den häufigen Angriffen polnischer Rabauken ausgesetzt sind, die jüdische Passanten schlagen und ausrauben. Zu Opfern der Übergriffe dieser Schurken werden auch einige Polen, denen das Schicksal nicht das Glück nordischer Gesichtszüge gegeben hat."[35]

Viele assimilierte Juden weigerten sich, das Abzeichen zu tragen, und riskierten damit Repressionen. Der Pädagoge Janusz Korczak beispielsweise wurde verhaftet, weil er sich nicht als Jude gekennzeichnet hatte. Wie aus Dokumenten eindeutig hervorgeht, kam es nicht selten vor, dass Juden, die ohne Abzeichen auf die Straße gingen, denunziert wurden.[36]

In einer weiteren Verordnung vom 23. November 1939 vereinheitlichte Frank auch die Kennzeichnungspflicht jüdischer Geschäfte: „Jüdische Geschäfte sind in einer von der Strasse aus deutlich sichtbaren Weise mit dem Zionsstern zu kennzeichnen."[37] Besonders dramatische Folgen hatten Verordnungen, die die Einkommensgrundlage der jüdischen Bevölkerung beschnitten. Dass es noch während der Kriegshandlungen und kurz danach zu vielen Raubüberfällen kam, wurde bereits erwähnt. In den folgenden Monaten geschahen brutale Überfälle auf Wohnungen und Geschäfte; Wertgegenstände, Kunstwerke und Möbel wurden zur Beute deutscher Beamter und Polizisten, die sie den jüdischen Eigentümern abgezwungen oder auch über offizielle Beschlagnahmen abgenommen hatten. Am 20. November 1939 blockierten die Besatzer die Bankkonten von Juden und ordneten an, dass eine Person nur 500 Zloty, eine Familie nicht mehr als 2000 Zloty besitzen dürfe. Die Auszahlung von Renten und Pensionen wurde gestoppt und gleichzeitig entschieden, dass noch ausstehende Zahlungen und Steuern unverzüglich zu begleichen seien. Der Raub fand auf ähnliche Weise wie in den ins Reich eingegliederten Gebieten statt. Auch im Generalgouvernement diente diesem Zweck eine Treuhandstelle, die als neue Behörde der Regierung

34 Chaim Aron Kapłan, Księga życia (Dziennik z getta warszawskiego), in: Biuletyn ŻIH 45–46 (1963) 1–2, S. 187. Auf Deutsch: Chaim A. Kaplan, Buch der Agonie. Das Warschauer Tagebuch des Chaim A. Kaplan, hrsg. von Abraham I. Katsh, Frankfurt a. M. 1967.

35 Mary Berg, Warsaw Ghetto: A Diary. Ed. by S. L. Shneiderman, New York 1945, S. 25. Es handelt sich um einen der ersten Berichte über das Warschauer Ghetto, der in den Vereinigten Staaten publiziert wurde. Die Mutter der Autorin besaß die US-amerikanische Staatsbürgerschaft, sodass die Familie von den Schikanen und Übergriffen ausgenommen war.

36 Barbara Engelking/Jan Grabowski, „Przestępczość" Żydów w Warszawie 1939–1942, Warszawa 2010, S. 42 f.

37 Verordnung über die Bezeichnung der Geschäfte im Generalgouvernement, 23. November 1939, in: VBlGG. 1939, S. 61, abgedruckt in: Pospieszalski, Nazi Occupation „Law" in Poland, S. 517.

geschaffen wurde. Den Weg zum massenhaften Raub ebnete die behördliche Verordnung über die Beschlagnahme von Privateigentum. Sie wurde Anfang 1940 erlassen und war mit der Verpflichtung verbunden, die persönlichen Eigentumsverhältnisse offenzulegen. In kurzer Zeit befand sich der Großteil jüdischer Betriebe unter kommissarischer Verwaltung. Größere Firmen wurden „arisiert", kleinere aufgelöst. Der Enteignungsprozess dauerte die folgenden Monate an. Unter den Treuhändern gab es Volksdeutsche und „vertrauenswürdige" Polen, die keine Möglichkeit ausließen, sich zu bereichern.[38] Insgesamt verloren Juden auf diese Weise in den Jahren von 1939 bis 1942 im Generalgouvernement 112 000 (Laden-)Geschäfte und 115 000 Werkstätten.

Zum Jahreswechsel 1939/1940 verfügte die Besatzungsmacht weitere Einschränkungen, die das Leben der jüdischen Gemeinschaft paralysierten. Eine der folgenschwersten war das von Höheren SS- und Polizeiführer im Generalgouvernement erlassene Verbot, den Aufenthaltsort ohne Erlaubnis zu wechseln. Anfänglich wurde diese Anordnung nicht strikt verfolgt, dann jedoch intensivierten die Deutschen die Kontrollen. Im Januar 1940 verbot Frank den Juden, mit der Eisenbahn zu fahren. Längere Strecken zurückzulegen wurde damit zu einer gefährlichen Angelegenheit. Viele Stadtverwaltungen definierten zudem Bereiche, die Juden nicht mehr betreten durften. Der Zutritt zu öffentlichen Gebäuden, Cafés und Restaurants, zu Hotels und Parks, das Benutzen der Straßenbahn, von Taxis und sogar Droschken war verboten. Ab September 1940 fuhr in Warschau eine Straßenbahn, die ausschließlich für Juden bestimmt war. Die Restriktionen betrafen zwar auch Polen, für Juden waren die Auswirkungen jedoch viel gravierender. So begann zum Beispiel die Polizeistunde in Lublin für Juden um 19 Uhr, für „Arier" zwei Stunden später. Dazu kamen Schikanen wie das Verbot, auf Bürgersteigen zu gehen, oder die Anordnung, sich vor allen Deutschen, denen man begegnete, zu verbeugen. Später wurde es dann untersagt, Deutsche überhaupt zu grüßen. All dies bewirkte, dass Juden sich immer mehr in die Ecke gedrängt und bedroht sahen.

Das Vorgehen gegen Juden musste behördlich koordiniert werden. In den Strukturen der Zivilverwaltung wurden die jüdischen Angelegenheiten der Hauptabteilung Inneres der Regierung des Generalgouvernements zugeordnet. Im März 1940 richtete man dort in der Unterabteilung Bevölkerungswesen und Fürsorge das sogenannte Judenreferat ein. Dieses Amt stellte Beamte in die

38 Jan Grabowski, Zarząd powierniczy i nieruchomości żydowskie w Generalnym Gubernatorstwie. „Co można skonfiskować? W zasadzie wszystko", in: ders./Dariusz Libionka (Hrsg.), Klucze i kasa. O mieniu żydowskim w Polsce pod okupacją niemiecką i we wczesnych latach powojennych, 1939–1950, Warszawa 2014, S. 75 f.

Distriktverwaltung ab, die für „Judenfragen" zuständig sein sollten. Von dort aus wurden Angestellte in die einzelnen Kreisverwaltungen entsandt. Berichte aus dem gesamten Generalgouvernement gelangten nun direkt nach Krakau. Daneben richteten auch SS und Polizei in den jeweiligen Distriktämtern sogenannte Judenreferate ein. Das erste entstand Anfang 1940 in der Stadt Lublin. Sowohl in den zivilen Ämtern als auch in den Polizeibehörden fanden „Experten für Judenfragen" ein Betätigungsfeld. Daneben befassten sich auch die Arbeitsämter mit Angelegenheiten, die Juden betrafen. Bald sollte sich zeigen, dass das Konkurrenzverhältnis von Zivilverwaltung und Polizeibehörden keinen günstigen Einfluss auf das Schicksal der Juden hatte.

Das System der Zwangsarbeit

Das Generalgouvernement war kaum besetzt, als die deutschen Behörden Juden zur Zwangsarbeit trieben. Anfangs wurden sie zu Aufräum- und Instandsetzungsarbeiten herangezogen und mussten etwa Schutt und Trümmer wegschaffen, die der Luftkrieg und Artilleriebeschuss hinterlassen hatten. Sie verrichteten auch Hilfstätigkeiten für die Wehrmacht. Die Judenräte wurden verpflichtet, Arbeitskontingente zusammenzustellen. Oft griffen die Deutschen die ihnen erforderlich erscheinende Anzahl an Arbeitern jedoch einfach auf der Straße auf, holten sie aus ihren Häusern und zwangen sie zur Arbeit.

Erste Arbeitslager für Juden (kurz Judenlager oder Julag) richtete die Sicherheitspolizei Anfang 1940 ein. Sie entstanden im Distrikt Lublin auf Initiative des dortigen SS- und Polizeiführers Odilo Globocnik. Bereits im Dezember 1939 wurde in Lublin mit der Errichtung eines ständigen Arbeitslagers begonnen. Juden aus der Stadt bauten auf einem Platz neben der Lipowa-Straße 7–9 in Handarbeit mehrere Baracken und Werkstätten auf. Bewacht wurden sie zunächst vom volksdeutschen Selbstschutz, später von SS-Männern. Nach einem Jahr wurden 2000 jüdische Soldaten und Unteroffiziere zur Arbeit herangezogen. Man hatte sie aus Kriegsgefangenenlagern (Stalags) im Reich herangeschafft. Sie stammten aus den Kreisen im Osten Polens, die sich unter sowjetischer Herrschaft befanden, und konnten deswegen nicht zurück nach Hause geschickt werden. Mit der Zeit kamen auch Juden aus unterschiedlichen Ortschaften im Distrikt Lublin in das Lipowa-Lager sowie eine Anzahl Polen, denen diverse Vergehen zur Last gelegt wurden, beispielsweise das von ihnen geforderte Erntekontingent nicht abgeliefert zu haben. Von Beginn an herrschten im Lager entsetzliche Lebens- und Arbeitsbedingungen. Die Baracken waren überfüllt, es gab keine sanitären Einrichtungen. Die Sterblichkeitsrate war hoch. Die ehemaligen Soldaten wollten nicht hinnehmen, dass ihnen die Armeeuniformen abgenommen wurden.

Einige unternahmen Fluchtversuche. Erst als Kollektivstrafen ausgesprochen wurden, endeten die Versuche, aus dem Lager zu fliehen. Im Februar 1941 wurde das Lager der SS-Firma Deutsche Ausrüstungswerke unterstellt, ein Unternehmen, das im Generalgouvernement für die Ausweitung des SS-Wirtschaftsimperiums stand.[39]

Ende Mai 1940 begann Globocnik, in der kleinen Ortschaft Bełżec im Kreis Tomaszów an der Grenze zum sowjetischen Gebiet einen Arbeitslagerkomplex zu errichten. Die Häftlinge mussten im Rahmen eines von der SS ausgearbeiteten Grenzwall-Plans an der durch den Bug gebildeten deutsch-sowjetischen Grenze auf einer Strecke von 50 Kilometern Panzergräben - einen „Buggraben" - anlegen. Den Befehl über die Lager erhielt der Kommandant des Lubliner Lipowa-Lagers, Sturmbannführer Hermann Dolp. Die Polizei griff mehrere Tausend jüdische Männer im Generalgouvernement auf und brachte sie in acht Lagern in der Ortschaft Bełżec und Umgebung zwangsweise unter. Erste Razzien fanden in Lublin und weiteren Orten des Distrikts statt. Dann verschleppten die Nationalsozialisten Tausende Männer aus den Distrikten Warschau und Radom nach Bełżec. Zudem brachten sie eine Gruppe Roma und Sinti aus Hamburg in die Lager sowie Polen, die den Besatzern die ihnen auferlegten Kontingente an landwirtschaftlichen Produkten schuldig geblieben waren.

Die Lebens- und Arbeitsbedingungen in den Lagern in und bei Bełżec waren von Beginn an katastrophal. Die Lebensmittelrationen erwiesen sich angesichts der anstrengenden Arbeit der Häftlinge als völlig unzureichend. Sie mussten ohne Rücksicht auf ihre körperliche Verfassung sieben Tage in der Woche arbeiten, oft bis zu zehn Stunden am Tag. Es fehlte an elementarer Ausstattung wie zum Beispiel an geeigneter Kleidung. Als Folge verbreiteten sich Hunger und Krankheiten, und die Sterblichkeitsrate war entsprechend hoch. Auch die Unterstützungsmaßnahmen des Lubliner Judenrats, der einen medizinischen Dienst in die Lager schickte und für weitere Hilfe sorgte, konnten die Situation nicht verbessern. Die Lager bestanden mehrere Monate lang, sie erfüllten jedoch nicht die Erwartungen Globocniks und der SS-Machthaber und wurden Ende des Jahres wieder geschlossen.

Insgesamt richtete man im Distrikt Lublin in dieser Zeit 58 zumeist kleinere Zwangsarbeitslager ein. In ihnen waren Gruppen von etwa einhundert bis zu einigen Hundert Häftlingen zur Arbeit gezwungen, etwa beim Bau von Flugplätzen

39 Siehe Wojciech Lenarczyk, Obóz pracy przymusowej dla Żydów przy ul. Lipowej w Lublinie (1939–1943), in: Wojciech Lenarczyk/Dariusz Libionka (Hrsg.), Erntefest, 3–4 listopada 1943. Zapomniany epizod Zagłady, Lublin 2009, S. 37–72; siehe auch Hermann Kaienburg, Die Wirtschaft der SS, Berlin 2003.

und Straßen, bei der Rodung von Wäldern, der Regulierung von Flüssen, beim Trockenlegen von Sümpfen und in Steinbrüchen. Ähnliche Arbeitseinsätze gab es im gesamten Generalgouvernement. Die Ausbeutung der jüdischen Arbeitskraft spielte in den deutschen Plänen eine immer größere Rolle.

Die Entstehung der Ghettos

Der „Madagaskar-Plan"

Angesichts der Kriegsniederlage Frankreichs im Frühsommer 1940 wurde die bisher verfolgte Politik der Vertreibung der Juden aus Deutschland in das Generalgouvernement durch den Plan ersetzt, die jüdische Bevölkerung auf die Insel Madagaskar zu bringen. Der Plan war nicht neu. Bereits vor Kriegsbeginn war er in Kreisen des deutschen Auswärtigen Amts erwogen worden, und auch polnische Verfechter einer „Lösung der Judenfrage" hatten über Madagaskar, das zu Frankreichs Kolonialbesitz gehörte, als Ansiedlungsort für die in Europa unerwünschten Juden diskutiert. Das polnische Außenministerium hatte sogar eine Delegation nach Madagaskar geschickt, um die Bedingungen dort zu inspizieren. Mitte 1940 erschien die Ausgangslage zur Umsetzung dieses Plans erfolgversprechend. So zumindest notierte es der Referatsleiter für „Judenfragen" im Auswärtigen Amt, Franz Rademacher, in einer Denkschrift. Die Insel sollte in eine Militärbasis und ein großes Konzentrationslager umgewandelt werden. Über die Visionen der vorangegangenen Jahre weit hinausgehend, sollten jetzt Millionen Menschen erfasst werden. Umgesetzt werden sollte das Vorhaben mithilfe von finanziellen Mitteln der Juden selbst. Und es gab noch einen weiteren Vorteil – die Juden konnten als Geiseln dienen, um die Vereinigten Staaten unter Druck zu setzen. Der Plan wurde von Heydrich gutgeheißen und weckte auch Hoffnungen bei Hans Frank. Im Juli 1940 verkündete er auf einer Regierungssitzung lautstark, dass nach dem Friedensschluss die Umsiedlung der jüdischen Bevölkerung aus dem Reich und dem Protektorat beginnen würde: „Sobald der Überseeverkehr die Möglichkeit des Abtransportes der Juden zuläßt (Heiterkeit), werden die Juden Stück um Stück, Mann um Mann, Frau um Frau, Fräulein um Fräulein, abtransportiert werden."[40]

Voraussetzung zur Umsetzung des Vorhabens war der Sieg über Großbritannien. Doch die Besetzung der Insel durch die Engländer und die Verbände des

40 Werner Präg/Wolfgang Jacobmeyer, Das Diensttagebuch des deutschen Generalgouverneurs in Polen 1939–1945, Stuttgart 1975, S. 258.

Freien Frankreichs bedeuteten nicht das Ende des Plans. Noch im Februar 1941 verwies Hitler auf Madagaskar, obwohl zu diesem Zeitpunkt die Verfolgung der Juden im Generalgouvernement bereits in eine neue Phase übergegangen war.[41] Der „Madagaskar-Plan“ war der letzte Versuch einer „Lösung der Judenfrage“ durch erzwungene Auswanderung. Auf ihn folgten die Verschleppung und Ermordung der jüdischen Bevölkerung.

Die ersten Ghettos im Generalgouvernement

Das Fiasko der Idee eines Reservats im Lubliner Land und die gescheiterten Fantastereien über die Möglichkeit der Abschiebung der Juden nach Madagaskar bestimmten den weiteren Verlauf des antijüdischen Vorgehens im Generalgouvernement. Wenn man die Juden schon nicht in überseeische Gebiete vertreiben konnte, sollten sie zumindest streng isoliert werden. Die Art der Einrichtung und Verwaltung der jüdischen Wohnviertel wurde jedoch nicht durch Anordnungen von oben normiert. Die Gouverneure und die ihnen unterstehenden Kreishauptmänner trafen eigenmächtig Entscheidungen. Die Ghettoisierung sah in allen Kreisen unterschiedlich aus. Zentrales Merkmal war, dass die Juden nicht vollständig in den Ghettos eingeschlossen waren und die räumliche Isolation stets als vorläufig angesehen wurde. Geschlossene Ghettos existierten nur in den größeren Städten, aber auch hier waren sie nicht von Anfang an umzäunt, wie zum Beispiel in Lublin. In der Provinz hingegen waren die jüdischen Viertel nie völlig von ihrer Umgebung abgetrennt, und Tausende Juden konnten an ihrem bisherigen Wohnort bleiben.

Die Verordnung Hans Franks vom 13. September 1940 zur Aufenthaltsbeschränkungen der Juden[42] bildete die formale Grundlage für die Schaffung von Ghettos im Generalgouvernement. Vielerorts waren jedoch bereits zuvor erste Schritte zur Isolation der jüdischen Bevölkerung eingeleitet worden. Das erste Ghetto im Generalgouvernement wurde bereits im Herbst 1939 in Piotrków Trybunalski im Distrikt Radom eingerichtet. Dort lebten zu diesem Zeitpunkt 11 000 Juden. Auf Befehl des Stadtkommissars Hans Drechsler mussten sie alle bis zum 31. Oktober 1939 in den jüdischen Stadtbezirk umziehen, Polen wiederum hatten das Viertel zu verlassen. Das Ghetto wurde nicht umzäunt, die Bewohner durften das Gelände jedoch nur in der Zeit zwischen 11 und 13 Uhr

41 Hilberg, Täter, Opfer, Zuschauer, S. 28.

42 Verordnung über Aufenthaltsbeschränkungen im Generalgouvernement, 13. September 1940, in: VBlGG. 1940, I, S. 288, abgedruckt in: Pospieszalski, Nazi Occupation „Law“ in Poland, S. 749 f.

verlassen. „Wer außerhalb dieser Zeiten auf der Straße angetroffen wird, wird als Saboteur vor ein Standgericht gestellt."[43] Anordnungen über die Einrichtung von jüdischen Wohnvierteln wurden später noch in einigen weiteren Ortschaften des Distrikts erlassen.

Die nationalsozialistische Propaganda stellte die Isolation der Juden als rationale Entscheidung dar. Sie galt als das geeignete Mittel, um Verbrechen und Spekulation einzudämmen und vor allem, die Bevölkerung vor ansteckenden Krankheiten zu schützen. „Die Bildung jüdischer Wohnbezirke", schrieb der Leiter der Abteilung Umsiedlung beim Gouverneur des Distrikts Warschau, Waldemar Schön, „und Auferlegung von Aufenthalts – und Wirtschaftsbeschränkungen für Juden sind in der Geschichte des Ostens nicht neu. Ihre Anfänge liegen schon im 13. Jahrhundert und sind bis zur Errichtung der polnischen Republik im geschichtlichen Verlauf immer wieder zu beobachten gewesen. Neu ist aber die Methode, mit der solche Beschränkungen nach nationalsozialistischen Grundsätzen und Erkenntnissen auferlegt werden."[44]

Das Ghetto Litzmannstadt diente als Vorbild für die Ghettos im Generalgouvernement.

Die Einrichtung des Warschauer Ghettos

In keinem Ort im Generalgouvernement lebten so viele Juden wie in Warschau. Nach der Volkszählung vom Oktober 1939 befanden sich 359 827 Juden in der Stadt, die damit 28,2 % der Stadtbevölkerung stellten. In den einzelnen Kreisen des Distrikts Warschau gab es unterschiedlich große jüdische Gemeinden, sie umfassten zwischen einigen Hundert und mehreren Zehntausend Angehörigen: im Kreis Warschau 80 000 und im Kreis Siedlce fast 45 000.

In den Kriegs- und den ersten Besatzungsmonaten kam es zu einer großen Migrationsbewegung der jüdischen Bevölkerung. Tausende flüchteten in Richtung Osten und befanden sich nun in den Gebieten, die nach dem 17. September von der Sowjetunion besetzt wurden. Viele von ihnen wurden später ins Innere der Sowjetunion deportiert. Die Stadt Warschau erreichten zunächst Flüchtlinge aus dem Westen Polens und später Umsiedler aus dem Warthegau. Unter dem Vorwand, angesichts des „illegalen Zuzugs von Juden" endlich „die Sicherheit zu gewährleisten", richteten die Deutschen Anfang 1940 im Landkreis Łowicz jüdische Stadtbezirke ein. In Warschau unternahm man bereits im November

43 Verordnung vom 1. 12. 1939, in: Faschismus – Getto – Massenmord, S. 74.

44 Bericht des Leiters der Abteilung Umsiedlung beim Gouverneur des Distrikts Warschau, 20. 1. 1941, zit. nach ebenda, S. 108–113, hier S. 108.

1939 ein erstes Mal den Versuch, ein Ghetto anzulegen. Aufgrund von Protesten des Judenrates und der Militärverwaltung konnte das Vorhaben jedoch zunächst nicht durchgesetzt werden.[45] Lediglich ein „Seuchensperrgebiet“ wurde eingerichtet.

In den folgenden Monaten änderte die verantwortliche Behörde, die Abteilung Umsiedlung im Distrikt Warschau, ihre Pläne mehrfach. Zunächst stand die Überlegung im Raum, das Ghetto westlich der Weichsel im Stadtteil Wola einzurichten, danach, es in dem östlich der Weichsel gelegenen Grochów anzulegen; beides wurde jedoch wieder verworfen. Bei der endgültigen Entscheidungsfindung schaltete sich dann auch die Abteilung Gesundheit ein, die vor dem Ausbruch von Epidemien und der Gefährdung für die Wehrmacht warnte. Als im Frühjahr 1940 das „Seuchensperrgebiet“ in einem weiteren Schritt mit Mauern und Zäunen abgetrennt wurde, brach in der jüdischen Bevölkerung Panik aus. Um die unterschiedlichsten Befürchtungen zu entkräften, behaupteten die Deutschen, die Mauern sollten die Juden nur vor den Übergriffen polnischer Rabauken schützen. Tatsächlich hatten sich um die Osterfeiertage Hunderte aufgehetzte Jugendliche zusammen mit von den Deutschen inspirierten polnischen Antisemiten, die mit der ONR-Falanga sympathisierten, aufgemacht und in verschiedenen Warschauer Stadtteilen Passanten angegriffen, Geschäfte demoliert und geplündert. Die Gewalt dauerte drei Tage lang an. Weder die polnische (Blaue) noch die deutsche Polizei hatten eingegriffen.[46]

Die Unklarheiten über die Wohnsituation der jüdischen Bewohner Warschaus endeten mit der Entscheidung des Gouverneurs Fischer vom 2. Oktober 1940, ein Ghetto einzurichten.[47] Als Begründung dafür mussten die „allgemeinpolitische Situation“, „aktuelle Erkenntnisse“ und die „Gesundheits- und Wirtschaftslage“ herhalten. Die über Lautsprecher auf den Straßen und in den Propagandazeitschriften bekannt gegebene Entscheidung stellte sich als endgültig heraus. Die Ankündigung, ein geschlossenes jüdisches Viertel zu schaffen, rief unter den Warschauern Entsetzen hervor und hatte ein unvorstellbares Chaos zur Folge, da zahllose Menschen ihren Wohnsitz wechseln mussten. Der Verlauf

45 Siehe ausführlich zum Warschauer Ghetto Barbara Engelking/Jacek Leociak, The Warsaw Ghetto: A Guide to the Perished City, New Haven/London 2009; Markus Roth/Andrea Löw, Das Warschauer Getto: Alltag und Widerstand im Angesicht der Vernichtung, München 2013.

46 Zur Rekonstruktion dieser Geschehnisse: Tomasz Szarota, On the Threshold of the Holocaust. Anti-Jewish Riots and Pogroms in Occupied Europe. Warsaw – Paris – The Hague – Amsterdam – Antwerp – Kaunas, Frankfurt a. M. 2015, S. 23 ff.

47 Siehe Klaus-Peter Friedrich, Rassistische Seuchenprävention als Voraussetzung nationalsozialistischer Vernichtungspolitik: Vom Warschauer „Seuchensperrgebiet“ zu den „Getto“-Mauern (1939/40), in: Zeitschrift für Geschichtswissenschaft 53 (2005), S. 609–636.

der Ghettogrenze blieb an einigen Abschnitten noch bis zum letzten Moment unklar. Insgesamt zogen 113 000 Polen und 138 000 Juden um. Am 15. November wurde das Ghetto endgültig abgesperrt. Deutsche und Blaue Polizei verhafteten alle, die sich der Anordnung des Wohnsitzwechsels entziehen wollten. Dennoch entschieden sich Tausende Polen jüdischer Herkunft und Juden, auf der „arischen Seite“ zu bleiben.

Die Lebensbedingungen im Ghetto waren von Beginn an katastrophal. Die Armut verschärfte sich, und die Unsicherheit über die nahe Zukunft wuchs von Tag zu Tag. „Wir sahen plötzlich“, so schrieb Chaim Kapłan in sein Tagebuch, „wie wir zusammengepfercht und von allen Seiten eingeschlossen waren. Wir sind ausgeschlossen und getrennt von der Außenwelt und werden gejagt von der menschlichen Gesellschaft.“[48]

Die Aufsicht über den Güterumschlag zwischen der „arischen Seite“ und dem Ghetto übernahm die Transferstelle, die vor allem die äußerste wirtschaftliche Ausbeutung der Ghettobevölkerung im Blick hatte. Die Initiative für die Einrichtung dieser Institution ging vom Gouverneur Dr. Ludwig Fischer (1905–1947) aus. Die Umsetzung der Maßnahmen endete in Hunger, Krankheiten und Epidemien. Sie schlug sich in einer schockierenden Steigerung der Todesrate nieder. Die im Ghetto Eingeschlossenen waren ihrer Einkommensquellen beraubt, und die Arbeitslosigkeit stieg rasant. Im Januar 1941 starben im Laufe eines Monats 898 Personen, im Februar waren es bereits 1023 und im März 1608. Immer mehr Notleidende und Bettler streiften durch die Straßen. Die Leichen der Verhungerten lagen offen auf den Plätzen, Gehwegen und in den Nischen an den Häusern. Auch die wohltätige Hilfe und der zunehmende Schmuggel von Lebensmitteln von außerhalb der Mauern konnten die Situation nicht retten. Ringelblum notierte 1941: „In der letzten Woche (Anfang März) [starben] über 400. Man verscharrt sie in Massengräbern, die Leichen sind mit einem Brett voneinander getrennt. Der Großteil der Toten, die aus dem Krankenhaus gebracht werden, wird nackt begraben. In meinem Haus starben im Laufe eines Tages vor Hunger: Vater, Mutter und Sohn.“[49]

Ähnliche Beschreibungen sind in sämtlichen Tagebüchern zu finden, die im Ghetto geschrieben wurden. Die deutschen Behörden im Generalgouvernement waren am Wohlergehen der Juden nicht interessiert. Am 22. Januar hielt Hans Frank auf einer Parteikundgebung der NSDAP in Lublin eine Rede: „Wir haben immer noch Reste von Humanitätsphantasten und solchen, die aus

48 Zit. nach Engelking/Leociak, The Warsaw Ghetto, S. 74.

49 Emanuel Ringelblum, Kronika getta warszawskiego, wrzesień 1939–styczeń 1943, Hrsg. v. Artur Eisenbach, Warszawa 1988, S. 245, Notiz vom 18. 3. 1941.

lauter echt deutscher Gutmütigkeit die Weltgeschichte zu verschlafen pflegen. Das kann man von uns nicht verlangen, die wir mit dem Führer seit 20 Jahren in diesem Kampfe stehen, daß wir noch irgendwelche Rücksicht auf die Juden nehmen. [...] Wenn heute die Juden in der Welt um Mitleid bitten, so läßt uns das kalt."[50]

Anfang 1941 befahl die Zivilverwaltung die „Säuberung" der Kreise im westlichen Teil des Distrikts. Die jüdischen Stadtbezirke in Grójec, Sochaczew, Łowicz, Żyrardów wurden aufgelöst und ihre Bewohner in das Warschauer Ghetto getrieben. Den Betroffenen der Umsiedlungen ließ man normalerweise nur wenige Tage Zeit. Die Vertreibung von 2500 Juden aus Piaseczno fand beispielsweise vom 22. bis zum 27. Januar statt. Die „Marschfähigen" gingen in Gruppen von 500 Personen zu Fuß. Nach ihrer Ankunft wurden sie in Quarantäne gehalten. Im Ort selbst blieb nur eine kleine Gruppe zurück, die zu „Aufräumarbeiten" herangezogen wurde. Insgesamt mussten 50 000 Personen ins Warschauer Ghetto übersiedeln, womit die Einwohnerzahl bis auf etwa 460 000 anwuchs. Die Neuankömmlinge, die im Zuge des Umzugs ihre gesamte Habe verloren hatten, waren nicht mehr in der Lage, auch nur das geringste Existenzminimum sicherzustellen. Zudem hatten sie keine Chance auf eine Wohnung, waren die Menschen doch auf kleinstem Raum zusammengedrängt. Auf einen Quadratkilometer kamen 110 800 Einwohner, während in anderen Vierteln Warschaus auf der gleichen Fläche nur 38 000 Personen lebten. Ein Zimmer mussten sich 6 bis 7 Personen teilen, später wurden es noch mehr. Damit nicht genug, wurde auch das Gebiet des Ghettos immer weiter verkleinert. Das Gedränge war nun so groß, dass es schwierig wurde, sich auf der Straße fortzubewegen. Die am Reißbrett gezogenen Ghettogrenzen verkomplizierten das tägliche Leben der Bewohner. Grüne Flächen gab es fast gar nicht. Der einzige Platz mit Bäumen war der Friedhof. Im Übrigen fällten die Ghettobewohner mit der Zeit sämtliche Bäume und verarbeiteten sie zu Brennholz. Die Deutschen befahlen, dass das Ghetto von der übrigen Stadt durch eine Mauer abgegrenzt werde, die schließlich eine Länge von 18 Kilometern erreichte. Die Baukosten mussten die Juden selbst tragen. Zugänge von Straßen und Fensteröffnungen wurden zugemauert. Anfangs gab es 22 Tore zur „arischen Seite", deren Anzahl mit der Zeit auf 15 reduziert wurde. Hier standen polnische und jüdische Polizisten Wache, die wiederum der Aufsicht der deutschen Polizei unterlagen.

Auf der anderen Seite der Mauer wusste man um die Situation innerhalb des Ghettos, auch in der Führung des Widerstands gegen die deutsche Besatzung.

50 Zit. nach Präg/Jacobmeyer, Das Diensttagebuch, S. 330.

Im Mai 1941 warnte das Presseorgan des Bunds für den Bewaffneten Kampf (Związek Walki Zbrojnej – ZWZ), das „Biuletyn Informacyjny“ (Informationsbulletin):

> „Die Absonderung der Juden hatte viele Folgen, vor allem wirtschaftliche. Das Getto war dazu verurteilt, Handel nur im Kreis der Glaubensgenossen zu treiben, von denen die meisten mittellos sind und ein ungeheurer Prozentsatz aus ganz und gar Elenden besteht. Die Abschottung von der Außenwelt verhinderte, dass Lebensmittel hereingebracht werden konnten, und erschwerte den Schmuggel über alle Maßen. Die Not nahm rasant zu. Die Juden waren in dem meist am ärgsten heruntergekommenen Viertel zusammengepfercht, und das hatte hinsichtlich der Gesundheit katastrophale Folgen. Als Beispiel seien einige Einzelheiten aus dem Warschauer Getto angeführt:
>
> Das Getto entstand in einem außergewöhnlich dicht bebauten Stadtteil. Das Gebiet war so abgesteckt, dass es keinen einzigen Park besitzt, nicht an der Weichsel liegt und die einzige baumbestandene Fläche der Friedhof ist. Es herrscht dort eine unerhörte Enge. Auf einen Wohnraum entfallen im Schnitt 6 Personen, und manchmal sind es bis zu 20. Nach Berechnungen der Abteilung für die Einwohnererfassung kommen in ganz Warschau 70 Personen, im Getto hingegen 1110 auf 1 ha.
>
> Die Isolierung von der Außenwelt hat einen beträchtlichen Teil der Juden ihrer Verdienstmöglichkeiten beraubt. Nur 10–20 % sind in Geschäften und Werkstätten auf dem Gettogelände beschäftigt. Der gesamte legale Handels- und Geldumsatz erfolgt über eine Vermittlungsbehörde (Transferstelle). Dabei geht es darum, von den reichsten Juden die noch in ihrem Besitz befindlichen Waren, Goldbestände und Brillanten zu erpressen. Außerdem fließt jüdisches Hab und Gut durch Schmuggel nach draußen. Das Getto ist ausschließlich auf den internen Handelsverkehr angewiesen. Es ist im Ausverkauf begriffen, denn darin besteht die einzige Möglichkeit, für das Überleben an Geld zu gelangen. Da keine Waren und Rohstoffe mehr hineinkommen, dezimieren sich die alten Vorräte mehr und mehr. Der Ausverkauf führt zu immer stärkerer Verarmung. Die Warenpreise sind im Getto nicht viel höher als vor dem Krieg, während die Lebensmittelpreise, die in ganz Warschau schon erschreckend hoch liegen, im Getto noch höher sind. Wenn man bedenkt, dass die Juden wöchentlich nur 750 Gramm Brot auf Karten bekommen und dass sie im Winter völlig ohne Heizmaterial dastehen, dann hat man das ganze Grauen vor Augen, [das die] Lage dieses Bevölkerungsteils [ausmacht].

> Im Januar [1941] hat man begonnen, Juden aus Städten und Kleinstädten des Distrikts Warschau in das ohnehin schon überfüllte und Hunger leidende Warschauer Getto zu bringen. Die Einwohnerzahl ist auf fast 500 000 gestiegen. Infolge dieser verstärkten Konzentration verschlechterten sich die gesundheitlichen Bedingungen unbeschreiblich, grauenhafter Hunger und entsetzliche Not entstanden. In den überfüllten Straßen laufen meist untätige Massen blasser, abgemagerter Menschen umher, an den Mauern sitzen und liegen Bettler, häufig sieht man Menschen vor Hunger zusammenbrechen. Die Zahl der vor Kinderheimen ausgesetzten Säuglinge vergrößert sich tagtäglich um mehr als ein Dutzend, mehrere Menschen sterben jeden Tag auf offener Straße vor Hunger. Ansteckende Krankheiten, besonders Tuberkulose, breiten sich aus.
> Gleichzeitig werden die wohlhabendsten Juden von den Deutschen unablässig weiter um ihr Vermögen gebracht. Deren Umgang mit den Juden ist nach wie vor absolut unmenschlich. Ständig begegnet man Quälereien und wilden, bestialischen Späßen."[51]

Anders stellte dies die rechtsnationalistische Presse dar, die solche Berichte aus dem Ghetto als völlig übertrieben bezeichnete.[52]

Die katastrophale Lage der Warschauer jüdischen Bevölkerung machte auch von deutscher Seite Änderungen in der Ghettoverwaltung erforderlich. Mitte Mai wurde der junge Anwalt Heinz Auerswald (1908–1970) zum Kommissar für den jüdischen Wohnbezirk berufen. Seine Aufgabe als Chef des Aufsichtsorgans über das Ghetto bestand darin, dessen wirtschaftliche Unabhängigkeit sicherzustellen. Gouverneur Fischer versicherte dem Judenratsvorsitzenden Czerniaków, dass „es nicht sein Ziel [sei], die Juden auszuhungern", und „wies darauf hin, daß die Leichen auf den Straßen einen schlechten Eindruck machten".[53]

Im Frühjahr 1941 kam eine neue Welle von Flüchtlingen und Vertriebenen in den Städten des Distrikts an. Die jüdischen Bewohner von Dörfern und kleineren Ortschaften wurden in die Kreisstädte verwiesen. Entsprechende Anordnungen mussten ohne Aufschub umgesetzt werden. Die Versorgungslage in den

51 Żydzi, in: Biuletyn Informacyjny, 23. 5. 1941. Abgedruckt in: Die Untergrundzeitung Biuletyn Informacyjny schildert am 23. Mai 1941 die Lage der jüdischen Bevölkerung unter der deutschen Besatzung, in: VEJ 4, Dok. 286, S. 624–627, hier S. 625 f.; online: https://die-quellen-sprechen.de/04-286.html [14. 4. 2020].

52 Zur rechtsnationalistischen Presse, die u. a. von den Nationalen Streitkräften (Narodowe Siły Zbrojne, NSZ) herausgegeben wurde, siehe Szymon Rudnicki, Mogą żyć, byle nie u nas … Propaganda NSZ wobec Żydów, in: Więź (2006) 4, S. 99.

53 Im Warschauer Getto. Das Tagebuch des Adam Czerniaków, S. 151.

Kreisstädten war zwar nicht ganz so schlimm wie in Warschau, dennoch konnten die sozialen Unterstützungsmaßnahmen der Judenräte und der Jüdischen Sozialen Selbsthilfe auch hier die Not kaum lindern. Im östlichen Teil des Distrikts wurden Ghettos eingerichtet. Dies geschah jedoch erst Beginn des deutsch-sowjetischen Krieges. Insgesamt entstanden rund 70 Ghettos und jüdische Stadtbezirke im Distrikt.

Die Ghettos im Distrikt Krakau

Da sich in Krakau der Regierungssitz des Generalgouvernements befand, war die Situation der Juden in der zum Distrikt gehörenden Stadt in vielerlei Hinsicht außergewöhnlich. Trotz der Massenflucht in den Osten im September 1939 und den dann von der Sicherheitspolizei angeordneten Zwangsumsiedlungen an die Grenzen zur Sowjetunion verringerte sich die jüdische Bevölkerungszahl vor allem im westlichen Teil des Distrikts keineswegs. Dorthin kamen nämlich die Massen der Flüchtlinge und Vertriebenen aus den ins Reich eingegliederten Gebieten. Es fällt schwer, die genaue Zahl der Juden in dieser Region zu bestimmen. Schätzungen schwanken zwischen 220 000 und 250 000. Anfänglich wurde Krakau zum größten jüdischen Zentrum der Region. Im Juni 1940 wohnten rund 65 000 Juden in der Stadt.[54] Mehrere Zehntausend Mitglieder zählten die jüdischen Gemeinden in Tarnów und Rzeszów. Aufgrund des Zuzugs von Flüchtlingen wuchs die Zahl der Juden in manchen kleineren Zentren bedeutend, manchmal verdoppelte sie sich sogar. Dies hatte für die lokalen Gemeinden große Probleme zur Folge, denn die meisten Neuankömmlinge hatten ihre Habe verloren und keine Möglichkeit, eine Arbeit zu finden. Es gab auch Ortschaften, aus denen man alle Juden unter Zwang auswies.

Aus der Sicht Hans Franks war die Zahl der Juden in der Hauptstadt des Generalgouvernements „zu groß“. Er befahl also, Krakau von den Juden zu „befreien“. Zuerst forderte der Stadtkommissar den Judenrat auf, die Juden zum „freiwilligen“ Verlassen der Stadt zu bewegen. Diejenigen, die sich zur Abreise meldeten, erhielten das Recht, ihre Möbel mitzunehmen, und konnten, was noch wichtiger war, sich ihren neuen Wohnort selbst auswählen. Zur gleichen Zeit wurde angekündigt, die Umsiedlung würde nach dem 15. August 1940 unter Zwang erfolgen. Eine aus deutschen Beamten und Angehörigen des Judenrats bestehende Kommission sollte sich mit dem Umzugsgeschehen befassen.

54 Siehe Andrea Löw/Markus Roth, Juden in Krakau unter deutscher Besatzung 1939–1945, Göttingen 2011; Katarzyna Zimmerer, Zamordowany świat. Losy Żydów w Krakowie 1939–1945, Kraków 2004.

Krakauer Juden müssen ins Ghetto Krakau umsiedeln. Im Frühjahr 1941 wurde auf dem rechten Weichselufer, im Stadtteil Podgórze, ein „Jüdischer Stadtbezirk" eingerichtet. *United States Holocaust Memorial Museum, courtesy of Leopold Page Photographic Collection | Photograph Number: 05523*

Freiwillig meldeten sich aus verständlichen Gründen nur sehr wenige für die Fahrt ins Ungewisse. Die Deutschen inhaftierten daraufhin den Vorsitzenden des Judenrats, Marek Bieberstein. Sie warfen ihm vor, Bestechungsversuche unternommen zu haben, und verurteilten ihn zu einer Haftstrafe.

Zum Jahresende zog Hans Frank Bilanz und revidierte seine bisherige Haltung: „Freilich, in einem Jahr konnte ich weder sämtliche Läuse noch sämtliche Juden beseitigen (Heiterkeit). Aber im Laufe der Zeit und vor allem dann, wenn ihr mir helft, wird sich das schon erreichen lassen. Es ist ja auch nicht notwendig, daß wir alles in einem Jahr und alles gleich tun, denn was hätten sonst diejenigen, die nach uns kommen, noch zu schaffen?"[55] Auf den Straßen

55 Rede vom 16. 12. 1940 vor Soldaten des Wachbataillons, in: Stanisław Piotrowski, Hans Franks Tagebuch. Aus dem Polnischen übers. v. Katja Weintraub, Warszawa 1963, S. 334.

von Krakau fanden jedoch bereits zu diesem Zeitpunkt ständig Razzien statt. Die Vertreibung schritt weiter voran. Bis März 1941 zwang man 40 000 Personen, die Stadt zu verlassen. Nur Inhaber einer Arbeitsfähigkeitsbescheinigung und deren Familienangehörige durften bleiben. Die Vertriebenen konnten teilweise in benachbarten Gemeinden unterkommen, die jedoch zum größten Teil bereits voller Flüchtlinge waren. Andere zogen ins Lubliner Land, unter anderem in die Ortschaft Piaski, die unweit von Lublin liegt. „Die Bedingungen, unter denen wir dort lebten, waren furchtbar. In den jüdischen Wohnungen der dort lebenden Juden, die ohne die elementarste sanitäre Ausstattung waren, wurden einige oder gar ein Dutzend Juden einquartiert, ein Teil der Ankömmlinge kam in die Badeanstalt, wo Unmengen von Menschen ohne Möbel auf dem Fußboden wohnten – wenn man überhaupt von Wohnen sprechen kann", erinnerte sich ein Vertriebener.[56]

Am 3. März 1941 gab Gouverneur Otto Wächter (1901–1949) bekannt, dass in Krakau ein Ghetto eingerichtet werde. Alle Juden mussten sich unverzüglich in einen abgesteckten Bezirk begeben, der auf dem anderen Ufer der Weichsel in dem armen Stadtviertel Podgórze eingerichtet worden war. Der Umzug war durch die zur Monatsmitte herausgegebene Anordnung Franks erschwert, nach der es Juden verboten war, öffentliche Verkehrsmittel zu benutzen. Innerhalb der Ghettogrenzen befanden sich 320 Häuser, in der Mehrzahl ohne Kanalisation, und 3167 Zimmer. Auf einem Gebiet, in dem vor dem Krieg 3000 Menschen gewohnt hatten, wurden nun mehrere Zehntausend zusammengedrängt. Fast alle Polen verließen das Gebiet und zogen in das jüdische Viertel Kazimierz. Nur die Apotheke von Tadeusz Pankiewicz blieb bestehen.

Das Ghetto war zuerst mit Stacheldraht umzäunt, dann umgab es ein Bretterzaun und schließlich eine Backsteinmauer. Die vier Tore waren von polnischer und deutscher Polizei bewacht. Über dem Haupttor hing eine Aufschrift in hebräischer Sprache: „Jüdischer Stadtbezirk". Verlassen konnten das Ghetto lediglich diejenigen, die einen Passierschein vorweisen konnten. Einen Passierschein hatten vor allem diejenigen, die außerhalb des Ghettos an verschiedenen Arbeitsstellen und für deutsche Firmen arbeiteten. Die Versorgungslage war unvergleichlich besser als im Warschauer Ghetto.

Im Frühjahr 1941 entstand ein Ghetto in Bochnia, weitere Ghettos wurde nach Beginn des deutsch-sowjetischen Krieges eingerichtet. In manchen Kreisen waren sie weder umzäunt noch ihre Grenzen eindeutig abgesteckt. Juden lebten weiterhin verteilt über das Land in kleinen Ortschaften und auf dem Land. Ihre Lebensbedingungen verschlechterten sich überall.

56 Bericht Maks Szwarcbach, AŻIH, 301/5765, zit. nach Löw/Roth, Juden in Krakau, S. 42 f.

Die Ghettos in den Distrikten Radom und Lublin

Das Gebiet des Distrikts Radom wurde um den Großteil der Wojewodschaft Kielce und einen kleinen Teil der Wojewodschaft Łódź erweitert. Die Phase der Ghettoisierung begann im Frühjahr 1941, als die größten Ghettos entstanden: in Radom (32 000 Bewohner), Kielce (27 000) und in Częstochowa/Tschenstochau (48 000). Viele von ihnen bestanden aus mehreren, nicht miteinander verbundenen Vierteln und Straßenzügen. So beispielsweise in Radom, Końskie und Rawa Mazowiecka. Die polnischsprachige Propagandapresse der Besatzer stellte die Einrichtung der Ghettos als Wohltat und historisches Ereignis dar, das der polnischen Bevölkerung zugutekomme. „Zur Osterzeit nahm die Stadt Radom ein neues Gesicht an. Die Konzentration der Juden in den für sie bestimmten zwei Stadtbezirken verleiht der Stadt einen anderen Charakter, befreit sie von dem Anblick der schmutzigen Gestalten, und vor allem erlaubt dies dem polnischen Handwerk und Handel, sich zu entfalten. Bisher hatten sie mit der jüdischen Konkurrenz schwer kämpfen müssen."[57]

Auch die Grenzen des Distrikts Lublin stimmten nicht mit den Grenzen der Wojewodschaft Lublin aus der Vorkriegszeit überein. Die wichtigsten Veränderungen waren die Eingliederung des Kreises Siedlce in den Distrikt Warschau und die teilweise Übernahme einiger Kreise der Wojewodschaft Lemberg. Den Distrikt Lublin bewohnten 2,5 Millionen Menschen, darunter 300 000 Juden und eine 250 000 Personen starke ukrainische Minderheit. Im September 1939 flohen viele Juden auf das von der Roten Armee besetzte Territorium. Nach letzten Änderungen am Verlauf der Demarkationslinie zwischen den östlichen Kreisen des Generalgouvernements und der Sowjetunion flüchteten noch einmal viele Juden aus diesen Gebieten und schlossen sich den Sowjets an, als diese sich zurückzogen. Die politische Überzeugung der Flüchtlinge spielte dabei kaum eine Rolle. Im Dezember 1939 vertrieb die deutsche Polizei mehrere Tausend Juden aus Chełm und Hrubieszów auf das gegenüberliegende Ufer des Bug auf die sowjetische Seite. Selbstschutz und SS erschossen im Laufe der Aktion viele von ihnen.

Von September 1939 bis Mai 1940 deportierten die Deutschen rund 15 000 Juden aus Łódź, Kalisz, Koło, Włocławek, Posen und 2000 Juden aus dem Reich in den Distrikt. Weitere Transporte folgten später. Im Februar 1941 wurden 1034 jüdische Bewohner Wiens nach Opole Lubelskie verschleppt. Zum größten

57 Dziennik Radomski, Nr. 82, 9. 4. 1941, zit nach Sebastian Piątkowski, Okupacja i propaganda. Dystrykt radomski Generalnego Gubernatorstwa w publicystyce polskojęzycznej prasy niemieckiej (1939–1945), Lublin/Radom 2013, S. 125.

Teil waren dies Alte und Kranke, unter ihnen auch Kriegsinvaliden; die Mehrheit waren Frauen. Vor Ort waren sie vollkommen abhängig von der Unterstützung der lokalen jüdischen Bevölkerung. Auch innerhalb des Distrikts fanden Umsiedlungen statt. Aus einigen Ortschaften wurden sämtliche Juden vertrieben, aus anderen nur ein Teil.

Der Distriktgouverneur Ernst Zörner (1895–1945) ordnete am 24. März 1941 an, in Lublin ein Ghetto zu errichten. Die Grenze des „jüdischen Wohnbezirks" verlief auf der rechten Seite der Lubartowska-Straße bis zur Kowalska-Straße, Unicka-Straße, Kalinowszczyzna, Sienna, Franciszkańska (heute die Podzamcze-Straße), Krawiecka bis zum Podwale. In der Altstadt konnten privilegierte Juden in der Grodzka-Straße wohnen, die nicht zum Ghettogelände gehörte. Auf dem kleinen Gebiet des Ghettos wurden rund 37 000 Menschen zusammengepfercht. Da das Gebiet, das für den jüdischen Stadtbezirk bestimmt worden war, zu klein war, um alle in der Stadt lebenden Juden aufzunehmen (46 000), wurde entschieden, 10–12 000 Juden der Stadt zu verweisen. Die Besatzer kündigten an, dass diejenigen, die diese Anweisung nicht befolgten, unter Zwang umgesiedelt würden. Schließlich schloss man rund 34 000 Menschen im Ghetto ein. So wie andere große Ghettos war es übervölkert. In einer kleinen Wohnung mussten meist mehrere Familien unterkommen. Ladenlokale und Dachböden, aber auch Synagogen und Bethäuser wurden zu Wohnräumen umfunktioniert. Krankheiten breiteten sich aus, die die Bevölkerung dezimierten. Eingezäunt wurde das Ghettogelände erst zur Jahreswende 1941/42.

Jüdische Selbstverwaltung

Nach der Einrichtung von geschlossenen Ghettos nahm die Bedeutung der Judenräte zu. In Warschau setzte sich der Judenrat im Mai 1941 aus 26 Abteilungen zusammen, die sich in eine Unzahl von Referaten und Kommissionen unterteilten, in denen Tausende beschäftigt wurden. Vor dem Hintergrund der sich vertiefenden gesellschaftlichen Verelendung war die privilegierte Situation der Angestellten überdeutlich. Die außergewöhnlichen Lebensumstände förderten nicht selten die Korruption. Noch größere Kontroversen rief nach seinem Entstehen im Herbst 1940 der Jüdische Ordnungsdienst (JOD) hervor. Der Judenratsvorsitzende in Warschau, Adam Czerniaków, erhielt die Anweisung, bei der Einrichtung des Ghettos einen Ordnungsdienst zu rekrutieren. Zum Kommandanten wurde der Offizier Józef Szeryński (1893–1943) ernannt, der zuvor der Wojewodschaftskommandantur der Staatspolizei in Lublin angehört hatte. Zur Berufung Szeryńskis kam es, weil sich einige Personen geweigert hatten, diese

Führungsfunktion zu übernehmen, und weil er mit polnischen Polizeioffizieren gut vernetzt war. Dies war insofern wichtig, als die neue Polizeitruppe diesen direkt unterstehen sollte.

Unter den jüdischen Polizisten befanden sich viele Vertreter freier Berufe, und viele waren wie Szeryński zum Christentum konvertiert. In Warschau gehörten dem JOD zunächst 1700 Personen an, nach einem Jahr wuchs ihre Anzahl noch einmal um einige Hundert. Die Polizisten trugen Uniform, hatten eigene Abzeichen und waren mit Knüppeln bewaffnet. Es war nicht einfach, eine Stelle beim JOD zu bekommen. Von Bewerbern wurde gefordert, dass sie Wehrdienst geleistet und zumindest eine Ausbildung abgeschlossen hatten. Obwohl die Polizisten keinen Lohn erhielten, konnten sie die unterschiedlichen Privilegien und Vorteile für sich nutzen, die daraus resultierten, dass sie in einem Graubereich agierten. Zu ihren Aufgaben gehörte es, Streifendienst zu verrichten, die Ordnung aufrechtzuerhalten, den Verkehr zu regeln, an den Eingangstoren zum Ghetto Wache zu stehen, Verhaftungen vorzunehmen und auch Geldbeträge und Steuern einzuziehen, Zwangsarbeiter zu rekrutieren und illegalen Handel zu bekämpfen.

In anderen Ghettos waren die Aufgaben des JOD ähnlich, auch wenn hier bedeutend weniger jüdische Ordnungsdienstler eingesetzt waren. In Krakau gab es zunächst 40 Ordner, später stieg die Zahl auf 200 an. Die Führungsfunktionen wurden hier völlig willkürlich verteilt. Kommandant wurde der aus einer orthodoxen Familie stammende Symche Spira, der vor dem Krieg Glaser gewesen war. Nun warb er Vertraute und Bekannte für die Tätigkeit im JOD an.[58] In anderen Städten umfasste der Jüdische Ordnungsdienst ähnlich viele Personen. Im großen Ghetto von Radom dienten 150, im kleinen 50 Polizisten. Sie rekrutierten sich aus verschiedenen Berufszweigen. In Lublin entstand der Jüdische Ordnungsdienst zur gleichen Zeit wie in Warschau, obwohl zu diesem Zeitpunkt noch gar kein Ghetto bestand. Im Dezember 1941 gehörten ihm lediglich 19 Personen an, später vergrößerte sich die Anzahl und stieg auf über einhundert.[59] In kleineren Ortschaften gab es normalerweise nur wenige Polizisten. In den dramatischen Tagen, als die Deportationen in die Vernichtungslager einsetzten, übernahmen die Ordnungsdienstler eine verhängnisvolle Rolle.

58 Zu Warschau: Engelking/Leociak, The Warsaw Ghetto, S. 190–198; zur Situation in Krakau: Löw/Roth, Juden in Krakau, S. 100–105.

59 Sebastian Piątkowski, Dni życia, dni śmierci. Ludność żydowska w Radomiu w latach 1918–1950, Warszawa 2006, S. 198 f.; Radzik, Lubelska dzielnica zamknięta, S. 221–223.

Reaktionen – soziale und politische Aktivitäten der Juden

Vor der Entstehung der Ghettos widmete die jüdische Bevölkerung ihre größte Aufmerksamkeit der Unterstützung von Flüchtlingen, Umsiedlern und all denjenigen, die sich aufgrund der Kriegshandlungen in einer schwierigen Situation befanden. Anfangs nahmen sich die noch existierenden jüdischen Gemeinden und später die Judenräte dieser Aufgabe an. In vielen Städten und Ortschaften entstanden neue Einrichtungen der Wohlfahrt, da Organisationen aus der Vorkriegszeit zu diesem Zeitpunkt bereits verboten waren. Die Möglichkeiten zur Hilfe waren jedoch aufgrund der allgemeinen Armut und fehlender Mittel relativ begrenzt. Im Mai 1940 stimmten die deutschen Behörden der Entstehung der Jüdischen Sozialen Selbsthilfe (JSS) zu, deren Ziel es war, die Unterstützungsmaßnahmen zu koordinieren. Die neue Institution wurde von monatlichen Geldzuwendungen der Besatzungsbehörden für soziale Zwecke und aus dem Budget der Judenräte finanziert.

Die wichtigste Geldquelle bildete jedoch die Unterstützung der Vertretung des American Jewish Joint Distribution Committee (Joint) in Polen, dessen Direktor Icchak Giterman (1898–1943) war. In den ersten Besatzungsmonaten gewann diese Hilfe eine ganz fundamentale Bedeutung. Auf dem Gebiet des Generalgouvernements entstanden Kreis- und Stadtkomitees der JSS, die wiederum Ableger in kleineren Ortschaften hatten. Finanzielle und materielle Zuwendungen erhielten sie von der Zentrale in Krakau, teilweise aber auch direkt vom Joint. Doch Geld und Warenzuteilungen kamen unregelmäßig an, mehr als ein Tropfen auf dem heißen Stein in einem Meer von Bedürfnissen, die die wachsende Not mit sich brachte, waren sie ohnehin nicht. Den meisten jüdischen Gemeinden gelang es, Volksküchen einzurichten, in denen kostenlose oder sehr günstige Gerichte für die Notleidenden bereitgestellt wurden. Fürsorgeeinrichtungen für Kinder wurden gegründet oder unterstützt. Von den Komitees und Filialen der JSS sind Aufzeichnungen erhalten, die vom täglichen Kampf um das Überleben zeugen. Am schlimmsten waren die Lebensbedingungen im riesigen Warschauer Ghetto. Dramatische Ausmaße nahm die Lage aber auch für Teile der Bevölkerung in den anderen Ghettos an, vor allem für diejenigen, die ihre Arbeit verloren hatten. Die medizinische Versorgung funktionierte nur schlecht, sodass sich ansteckende Krankheiten ausbreiteten.

In der überwiegenden Anzahl der jüdischen Stadtbezirke und Ghettos erstarb das politische und gesellschaftliche Leben. Jegliche politische Betätigung war verboten, die Parteistrukturen lösten sich auf, und die zuvor aktivsten Mitglieder waren über das Land zerstreut. Teilweise befanden sie sich auch in den Gebieten, die von der Sowjetunion besetzt worden waren. Die Deutschen verboten auch sämtliche religiösen Praktiken. Synagogen wurden geschlossen oder in Flüchtlingsunterkünfte umgewandelt. Die fatalen Lebensbedingungen der jüdischen Bevölkerung rückten den Kampf ums Überleben immer mehr in den Mittelpunkt. Zwar fanden auch in der Illegalität gesellschaftliche, politische und kulturelle Aktivitäten in den unterschiedlichsten Formen statt, diese blieben aber fast alle auf das Warschauer Ghetto beschränkt. Auf Initiative von Emanuel Ringelblum formierte sich im Frühjahr 1940 die Gruppe„Oneg Schabbat" (Freuden des Schabbat), die das einzigartige Archiv des Warschauer Ghettos anlegte.[60]

Als der Krieg ausbrach, war Ringelblum fast vierzig Jahre alt. Geboren wurde er in Buczacz in Podolien, von wo seine Familie kurz nach Beginn des Ersten Weltkriegs nach Nowy Sącz/Neu-Sandez zog. 1920 begann er an der Warschauer Universität zu studieren. Da er aufgrund der Einschränkungen für Juden nicht Medizin studieren konnte, entschied er sich für die Geschichtswissenschaft. 1927 verteidigte er seine Promotion bei Professor Marceli Handelsman. Er interessierte sich vor allem für die allgemeine Geschichte der Warschauer Juden und wuchs zu einem der hervorragendsten Forscher der jungen Generation heran. Eng arbeitete er mit dem im Jahr 1925 in Vilnius/Wilna gegründeten Jiddischen Wissenschaftlichen Institut (Yidisher Visnshaftlekher Institut – YIVO) zusammen. Daneben führte er ein aktives politisches Leben in der kleinen linken Partei Poale Zion und engagierte sich beim Joint. Im August 1939 nahm er am 21. zionistischen Kongress in Genf teil, von wo er kurz vor Kriegsbeginn nach Warschau zurückkehrte.

Von den ersten Besatzungstagen an entwickelte Ringelblum ein außergewöhnliches Engagement und wurde zu einer bedeutenden Stütze der JSS. Er verstand sofort, dass die deutsche Besatzung in der Geschichte der polnischen Juden einen tiefen Einschnitt bedeutete, und beschloss, die Geschehnisse zu dokumentieren, indem er seinen Anstrengungen eine institutionelle Form gab. Er sammelte eine Gruppe von Mitarbeitern um sich, zunächst politische Freunde, dann Vertreter anderer Kreise. Sie machten sich daran, historische Materialien zu sammeln – Dokumente der Besatzungsbehörden und des Judenrats sowie Berichte von Menschen, die in das Warschauer Ghetto ziehen mussten.

Mit der Zeit begannen Ringelblum und seine Mitarbeiter, die Materialien unter dem Aspekt einer späteren wissenschaftlichen Arbeit zu sortieren. Sie initiierten Untersuchungen über das Leben der Bewohner des Ghettos. Anfangs zählte die Gruppe nur eine Handvoll Personen, später wurden es mehr. Mit den

60 Zu Ringelblum und dem Untergrundarchiv des Warschauer Ghettos siehe Samuel D. Kassow, Ringelblums Vermächtnis: Das geheime Archiv des Warschauer Ghettos, Reinbek 2010.

immens ansteigenden Verfolgungsmaßnahmen veränderte sich auch die Rolle des Archivs: Man ging dazu über, Informationen über den Holocaust zu sammeln und zu archivieren.

Die Gruppe Oneg Schabbat arbeitete völlig unabhängig vom Judenrat und agierte im Untergrund. Sie wurde zu einer wichtigen Inspirationsquelle für die Widerstandsbewegung im Ghetto. Miteinander rivalisierende linke Parteien spielten eine bedeutende Rolle im Oneg Schabbat. Dazu gehörten die Poale Zion, in der Ringelblum selbst organisiert war, und der Allgemeine Jüdische Arbeiterbund von Litauen, Polen und Russland (jiddisch: Algemeyner Yidisher Arbeter Bund in Lite, Poyln un Rusland, allgemein bekannt als Bund). Der Einfluss der Allgemeinen Zionisten und der religiös orientierten, konservativen Agudas Jisroel (Vereinigung Israels) blieb hingegen begrenzt.

Besonders großen Anteil am Aufbau der Untergrundbewegung hatten zionistische Jugendorganisationen wie Haschomer Hazair (Junger Wächter), Dror Hechaluz (Pioniere), Gordonia und andere. Eine verhältnismäßig kleine Rolle spielte die Neue Zionistische Organisation mit dem Namen Betar, deren Kommando Warschau verlassen hatte und nach Wilna gezogen war. Die Kader anderer Organisationen waren meist in der Stadt geblieben oder aus den sowjetisch besetzten Gebieten zurückgekehrt. Die jungen Aktivisten schlossen sich in Hilfs- und Ausbildungsgruppen zusammen, vor allem aber stärkten sie ihre organisatorischen Verbindungen und das Leben in der Gemeinschaft. Sie begannen zudem, illegale Publikationen zu verbreiten, die mit der Schreibmaschine geschrieben und vervielfältigt wurden. Auch führten sie ideologische wie politische Diskussionen und berichteten über den Kriegsverlauf sowie über die Lage der Juden in den besetzten Gebieten. Bis zum Frühjahr 1942 erschienen 47 unterschiedliche Zeitschriften in polnischer, jiddischer und hebräischer Sprache.[61] Die Jugendorganisationen sollten die Basis für den bewaffneten Untergrund bilden.

61 Siehe Daniel Blatman, En direct du ghetto. La presse clandestine juive dans le ghetto de Varsovie, 1940–1943, Paris 2005.

← Abbildung

Litauen, Kaunas, Oktober 1941
Erschießung von Juden durch litauische Nationalisten nach dem Einmarsch der deutschen Wehrmacht.

Bundesarchiv, B 162 Bild-04135

In Kaunas befand sich in der ehemaligen Festungsanlage Fort IX eine Erschießungsstätte der SS. Zehntausende Juden aus dem Ghetto Kaunas, aber auch deportierte Juden aus dem Deutschen Reich wurden hier ermordet. Die Serie der Massaker begann am 30. Juni 1941, angeführt von SS-Einsatzkommandos, ausgeführt von Angehörigen der litauischen Hilfstruppen.

III. Der Weg zur „Endlösung"

Eine neue Phase der Verfolgung

Der deutsch-sowjetische Krieg und die Einsatzgruppen

Der Überraschungsangriff des nationalsozialistischen Deutschlands auf die Sowjetunion am 22. Juni 1941 stellte einen Wendepunkt in der Geschichte der europäischen Juden dar. Bereits die Vorbereitungen des Angriffs, dem man die Tarnbezeichnung „Barbarossa" verlieh, ließen keinen Zweifel daran, dass der Konflikt sich von herkömmlichen Kriegen unterscheiden würde. Den Direktiven nach, die Hitler der Generalität am 30. März 1941 hatte zukommen lassen, handelte es sich um den „Kampf zweier Weltanschauungen gegeneinander":

> „Vernichtendes Urteil über Bolschewismus, ist gleich asoziales Vebrechertum. Kommunismus ungeheure Gefahr für die Zukunft. Wir müssen von dem Standpunkt des soldatischen Kameradentums abrücken. Der Kommunist ist vorher kein Kamerad und nachher kein Kamerad. Es handelt sich um einen Vernichtungskampf. [...] Wir führen nicht Krieg, um den Gegner zu konservieren. [...] Kampf gegen Rußland: Vernichtung der bolschewistischen Kommissare und der kommunistischen Intelligenz [...] Der Kampf muß geführt werden gegen das Gift der Zersetzung. Das ist keine Frage der Kriegsgerichte. [...] Kommissare und GPU-Leute sind Verbrecher und müssen als solche behandelt werden. [...] Der Führer muß seine Anordnungen im Einklang mit dem Empfinden der Truppe treffen. [...] Die Führer müssen von sich das Opfer verlangen, ihre Bedenken zu überwinden."[1]

Unmittelbar nach dem Abschluss des Hitler-Stalin-Pakts beendete die nationalsozialistische Propaganda vorübergehend ihre Hetze gegen den „jüdischen

1 Franz Halder, Kriegstagebuch. Tägliche Aufzeichnungen des Chefs des Generalstabes des Heeres 1939–1942, Bd. 2: Von der geplanten Landung in England bis zum Beginn des Ostfeldzuges (1. Juli 1940–21. Juni 1941), Stuttgart 1963, S. 336 f.

Bolschewismus“. Dies geschah jedoch offensichtlich nur aus taktischen Erwägungen. Denn aus der Sicht Hitlers war die Sowjetunion erstens „jüdischen Einflüssen“ völlig ausgeliefert. Zweitens galt der Zerstörung des „Bolschewismus“ höchste Priorität. Das weitreichende Ziel des Krieges, der mit einer schnellen und totalen Niederlage der Sowjetunion enden sollte, war die Schaffung von Lebensraum. Die Führung NS-Deutschlands erteilte eine Reihe von Befehlen, die die zerstörerische Politik in den eroberten Räumen regelten, den Terror gegen die Zivilbevölkerung absicherten und Prinzipien der Kollektivschuld einführten.

Das Rückgrat der Terroraktionen hinter der Frontlinie waren die Einsatzgruppen. Während diese Einheiten jedoch bei dem Angriff auf Polen formal der Wehrmacht unterstellt waren, standen sie bei der im Jahr 1941 losbrechenden Kampagne ausschließlich unter der Führung des RSHA. Die vier Einsatzgruppen (A, B, C und D) zählten jeweils von 500 bis 1000 Angehörige, die auf Einsatzkommandos (EK) und Sonderkommandos (SK) aufgeteilt waren. Himmler und Heydrich wählten die kommandierenden Offiziere persönlich aus. Sie stammten aus den Strukturen des SD, der Gestapo, der Kripo und der Ordnungspolizei. Unter ihnen befanden sich viele Juristen, mehrere hatten akademische Titel. Beispielsweise hatte der Befehlshaber der Einsatzgruppe D, SS-Gruppenführer Otto Ohlendorf (1907–1951), Wirtschaft und Jura an den Universitäten Leipzig, Göttingen und als Austauschstudent an der Universität Pavia in Italien studiert. Am 2. Juli 1941 erläuterte Heydrich, welche Personengruppen „zu exekutieren“ seien: „Funktionäre der Komintern (wie überhaupt die kommunistischen Berufspolitiker schlechthin), die höheren, mittleren und radikalen unteren Funktionäre der Partei, der Zentralkomitees, der Gau- und Gebietskomitees, Volkskommissare, Juden in Partei- und Staatsstellungen, sonstigen radikalen Elemente (Saboteure, Propagandeure, Heckenschützen, Attentäter, Hetzer usw.).“[2] Wie jedoch aus Nachkriegsaussagen bekannt wurde, hatte Heydrich bereits am 17. Juni bei einer Konferenz im RSHA in Anwesenheit von Dutzenden höheren SS-Offizieren auf die Frage, ob Juden erschossen werden sollten, „selbstverständlich“ geantwortet.[3]

2 Heydrich erläutert den Höheren SS- und Polizeiführern am 2. Juli 1941 ihre Aufgaben in der Sowjetunion, in: Die Verfolgung und Ermordung der europäischen Juden durch das nationalsozialistische Deutschland 1933–1945, Bd. 7: Sowjetunion mit annektierten Gebieten I: Besetzte sowjetische Gebiete unter deutscher Militärverwaltung, Baltikum und Transnistrien. Bearb. v. Bert Hoppe, Hildrun Glass, München 2011 (VEJ 7), S. 145–148, hier S. 146.

3 Hilberg, Die Vernichtung der europäischen Juden, Bd. 2, S. 304. Dies soll der SS-Standartenführer Karl Jäger berichtet haben. Himmler erteilte einer Aussage von Ohlendorf aus dem Jahr 1945 zufolge den Führern der Einsatzgruppen den Befehl, die Juden zu ermorden, auch Frauen und Kinder.

Die „Säuberungsaktionen" sollten von den Bataillonen der Ordnungspolizei und von Polizeieinheiten aus dem Generalgouvernement unterstützt werden.

In der Zwischenkriegszeit lebten rund drei Millionen Juden in der Sowjetunion. Nach der Annexion der östlichen polnischen Wojewodschaften, der baltischen Staaten, Bessarabiens und der Bukowina wuchs die Zahl auf rund fünf Millionen an. Sie wurden zu den ersten Opfern der Nationalsozialisten und der von ihnen mobilisierten Kollaborateure. Im Juni und Juli 1941 versuchten Tausende Juden, sich der Roten Armee, die sich auf dem Rückzug befand, anzuschließen. Der Großteil blieb jedoch zurück, da der blitzschnelle Vorstoß der Wehrmacht Fluchtbewegungen verhinderte. Die meisten Juden im eroberten Gebiet waren sich des Ausmaßes der antijüdischen Politik im besetzten Polen nicht bewusst, denn die sowjetische Presse und die sonstige Propaganda hatten dieses Thema ausgespart. Paradoxerweise wurden die meisten derjenigen gerettet, die die sowjetischen Behörden 1940/41 weit nach Osten in das Landesinnere deportiert hatten. Darunter befanden sich vor allem jüdische Flüchtlinge aus West- und Zentralpolen (in Polen „Bieżeńcy" genannt).

Eines der ersten Massaker der Deutschen fand in Białystok statt. Am 27. Juni, unmittelbar nach der Einnahme der Stadt, schritten Angehörige des Polizeibataillons 309 zur Jagd auf jüdische Männer. Die Opfer wurden gequält, misshandelt und ermordet. Viele schloss man in der Synagoge ein, die dann in Brand gesteckt wurde. Dabei fanden 2000 Menschen den Tod. Am 9. Juli bereiste Himmler mit dem Befehlshaber der Ordnungspolizei, Kurt Daluege, die Stadt. Auf einer Besprechung mit den Führern der SS-Einheiten erteilte Himmler den Befehl, alle Juden als „Partisanen" anzusehen und sie zu erschießen. Mit diesen Anweisungen versehen, ermordeten Polizisten der Bataillone 316 und 322 die Juden, die sie zuvor im städtischen Stadion zusammengetrieben hatten und dann in Gruppen aus der Stadt zur Hinrichtungsstätte brachten. Die Schätzungen über die Zahl der Opfer schwanken zwischen 1200 und 3000. Die Hinrichtung beaufsichtigte Erich von dem Bach-Zelewski (1899–1972), der zum Höheren SS- und Polizeiführer in Zentralrussland ernannt wurde.[4] Immer dann, wenn die Einsatzgruppen auftauchten, kam es zu Massenverhaftungen und Morden.

4 Christopher R. Browning, Ganz normale Männer. Das Reserve-Polizeibataillon 101 und die „Endlösung" in Polen, Hamburg 1993, S. 32–36.

Lokale Pogrome

Im Juni und Juli 1941 kam es in den Gebieten, die in den Jahren 1939–1940 in die Sowjetunion eingegliedert worden waren, zu Hunderten Morden und Pogromen an Juden, an denen sich die lokale Bevölkerung beteiligte. Die Planer im RSHA gingen nicht ohne Grund davon aus, dass die Bewohner der von Stalin eingenommenen baltischen Staaten und der Ukraine zu einer weitreichenden Zusammenarbeit bereit waren und mit dem Dritten Reich politische Hoffnungen verbanden. Eine Woche nach Kriegsbeginn wies Heydrich die Befehlshaber der Einsatzgruppen an, das „Streben nach Selbstreinigung in den antikommunistischen und antijüdischen Kreisen in den neu eingenommenen Gebieten“ nicht zu stören, stattdessen diskret zu fördern und in „die richtigen Gleise“ zu leiten.[5]

Die Bewohner dieser Gebiete begrüßten die Wehrmachtsoldaten als Befreier. Sie standen der deutschen Agitation äußerst offen gegenüber und waren bereit, sich für die Schmach zu rächen, die ihnen unter der sowjetischen Besatzung angetan worden war. Rache übten sie aber nicht an den direkten Urhebern, sondern an ihren jüdischen Nachbarn, deren einzige „Schuld“ es im Normalfall war, dass sie unter den Sowjets eine den Angehörigen anderer Volksgruppen gleichwertige gesellschaftliche Stellung und den Zugang zu öffentlichen Ämtern erhalten hatten. Zu besonders blutigen Ausschreitungen kam es zwischen dem 25. und 29. Juni in Kaunas. Die mit den Deutschen zusammenarbeitenden antikommunistischen „Partisanen“, die mit der in Berlin entstandenen kollaborierenden Litauischen Aktivistenfront (LAF) verbunden waren, töteten aus eigener Initiative mehrere Tausend Juden, darunter viele Frauen und Kinder. SS-Brigadeführer Franz Walter Stahlecker, Befehlshaber der Einsatzgruppe A, der den Verlauf der „Säuberungsaktion“ koordinierte, schrieb in seinem Bericht, dass bereits am ersten Tag 1500 Personen umgebracht wurden.[6] Mordaktionen und Pogrome, denen insgesamt Tausende Juden zum Opfer fielen, flammten auch in anderen Städten Litauens auf. Die gleiche Rücksichtslosigkeit bei der Verfolgung von Juden zeigten Esten und Letten. Die politische Rechnung der Kollaborateure der baltischen Staaten ging am Ende nicht auf. Die Deutschen schafften es, Mordeinheiten für

5 Siehe das Fernschreiben Heydrichs an Einsatzgruppenchefs vom 29. 6. 1941, in: Peter Klein (Hrsg.), Die Einsatzgruppen in der besetzten Sowjetunion 1941/42. Die Tätigkeits- und Lageberichte des Chefs der Sicherheitspolizei und des SD, Berlin 1997, S. 319.

6 Zum Ablauf und den Begleitumständen siehe Szarota, On the Threshold of the Holocaust, Kapitel 4; Klaus-Peter Friedrich, Spontane „Volkspogrome“ oder Auswüchse der NS-Vernichtungspolitik? Zur Kontroverse um die Radikalisierung der antijüdischen Gewalt im Sommer 1941, in: Kwartalnik Historii Żydów, Nr. 212 (2004), S. 587–611.

Schaulustige beobachten, wie Juden durch eine Straße von Lemberg getrieben und dabei verspottet und erniedrigt werden, ca. Juni/Juli 1941
United States Holocaust Memorial Museum, courtesy of Leonard Lauder | Photograph Number: 62116

ihre koordinierten Völkermordaktionen zu nutzen. Zur traurigen Berühmtheit wurde die 400 Mann starke lettische Einheit unter Victor Arājs (das sogenannte Sonderkommando Arājs), die im Herbst 1941 Zehntausende Juden im Wald Rumbula unweit von Riga ermordete.

Heydrich rechnete damit, dass auch die Polen „aufgrund ihrer Erfahrungen antikommunistisch und antijüdisch eigestellt sein würden". Deswegen setzten die Repressalien gegen die polnische Intelligenz erst später ein, und die „entsprechend eingestellten" Polen sollten als Informanten und als Organisatoren von Pogromen eingesetzt werden.[7] Zum schockierendsten Verbrechen kam es am 7. Juli in Radziłów und drei Tage später in Jedwabne, wo ortsansässige Polen

7 Die Befehlshaber der Einsatzgruppen erhielten am 1. 6. 1941 die Erlaubnis, so zu verfahren.

fast alle ihre jüdischen Nachbarn ermordeten. In beiden Ortschaften trieb man Hunderte Männer, Frauen und Kinder aus ihren Häusern, sammelte sie auf dem Marktplatz, wo sie geschlagen und gedemütigt wurden, um sie dann vor das Städtchen zu führen, in Ställe zu sperren und sie lebend zu verbrennen. Viele wurden bereits zuvor bei unvorstellbaren Gewaltexzessen ermordet. An diesen brutalen Verbrechen beteiligten sich Dutzende Einwohner aktiv, Hunderte schauten zu. Vor Ort befanden sich einige deutsche Funktionäre, ihre Teilnahme begrenzte sich jedoch aufs Anfeuern. Nur wenige Juden konnten sich vor den Gewaltausbrüchen retten, in Nachbarorte flüchten oder sich verstecken. Zwei Wochen lang fanden Mordaktionen und Pogrome in einigen Dutzend Ortschaften in der Gegend von Łomża und Białystok statt.[8]

Eine Welle von Morden und Pogromen erfasste zur gleichen Zeit Ostgalizien. Verantwortlich dafür war vor allem die Fraktion der Organisation Ukrainischer Nationalisten (OUN-B), die Stepan Bandera anführte. Wie in den baltischen Staaten und in Podlasie lagen der antisemitischen Gewalt verschiedene Motivationen zugrunde. Sie reichten von einem überkommenen Vorkriegsantisemitismus bis zu aktuellen antikommunistischen Einstellungen. In Borysław, Drohobycz, Łuck, Tarnopol, Złoczów und Lemberg wurde den Juden vorgeworfen, die Verantwortung für die Morde zu tragen, die das Volkskommissariat für Innere Angelegenheiten (NKWD) an Polen und Ukrainern begangen hatte. Besonders zahlreich waren die Morde in Lemberg, die OUN-B-Kämpfer in Absprache mit der Einsatzgruppe C verübten. Vom 1. Juli an fielen im Laufe von drei Tagen den Vergeltungsaktionen 4000 zufällig ausgewählte Personen zum Opfer. Die Juden wurden in der Stadt aufgegriffen und gezwungen, die in den Gefängnissen gefundenen Leichen zu bergen, wobei sie geschlagen, gedemütigt und anschließend getötet wurden. Zuschauende Deutsche beschränkten sich darauf, das blutige Spektakel zu filmen. Einige Wochen später organisierten die Nationalisten das nächste Pogrom, dieses Mal unter dem Vorwand, den Tod des ukrainischen Politikers Symon Petljura rächen zu wollen.[9] Die blutigen Ausschreitungen kosteten 1500 bis 2000 Menschen das Leben. Schätzungen

8 Der Mord in Jedwabne wurde durch Jan Tomasz Gross einer breiteren Öffentlichkeit bekannt und hat heftige Debatten ausgelöst. Jan T. Gross, Nachbarn. Der Mord an den Juden von Jedwabne, München 2001. Die Geschehnisse und der weitere Kontext sind ausführlich aufgearbeitet bei: Paweł Machcewicz/Krzysztof Persak (Hrsg.), Wokół Jedwabnego, Bd. 1: Studia, Bd. 2: Dokumenty, Warszawa 2002; siehe auch Andrzej Żbikowski, U genezy Jedwabnego. Żydzi na kresach północno-wschodnich II Rzeczypospolitej, wrzesień 1939–lipiec 1941, Warszawa 2006.

9 Der ehemalige Präsident der Ukrainischen Volksrepublik Symon Petljura war nach Paris emigriert, wo er im Mai 1926 von Szalom Szwarcbard erschossen worden war, der ihn für die Pogrome in den Jahren 1918 bis 1920 verantwortlich machte.

gehen davon aus, dass die Gesamtzahl der Opfer dieser Morde und Pogrome 20 000 überschritt.[10] Ähnlich wie in Litauen und Lettland begannen aus Ukrainern gebildete Hilfstruppen nach kurzer Zeit, an den Massenerschießungen von Juden teilzunehmen.

Die Verbrechen der Einsatzgruppen

Von Beginn der Kriegshandlungen an ermordeten die Nationalsozialisten und ihre Helfershelfer Zehntausende von Juden unter unterschiedlichen Vorwänden. Sie begründeten die Verfolgungen unter anderem mit dem Aufruf Stalins zur Entfesselung eines Partisanenkriegs gegen die Deutschen. Gleichzeitig kam es in der Wehrmacht zu einer Radikalisierung der Gewalt gegen Juden. Der Völkermord durch „mobile Tötungseinheiten"[11] fand auf systematische Weise statt. Die Angehörigen der Kommandos, Polizisten und örtliche Kollaborateure umstellten die von Juden bewohnten Ortschaften. Die Opfer wurden in kleinen Gruppen zu den Massengräbern getrieben und im Feuer der Maschinengewehre getötet. Bis Ende Juli hatten SS, Wehrmachtsangehörige und deren Kollaborateure rund 68 000 Juden ermordet. Anfangs fielen den Mördern vor allem Männer zum Opfer. In dieser Zeit trat Himmler häufig vor seinen Untergebenen auf. Am 1. August erteilte er den ihm unterstehenden Einheiten in Polesien den Befehl, alle Juden zu ermorden und „Judenweiber in die Sümpfe [zu] treiben".[12] Ein Teil der SS-Männer verstand die Botschaft und begann, Frauen zu ermorden. Nur wenig später gab Himmler eindeutig zu verstehen, dass auch Frauen und Kinder zu erschießen seien. Dies war seiner Meinung nach unvermeidlich, denn sonst könnten sie in der Zukunft Rache nehmen. Am Leben gelassen werden sollten lediglich die Arbeitsfähigen.[13] Ab Mitte August waren solche „Aktionen" an der Tagesordnung. Himmler stand überall unmittelbar hinter der Radikalisierung des Tötens und dem Übergang vom Massen- zum Völkermord.[14]

10 Siehe Dieter Pohl, Nationalsozialistische Judenverfolgung in Ostgalizien 1941–1944. Organisation und Durchführung eines staatlichen Massenverbrechens, München 1996, S. 54–67. Siehe auch Thomas Sandkühler, „Endlösung" in Galizien. Der Judenmord in Ostpolen und die Rettungsinitiativen von Berthold Beitz 1941–1944, Bonn 1996; Bogdan Musial, „Konterrevolutionäre Elemente sind zu erschießen." Die Brutalisierung des deutsch-sowjetischen Krieges im Sommer 1941, München 2000.

11 Hilberg, Die Vernichtung der europäischen Juden, Bd. 2, S. 296.

12 Einleitung, in: VEJ 7, S. 13–89, hier S. 36.

13 Die Befehle sind in schriftlicher Form nicht erhalten geblieben. Die Information stammt aus den Aussagen eines Einsatzkommandoführers der Einsatzgruppe C. Hilberg, Die Vernichtung der europäischen Juden, Bd. 2, S. 342.

14 Mehr zu Himmler in diesem Zeitraum bei Longerich, Himmler, S. 653–665.

Am frühesten begannen die planmäßig organisierten Morde in Litauen. Das Einsatzkommando 3, das zur Einsatzgruppe A gehörte und von SS-Standartenführer Karl Jäger befehligt wurde, veranstaltete in zahllosen Ortschaften Hunderte Massenerschießungen. Im Laufe von fünf Monaten wurden 137 346 Menschen getötet.[15] Die in Weißrussland stationierte Einsatzgruppe B „liquidierte“ unter dem Befehl von Arthur Nebe bis Mitte November 45 500 Juden. Im nördlichen Teil der Ukraine war es die Einsatzgruppe C unter dem Kommando von Emil Otto Rasch, die bis zum Ende des Jahres etwa 90 000 Menschen tötete. Die größte Massenerschießung fand an zwei Tagen, am 29. und 30. September 1941 in der Schlucht von Babyn Jar unweit von Kiew statt. Angehörige des SD und des Sonderkommandos 4a, der SS-Einsatzgruppe C, der Ordnungspolizei, der Geheimen Feldpolizei, der ukrainischen Miliz sowie der Wehrmacht richteten innerhalb von 36 Stunden 33 771 Juden hin. Weiter östlich meldete die Einsatzgruppe D Mitte Dezember auf der Krim 55 000 Erschossene.

Am 15. August war Himmler in der Nähe von Minsk Zeuge der Hinrichtung von einhundert Juden, darunter zwei Frauen. Ausführende Einheit war das Einsatzkommando (EK) 8. Nachdem das Morden beendet war, hielt er eine improvisierte Rede und erklärte, dass die Aufgabe zwar abstoßend, der Befehl aber dennoch auszuführen sei. Die Verantwortung „vor Gott und Hitler“ übernahm er selbst. Himmler sorgte sich jedoch um die psychologische Belastung der Täter und ordnete an, nach alternativen Mitteln der Massentötung zu suchen. Schon kurz darauf erhielten die Einsatzgruppen mehrere Gaswagen zu ihrer Verfügung, die zuvor in den Tötungseinrichtungen der „Aktion T4“ eingesetzt worden waren. Der Anführer der Einsatzgruppe B, Arthur Nebe, schlug vor, statt Flaschen mit Kohlenmonoxid, die in den Anstalten der „Euthanasie“ eingesetzt wurden, Abgase von Automotoren zu verwenden. Zum Jahreswechsel 1941/42 erwog man dann die Möglichkeit, in der Nähe von Mogilew in Weißrussland ein Lager aufzubauen, in dem stationäre Gaskammern und Krematorien einzurichten seien. Dieses Vorhaben wurde nicht realisiert. Vielmehr sollten die Vernichtungslager, in denen auch aus dem Reich und anderen Ländern herbeitransportierte Juden ermordet wurden, im besetzten Polen errichtet werden.

15 Ein Faksimile des Jäger-Berichts ist abgedruckt in: Wolfram Wette, Karl Jäger. Mörder der litauischen Juden, Frankfurt a. M. 2011.

Die Lage der Juden in den östlichen Wojewodschaften Vorkriegspolens Der Bezirk Bialystok

Die im Sommer 1941 von der Wehrmacht eroberten Gebiete, die bis 1939 zu Polen gehört hatten, wurden unterschiedlichen Verwaltungseinheiten zugeordnet. Als am 1. August die Militärverwaltung endete, wurde aus dem größten Teil der ehemaligen Wojewodschaft Białystok und Teilen der Wojewodschaft Polesien der sogenannte Bezirk Bialystok geschaffen und als autonomer Teil dem von Erich Koch regierten Ostpreußen angegliedert. Politisch aufgeteilt war der Bezirk in die Stadt Białystok und sieben Landkreiskommissariate. Insgesamt lebten 1 682 000 Bewohner in dem Bezirk. Die etwa 200 000 Juden wurden nun der antijüdischen Gesetzgebung unterworfen. Sie erhielten den Befehl, eine Kennzeichnung auf ihrer Kleidung zu tragen. Unmittelbar nach der Besetzung überrollte eine Welle der Gewalt die Stadt Białystok und die umliegenden Ortschaften. Gleich darauf mussten Judenräte geschaffen und von den meisten Gemeinden enorme Kontributionszahlungen geleistet werden. Zum Vorsitzenden des Judenrats in Białystok wurde Gedale Rozenman ernannt, die eigentliche Autoritätsperson war jedoch sein Stellvertreter, der Ingenieur Efraim Barasz (1892–1943), der vor dem Krieg der letzte Vorsitzende der jüdischen Gemeinde gewesen war.

Ende Juli ordnete der Stadtkommandant an, ein Ghetto einzurichten, in dem schließlich 50 000 Menschen eingeschlossen wurden. Für den Umzug in das Ghetto ließ man den Betroffenen kaum Zeit. „Die Bedingungen im Ghetto", so ein Überlebender, „waren unerträglich. Viele Familien fanden keinen Ort, an dem sie sich niederlassen konnten, und hielten sich auf den Straßen auf."[16] Das Ghetto wurde mit einem Holzzaun von der Stadt abgetrennt. Deutsche Polizei und Jüdischer Ordnungsdienst bewachten das einzige Tor. Da das Ghetto völlig überfüllt war, wurden bald einige Tausend Juden nach Pružana umgesiedelt. Der Judenrat ging davon aus, dass die Einrichtung zahlreicher Betriebe und Werkstätten ein Weiterbestehen des Ghettos gewährleisten werde.

Das zweitgrößte Ghetto im Bezirk Bialystok bestand mit 23 000 jüdischen Bewohnern in Grodno. Es setzte sich aus zwei Teilen zusammen, einem „Ghetto für Fachleute", in das 17 000 Arbeiter mit ihren Familien eingeschlossen waren, und einem kleineren Ghetto in der Vorstadt. Beide Ghettos verfügten über eigene Verwaltungseinrichtungen (Judenrat und Jüdischer Ordnungsdienst).

16 Rafael Rajzner, Losy nieopowiedziane. Zagłada Żydów białostockich 1939–1945. Bearb. v. Henry R. Lew, polnische Ausgabe bearb. und hrsg. v. Agnieszka Żółkiewska, Warszawa 2013, S. 49.

Geschlossene Ghettos existierten noch in einigen anderen kleineren Ortschaften, unter anderem in Augustów, Bielsk Podlaski, Czyżew, Grajewo und Łomża. Im Osten des Bezirks waren die Ghettos nicht eingezäunt und blieben offen. Überall herrschten fatale Wohnbedingungen. Im Ghetto von Białystok verfügte ein Bewohner über ca. drei Quadratmeter. Noch extremer war es in der Gemeinde Pružana, die im Jahr 1939 noch 9000 Einwohner gehabt hatte, denn bis Ende 1941 verdoppelte sich die Einwohnerzahl.[17] In einigen Ortschaften, und zwar vor allem in denjenigen, in denen es zu Mordaktionen und Pogromen gekommen war, bestand keine jüdische Gemeinde mehr. So war es in Jedwabne, wo nahezu sämtliche jüdischen Einwohner ermordet worden waren. Die wenigen, die entkommen konnten, suchten an einem anderen Ort Zuflucht. Schätzungen zufolge wurden von Juni bis September 1941 im Bezirk Bialystok zwischen 30 000 und 50 000 Juden ermordet.

Wilna und Nowogródek sowie ihr Umland

Ein Teil der bis 1939 polnischen Wojewodschaften Wilna und Nowogródek wurde nach der Besetzung durch die Deutschen als Generalbezirk Litauen dem Reichskommissariat Ostland zugeordnet. Der Rest der beiden Wojewodschaften kam zum Generalbezirk Weißruthenien mit der Hauptstadt Minsk. Die größte jüdische Gemeinde gab es in Wilna. Nach der allgemeinen Volkszählung von 1931 wohnten 55 000 Juden in der Stadt, die damit eines der wichtigsten jüdischen Zentren der Zweiten Polnischen Republik gewesen war. Im September 1939 wurde Wilna, das zum sowjetischen Einflussbereich gehörte, zu einem Fluchtpunkt für Juden aus West- und Zentralpolen. Bis zur Annexion durch die Sowjetunion im Juni 1940 konzentrierte sich hier das jüdische politische Leben, und erst die Repressionen des NKWD und schließlich die Deportationen ins Innere der Sowjetunion setzten diesem ein Ende. Nachdem die Deutschen Wilna eingenommen hatten, führte die Militärverwaltung eine Reihe antijüdischer Verordnungen ein. Sie betrafen das obligatorische Tragen einer Kennzeichnung auf der Kleidung, die Polizeistunde und das Verbot, das Stadtzentrum zu betreten. Zu Angehörigen des Judenrats wurden angesehene Mitglieder der lokalen jüdischen Gemeinde ernannt.

17 Szymon Datner, Eksterminacja ludności żydowskiej w okręgu białostockim, in: Biuletyn ŻIH 60 (1966) 4, S. 17. Siehe auf Deutsch: ders., Kampf und Zerstörung des Ghettos von Białystok, in: Frank Beer/Wolfgang Benz/Barbara Distel (Hrsg.), Nach dem Untergang. Die ersten Zeugnisse der Shoah in Polen 1944–1947. Berichte der Zentralen Jüdischen Historischen Kommission, 2. Aufl., Berlin 2014, S. 131–162.

Gleichzeitig begannen Verhaftungen und erste Hinrichtungen. Die Opfer wurden in den zehn Kilometer von Wilna entfernt gelegenen Wald von Ponary gebracht und dort im Feuer von Maschinengewehren ermordet. Das Hinrichtungskommando war eine litauische Spezialeinheit. Der in unmittelbarer Nähe wohnende Journalist Kazimierz Sakowicz (1894–1944) notierte unter dem Datum des 11. Juli 1941: „Es regnet ein wenig, ziemlich schön, warm, weiße Wolken, Wind, vom Wald her Schüsse. Wahrscheinlich Übungen, da im Wald ein Munitionslager ist, am Weg in das Dorf Nowosiołki, es ist 4 Uhr nachmittags. Die Schüsse dauern ein, zwei Stunden. [...] [Später] erfahre ich, dass man viele Juden in den Wald ‚getrieben' hat und plötzlich erschießt. Das war der erste Tag der Erschießungen. Ein deprimierender Eindruck. Die Schüsse verstummen nach 8 Uhr abends, dann gab es keine Salven mehr, sondern nur Einzelschüsse."[18] Von diesem Zeitpunkt an dokumentierte er die Verbrechen auf Zetteln, die er aus einem Heft herausriss und später im Garten vergrub. Bis Ende August wurden in Ponary immer wieder Gruppen von Juden ermordet, meist zwischen 250 und 300 Personen. Ihnen war nicht bewusst, welches Schicksal sie erwartete. Ein Teil der Angehörigen des Judenrats wurde in diesem Zeitraum ebenfalls ermordet.

Anfang September wurden in Wilna zwei Ghettos eingerichtet. In das „Große" sperrte man 30 000 Juden. Zum Vorsitzenden des Judenrats wurde Anatol Fried ernannt, die jüdische Polizei leitete Jakub Gens. Im „Kleinen" befanden sich 12 000 Menschen, die meisten waren Alte und „Arbeitsunfähige". Die Bewohner dieses Ghettos begann man sofort nach dessen Einrichtung in den Wald von Ponary zu verschleppen. Der Völkermord erreichte nun eine neue Stufe. Abgesehen von den Aufzeichnungen Sakowiczs zeugen von dem erschreckenden Ausmaß der Gewalt der Bericht des Kommandanten des EK 3, Karl Jäger. Die größte Exekution fand am 2. September statt, als 3700 Juden ermordet wurden, unter ihnen viele Frauen und Kinder. Am 25. Oktober wurden 1776 Frauen und 812 Kinder erschossen.[19] Sakowicz schrieb an diesem Tag: „25. Oktober – der schreckliche Samstag. Gegen 8.20 Uhr morgens erschien auf der Straße an der Kapelle ein langer Zug von Verurteilten. Als sie sich dem Bahnübergang näherten, sah ich, dass es ausschließlich Frauen waren – alte, junge und Kinder in Kinderwagen, Kinder mit Händchen an der Brust. Einige schliefen ruhig. Das Wetter war wunderschön, sonnig." Den ganzen Tag über

18 Kazimierz Sakowicz schildert im Juli 1941 den Beginn des Judenmords in Ponary bei Wilna, in: VEJ 7, Dok. 48, S. 222 f., hier S. 222.

19 Siehe den „Jäger-Bericht" in: Wette, Karl Jäger, S. 236–245; auch abgedruckt in: Ernst Klee/Willi Dreßen/Volker Rieß, „Schöne Zeiten". Judenmord aus der Sicht der Täter und Gaffer, Frankfurt a. M. 1988, S. 52–62.

spielten sich grauenvolle Szenen ab.[20] Ende des Jahres wohnten nur noch 15 000 Juden legal im Wilnaer Ghetto. Dazu kamen noch einige Tausend, die sich ohne Erlaubnis im Ghetto aufhielten.

Angesicht des Massenmords in Wilna wurde in Teilen der Bevölkerung der Ruf laut, bewaffneten Widerstand zu leisten. In der Nacht vom 31. Dezember 1941 auf den 1. Januar 1942 gab der Dichter Abba Kovner (1918–1988) ein Manifest heraus, das die Juden mit dem berühmt gewordenen Aufruf „Lassen wir uns nicht abschlachten wie Schafe!“ aufforderte, zu den Waffen zu greifen.[21] Er begründete seinen Appell mit der festen Überzeugung, dass Hitler sämtliche Juden Europas ermorden wolle: „Seht ein: Wer durch das Gettotor hinausgeführt wurde, der kommt nicht mehr zurück, denn alle Wege der Gestapo führen nach Ponar, und Ponar – heißt Tod. Reißt euch die Illusion heraus, ihr Verzweifelten! [...] Ponar ist kein Lager. Man hat sie allesamt erschossen. Dieses Verfahren hat Hitler für alle Juden Europas geplant.“[22] Auf Initiative von Aktivisten der zionistischen Gruppen Haschomer Hazair und Hanoar Hazijoni bildete sich kurz danach die Vereinigte Partisanenorganisation (Fareynikte Partizaner Organizatsye), der sich auch Bundisten und Kommunisten anschlossen. Über Kuriere wurde Kontakt zu den Ghettos in Białystok, Grodno und Warschau aufgebaut.

Anfang 1942 unterbrachen die Deutschen die Massenhinrichtungen in Wilna. Das Ghetto bestand bis September 1943.[23]

Der Distrikt Galizien (Lemberg)

Am 1. August 1941 befanden sich die Wojewodschaften Stanisławów/Stanislau, Tarnopol und ein Teil der Wojewodschaft Lwów/Lemberg als Distrikt Galizien innerhalb der Grenzen des Generalgouvernements. Als Gouverneur wurde Karl Lasch (1904–1942) berufen, der zuvor in Radom tätig gewesen war. Als er nach einem halben Jahr unter dem Vorwurf der Unterschlagung und Bestechlichkeit abgelöst wurde, ersetzte ihn Otto Wächter, der bisherige Gouverneur im

20 Rachel Margolis/Jim G. Tobias (Hrsg.), Die geheimen Notizen des K. Sakowicz. Dokumente zur Judenvernichtung in Ponary, Frankfurt a. M. 2005, S. 61 f. Die Aufzeichnungen reichen bis zum 6. 11. 1943. Im Juli 1944 wurde Sakowicz von Litauern angeschossen, er starb in einem Krankenhaus in Wilna.

21 Jüdische Jugendliche rufen am 1. Januar 1942 zur Gründung einer bewaffneten Widerstandsgruppe im Wilnaer Getto auf, in: VEJ 7, Dok. 223, S. 587 f.

22 Ebenda, S. 588.

23 Zur Geschichte des Wilnaer Ghettos siehe Yitzhak Arad, Ghetto in Flames. The Struggle and Destruction of the Jews in Vilna in the Holocaust, Jerusalem 1980.

Distrikt Krakau. SS- und Polizeiführer im Distrikt Galizien war von Anfang an SS-Brigadeführer Friedrich (Fritz) Katzmann (1906–1957), der wie Lasch aus Radom gekommen war. Mit der Einrichtung der deutschen Zivilverwaltung, die ihren Sitz in der Distriktshauptstadt Lemberg hatte, wurde die Judenverfolgung vereinheitlicht und das im Generalgouvernement geltende Recht eingeführt. Im Distrikt Galizien lebten rund 550 000 Juden, vor allem in den größeren Städten.[24]

Die größte jüdische Gemeinde befand sich in Lemberg, dem Hauptort Ostgaliziens, wo vor Kriegsbeginn rund 100 000 Juden gelebt hatten. Im September 1939 und danach kamen Zehntausende Flüchtlinge aus West- und Zentralpolen in die Stadt, von denen jedoch viele als „unsichere Elemente" ins Innere der Sowjetunion zwangsumgesiedelt wurden. Abermals flohen Tausende im Juni 1941 zusammen mit der sich zurückziehenden Roten Armee. Einige Tausend fielen den Pogromen im Juli 1941 zum Opfer. Nach der Besetzung der Stadt durch die Deutschen versuchten viele Juden, die aus anderen Teilen Polens stammten, heimzukehren. Dennoch lebten weiterhin über 100 000 Juden in der Stadt Lemberg, die damit den nach Warschau zweitgrößten jüdischen Bevölkerungsanteil im Generalgouvernement aufwies.

Kurze Zeit nach der Einrichtung der deutschen Zivilbehörden wurde den Lemberger Juden eine enorme Kontributionszahlung auferlegt. Die Geldforderung wurde zwar beglichen, aber dies führte keineswegs dazu, dass die Deutschen und ihre Handlanger das Rauben und Morden einstellten. Die Synagogen wurden systematisch zerstört, jegliche Religionsausübung wurde verboten. Der Judenrat wurde schon im Juli einberufen, seine Zusammensetzung änderte sich in kurzer Zeit mehrfach. Nachdem Professor Maurycy Allerhand abgelehnt hatte, als Vorsitzender des 24 Personen starken Gremiums zu fungieren, wurde der 70-jährige Dr. Józef Parnas in dieses Amt berufen. Mit dem Jüdischen Ordnungsdienst entstand in Lemberg eine mehrere Hundert Mann starke jüdische Polizei. Die Deutschen verhafteten Parnas Anfang Oktober, da er sich weigerte, eine Liste von Arbeitern für ein Zwangsarbeitslager zusammenzustellen. Er starb im Gefängnis. Sein Nachfolger wurde zunächst Dr. Adolf Rotfeld, dem wiederum Dr. Henryk Landsberg folgte.

Der Massenmord in der Provinz hatte zu diesem Zeitpunkt bereits begonnen. Am 6. Oktober wurden 2000 Bewohner des kleinen Städtchens Nadwórna im Kreis Stanislau erschossen. Dies war der Auftakt zu einer ganzen Reihe von Massenmorden im Laufe der nächsten zwei Monate. Am 12. Oktober, einem Sonntag

24 Umfassende Informationen zum Holocaust in diesem Gebiet: Pohl, Nationalsozialistische Judenverfolgung in Ostgalizien.

(„Blutsonntag“) töteten Angehörige des Bataillons 133 der Ordnungspolizei in Stanislau rund 10 000 Juden. Bei der Erschießung anwesend waren der örtliche Kommandant der Sicherheitspolizei, SS-Hauptsturmführer Hans Krüger,[25] und Katzmann. Angehörige der ukrainischen Polizei brachten die Opfer in Gruppen zum Hinrichtungsort. Zahllose Gaffer – Soldaten, Eisenbahnarbeiter und Polizisten – schauten zu, wie sie ermordet wurden. Den Judenrat zwangen die Deutschen, 2000 Złoty für die verbrauchte Munition zu zahlen. Nach Beendigung sandte Krüger einen mit Fotos versehenen Bericht nach Berlin.

In den folgenden Tagen fanden Exekutionen im Kreis Kołomyja/Kolomea statt. Insgesamt wurden mindesten 30 000 Männer, Frauen und Kinder getötet. Die Massaker sollten die Anzahl der Juden reduzieren, sie standen im Zusammenhang mit grundsätzlichen, in Berlin getroffenen Entscheidungen über das weitere Schicksal von Juden.[26] Zur gleichen Zeit ließen die Deutschen in Ostgalizien Ghettos einrichten. Im Ghetto von Tarnopol lebten im September rund 12 000 Personen. Am 20. Dezember wurde das Ghetto in Stanislau geschlossen; in ihm befanden sich rund 24 000 Juden, die den „Blutsonntag“ überlebt hatten.

Anfang November 1941 ordnete die Zivilverwaltung an, in Lemberg ein jüdisches Viertel einzurichten. Vorgesehen dafür war der Stadtteil Zamarstynów im Norden der Stadt – ein armes Viertel, in dem zu diesem Zeitpunkt rund 25 000 Juden lebten. Jetzt sollte es für 80 000 Menschen eingerichtet werden, während Polen und Ukrainer das Viertel verlassen mussten. Ein unbeschreibliches Chaos entstand. Deutsche und ukrainische Polizisten kontrollierten die Kolonnen von Juden, die in Richtung Ghetto zogen. „Unproduktive Elemente“ wurden herausgeholt und kurz darauf ermordet. Die Umsiedlung der jüdischen Bevölkerung in das Ghetto wurde frühzeitig abgebrochen; rund 20 000 Juden wohnten weiterhin außerhalb des jüdischen Wohnbezirks, der weder von einer Mauer umgeben war noch ein klar umrissenes Arreal hatte. Dort herrschten furchtbare Lebensbedingungen. Die jüdische Bevölkerung hungerte, Krankheiten breiteten sich aus. Wie in anderen Städten des Generalgouvernements sah sich die Jüdische Soziale Selbsthilfe nicht imstande, die Probleme zu bewältigen.[27] An der Janowska-

25 Krüger diente bis Juni 1941 bei der Sicherheitspolizei in Krakau. Nach seiner Versetzung nach Lemberg beteiligte er sich am 4. Juli 1941 an der Ermordung der Lemberger Professoren.

26 Pohl, Nationalsozialistische Judenverfolgung in Ostgalizien, S. 144–147.

27 Zur Entwicklung in Lemberg siehe beispielsweise Filip Friedman, Die Vernichtung der Lemberger Juden, in: Beer/Benz/Distel (Hrsg.), Nach dem Untergang, S. 27–63; Janina Hescheles, Mit den Augen eines zwölfjährigen Mädchens. Ghetto – Lager – Versteck, Berlin 2019; Eliyahu Yones, Die Juden in Lemberg während des Zweiten Weltkriegs und im Holocaust 1939–1944. Übersetzt von Heike Zaun-Goshen. Hrsg. v. Susanne Heim und Grzegorz Rossoliński-Liebe, Stuttgart 2018.

Straße 134 entstand mithilfe von „Spezialisten", die aus Lublin nach Lemberg geschickt wurden, ein Zwangsarbeitslager, auf dessen Gelände eine Niederlassung der Deutschen Ausrüstungswerke eingerichtet wurde. Weitere Arbeitslager im Distrikt waren bereits zuvor entstanden. Unter Zwang wurden Juden in die Lager geschickt.

Die Verschärfung der Judenpolitik im Generalgouvernement

Nach Beginn des deutsch-sowjetischen Krieges radikalisierten die Deutschen das Vorgehen gegen die Juden im Generalgouvernement. Sowohl Gouverneure wie Vertreter unterer Verwaltungsinstanzen erließen neue antijüdische Verordnungen. Einige Kreishauptleute wollten ihre Vorgesetzten durch besonders strenges Vorgehen beeindrucken oder lebten ihre antisemitischen Obsessionen aus und veranlassten eigenständig die Konzentration und Umsiedlung von Juden in ihrem Machtbereich. Angehörige von Polizei und Gendarmerie verübten ihre Verbrechen im Wissen um ihre Straffreiheit. Sie misshandelten Juden, verschärften Kontrollen und ersannen immer neue Einschränkungen und Schikanen. Die jüdischen Wohnbezirke wurden mit Stacheldraht, mit Holzzäunen und in größeren Städten mit steinernen Mauern umgeben. In der jüdischen Bevölkerung steigerte die tägliche Ungewissheit das Gefühl, einer ausweglosen Situation ausgeliefert zu sein.

Verschärfte Gesetze verstärkten die Unterdrückungsmaßnahmen. Am 15. Oktober 1941 ließ Frank eine Anordnung bekanntmachen, nach der Juden, die ihren Wohnort ohne eine erforderliche Erlaubnis verlassen, mit dem Tode zu bestrafen seien.[28] Bisher war dieses „Verbrechen" genau wie das Nichttragen des Judensterns mit Geldstrafen und Gefängnis geahndet worden. Die Verfolgungsorgane hatten bereits zuvor zu drastischen Strafen gegriffen. Im Warschauer Ghetto waren viele in den überfüllten Gefängnis- und Polizeizellen umgekommen. Die unzureichenden Lebensmittelzuteilungen, die allgemeine Armut, der Mangel an Arbeitsmöglichkeiten und die daraus folgenden miserablen Lebensumstände zwangen jedoch viele Jüdinnen und Juden, das Risiko einzugehen und sich außerhalb des Ghettos auf die Suche nach Lebensmitteln zu begeben. Polen nutzten die Zwangslage der Juden aus, so zum Beispiel, wenn sie deren Eigentum unter Wert ankauften. Oft übernahmen Kinder die

28 Generalgouverneur Frank ordnet am 15. Oktober 1941 an, dass Juden bei unerlaubtem Verlassen des Gettos mit dem Tod bestraft werden, in: Die Verfolgung und Ermordung der europäischen Juden durch das nationalsozialistische Deutschland 1933–1945, Bd. 9: Polen: Generalgouvernement August 1941 bis 1945. Bearb. v. Klaus-Peter Friedrich, München 2014 (VEJ 9), Dok. 13, S. 92 f.

Aufgabe, lebenwichtige Waren in das Ghetto zu schmuggeln. Die neue Anordnung Franks drohte allen die Todesstrafe an, wenn sie – auf welche Weise auch immer – Juden halfen. Begründet wurde dies – wie so oft – damit, dass man die Ausbreitung von Epidemien eindämmen wolle. Mit dieser infamen Argumentation verkehrten die Deutschen Ursache und Wirkung, waren doch die unmenschlichen Lebensbedingungen für die in den Ghettos ausbrechenden Krankheiten verantwortlich.

Die neuen drakonischen Regelungen wurden unmittelbar nach ihrer Verkündung in die Praxis umgesetzt. Am 17. November erschoss ein Kommando der Blauen Polizei acht Juden, die in Haft genommen worden waren, da sie sich unerlaubt aus dem Ghetto entfernt hatten. Vollzogen wurde das Urteil in Anwesenheit des Kommissars für den jüdischen Wohnbezirk, Auerswald.[29] Allein in der Stadt Warschau wurden bis Mitte Dezember 45 Todesurteile ausgesprochen, während 600 Fälle noch nicht abgeschlossen waren.[30] Die deutschen Behörden waren dennoch nicht zufrieden mit dem Ergebnis, da ihnen das Vorgehen zu zeitaufwendig erschien. Nicht genug also, dass die Gesetzesvorschriften verschärft wurden, der Befehlshaber der Sicherheitspolizei im Generalgouvernement, Karl Eberhard Schöngarth, gab obendrein den Befehl aus, „umherwandernde Juden“ unter dem Vorwurf des Missachtens der Aufenthaltsbeschränkungen nach ihrem Aufgreifen „sofort zu erschießen sind“.[31] Die Zivilverwaltung nahm den Schießbefehl mit Genugtuung zur Kenntnis.[32]

In den folgenden Monaten töteten Polizei und Gendarmerie unter fadenscheinigen Vorwänden immer mehr Juden im Schnellverfahren. Der fünfzehnjährige Dawid Rubinowicz wohnte in dem Dorf Krajno bei Kielce. Er notierte am 12. Dezember 1941: „Als sie die Chaussee entlangkamen, trafen sie einen Juden, der aus der Stadt herausging, und haben ihn gleich ohne jeden Grund erschossen, und als sie so weiter fuhren, haben sie noch eine Jüdin erschossen, wieder ohne jeden Grund. So sind zwei Opfer ohne jeden Grund gefallen. Als ich nach Hause ging, habe ich große Angst gehabt, daß ich nicht auch etwa mit ihnen zusammentreffe, aber ich habe niemanden getroffen.“ Am nächsten Tag wurde

29 Engelking/Grabowski, „Przestępczość“ Żydów, S. 148.

30 Siehe Regierung und Behördenleiter des Generalgouvernements sprechen am 16. Dezember 1941 über die Fleckfiebergefahr und die nächsten Schritte bei der Verfolgung der Juden, in: VEJ 9, Dok. 26, S. 151–161, Zahlenangaben S. 159.

31 Der Befehlshaber der Sicherheitspolizei im Generalgouvernement ordnet am 21. November 1941 an, auf jeden Juden zu schießen, der außerhalb der Gettos entdeckt wird, in: VEJ 9, Dok. 17, S. 132 f.

32 Jacek A. Młynarczyk, „Akcja Reinhard“ w gettach prowincjonalnych dystryktu warszawskiego, in: Barbara Engelking/Jacek Leociak/Dariusz Libionka (Hrsg.), Prowincja noc. Życie i zagłada Żydów w dystrykcie warszawskim, Warszawa 2007, S. 50 f.

der nächste Jude getötet. „Wir machten uns große Sorgen über diese neue Situation, denn bisher war es nicht zu solchen Übergriffen gekommen.“[33] Ähnliche Eintragungen wiederholen sich in Dawids Aufzeichnungen.

Die Propagandapresse veröffentlichte die Urteile deutscher Gerichte. Demnach wurden beispielsweise in Częstochowa im Dezember 1941 vier Ghettobewohner verurteilt. Einer von ihnen hatte in einer polnischen Bäckerei Brot backen wollen, die anderen hatten gebettelt.[34] Bei Einbruch des Winters befahlen die Machthaber den Juden, ihre Pelze und Mäntel abzuliefern. Sie sollten den deutschen Soldaten zur Verfügung gestellt werden, die an der Ostfront kämpften. Dies ging auf einen Befehl Himmlers zurück und betraf das gesamte besetzte Polen. Wer dem Befehl nicht nachkam, konnte mit dem Tod bestraft werden.[35]

Am schlimmsten war die Lage im Warschauer Ghetto. Als Folge einer Änderung der Ghettopolitik im Frühjahr 1941 wurden auf dem Gelände viele Werkstätten und einige größere Betriebe eingerichtet, sogenannte Shops. Sie entstanden, nachdem die Firmen von Deutschen übernommen worden waren, die mit mehr oder minder großen Gewinnen rechneten. Sie durften die unbegrenzt vorhandene, billige Arbeitskraft der Juden für sich nutzen. Der Vorteil war beiderseitig. Die bisherigen Eigentümer konnten in den Firmen als Betriebsleiter arbeiten, und die im Produktionsprozess angestellten Juden gewannen trotz der niedrigen Entlohnung und der vielstündigen Arbeit ein Gefühl von Sicherheit, und es erschien ihnen als eine gewisse Stabilisierung in ihrem Leben. Die Betriebe übernahmen Aufträge der Wehrmacht. Einige Arbeiter erhielten größere Lebensmittelrationen, was angesichts der vorherrschenden Armut die elementare Grundlage für das Überleben war. Die meisten Beschäftigten hatten die Firma des aus Danzig stammenden Fritz Schultz (Leder-, Filz- und Pelzwaren) und des Bremer Unternehmers Walther Caspar Többens (Textilindustrie). Daneben entstanden Dutzende kleinerer Firmen und Werkstätten.

Juden waren auch an Arbeitsstätten außerhalb des Ghettos beschäftigt. Die dort herrschenden unmenschlichen Lebensbedingungen hatten zur Folge, dass sich eine Schattenwirtschaft und ein System der allgemeinen Korruption heraus-

33 Pamiętnik Dawida Rubinowicza, Warszawa 1960, S. 31–33. Hier zitiert nach der deutschen Ausgabe: Das Tagebuch des Dawid Rubinowicz. Hrsg. von Walther Petri, Weinheim 2001, S. 703.

34 Piątkowski, Okupacja i propaganda, S. 132 f. Allein am 17. März 1941 verurteilten Gerichte in Kielce, Radom und Częstochowa 17 Juden zum Tode.

35 Siehe: Der Judenrat in Staszów gibt am 27. Dezember 1941 bekannt, dass Pelze abgeliefert werden müssen, andernfalls die Todesstrafe drohe, in: VEJ 9, Dok. 28, S. 162 f.

bildeten, von deren Existenz in erster Linie die Deutschen, darunter Vertreter der Zivilverwaltung und der Polizei, aber auch eine privilegierte Gruppe von Juden profitierten. Sofort nachdem das Ghetto geschlossen worden war, trat eine kleine, aber sichtbare „Elite“ auf den Plan, die Profite aus der Kooperation mit den Deutschen zog.[36] Gleichzeitig breitete sich das Elend aus. Etwa 95 000 Juden waren in den Produktionsstätten und der Verwaltung beschäftigt. Die Hälfte der Berufstätigen kämpfte ums nackte Überleben. Sie hielten sich mit verschiedenen Nebenbeschäftigungen über Wasser und verkauften ihre letzte Habe.[37] Die Besatzer gingen zweigleisig vor: Den Schmuggel von Lebensmitteln in großem Stil tolerierten die deutschen Behördenvertreter teilweise, gleichzeitig bekämpfte ihn die Polizei mit immer schärferen Maßnahmen. Produktionsbetriebe und von Juden selbst gegründete Werkstätten entstanden jetzt in vielen Ghettos. Es schien, als ob der wirtschaftliche Nutzen eine ausreichende Garantie für den Fortbestand der Ghettos war. Anfang 1942 hielten sich nach offiziellen Angaben rund 360 000 Bewohner im Warschauer Ghetto auf, tatsächlich waren es jedoch weitaus mehr.

Im Frühjahr fanden weitere Deportationen statt – sowohl aus den umliegenden Ortschaften als auch aus dem Reichsgebiet, darunter Juden aus Frankfurt am Main und Berlin. Was die Juden nicht wussten, war, dass die Vernichtungspläne zu diesem Zeitpunkt bereits weit fortgeschritten waren.

Die Entscheidung zur Ermordung der europäischen Juden

Herbst 1941

Während die Einsatzgruppen und Polizeibataillone zusammen mit den kollaborierenden Einheiten in den östlichen Wojewodschaften und den besetzten Gebieten der Sowjetunion Juden bereits systematisch ermordeten, wurde in Berlin über die Frage nachgedacht, wie mit den Juden in den Gebieten unter deutscher Herrschaft verfahren werden sollte. Die Berichte der Einsatzgruppen gelangten

36 Eine besondere Rolle spielte die Überwachungsstelle zur Bekämpfung des Schleichhandels und der Preiswucherei, umgangssprachlich „Trzynastka“ (Dreizehn) – nach seinem Sitz in der Leszno-Straße 13 – benannt. Sie unterstand der Gestapo und sollte ein Gegengewicht zum Judenrat bilden. Sie setzte sich aus Kollaborateuren und Spitzeln zusammen, die sich auf Kosten der Ghettobevölkerung bereicherten, denn diese wandten sich an die Überwachungsstelle, wenn sie Kontakt zu deutschen Stellen suchten. Bis zu ihrer Auflösung am 17. 7. 1941 wurde sie von Abraham Gancwajch (1904–1943) und Dawid Szternfeld geleitet.

37 Siehe Engelking/Leociak, The Warsaw Ghetto, S. 409 ff.

in die Hände Hitlers und der wichtigsten nationalsozialistischen Funktionäre. So erklärte Hitler am 22. Juli 1941 dem ihn besuchenden Marschall Kroatiens, Slavko Kvaternik, dass, „wenn auch nur ein Staat aus irgendwelchen Gründen eine jüdische Familie bei sich dulde, [...] diese der Bazillusherd für eine neue Zersetzung werden [würde]. [...] Wohin man die Juden schicke, nach Sibirien oder Madagaskar, sei gleichgültig."[38] Kvaternik war einer von vielen Gesprächspartnern Hitlers, mit denen er die „Judenfrage" erörterte. In den ersten Kriegswochen ging der enge nationalsozialistische Führungskreis noch davon aus, dass die Juden aus dem Reich und dem Generalgouvernement bald in den von der Wehrmacht eroberten Osten deportiert würden. Recht schnell wurden die Pläne jedoch geändert und in erschreckender Weise konkretisiert.

Das Fehlen von Quellenmaterial erschwert die Rekonstruktion der Entwicklung, die zur Entscheidung führte, die jüdische Bevölkerung restlos zu ermorden. Aus der Analyse von Historikern, die sich mit dieser Frage beschäftigen, kann man schließen, dass die Judenvernichtung nicht auf einen einmaligen Befehl zurückgeht, sondern auf eine unter dem Einfluss des Krieges wachsende Zahl antijüdischer Initiativen, die sowohl vom Machtzentrum in Berlin wie auch vonseiten regionaler und lokaler Akteure in den besetzten Gebieten der Sowjetunion, den ins Reich eingegliederten Gebieten Polens und des Generalgouvernements ausgingen. Am 31. Juli 1941beauftragte Hermann Göring auf Weisung Hitlers Reinhard Heydrich, „alle erforderlichen Vorbereitungen in organisatorischer, sachlicher und materieller Hinsicht für eine Gesamtlösung der Judenfrage im deutschen Einflussbereich" zu treffen. Heydrich selbst war in Absprache mit Himmler initiativ geworden, um diese Aufgabe zu übernehmen. Himmler wiederum besprach sich mit zuverlässigen Führern der Polizeiverwaltungen in den besetzten Gebieten. Von diesen Treffen sind keine Protokolle überliefert (es ist fraglich, ob solche überhaupt angefertigt wurden), doch steht fest, dass bereits in den ersten Wochen des Krieges gegen die Sowjetunion ausgiebig darüber geredet wurde, wie die „Ausschaltung der Juden" zu bewerkstelligen sei.[39]

Das letzte Wort lag jedoch bei Hitler. „Als Verkörperung der NS-Ideologie", schreibt Christopher R. Browning, dessen Buch die vollständigste Rekonstruktion des Prozesses der Entscheidungsfindung zur „Endlösung der Judenfrage" darstellt, „hat er die unablässige Suche nach der ‚Endlösung' ohne Zweifel legitimiert und vorangetrieben. Seine Besessenheit in der ‚Judenfrage' gewährleistete,

38 Aufzeichnung des Gesandten Hewel über eine Unterredung Hitlers mit Kvaternik, zit. nach Browning, Die Entfesselung der „Endlösung", S. 455.

39 Die Daten der Zusammenkünfte und die Namen der Gesprächspartner sind überliefert in: Peter Witte u. a. (Hrsg.), Der Dienstkalender Heinrich Himmlers 1941/42, Hamburg 1999.

dass das Engagement der Nationalsozialisten nie nachließ und die Suche nach einer Lösung für dieses selbst geschaffene Problem, wie auch immer sie aussehen mochte, niemals in den Hintergrund trat oder auf unbestimmte Zeit verschoben wurde. Kein führender Nationalsozialist konnte es sich erlauben, nicht wenigstens den Anschein zu erwecken, als würde er die ‚Judenfrage‘ genauso ernst nehmen wie Hitler. So übte Hitler schon durch seine bloße Existenz einen beständigen Druck auf das politische System aus, der unter den Getreuen und Ehrgeizigen zu einem Wettstreit um den radikalsten Vorschlag sowie die brutalste und umfassendste Umsetzung der Judenpolitik führte.“[40] Einige taten dies aus Überzeugung, andere wollten sich beweisen, wieder andere verhielten sich opportunistisch. Der engste Kreis um Hitler, mit Himmler an der Spitze, kam seinen Vorschläge und Wünschen entgegen, schlug ihm konkrete Lösungen vor – doch keine Entscheidung in Schlüsselfragen konnte ohne seine Zustimmung getroffen werden.

Zum inneren Zirkel der Führungsriege gehörte auch Joseph Goebbels, der permanent für die Verschärfung der antijüdischen Maßnahmen eintrat und ständig Zutritt bei Hitler hatte. Mitte August nahm er Bezug auf die Prophezeiung des Führers vom Januar 1939, was mit den Juden geschehen würde, sollten sie einen Weltkrieg „entfesseln“: „Im Osten müssen die Juden die Zeche bezahlen; in Deutschland haben sie sie zum Teil schon bezahlt und werden sie in Zukunft noch mehr bezahlen müssen. Das Judentum ist ein Fremdkörper unter den Kulturnationen, und seine Tätigkeit in den letzten drei Jahrzehnten ist eine so verheerende gewesen, daß die Reaktion der Völker absolut verständlich, notwendig, ja man möchte fast sagen in der Natur zwingend ist.“ Als Gauleiter von Berlin lag ihm besonders daran, die jüdischen Einwohner der Reichshauptstadt deportieren zu lassen. Hitler sicherte ihm zu, dass sie in den Osten abgeschoben und dort „zur Arbeit unter schärfsten Bedingungen“ herangezogen würden, wenn „die erste Transportmöglichkeit“ bestehe.

Die Deportationen begannen am 15. Oktober 1941. Goebbels notierte enthusiastisch: „Allmählich fangen wir nun auch mit der Ausweisung von Juden aus Berlin nach dem Osten an. Einige Tausend sind schon in Marsch gesetzt worden. Sie kommen vorerst nach Litzmannstadt. Darob große Aufregung in den betroffenen Kreisen. [...] Hauptsache ist, daß die Reichshauptstadt judenrein gemacht wird; und ich werde nicht eher ruhen und rasten, bis dieses Ziel vollkommen erreicht ist.“[41]

40 Browning, Die Entfesselung der „Endlösung“, S. 605.

41 Die Tagebücher von Joseph Goebbels. Oktober–Dezember 1941, Teil II, Bd. 2. Hrsg. v. Elke Fröhlich, München 1996, Eintrag vom 24. 10. 1941, S. 169.

Bereits im September 1941 waren deutsche Juden gezwungen worden, auf ihrer Kleidung eine Kennzeichnung, den gelben Davidstern, anzubringen. Ab Oktober war es Juden untersagt, aus dem Deutschen Reich zu emigrieren. Nun begannen die Transporte aus dem Reich und dem Protektorat in die Ghettos von Łódź, Warschau sowie nach Kaunas, Riga und Minsk. In Minsk und Kaunas wurden die Juden auf Befehl der lokalen Polizeiführer sofort erschossen. Nur in Riga kamen die Deportierten zunächst ins Ghetto und in Arbeitslager, wo sie jedoch nach kurzer Zeit ebenfalls ermordet wurden.

Der Beginn der Deportationen der Juden aus dem Deutschen Reich zeigt, dass die Nationalsozialisten bereits sämtliche Skrupel verloren hatten und die endgültige Entscheidung über die „Lösung der Judenfrage" gefallen war. Vieles deutet darauf hin, dass der Entschluss zur „Sonderbehandlung" der Juden unter dem Einfluss der Kriegserfolge der Wehrmacht getroffen worden war. Im September wurde Kiew eingenommen, und fünf sowjetische Armeen waren komplett „zerrieben" worden. 665 000 Kriegsgefangene fielen in deutsche Hände, und es sah so aus, als ob der Weg nach Moskau offenstand. Innerhalb kurzer Zeit sollte sich die Hoffnung auf einen schnellen Sieg jedoch zerschlagen, da die Rote Armee den Angriffen standhielt, die Wehrmacht größere Niederlagen einstecken musste, die Versorgungsprobleme wuchsen und die Kampfmoral abnahm. An der Entscheidung darüber, Europas Juden aus der Welt zu schaffen, änderte dies jedoch nichts.[42] Ihre Vernichtung war unwiderruflich beschlossen. Goebbels kommentierte dies in einer weit ausholenden Rede, die er vor Gauleitern hielt: „Er [der Führer] hat den Juden prophezeit, daß, wenn sie noch einmal einen Weltkrieg herbeiführen würden, sie dabei ihre Vernichtung erleben würden. Das ist keine Phrase gewesen. Der Weltkrieg ist da, die Vernichtung des Judentums muß die notwendige Folge sein. Diese Frage ist ohne jede Sentimentalität zu betrachten. Wir sind nicht dazu da, Mitleid mit den Juden, sondern nur Mitleid mit unserem deutschen Volk zu haben. Wenn das deutsche Volk jetzt wieder im Ostfeldzug an die 160 000 Tote geopfert hat, so werden die Urheber dieses blutigen Konflikts dafür mit ihrem Leben bezahlen müssen."[43]

Die Vorbereitungen für den Massenmord waren zu diesem Zeitpunkt bereits in vollem Gange.

42 Siehe Browning, Die Entfesselung der „Endlösung", S. 608.

43 Die Tagebücher von Joseph Goebbels, Oktober–Dezember 1941, Eintrag vom 13. 12. 1941. S. 303, 498 f.

Unter entsprechender Leitung sollen nun im Zuge der Endlösung die Juden in geeigneter Weise im Osten zum Arbeitseinsatz kommen. In großen Arbeitskolonnen, unter Trennung der Geschlechter, werden die arbeitsfähigen Juden straßenbauend in diese Gebiete geführt, wobei zweifellos ein Großteil durch natürliche Verminderung ausfallen wird

Der allfällig endlich verbleibende Restbestand wird, da es sich bei diesem zweifellos um den widerstandsfähigsten Teil handelt, entsprechend behandelt werden müssen, da dieser, eine natürliche Auslese darstellend, bei Freilassung als Keimzelle eines neuen jüdischen Aufbaues anzusprechen ist. (Siehe die Erfahrung der Geschichte.)

Im Zuge der praktischen Durchführung der Endlösung wird Europa vom Westen nach Osten durchgekämmt. Das Reichsgebiet einschließlich Protektorat Böhmen und Mähren wird, allein schon aus Gründen der Wohnungsfrage und sonstigen sozial-politischen Notwendigkeiten, vorweggenommen werden müssen.

Die evakuierten Juden werden zunächst Zug um Zug in sogenannte Durchgangsghettos verbracht, um von dort aus weiter nach dem Osten transportiert zu werden.

Wichtige Voraussetzung, so führte ᛋᛋ-Obergruppenführer H e y d r i c h weiter aus, für die Durchführung der Evakuierung überhaupt, ist die genaue Festlegung des in Betracht kommenden Personenkreises.

Protokoll der „Wannsee-Konferenz“ vom 20. Januar 1942
PAAA Berlin, R 100857, Bl. 166–180, hier Bl. 172 f. [Auszüge]

Die Wannsee-Konferenz

Am 20. Januar 1942 fand in einer Villa am Berliner Wannsee unter dem Vorsitz Heydrichs eine Besprechung statt, auf der Einzelheiten zur Umsetzung der „Lösung der Judenfrage" besprochen wurden. Im Gegensatz zu manch anderen Schlüsseltreffen des nationalsozialistischen Führungskreises ist genau bekannt, was auf der Konferenz besprochen wurde, da eine Kopie des von Adolf Eichmann angefertigten Protokolls erhalten geblieben ist. Die Konferenz hätte eigentlich bereits zu einem früheren Zeitpunkt – am 9. Dezember 1941 – stattfinden sollen, daher war die Einladung vom RSHA bereits Ende November verschickt worden. Der Grund für die Verzögerung war der Beginn des Kriegs zwischen Japan und den Vereinigten Staaten. Der früher anberaumte Termin beweist, dass der Kriegseintritt der Vereinigten Staaten, auch wenn bereits mit einer solchen Option gerechnet worden war, keinen entscheidenden Einfluss auf den Entschluss Hitlers und seiner Umgebung in Bezug auf die Juden hatte.

An dem Treffen am Wannsee nahmen – neben Heydrich – teil: Vertreter der Reichsministerien für die besetzen Ostgebiete (Dr. Alfred Meyer und Dr. Georg Leibbrandt) und des Innern (Dr. Wilhelm Stuckart), der Beauftragte für den Vierjahresplan (Staatssekretär Erich Neumann), des Justizministeriums (Staatssekretär Roland Freisler), der Reichskanzlei (Ministerialdirektor Friedrich Wilhelm Kritzinger), der Parteikanzlei (SS-Oberführer Gerhard Klopfer), des Auswärtigen Amts (Unterstaatssekretär Martin Luther), des Rasse- und Siedlungshauptamts (SS-Gruppenführer Otto Hofmann), des Reichssicherheitshauptamts (SS-Gruppenführer Heinrich Müller und Adolf Eichmann), der Sicherheitspolizei und des Sicherheitsdienstes (SS-Sturmbannführer Dr. Rudolf Lange als Vertreter des Befehlshabers der SiPo und des SD im Reichskommissariat Ost). Die Regierung des Generalgouvernements war vertreten durch Josef Bühler und SS-Oberführer Karl Eberhard Schöngarth.[44] Ein Vertreter aus dem Warthegau fehlte hingegen.

In seiner Einführung erklärte Heydrich den Anwesenden, ungeachtet bestehender Grenzen liege „die Federführung bei der Bearbeitung der Endlösung der Judenfrage [...] zentral beim Reichsführer-SS und Chef der Deutschen Polizei". Nach einem Rückblick auf die Fortschritte beim „Kampf gegen diesen Gegner [Juden]", die das Ziel hätten, „auf legale Weise den deutschen Lebensraum von Juden zu säubern", teilte er mit, dass Hitler Veränderungen der bisherigen Vorgehensweise genehmigt habe. „Auswanderung" werde jetzt durch „Evakuierung" nach dem Osten ersetzt. Davon sollten als Erste die Juden aus dem Deutschen

44 Siehe Hans-Christian Jasch/Christoph Kreutzmüller (Hrsg.), Die Teilnehmer. Die Männer der Wannsee-Konferenz, Berlin 2017.

Von dieser Behandlung werden ausgenommen:

< a) Mischlinge 1. Grades verheiratet mit Deutschblütigen, aus deren Ehe Kinder (Mischlinge 2. Grades) hervorgegangen sind. Diese Mischlinge 2. Grades sind im wesentlichen den Deutschen gleichgestellt.

b) Mischlinge 1. Grades, für die von den höchsten Instanzen der Partei und des Staates bisher auf irgendwelchen Lebensgebieten Ausnahmegenehmigungen erteilt worden sind.>

Jeder Einzelfall muß überprüft werden, wobei nicht ausgeschlossen wird, daß die Entscheidung nochmals zu Ungunsten des Mischlings ausfällt.

Voraussetzungen einer Ausnahmebewilligung müssen stets grundsätzliche Verdienste des in Frage stehenden Mischlings selbst sein. (Nicht Verdienste des deutschblütigen Eltern- oder Eheteiles.)

Der von der Evakuierung auszunehmende Mischling 1. Grades wird - um jede Nachkommenschaft zu verhindern und das Mischlingsproblem endgültig zu bereinigen - sterilisiert. Die Sterilisierung erfolgt freiwillig. Sie ist aber Voraussetzung des Verbleibens im Reich. Der sterilisierte "Mischling" ist in der Folgezeit von allen einengenden Bestimmungen, denen er bislang unterworfen ist, befreit.

2) Behandlung der Mischlinge 2. Grades.

Protokoll der „Wannsee-Konferenz“ vom 20. Januar 1942
PAAA Berlin, R 100857, Bl. 166–180, hier Bl. 11

Reich und den besetzten Gebieten und später die aus den verbündeten Ländern betroffen sein. Langfristig ziehe man dasselbe Vorgehen in Bezug auf die neutralen Länder wie Schweden und die Schweiz sowie auf Großbritannien in Betracht. Insgesamt war die Rede von elf Millionen Menschen. Ganz Europa sollte „von Westen nach Osten durchgekämmt", das Reich und das Protektorat Böhmen und Mähren jedoch dabei vorweggenommen werden. Juden würden „Zug um Zug" in Durchgangsghettos „verbracht" und von dort aus „nach dem Osten transportiert". All jene, die dies überlebten, sollten „entsprechend behandelt werden". Dass die allermeisten der Deportierten gleich nach der Ankunft ermordet würden, findet im Protokoll der Konferenz keinen Niederschlag.

Personen im Alter von über 65 Jahren sowie Kriegsversehrte sollten nicht deportiert, sondern in ein „Altersghetto" verbracht werden. Vorgesehen dafür war Theresienstadt/Terezín im Protektorat Böhmen und Mähren. Die „Evakuierungen" sollten vom Kriegsverlauf abhängig gemacht werden.

Lediglich Neumann forderte eine Garantie, dass die Juden, die in der Kriegsindustrie beschäftigt waren, erst „evakuiert" würden, wenn Ersatz gefunden war. Der Vertreter des Auswärtigen Amts führte aus, dass die Deportationen dort beginnen sollten, wo sie am einfachsten durchzusetzen seien. Das Ministerium des Innern schlug vor, „Mischlinge" nicht zu deportieren, sondern zu sterilisieren. Der Umgang mit den „Mischlingen" sollte auf einer gesonderten Konferenz besprochen werden, die für März anberaumt war. Der Staatssekretär im Generalgouvernement, Josef Bühler, erklärte, dass seine Behörde es „begrüßen würde", wenn die „Endlösung" im Generalgouvernement ihren Ausgang nähme, da der Transport hier keine Probleme bereite. Die zweieinhalb Millionen Juden im Generalgouvernement seien überdies zum großen Teil „arbeitsunfähig". Das Treffen endete mit einem Appell Heydrichs an die Anwesenden, „ihm bei der Durchführung der Lösungsarbeiten entsprechende Unterstützung zu gewähren".[45]

Allen Konferenzteilnehmern war völlig bewusst, was mit Evakuierung gemeint war, denn es wurde kein konkreter Ort angegeben, für den die „Umsiedler" bestimmt waren. Unterdessen unternahm man in Auschwitz, im Warthegau und im Generalgouvernement große Anstrengungen, sich auf den Massenmord vorzubereiten.

45 Das Protokoll der Konferenz ist einsehbar unter: www.ghwk.de/fileadmin/Redaktion/PDF/Konferenz/protokoll-januar1942_barrierefrei.pdf [4. 5. 2020]. Zur Konferenz siehe Hilberg, Die Vernichtung der europäischen Juden, Bd. 2, S. 422–425; siehe auch Peter Klein, Die „Wannsee-Konferenz" am 20. Januar 1942. Eine Einführung, Berlin 2017, und zusammenfassend ders., Die Wannsee-Konferenz vom 20. Januar 1942, www.ghwk.de/fileadmin/Redaktion/PDF/Konferenz/klein_wannsee-konferenz.pdf [4. 5. 2020].

Die „Aktion T4“ („Euthanasie“-Aktion)

Im Vorfeld der „Endlösung der Judenfrage“ war die „Aktion T4“ ein Schlüsselelement der nationalsozialistischen Rassenpolitik. Der Mord an kranken Menschen, die grausamste Form der Umsetzung eugenischer Vorstellungen, wurde euphemistisch als „Reinigung des Volkskörpers“ oder realistischer als Ausmerzung „lebensunwerten Lebens“ und „asozialer Elemente“ bezeichnet. Wirtschaftliche Beweggründe spielten dabei eine Rolle, da man die „Volksgemeinschaft“ von der Last überflüssiger Kosten befreien wollte.[46] Der Plan wurde in der Kanzlei des Führers unter Vorsitz eines der dienstältesten Nationalsozialisten, Philipp Bouhler (1899–1945), in Zusammenarbeit mit Hitlers Leibarzt, Karl Brandt (1904–1948), ausgearbeitet. Im Oktober 1939 erhielten die beiden die schriftliche Ermächtigung Hitlers, die als „Euthanasie“ bezeichneten Morde in die Wege zu leiten.[47]

Es ist kein Zufall, dass der Beginn dieser verbrecherischen Handlungen zeitlich mit dem Beginn der Kriegshandlungen zusammenfiel, sollte doch neben dem äußeren nun auch der innere Feind bekämpft werden. Ihren Ausgang nahmen die Verbrechen von einem Gebäude im Zentrum Berlins in der Tiergartenstraße 4 – daher die Tarnbezeichnung „Aktion T4“. Die von Ärzten selektierten Opfer kamen erst in Zwischenanstalten, von wo aus sie in die Mordstätten weitergeschickt wurden. Die ersten beiden „Euthanasie“-Anstalten ließen die Nationalsozialsten in Einrichtungen in Brandenburg und Grafeneck, danach in Bernburg, Pirna-Sonnenstein, Hadamar und in Hartheim bei Linz installieren. Nach ihrer Ankunft wurden die ahnungslosen Opfer in eigens dafür entwickelten Gaskammern vom Anstaltspersonal mithilfe von Kohlenmonoxid getötet. Sogenannte Brenner oder Desinfektoren zogen die Leichen aus den Kammern und verbrannten sie in Krematorien. Angehörige der Ermordeten, die sich nach dem Schicksal ihrer Verwandten erkundigten, erhielten gefälschte Sterbeurkunden mit fiktiven Todesursachen. Bis August 1941, als das Programm nach Protesten aus der Bevölkerung, unter anderem der christlichen Kirchen, offiziell eingestellt wurde, hatte die „Euthanasie“ mehr als 70 000 Opfer gefordert, darunter einige Tausend Kinder. „Unheilbar Kranken [sollte] der Gnadentod gewährt werden“, so drückte es Hitler in seinem Schreiben aus. Betroffen waren physisch und psychisch Kranke, Menschen mit Einschränkungen, die den Nationalsozialisten als überflüssige Ballastexistenzen galten. Andere Bevölkerungsgruppen, die sich nicht in das Bild der nationalsozialistischen „Volksgemeinschaft“ fügten, wie sie sogenannten

46 Siehe Götz Aly, Die Belasteten. „Euthanasie“ 1939–1945. Eine Gesellschaftsgeschichte, Frankfurt a. M. 2013.

47 Siehe Peter Longerich: Der ungeschriebene Befehl. Hitler und der Weg zur „Endlösung“, München 2001, S. 73 f. Der Befehl wurde auf den 1. September zurückdatiert.

Verlegung von Bewohnern der Pflegeanstalt Schloß Bruckberg der Diakonissenanstalt Neuendettelsau in staatliche Heil- und Pflegeanstalten im Rahmen der „Aktion T4", Frühjahr 1941. Heimliche Aufnahmen, vermutlich angefertigt von dem damaligen Leiter der Einrichtungen, Konrektor Hilmar Ratz.
Pressestelle der Diakonie Neuendettelsau | Public Domain

Asozialen, zu denen man unter anderen „Arbeitsscheue" oder Prostituierte zählte, sowie Homosexuelle und Kriminelle wurden in Konzentrationslager gesperrt.

Auf ähnliche Weise ging man in den eingegliederten Gebieten des Reiches vor, wo Patienten psychiatrischer Krankenhäuser ohne Skrupel erschossen wurden. Trotz der offiziellen Einstellung des Programms dauerten die Morde unter strenger Geheimhaltung bis zum Kriegsende an, insbesondere die „Kinder-Euthanasie", aber auch die dezentrale Tötung behinderter Erwachsener in einzelnen „Heil- und Pflegeanstalten" durch Nahrungsentzug und Injektionen. Gas kam nicht mehr zur Anwendung. Ein Teil des „Euthanasie"-Personals wurde Konzentrationslagern zugewiesen und zur Ermordung der Häftlinge herangezogen. Eine ausgewählte Gruppe der „Euthanasie"-Täter wurde schließlich im Herbst 1941 in den Distrikt Lublin geschickt, wo sie ihr „Expertenwissen" einbringen sollten.

Das Vernichtungslager Kulmhof und der Beginn der Ermordung der Juden im Reichsgau Wartheland

Mit der Ermordung der Juden im Wartheland begannen die Nationalsozialisten noch vor der Wannsee-Konferenz. Die Initiative dafür ging von Reichsstatthalter Arthur Greiser aus. Bereits Mitte Juli 1941 stellte SS-Obersturmbannführer Rolf-Heinz Höppner, der Chef des Sicherheitsdienstes in Posen, Adolf Eichmann einen Aktenvermerk zu, in dem die im Amt Greisers kursierenden Überlegungen zusammengefasst waren. Vorgeschlagen wurde die Konzentration sämtlicher Juden in einem riesigen Konzentrationslager. Dadurch werde es möglich, die zur Zwangsarbeit eingesetzten Juden bei kleinstmöglichem Bewachungsaufwand so effektiv wie möglich auszubeuten. Zudem wurde eine radikale Lösung ins Auge gefasst: „Es besteht in diesem Winter die Gefahr, daß die Juden nicht mehr sämtlich ernährt werden können. Es ist ernsthaft zu erwägen, ob es nicht die humanste Lösung ist, die Juden, soweit sie nicht arbeitseinsatzfähig sind, durch irgendein schnellwirkendes Mittel zu erledigen. Auf jeden Fall wäre dies angenehmer, als sie verhungern zu lassen.“[48]

Als über 20 000 Juden aus dem Reich und dem Protektorat sowie 5000 Roma und Sinti gegen den nachdrücklichen Protest der lokalen Zivilverwaltung in das überfüllte Ghetto Litzmannstadt deportiert werden sollten, bemühte sich Greiser, nachdem er zuvor die Zustimmung von Himmler eingeholt hatte, die Vorbereitungen für den Massenmord an „unproduktiven Elementen“ zu beschleunigen. In den beiden folgenden Monaten wurde das als humanitäre Lösung beschriebene Szenario im Wartheland zur monströsen Realität.[49]

Die Vorbereitungen zur „Evakuierung der Juden in den Osten“ übernahm eine SD-Einheit unter Führung von Herbert Lange (1909–1945), die bereits zuvor im Zusammenhang mit der „Aktion T4“ – als „Sonderkommando Lange“ – mehrere Tausend psychisch Kranke aus Einrichtungen im Wartheland und in Ostpreußen in Gaswagen getötet hatte.[50] Lange wurde nun mit der Ermordung

48 Der Leiter der Umwandererzentralstelle Posen berichtet am 16. Juli 1941 von Erwägungen, die nicht arbeitsfähigen Juden mit „einem schnell wirkenden Mittel“ zu ermorden, in: VEJ 4, Dok. 314, S. 680 f.

49 Zu Vorbereitungen und Ablauf der Vernichtung in den eingegliederten Gebieten siehe Jacek A. Młynarczyk/Jochen Böhler (Hrsg.), Der Judenmord in den eingegliederten polnischen Gebieten 1939–1945, Osnabrück 2010; Jacek A. Młynarczyk, Wpływ inicjatyw oddolnych Arthura Greisera i Odilona Globocnika na decyzję o wymordowaniu Żydów, in: Aleksandra Namysło (Hrsg.), Zagłada Żydów na polskich terenach wcielonych do Rzeszy, Warszawa 2008, S. 14–33.

50 Von Oktober 1939 bis Juni 1940 wurden 12 534 Patienten getötet, siehe Götz Aly, Obciążeni. „Eutanazja“ w nazistowskich Niemczech, Warszawa 2015, S. 84 f. (Grafik).

der Juden beauftragt. Als geeigneter Standort für die Tötungsaktionen bot sich ein etwa 60 km von Łódź gelegener, nicht mehr genutzter Gutshof bei Chełmno (Kulmhof) am Fluss Ner an. Zunächst wurde die ortsansässige polnische Bevölkerung vertrieben. Im November fanden erste Versuche der Massenvergasung mittels mobiler Gaskammern statt. Es handelte sich dabei um Lastwagenfahrgestelle der Marken Sauer und Opel Blitz, die im technischen Büro des RSHA mit Aufbauten der Firma Gaubschat versehen worden waren. Da sich die anfangs verwendeten Gasflaschen als ungeeignet erwiesen, beschlossen die Techniker im RSHA und vor Ort, Motorabgase einzusetzen, die mithilfe einer speziellen Installation in das abgedichtete Innere des Wagenaufbaus geleitet wurden. In einen Wagen konnten zwischen 60 und 90 Personen gedrängt werden. SS-Oberführer Viktor Brack, einer der Organisatoren der „Aktion T4", war maßgeblich an der Umsetzung der Gaswagen-Morde beteiligt. Der Auftakt zum Massenmord im Warthegau war die Erschießung von 3000 Juden im Oktober 1941 in Zagórów und Grodziec. Am 8. Dezember begannen die Morde an den Bewohnern der ländlichen Ghettos in den Kreisen Koło und Turek.

Das Vernichtungslager Kulmhof befand sich auf dem Gelände eines ehemaligen Gutshofs.[51] Als Transportmittel für die an den Tötungsort deportierten Juden dienten Lastwagen. Die SS-Männer und ihre Helfershelfer nahmen den Todgeweihten ihre Habe ab und führten sie in Gruppen zu den Gaswagen. Die Mordaktion fand nicht im Gutshof selbst, sondern an einem vier Kilometer entfernten Wald statt. Unmittelbar nach der Ankunft leitete das Begleitkommando die Abgase in die Wagen. Die Opfer starben einen qualvollen Tod. Nach etwas mehr als zehn Minuten leerten zuvor selektierte Häftlinge die Wagen und warfen die Leichen in Massengräber.[52]

Die Gaswagen fuhren im Pendelverkehr. Abends wurden die Häftlinge, die die Massengräber ausheben mussten, zurück in den Gutshof in Kulmhof gebracht. Andere sortierten auf dem Lagergelände die Habe der Ermordeten. Bis zum 15. Januar 1942 wurden fast 6500 Bewohner der umliegenden Ortschaften sowie rund 4000 Roma und Sinti getötet, die aus dem Ghetto Litzmannstadt nach Kulmhof verbracht worden waren.

51 Zur Geschichte des Vernichtungslagers siehe Patrick Montague, Chelmno and the Holocaust: The History of Hitler's First Death Camp, London/New York 2012. Siehe auch: Aussage eines Überlebenden von Chełmno, in: Herder-Institut (Hrsg.), Dokumente und Materialien zur ostmitteleuropäischen Geschichte. Themenmodul „Holocaust in Polen". Bearb. v. Imke Hansen, www.herder-institut.de/resolve/qid/2521.html [14. 4. 2020].

52 Siehe Peter Klein, Massentötung durch Giftgas im Vernichtungslager Chełmno, in: Günter Morsch/Bertrand Perz unter Mitarbeit von Astrid Ley (Hrsg.), Neue Studien zu nationalsozialistischen Massentötungen durch Giftgas. Historische Bedeutung, technische Entwicklung, revisionistische Leugnung, 2., überarb. Aufl., Berlin 2012, S. 176–184.

Am 16. Januar 1942 erreichte der erste Transport aus dem Ghetto Litzmannstadt mit etwa 750 jüdischen Familien Kulmhof. Die Opfer wurden zunächst von Begleitmannschaften in Zügen nach Koło und von dort weiter mit einer Schmalspurbahn bis in das Dorf Zawadki gebracht, von wo aus Lastwagen sie nach Kulmhof transportierten. Von Beginn an stellte die Ghettoverwaltung die Listen der Personen zusammen, die zur Deportation in die Vernichtungslager bestimmt waren. Der Vorsitzende des Judenrats Rumkowski begründete am 17. Januar in einer berüchtigten Rede die von ihm geforderte Mitwirkung an der Auswahl der Opfer mit den Worten:

> „Leider habe ich in dieser Angelegenheit einen unwiderruflichen Befehl erhalten, einen Befehl, den ich ausführen musste, um nicht zuzulassen, dass er von anderen ausgeführt wird. Im Rahmen meiner Möglichkeiten strebe ich in diesem Fall danach, wie in verschiedenen früheren Notlagen auch, die Schärfe der Verordnungen, soweit es geht, zu mildern. Ich habe diesen Fall so gelöst, dass ich zur Deportation denjenigen Teil bestimmt habe, der für das Getto ein eitriges Geschwür gewesen ist. So haben sich auf der Liste der Vertriebenen Vertreter der Unterwelt, der Abschaum der Gesellschaft sowie alle für das Getto schädlichen Individuen befunden. [...] Ich habe jedoch die feste, auf verlässliche Informationen gestützte Zuversicht, dass das Schicksal der Vertriebenen gar nicht so tragisch sein wird, wie man es im Getto allgemein voraussieht.“[53]

Aufgrund der völligen Isolation des Ghettos war Rumkowski ebenso wenig wie den Ghettobewohnern bekannt, wohin die Transporte gingen. Seine Strategie setzte ganz auf die Arbeitsfähigkeit der Ghettobewohner: „Aus der schlimmen Not kann uns lediglich die Arbeit retten.“

Zeuge der Ankunft des ersten Transports aus dem Ghetto Litzmannstadt war Szlama Ber Winer, der kurz zuvor aus Izbica Kujawska nach Kulmhof verschleppt worden war: „Ungefähr um Zehn kam der erste Wagen. Bis eins vergruben wir vier Transporte. Alle Opfer kamen aus Lodz. Weil wir sahen, wie abgemagert und von Wunden und Geschwüren übersät ihre Körper waren, wussten wir vom Hunger in Lodz. Wir fühlten mit ihnen, dass sie so lange im Ghetto leiden und hungern mussten, nur um die schweren Zeiten durchzustehen und schließlich einen so schrecklichen Tod zu erleiden. Die Toten wogen nur wenig.

53 Rede Rumkowskis vom 17. 1. 1942 zit. nach Sascha Feuchert u. a. (Hrsg.), Die Chronik des Gettos Lodz/Litzmannstadt 1942, Göttingen 2007, S. 48 f.; das siebenseitige handschriftliche Original befindet sich im Staatsarchiv Łódź, siehe: https://szukajwarchiwach.pl/39/278/0/14/1091#tabSkany [14. 4. 2020]. Das folgende Zitat ebenda.

Drei Autos bedeuteten eine Schicht, jetzt waren es vier."[54] Winer gelang es nach kurzer Zeit, aus dem Lager zu fliehen, such ins Warschauer Ghetto durchzuschlagen und dort von seinen Erlebnissen zu berichten.

Zu Beginn der Deportationen befanden sich im Ghetto Litzmannstadt 162 681 Jüdinnen und Juden. In dem kurzen Zeitraum vom 16. bis 29. Januar 1942 wurden 10 003 Menschen aus der Stadt verschleppt, im Februar waren es 7025. Entgegen der Zusicherung der Deutschen, dass nur 10 000 die Stadt verlassen müssten, wurden bis Mai 1942 66 Transporte mit 55 000 Männern, Frauen und Kindern abgefertigt. Trotz der kurzen Entfernung starben viele Menschen auf der Fahrt nach Kulmhof. Im März wurden 24 687 Menschen deportiert. Mit Ausnahme der Sonntage fanden täglich Razzien statt. Das Kontingent pro Tag betrug 900 Personen. Im April fiel die Zahl der Deportierten auf 2349, im Mai zog das Tempo wieder an. Jetzt wurden 10 915 Juden nach Kulmhof verschleppt, die einige Monate zuvor aus dem Reich, dem Protektorat und Luxemburg nach Łódź deportiert worden waren.

Die Provinzghettos im Reichsgau Wartheland wurden zur selben Zeit aufgelöst. An Sammelpunkten fanden erste Selektionen statt. Die Deutschen brachten Handwerker und andere Fachleute ins Ghetto Litzmannstadt. Allen anderen teilten sie mit, dass sie zur Arbeit in den Osten geschickt würden. Das tatsächliche Ziel der „Evakuierungen" waren jedoch die Gaswagen.

Im März 1942 löste SS-Hauptsturmführer Hans Bothmann aus Posen den bisherigen Leiter des „SS-Sonderkommandos Kulmhof" Lange ab. Himmler stattete dem Vernichtungslager am 17. April einen Besuch ab. Am 1. Mai informierte Arthur Greiser Himmler, dass er damit rechne, im Laufe der nächsten 2–3 Monate die „Sonderbehandlung von rund 100 000 Juden" abzuschließen. Dann bat er um die Genehmigung, den Warthegau mithilfe des eingearbeiteten Sonderkommandos „von einer Gefahr befreien zu dürfen". Damit meinte er Polen, die an Tuberkulose erkrankt waren.[55]

Die Kosten für die Tätigkeit des Sonderkommandos in Kulmhof wurden den Juden auferlegt. Als sie unter die Herrschaft Greisers fielen, nahmen ihnen die Deutschen alle materiellen und finanziellen Mittel ab. Nach offiziellen Zahlen der SS wurden bis Ende 1942 in Kulmhof 145 301 Menschen ermordet.[56]

54 Der vollständige Bericht Szlama (Szlamek) Winers (Deckname Jakub Grojnowski), den Mitarbeiter von Oneg Schabbat nach seiner Ankunft im Warschauer Ghetto aufzeichneten, ist veröffentlicht in: Ruta Sakowska, Die zweite Etappe ist der Tod. NS-Ausrottungspolitik gegen die polnischen Juden, gesehen mit den Augen der Opfer. Ein historischer Essay und ausgewählte Dokumente aus dem Ringelblum-Archiv 1941–1943, Berlin 1993, S. 159–185.

55 Faschismus – Getto – Massenmord, S. 278.

56 Bericht Richard Korherrs, 23. 3. 1943, S. 9, http://www.ns-archiv.de/verfolgung/korherr/korherr-lang.php [12. 4. 2020].

← Abbildung

Das Vernichtungslager Sobibor. Blick aus dem Vorlager Richtung Lager I und II, Frühjahr 1943. Links neben dem hohen Feuermeldeturm aus der Vorkriegszeit befand sich die Bäckerei des Lagers. Über deren Dach ragt der Arm des Baggers hervor, mit dem die Leichen aus den Massengräbern gehoben wurden. Die später renovierte Baracke am rechten Bildrand diente Trawniki-Männern als Unterkunft. Vom Wachturm links daneben überwachten sie die Deportierten auf dem Weg zu den Gaskammern.

United States Holocaust Memorial Museum collection,
gift of Bildungswerk Stanisław Hantz | Sobibor perpetrator collection

IV. Vernichtungspläne im Generalgouvernement und die erste Phase der „Aktion Reinhardt"

Vorbereitungen

Die Aufgabe Odilo Globocniks

Zur gleichen Zeit, als das Morden in den vom Reich annektierten polnischen Gebieten auf Hochtouren lief, begannen im Generalgouvernement die Vorbereitungen zur Inbetriebnahme der Vernichtungslager. Eine besondere Rolle spielte dabei aus vielerlei Gründen der Distrikt Lublin, der nach Beginn des deutsch-sowjetischen Krieges in den nationalsozialistischen Planungen erheblich an Bedeutung gewann. Himmler konnte hier auf die vertrauensvolle Zusammenarbeit mit dem SS- und Polizeiführer, SS-Obergruppenführer Odilo Globocnik (1904–1945) zählen.[1]

Globocnik wurde in Triest an der Peripherie Österreich-Ungarns geboren und verbrachte dort auch seine Kindheit. Nach Beendigung des Ersten Weltkriegs und der Auflösung der Habsburgermonarchie zog die Familie Globocnik nach Klagenfurt, der Hauptstadt des Landes Kärnten in der Republik Österreich. Schnell schloss sich Globocnik dort der entstehenden nationalsozialistischen Bewegung an. Zwischen 1933 und 1935 wurde er wegen NS-Betätigung mehrfach festgenommen und in Haft gesetzt.

Nach dem Anschluss Österreichs an das Deutsche Reich erhielt er für seine politischen Verdienste die exponierte Stellung des Gauleiters von Wien. Als nach wenigen Monaten bekannt wurde, dass er sich bei der „Arisierung" jüdischen Besitzes bereichert hatte, verlor er diese Position wieder. Vor den damit verbundenen Konsequenzen und einem Gerichtsverfahren rettete ihn der Krieg gegen Polen, an dem er als SS-Angehöriger teilnahm. Im Herbst 1939 schickte ihn

1 Berndt Rieger, Creator of Nazi Death Camps. The Life of Odilo Globocnik, London 2007; Dieter Pohl, Die Stellung des Distrikts Lublin in der „Endlösung der Judenfrage", in: Bogdan Musial (Hrsg.), „Aktion Reinhardt". Der Völkermord an den Juden im Generalgouvernement 1941–1944, Osnabrück 2004, S. 87–107, bes. S. 42–45; siehe auch Peter Black, Odilo Globocnik: Himmlers Vorposten im Osten, in: Ronald Smelser/Enrico Syring u. a. (Hrsg.), Die braune Elite II. 21 weitere biographische Skizzen, Darmstadt 1993, S. 103–115.

Himmler nach Lublin, damit er sich dort bewähren konnte. Trotz seines Wiener Karriereeinbruchs bekam Globocnik unter den SS- und Polizeiführern in den Distrikten des Generalgouvernements eine gehobene Position in der nationalsozialistischen Hierarchie zugewiesen. Von Anfang an betonte er seine Eigenständigkeit gegenüber dem Gouverneur Ernst Zörner. In Bezug auf den Umgang mit der jüdischen Bevölkerung kam es besonders bei der Frage, wer die Verfügungsgewalt über die Arbeitskräfte haben sollte, zu Konflikten mit den Verwaltungsinstanzen des Generalgouvernements.

Globocniks Machtanspruch beruhte nicht nur auf seinem grenzenlosen Ehrgeiz und seiner radikalen Haltung in Fragen von Nationalität und Rasse, sondern war in erster Linie eine Konsequenz der Unterstützung, die er vom Reichsführer SS Himmler bekam. Dessen Besuch in Lublin am 20. Juli 1941 schlug sich in mehreren zentralen Entscheidungen nieder. Globocnik wurde zum Beauftragten für die Errichtung von SS- und Polizeistützpunkten in den eroberten Ostgebieten ernannt. In Lublin sollte ein deutsches Viertel entstehen und der südliche Teil des Distrikts Lublin zur „Bastion" des Deutschtums ausgebaut werden. Himmler ordnete den Bau eines riesigen Konzentrationslagers an, das als Arbeitskräfte-Reservoir dienen und 25 000–50 000 sowjetische Kriegsgefangene unterbringen sollte. Obwohl die Funktion des Lagers in den Planungen mehrfach geändert wurde, kam dem Konzentrationslager Lublin – dieser Name galt bis Februar 1943, besser bekannt ist es als Lager Majdanek – eine bedeutende Rolle bei der Ermordung der Juden im Generalgouvernement zu. Globocnik schickte kurz nach Himmlers Besuch seine Mitarbeiter in den Osten, um die Umsetzung der SS-Besiedlungspläne vorzubereiten und Erfahrungen zu sammeln. Wie andere SS-Führer begann auch Globocnik, höchstwahrscheinlich von Himmler angeregt, gleichzeitig damit, nach einer „Lösung des Judenproblems" im Distrikt Lublin zu suchen. Da keine Dokumente erhalten sind, die dies belegen, lassen sich die zeitliche Abfolge und der Umfang dieser Bemühungen nur schwer nachvollziehen. Fest steht aber, dass Globocnik nicht nur Befehlsempfänger und Ausführender von Himmlers Anordnungen war, sondern die antijüdische Politik selbst aktiv mitgestaltete.[2]

Am 13. Oktober 1941 empfing Himmler Globocnik und den Höheren SS- und Polizeiführer im Generalgouvernement Friedrich-Wilhelm Krüger. Globocnik hatte um ein solches Treffen gebeten. Das Thema der zweistündigen Unterredung

2 Siehe z. B. Bogdan Musial, Ursprünge der „Aktion Reinhardt". Planung des Massenmordes an den Juden im Generalgouvernement, in: ders. (Hrsg.), „Aktion Reinhardt", S. 49–85, bes. 60–65; Pohl, Die Stellung des Distrikts Lublin in der „Endlösung der Judenfrage", S. 90 f.; Młynarczyk, Wpływ inicjatyw oddolnych Arthura Greisera i Odilona Globocnika, S. 28–30.

SS- und Polizeiführer Odilo Globocnik (links) und Reichsführer SS Heinrich Himmler (rechts). Als Protegé des SS-Chefs kam Globocnik 1939 in den Distrikt Lublin im Generalgouvernement, wo er, von Himmler beauftragt, der Verantwortliche für die „Endlösung der Judenfrage" („Aktion Reinhardt") wurde. Ihm unterstanden die Vernichtungslager Belzec, Sobibor und Treblinka
Narodowe Archiwum Cyfrowe, Warschau | Public Domain

war die Germanisierung des Lubliner Landes. Außerdem wollte Globocnik, der Krüger zuvor konsultiert hatte, seine Pläne präsentieren, mit denen er die „Judenfrage" zu lösen gedachte. Wahrscheinlich erhielt er zu diesem Zeitpunkt die Genehmigung, seine Vorhaben in die Tat umzusetzen. Am folgenden Tag konferierte Himmler fünf Stunden lang mit Heydrich. Es ist davon auszugehen, dass das Gesprächsthema die Ermordung der Juden war. Wie schnell das Projekt Globocniks umgesetzt wurde, belegt die Tatsache, dass bereits zwei Wochen später die Bauarbeiten für die Errichtung des Vernichtungslagers Belzec begannen. Die Lubliner Zivilverwaltung wäre auf sich allein gestellt nicht in der Lage gewesen, eine solch beispiellose Vernichtungskampagne in die Wege zu leiten.

Den wichtigsten Teil, die Ermordung Hunderttausender Menschen in Gaskammern, übernahm das „erfahrene" Personal der „Aktion T4". Zwei Vertreter dieses Unternehmens kamen bereits im September 1941 nach Lublin. Von den sich konkretisierenden Plänen des Umgangs mit den Juden musste die Zivilverwaltung im Generalgouvernement umgehend informiert werden. Am 17. Oktober fand in Lublin in Anwesenheit von Generalgouverneur Frank eine Sitzung der zivilen und Polizeibehörden im Generalgouvernement statt, auf der entschieden wurde: „Judenfrage : Die Juden sollen – bis auf unentbehrliche Handwerker und dergl. – aus Lublin evakuiert werden. Zunächst werden 1000 Juden über den Bug überstellt. Den Vollzug übernimmt der SS- und Polizeiführer. Die Auswahl der zu evakuierenden Juden übernimmt der Stadthauptmann."[3]

Der Stab „Einsatz Reinhardt"

Nachdem ihn Himmler instruiert hatte, begab sich Globocnik auf die Suche nach einem geeigneten Standort für das Vernichtungslager und stellte gleichzeitig eine Sondereinsatzgruppe zusammen, deren Aufgabe darin bestand, die Juden aus dem Distrikt Lublin und zu einem späteren Zeitpunkt aus weiteren Gebieten des Generalgouvernements zu „evakuieren". Aus Geheimhaltungsgründen wurde das neu eingerichtete Amt „Umsiedlungsstab" genannt. Dessen Mitarbeiter handelten völlig autonom und waren den Lubliner Polizeibehörden nicht unterstellt. Seinen Amtssitz hatte der „Umsiedlungsstab" im vormaligen Stefan-Batory-Gymnasium in der Spokojna-Straße, das den deutschen Besatzern nun als Julius-Schreck-Kaserne diente.[4]

In den nächsten Monaten wurden nur die allgemeinen Vorgaben für den gigantischen Mordplan ausgearbeitet. Für diesen bürgerte sich zur Jahresmitte der Deckname Einsatz Reinhard(t), Sondereinsatz Reinhard(t) oder auch Aktion Reinhard(t) ein.[5] Mit dieser Bezeichnung sollte Reinhard(t) Heydrich geehrt werden, der Chef des RSHA und einer der wichtigsten Architekten des

3 Besprechung in Lublin am 17. 10. 1941, zit. nach: Barbara Schwindt, Das Konzentrations- und Vernichtungslager Majdanek: Funktionswandel im Kontext der „Endlösung", Würzburg 2005, S. 38.

4 Benannt wurde das Gebäude nach dem ersten SS-Führer und Adjutanten Hitlers, Julius Schreck (1898–1936). Heute befindet sich in ihm das Collegium Iuridicum der Katholischen Universität Lublin (KUL).

5 Die deutschen Täter verwendeten die Bezeichnung nicht konsequent. Belzec, Sobibor und Treblinka hießen anfangs offiziell Lager des „Einsatz Reinhardt", die Bezeichnung Aktion kam erst im September 1942 im SS-Wirtschaftsverwaltungshauptamt auf, siehe Peter Witte/Stephen Tyas, A New Document on the Deportation and Murder of Jews during „Einsatz Reinhardt" 1942, in: Holocaust and Genocide Studies 15 (2001) 3, S. 468–486, hier S. 474.

Holocaust. Er war zugleich stellvertretender Reichsprotektor in Böhmen und Mähren. Am 4. Juni 1942 starb er in Prag an den Folgen eines Anschlags, den Kämpfer einer von der tschechoslowakischen Exilregierung in London abkommandierten Spezialeinheit auf ihn verübt hatten. An den Vorbereitungen zur Ermordung der Juden im Generalgouvernement war Heydrich allerdings nur am Rande beteiligt.

Bei Planung und Umsetzung des Judenmordes war Globocnik Himmler und Krüger unterstellt. Friedrich-Wilhelm Krüger wurde in Straßburg geboren und besuchte ein humanistisches Gymnasium, das er noch vor dem Abitur verließ. Er wechselte an eine Kadettenschule. Im Ersten Weltkrieg kämpfte er als Offizier an der Front, wurde drei Mal verwundet und mit dem Eisernen Kreuz Erster und Zweiter Klasse ausgezeichnet. Der NSDAP trat er im Jahr 1929 bei, der SS zwei Jahre später. Sein Machtbereich als Höherer SS- und Polizeiführer im Generalgouvernement wurde im Mai 1942 noch einmal erweitert, als Hans Frank ihn trotz Streitigkeiten als Staatssekretär für das Sicherheitswesen in die Regierung des Generalgouvernements aufnehmen musste. Dieser Aufstieg machte Krüger zum zweitmächtigsten Mann im Generalgouvernement.

Nur wenige Täter haben Dokumente über die Planungen des Massenmords hinterlassen, denn sie bemühten sich, alle Spuren zu verwischen. Aber auch ohne diese schriftliche Überlieferung sind die zwischen den verschiedenen Institutionen getroffenen Verabredungen durch eine Analyse der ihnen folgenden Handlungen gut nachvollziehbar. Zentrales Ziel war neben der Koordination der Maßnahmen zur Ermordung der Juden im Generalgouvernement der Aufbau von Vernichtungszentren, die mit fest installierten Gaskammern ausgestattet werden sollten. Zur Umschreibung dieses Vorhabens entwickelten die Täter eine spezifische Sprache. Ghettos und jüdische Viertel sollten sukzessive durch sogenannte Umsiedlungsaktionen „geräumt" werden. Teilweise erscheinen in Dokumenten Begriffe wie „Judeneinsatz" oder „Judenaktion", auch das Wort „Evakuierung" taucht sehr oft auf. Gemeint waren damit die Zusammenfassung der Juden an Sammelpunkten, die dort durchzuführende Selektion und der darauf folgende Marsch zur Bahnstation, von wo aus die Opfer mit dem Zug in die Vernichtungslager zu verschleppen waren. In der Sprache der Täter wurde der Zielort euphemistisch verschleiernd als „Osten" bezeichnet. Entscheidend dafür, wer für einen gewissen Zeitraum von der Ermordung zurückzustellen sei, sollte die „Arbeitsfähigkeit" der Betroffenen oder ihr sonstiger „Nutzen" sein. Sie blieben entweder in den Ghettos zurück oder wurden in Arbeitslager der SS geschickt.

Anders, als es bis zu diesem Zeitpunkt gehandhabt worden war, wurde über Hinrichtungen spontan an Ort und Stelle entschieden. Dies diente dazu, die Judenräte sowie die gesamte jüdische Bevölkerung zu terrorisieren. An den

Sammelpunkten wurden „Transportunfähige“ sowie diejenigen ermordet, die auf die eine oder andere Weise den Ablauf der „Umsiedlungsaktion“ verzögerten. Die Deportationen fanden in den einzelnen Distrikten koordiniert und nach einem Zeitplan statt, den SS-Führer in Absprache mit der Zivilverwaltung festgelegt hatten. Die Gesamtaufsicht hatte der Lubliner Stab. Das konkrete Vorgehen in den einzelnen Orten war abhängig von den vorgegebenen Bedingungen und wurde ständig modifiziert. Nachdem Globocnik die ihm aufgetragenen Aufgaben erledigt hatte, informierte er Himmler abschließend über das Ergebnis, das er in folgende Positionen aufschlüsselte: Aussiedlung, Verwertung der Arbeitskraft, Sachverwertung und „die Einbringung verborgener Werte und Immobilien“.[6]

Die Ermordung der Juden im Generalgouvernement war nunmehr als Teil der „Endlösung der Judenfrage“ in vollem Gang. Doch umfasste der Plan auch die Deportation aus dem Protektorat Böhmen und Mähren, dem Reich sowie aus der Slowakei, einem Satellitenstaat des Reichs, und später Tausender Juden aus dem besetzten Europa in das Konzentrationslager Majdanek und einige ausgewählte Ortschaften im Distrikt Lublin, die in Transitghettos umgewandelt wurden. Von dort schickte die Lubliner Einsatzleitung die bis dahin am Leben Gebliebenen ebenfalls in die Gaskammern.

Der Stab „Einsatz Reinhardt“ setzte sich zum Teil aus verdienten Mitarbeitern Globocniks aus Österreich zusammen. Eine besonders wichtige Rolle spielte der aus Salzburg stammende SS-Hauptsturmführer Hermann Höfle (1911–1962), der zum Leiter der Hauptabteilung „Einsatz Reinhardt“ beim SS- und Polizeiführer im Distrikt Lublin avancierte.[7] Er war 1933 der NSDAP und der SS beigetreten und kam 1935 in Österreich wegen NS-Betätigung in Haft. Noch vor Kriegsbeginn erhielt er eine Ausbildung an der Offiziersschule in Dachau. 1939 wurde Höfle Führer des volksdeutschen Selbstschutzes in Nowy Sącz/Neu-Sandez, ehe Globocnik ihn nach Lublin versetzen ließ. Zu Beginn des deutsch-sowjetischen Kriegs diente Höfle als Offizier zur „besonderen Verwendung“ hinter der Frontlinie. Als Chef des Stabs „Einsatz Reinhardt“ war er zuständig für die Koordination des Vorgehens der SS- und Polizeiführer, der Zivilverwaltung und der Bahn. Teilweise leitete er Deportationen auch selbst. Höfles Funktion im Generalgouvernement entsprach auf regionaler Ebene der von Adolf Eichmann für das gesamte Reich ausgeübten Tätigkeit als zentrale Figur für die „Logistik“ des Holocaust.

6 Siehe: Globocnik berichtet am 5. Januar 1944 über Umfang und Wert des geraubten Besitzes der ermordeten Juden, in: VEJ 9, Dok. 281, S. 773–780, hier S. 774.

7 Siehe Charles Ajenstat u. a. (Hrsg.), Hermann Höfle, l’Autrichien artisan de la Shoah en Pologne. Archives inédites, Paris 2007.

Zwei weitere SS-Männer, die leitende Aufgaben im Lubliner Einsatzstab übernommen hatten, waren SS-Sturmbannführer Georg Wippern (1909–1993) und SS-Sturmbannführer Georg Michalsen (1906–1993). Der aus Hildesheim stammende Wippern war Leiter der SS-Standortverwaltung in Lublin und damit für die Verwertung des jüdischen Eigentums und für die Verpflegung der bei den Mordaktionen eingesetzten Einheiten verantwortlich. Michalsen, der eigentlich Michalczyk hieß (er änderte seinen Familiennamen 1940), engagierte sich früh in der nationalsozialistischen Bewegung im schlesischen Oppeln. Wie Höfle begann er seinen Dienst im Generalgouvernement als lokaler Führer des volksdeutschen Selbstschutzes. Nach Lublin kam er Mitte 1940. Ein Jahr später wurde er in den eroberten Osten versetzt, um dort nach Rückzugsorten für die SS zu suchen. Unter anderem beteiligte er sich in Lettland an den Massenerschießungen von Juden im Wald von Rumbula. In den Stab „Einsatz Reinhardt" wurde er im April 1942 berufen. In diesem Zusammenhang ist ebenfalls SS-Obersturmbannführer Hermann Worthoff (1910–1982) zu nennen. Bevor er Judenreferent beim Kommandeur der Sicherheitspolizei und des SD Lublin wurde, beteiligte sich Worthoff als Angehöriger einer Tötungseinheit, die zuvor im Lubliner Land eingesetzt worden war, an Mordaktionen in Pinsk in Weißrussland.

Odilo Globocnik hatte bereits Ende 1940 zur Vorbereitung der antijüdischen Maßnahmen in der Warschauer Straße 79 ein „SS-Mannschaftshaus" eingerichtet, in dem sich „Experten" für Volkstumsfragen aus den SS-Hauptämtern regelmäßig trafen. Sie sollten Vorschläge für die „Germanisierung" des Distrikts Lublin erarbeiten. Als die Mordaktionen begannen, konnte der SS- und Polizeiführer für die Umsetzung des Vernichtungsprogramms auf ein Reservoir von 153 SS-Männern zurückgreifen, 205 weitere stammten aus anderen Einheiten.[8]

Den wichtigsten Platz beim Massenmord im Generalgouvernement nahm allerdings das der Kanzlei des Führers unterstellte Personal der „Aktion T4" ein. Angehörige dieser Gruppe kamen noch im September 1941 nach Lublin. Unter den ersten waren der aus München stammende SS-Oberscharführer Josef Oberhauser (1915–1979) und SS-Untersturmführer Gottfried Schwarz (1913–1944) aus Fürth. Zentrale Figur bei der Ermordung der polnischen Juden war der württembergische Kriminalkommissar und SS-Sturmbannführer Christian Wirth (1885–1944). Der ehemalige Frontsoldat, Träger des Eisernen Kreuzes, arbeitete von 1919 bis 1939 bei der Kripo Stuttgart. Dann wurde er in

8 Siehe David Silberklang, Gates of Tears. The Holocaust in the Lublin District, Jerusalem 2013, S. 228–241.

den Tötungsanstalten der „Euthanasie“ in Brandenburg und Grafeneck eingesetzt, bis er zum Inspekteur aller T4-Anstalten avancierte. Insgesamt nahmen in den Jahren 1942/43 ganze 94 Angehörige der „Aktion T4“ an den Mordaktionen im Distrikt Lublin teil. Sie waren formal nicht Globocnik unterstellt, sondern der Kanzlei des Führers in Berlin, bekamen nach ihrer Versetzung in das Generalgouvernement einen SS-Rang und trugen die graugrüne Uniform der Waffen-SS.[9] Angehörige dieser Gruppe wurden den verschiedenen Vernichtungslagern zugeteilt.[10] Ihr direkter Vorgesetzter war Wirth, der ab August 1942 zum „Inspekteur“ sämtlicher Vernichtungslager der „Aktion Reinhardt“ ernannt wurde.

Der engere Kreis der Personen, die die Ermordung der Juden im Generalgouvernement organisierten, umfasste 450 Deutsche und Österreicher.[11] Die an der „Aktion Reinhardt“ Beteiligten wurden verpflichtet, keine Informationen über die Vorgänge an unbefugte Personen weiterzugeben und keine Fotos ihrer Tätigkeit anzufertigen.[12] Die Umsiedlung der Juden lief unter „geheime Reichssache“. Man befürchtete, dass sich in der Bevölkerung das Wissen um das Morden ähnlich wie bei der „Aktion T4“ herumsprechen und die Umsetzung des Mordplans verlangsamen könnte.

Der Bau des Vernichtungslagers Belzec

Die Bauarbeiten in der Ortschaft Bełżec im Kreis Tomaszów begannen am 1. November 1941, zwei Wochen nach dem Treffen von Himmler und Globocnik vom 13. Oktober.[13] Die Wahl des Standorts muss also entsprechend früher getroffen worden sein. Über die Standortwahl entschied die Lage am Schnitt-

9 Die Waffen-SS, der miltärische Arm der SS, wurde auf Befehl von Heinrich Himmler am 2. 3. 1940 gebildet. Viele Kriegsverbrechen gingen auf Rechnung der Waffen-SS, die unter anderem an der Ermordung der Zivilbevölkerung an verschiedenen Orten „im Osten“ beteiligt war. Siehe u. a. Martin Cüppers, Wegbereiter der Shoah. Die Waffen-SS, der Kommandostab Reichsführer SS und die Judenvernichtung 1939–1945, Darmstadt 2005; Karol Grünberg, SS – czarna gwardia Hitlera, Warszawa 1985; Jochen Böhler/Robert Gerwarth (Hrsg.), The Waffen-SS: A European History, Oxford 2016.

10 Siehe Patricia Heberer, Eine Kontinuität der Tötungsoperationen. T4-Täter und die „Aktion Reinhard“, in: Musial (Hrsg.), „Aktion Reinhardt“, S. 285–308.

11 Bericht von Globocnik, zit. nach Yitzhak Arad, Belzec, Sobibor, Treblinka. The Operation Reinhard Death Camps, Bloomington 1987, S. 16 f.

12 Siehe: Der Leiter des Stabs „Einsatz Reinhardt“ verpflichtet am 18. Juli 1942 das Personal der Vernichtungslager zur Geheimhaltung, in: VEJ 9, Dok. 95, S. 336 f. Dies ist das erste überlieferte Dokument des Stabs „Einsatz Reinhardt“.

13 Grundlegend: Robert Kuwałek, Das Vernichtungslager Bełżec. Aus dem Polnischen übersetzt von Steffen Hänschen, 2. überarb. und erw. Aufl., Berlin 2014, bes. S. 39 ff.

punkt dreier Distrikte und die gute Verkehrsanbindung. Zudem war das Gelände wegen der riesigen Zwangsarbeitslager, die 1940 dort angelegt worden waren, der SS bereits bekannt. Bełżec hatte damals etwas über 1800 Einwohner. Der Ort lag an der Eisenbahnstrecke, die Warschau mit Lemberg verband, und verfügte über einen relativ großen Bahnhof. Den Bau des Lagers überwachte der aus Schlesien stammende SS-Hauptsturmführer Richard Thomalla (1903–1945) aus dem Zentralen Bauamt der SS und Polizei in Lublin. Zwanzig polnische Vertragsarbeiter errichteten zwei hölzerne Wohnbaracken und eine Holzbaracke zu einer innen unbekannten Bestimmung von einer Fläche von 96 qm und einer Höhe von zwei Metern, die im Inneren in drei Räume unterteilt wurde.

Im Dezember 1941 traf Christian Wirth mit einer Gruppe von fünf Angehörigen der „Aktion T4“ in Bełżec ein, die die Bauarbeiten beaufsichtigten. Zwanzig polnische Vertragsarbeiter errichteten zwei hölzerne Wohnbaracken sowie eine Holzbaracke, deren Zweck ihnen unbekannt blieb, von einer Fläche von 96 Quadratmetern und einer Höhe von zwei Metern, die im Inneren in drei Räume unterteilt wurde. Das nötige Material für die Errichtung des Lagers mussten sich die Deutschen selbst beschaffen. Die Zentrale Bauleitung der Waffen-SS in Lublin beschränkte sich darauf, sich über den Fortgang der Aufbauarbeiten zu informieren und Ratschläge zu erteilen. Einige Dutzend Juden aus dem nahe gelegenen Lubycza Królewska, das sich bereits im Distrikt Galizien befand, ersetzten bald die polnischen Arbeiter. Auch eine Gruppe von 70 in einem Dorf namens Trawniki ausgebildete Wachmänner wurde nach Belzec abgestellt und dort als Wachkompanie eingesetzt. Ihre erste Aufgabe bestand darin, riesige Gruben auszuheben, das Gelände zu umzäunen und zu tarnen.

Wirth kamen die Erfahrungen entgegen, die er in den Tötungseinrichtungen der „Euthanasie“ gesammelt hatte. Er erprobte in der von den polnischen Arbeitern errichteten, für die Vergasung vorgesehenen Baracke verschiedene Techniken der Massentötung. Den Boden ließ er mit Zinkblech auslegen und die Wände und die Tür abdichten. Zu einem späteren Zeitpunkt wurde zusätzlich ein System von Rohren installiert, die in die Kammer führten. Die für den Bau des Lagers eingesetzten Juden waren die ersten Opfer der furchtbaren Experimente, ihnen folgten weitere kleinere Gruppen an Juden. Der Einsatz von Gasflaschen mit Kohlenmonoxid, wie es in den Anstalten der „Aktion T4“ gehandhabt worden war, erwies sich für das massenhafte Töten als zu aufwendig, da das Material erst aus dem Reich besorgt werden musste. Versuche mit einem Gaswagen stellten die Mörder ebenfalls nicht zufrieden. Schließlich fasste Wirth den Entschluss, für den Tötungsprozess Kohlenmonoxid aus einem Verbrennungsmotor einzusetzen, der sich in einem Anbau neben den Gaskammern

Trawniki bei Schießübungen im Hof der Kommandantur von Belzec, angeleitet von Johann Niemann (Mitte), Frühjahr 1942. In Belzec unterstanden die Trawniki in der Aufbau- und Anfangsphase dem Befehl von Niemann. Im Hintergrund ist ein weiteres Unterkunftsgebäude der deutschen Lagermannschaft erkennbar.
United States Holocaust Memorial Museum collection,
gift of Bildungswerk Stanisław Hantz | Sobibor perpetrator collection

befand.[14] In einer Gaskammer konnten etwa 450 Menschen gleichzeitig getötet werden. Eichmann, der kurze Zeit später die Deportationen aus dem Protektorat Böhmen und Mähren organisieren sollte, kam auf Anweisung Heydrichs nach Belzec und informierte sich über den Stand der Arbeiten. Auf der Fahrt zum Vernichtungslager begleitete ihn Höfle, und Wirth erklärte Eichmann die Arbeitsweise der Tötungsinstallationen.[15]

Das Vernichtungslager Belzec war nicht größer als sieben Hektar und nahm damit wenig Raum ein. Das Gelände war mit Stacheldraht umzäunt, an den

14 Siehe Aussage von Stanisław Kozak, in: Dariusz Libionka (Hrsg.), Obóz zagłady w Bełżcu w relacjach ocalonych i zeznaniach polskich świadków, Lublin 2013, S. 146 f. Im Rahmen der Ermittlungen der Kreiskommission zur Untersuchung der deutschen Verbrechen (Okręgowa Komisja Badania Zbrodni Niemieckich) in Lublin in den Jahren 1945/46 wurde ein Dutzend Bewohner von Bełżec und Umgebung vernommen.

15 Angabe nach: Cesarani, Eichmann, S. 134–138. Eichmann gab an, dass die Abgase von einem Motor eines U-Bootes produziert wurden. Die Frage des Zeitpunkts und Einzelheiten des Aufenthalts Eichmanns in Belzec sind umstritten. Siehe Browning, Die Entfesselung der „Endlösung", S. 520–526.

Ecken standen Wachtürme. Das Lager war in zwei Bereiche unterteilt: Der administrative Teil, der aus der Bahnrampe, den Wirtschaftsgebäuden, der Küche und den Baracken für die Häftlinge bestand, war im sogenannten Unteren Lager eingerichtet. Im „Oberen Lager", einem hermetisch abgeriegelten Bereich, befanden sich außer dem Gebäude mit den Gaskammern Gruben für die Massengräber. Später wurden Baracken für die an diesem Ort eingesetzten Häftlinge errichtet. Der Kommandant und die deutsche Wachmannschaft wohnten in einem Bereich außerhalb des Lagers, an dem sich auch die Verwaltung des Lagers befand. Sämtliche Arbeiten unterlagen strengster Geheimhaltung. Weder die Juden noch die polnischen Widerstandsgruppen wussten zu diesem Zeitpunkt um den Zweck der Bauarbeiten.

Die Wachmannschaften aus Trawniki

Für die „Liquidierungsaktionen" in den Ghettos wurden Sicherheitspolizei (Sipo) und Ordnungspolizei (Orpo) sowie die von ihnen befehligte Blaue Polizei herangezogen, im Distrikt Galizien kam statt der polnischen Blauen Polizei die ukrainische Polizei zum Einsatz. Zusätzlich zu diesen Strukturen schuf Globocnik noch eine weitere Hilfsformation, deren Hauptaufgabe in der Ermordung der Juden bestand. Bei den Tötungsaktionen in den besetzten sowjetischen Gebieten griffen die Deutschen auf litauische, lettische und estnische Kollaborateure zurück. Im Generalgouvernement hingegen setzten sie nicht auf kollaborierende Gruppen vor Ort, als sie die Hilfsgruppen mit dem Namen „SS-Wachmannschaften des SS- und Polizeiführers im Distrikt Lublin" bildeten, sondern wählten in Kriegsgefangenschaft geratene Unteroffiziere und einfache Soldaten der Roten Armee aus. Deren Rekrutierung begann nach einer Anordnung Himmlers am 25. Juli 1941, die den Einsatz von Volksdeutschen, Letten, Litauern und vor allem Ukrainern vorsah, und fand in Kriegsgefangenenlagern im Lubliner Land (Lublin, Biała Podlaska, Chełm), teilweise aber auch in anderen Gebieten statt.

Den ausgewählten sowjetischen Kriegsgefangenen war nicht bewusst, welche Aufgaben sie erwarteten. Die SS-Männer der Werbekommissionen sprachen nur allgemein vom „Kampf gegen den Bolschewismus". Trotz der verzweifelten Lage, in der sich die Kriegsgefangenen in den Lagern befanden, entschieden sich verhältnismäßig wenige, vor allem aber Ukrainer, für eine Kooperation mit den Deutschen. Die Männer wurden nach Trawniki geschickt, eine kleine Ortschaft 27 km südlich von Lublin, wo sich ein SS-Ausbildungslager befand.[16] Aus

16 Zu den in Trawniki Ausgebildeten siehe Angelika Benz, Handlanger der SS. Die Rolle der Trawniki-Männer im Holocaust, Berlin 2015, und Peter Black, Die Trawniki-Männer und

diesem Namen leitete sich die Bezeichnung der Angehörigen dieser Einheiten ab: Trawniki-Männer oder „Trawnikis". Im deutschen Sprachgebrauch wurden sie auch „Hiwis" (Hilfswillige) oder „Askaris" genannt – Letzteres in Anspielung auf von den Deutschen eingesetzte einheimische Einheiten im Kolonialgebiet Deutsch Ostafrika. Die lokale Bevölkerung bezeichnete sie als „Ukrainer" oder auch „Schwarze" – nach der Farbe ihrer Uniformen. Die Trawniki-Männer waren jedoch nicht völlig einheitlich uniformiert: Anfangs erhielten sie schwarz gefärbte Uniformen der polnischen Armee, später auch belgische Armeeuniformen.

Der Kommandant des SS-Ausbildungslagers Trawniki war zeit seines Bestehens der aus Bayern stammende SS-Sturmbannführer Karl Streibel (1903–1986). Die Schulung fand unter Leitung deutscher Offiziere und Unteroffiziere statt und dauerte in der Regel einige Monate. Die „Trawnikis" mussten deutsche Befehle verstehen lernen, sich die Regeln des Wachdienstes einprägen sowie den Ablauf von Razzien und die Bewachung von Häftlingen einüben. Ideologisch sollten sie von den antikommunistischen und antisemitischen Prinzipien der Nationalsozialisten überzeugt werden. Nach Abschluss der Schulung erhielten sie entsprechend ihrer Eignung die an der Nomenklatur der Ordnungspolizei orientierten Ränge „Wachmann" oder „Oberzugwachmann".

Unmittelbar bevor der Massenmord im Rahmen der „Aktion Reinhardt" begann, standen in Trawniki 1250 Wachmänner unter deutschem Befehl. Aufgeteilt waren sie in zwei Bataillone, die wiederum aus vier Kompanien bestanden. Auf dem Gebiet des gesamten Generalgouvernements wurden weitere 1500 Trawniki-Männer eingesetzt. Im Frühjahr 1942 kamen 1000 Kriegsgefangene, die beim Angriff der Wehrmacht auf die Krim in deutsche Hände gefallen waren, nach Trawniki. Zu einem späteren Zeitpunkt wurden auch Zivilisten – Volksdeutsche und Ukrainer – rekrutiert, die in den deutsch besetzten Gebieten ansässig waren. Insgesamt erhielten etwa 5000 Rekruten im Lager eine Ausbildung, 4750 Kennnummern wurden ausgegeben.

Die deutschen Befehlshaber stützten sich bei ihren Vernichtungsaktionen gegen die jüdische Bevölkerung im Generalgouvernement von der ersten Stunde an auf die „Trawniki-Männer". In den Distrikten Lublin, Warschau und Radom nahmen sie an fast allen „Umsiedlungsaktionen" teil. Sie waren die wichtigsten Truppen bei der Umstellung der Ghettos und ebenso an Massenhinrichtungen beteiligt. In Belzec bildeten sie die etwa einhundert Mann starke Wachmann-

die „Aktion Reinhard", in: Musial (Hrsg.), „Aktion Reinhardt", S. 309–352. Diese Analyse entstand auf der Grundlage von Originaldokumenten und Nachkriegsermittlungen, unter anderem in Archiven der Staaten der ehemaligen Sowjetunion. Siehe auch Robert Kuwałek, Jeńcy sowieccy w formacji SS-Wachmannschaften, in: Jakub Wojtkowiak (Hrsg.), Jeńcy sowieccy na ziemiach polskich w czasie II wojny światowej, Warszawa 2015, S. 201–231.

schaft. Auch in den beiden anderen Vernichtungslagern Treblinka und Sobibor gehörte der Wachdienst zu ihren Hauptaufgaben. Daneben wurden sie aber auch für diverse Tätigkeiten in den Arbeitslagern der SS im gesamten Generalgouvernement herangezogen.[17] Bereits am Aufbau der Lager hatten sie mitgearbeitet.

Die Trawniki-Männer galten als äußerst brutal. Wie in einem Beförderungsantrag für Streibel stand, erfüllten sie eine für die SS äußerst wichtige Funktion: „St.[reibel] hat in Trawniki (Distr. Lublin) aus kleinsten Anfängen heraus ein Ausbildungslager für fremdvölkische Wachmannschaften geschaffen u. leitet dasselbe mit größter Umsicht u. Verständnis für die besondere Führungsweise dieser Truppe. In vielen Einsätzen zur Bandenbekämpfung haben sich diese Einheiten bestens bewährt, insbesondere aber im Rahmen der Judenumsiedlung."[18] Viele Trawniki-Männer wurden befördert und ausgezeichnet. Nach Beendigung der „Aktion Reinhardt" kamen sie bei ähnlichen Aufgaben in Konzentrationslagern auf dem Reichsgebiet zum Einsatz.

Einige Historiker bezeichnen die Trawniki-Männer als „Fußsoldaten".[19] Dies ist nicht die glücklichste Umschreibung, denn die „Hilfswilligen" hatten ihren Anteil am bestialischen Mord von Zehntausenden Frauen und Kindern, was mit dem Ethos von Soldaten nicht zu vereinbaren ist.

Die Rolle der Bahn

Den Eisenbahnverkehr im Generalgouvernement organisierte die Generaldirektion der Ostbahn (Gedob) mit Sitz in Krakau. Das Streckennetz verwaltete die Polnische Staatsbahn. Als Direktor der Gedob, die der Deutschen Reichsbahn direkt unterstellt war, amtierte Adolf Gerteis (1886–1957). Die Gedob war in fünf Abteilungen gegliedert, deren Niederlassungen sich in Krakau, Lublin, Radom, Warschau und Lemberg befanden. Bei ihr angestellt waren rund 7000 Deutsche, 120 000 Polen und einige Tausend Ukrainer. Das Schienennetz im Generalgouvernement umfasste 7090 km. Bereits früh besorgte die Gedob die Eisenbahntransporte im Zusammenhang mit den deutschen Um- und Besiedlungsplänen. Bei den Deportationen in die Vernichtungslager nahm die Gedob und hier insbesondere das Referat 21 (Massentransporte) in Kooperation mit

17 Eine Gruppe von „Trawniki-Männern" wurde auch im Konzentrationslager Auschwitz eingesetzt, jedoch nach kurzer Zeit auf Initiative des Kommandanten Rudolf Höß abgezogen, der mit ihrer Tätigkeit nicht zufrieden war.

18 Ernennungsvorschlag für Karl Streibel, Krakau 23. 7. 1943. Verfahren gegen Streibel u. a., Staatsarchiv Hamburg, 213-12-0039. Bd. 121, Bl. 23288.

19 Peter Black, Foot Soldiers of the Final Solution. The Trawniki Training Camp and Operation Reinhard, in: Holocaust and Genocide Studies 25 (2011) 1, S. 1–99.

der Deutschen Reichsbahn eine Schlüsselposition ein. Das Referat war auf anweisende Empfehlung des Eichmann-Referats im Reichssicherheitshauptamt installiert worden.

Im Frühjahr 1942 entstand im Referat 33 (Passagierzüge) unter der Leitung von Oberinspektor Walter Stier die Abteilung Sonderzüge, deren Aufgabe darin bestand, die Strecken für die „Sonderzüge" festzulegen und die Fahrpläne mit anderen – und vor allem mit Wehrmachttransporten – abzustimmen. Über die Bereitstellung der Waggons entschied entweder der Stab „Einsatz Reinhardt" oder eine Befehlszentrale lokaler SS- und Polizeiführer. Kamen Transporte von außerhalb in das Generalgouvernement, entschied die lokale Polizei über organisatorische Fragen. Züge mit Deportierten nutzten teilweise auch Schmalspurgleise, über die sie zu Sammelstellen transportiert wurden.

Die „Sonderzüge" verfügten durchschnittlich über fünfzig Güterwaggons sowie einen oder zwei Personenwagen für die Wachmannschaft. Manche Züge waren wesentlich länger und hatten bis zu siebzig Waggons. Sie konnten damit 5000 bis 7000 und in einigen Fällen, wenn noch mehr Menschen in die Waggons gepfercht wurden, bis zu 10 000 Personen aufnehmen. Die Bedingungen auf den Fahrten waren entsetzlich. Die Züge mussten durchschnittlich zwischen einhundert und dreihundert Kilometer zurücklegen, aufgrund von unzähligen Zwischenhalten zogen sich die Fahrten über viele Stunden hin. Unvorstellbares Leid war die Folge der drastischen Überfüllung. Die Waggons wurden komplett verschlossen und erst am Ankunftsort wieder geöffnet. Im Winter erfroren Menschen, in der sommerlichen Hitze erstickten sie an Luftmangel. Die Bewacher ließen in der Regel nicht zu, dass Wasser gereicht wurde oder Ausscheidungen aus den Waggons entfernt werden konnten. Für die Fahrten waren polnische Lokführer verantwortlich. Erst am Bestimmungsort übernahmen Deutsche die Züge und steuerten sie auf das Gelände des jeweiligen Vernichtungslagers.[20]

Die Bedingungen für Juden, die aus dem Ausland ins Generalgouvernement verschleppt wurden, waren meist besser. Die Züge, denen Personenwagen dritter Klasse zugeteilt wurden, beförderten etwa eintausend Personen.

„Sonderzüge" waren speziell gekennzeichnet. Ihre Ankunft wurde von der Bahnverwaltung dokumentiert. Die Züge in die Vernichtungslager des Generalgouvernements erhielten die Abkürzung „P Kr" (Personenzug), rückkehrende Züge „Lp Kr" (Leerzug oder Leerpack) und Transporte aus dem Kreis Białystok das Kürzel „PJ" (Polnische Juden). Transporte aus dem Ausland in Richtung

20 Hilberg, Die Vernichtung der europäischen Juden, Bd. 2, S. 522 f.; Czesław Bakunowicz, Wykorzystanie kolei w Generalnym Gubernatorstwie do deportacji Żydów, in: Biuletyn GKBZPNP 35 (1993), S. 83–99.

„Osten“ wiederum wurden mit den Signaturen P Da (Aussiedler aus Deutschland) oder „David“ versehen.[21] Der Bestimmungsbahnhof wurde über die Ankunft eines „Sonderzugs“ telegrafisch in Kenntnis gesetzt. Nach Eintreffen eines Zugs erstellte der Zugleiter einen Bericht, der der Verwaltung am Abfahrtsort zugestellt wurde. Der Bericht enthielt Informationen über die Zahl der Waggons und die Wagenreihung, über die Trasse und die Fahrtzeit. Manchmal enthielt die Mitteilung statt des Namens des Zielbahnhofs lediglich die kryptische Botschaft „nach Ziel“. Auf den Deportationszügen aus dem besetzten Polen stand, mit Kreide geschrieben, die Anzahl der Juden.[22]

Allgemeine Vorgänge und spezielle Fragen zur „Evakuierung der polnischen Juden im Generalgouvernement“ besprachen Vertreter der Reichsbahn, der Ostbahn und des Reichssicherheitshauptamts auf eigens einberufenen Konferenzen.[23] Obwohl Wehrmachttransporte Vorrang hatten, sollte eine möglichst hohe Zahl an „Sonderzügen“ außerplanmäßig abgefertigt werden. Bei Problemen und Hindernissen intervenierte Himmler beim Reichsverkehrsministerium. Als Reichskommissar für die Festigung deutschen Volkstums hatte er die Oberaufsicht über sämtliche Deportationen.

Die Rolle der deutschen Zivilverwaltung im Generalgouvernement

Hans Frank versicherte am 18. November 1941 in einer Rede an der Friedrich-Wilhelms-Universität in Berlin, dass die Juden, „dieses fröhliche Völkchen, das vegetiert in Dreck und Kot, von uns in Ghettos und abgetrennten Wohnbezirken isoliert wird. [Sie werden] sich wohl nicht mehr allzu lange an ihrem Ort im Generalgouvernement erwärmen. Diesen Juden werden wir befehlen, sich auf den Weg zu machen. Wenn sie schon ihren Weg von Jerusalem nach Polen zurückgelegt haben, werden wir sie jetzt dazu bringen, noch einmal Tausende Kilometer nach Osten zu marschieren. Und obwohl mit Sicherheit nicht alle ‚Ungeziefer‘ waren und viele zum Vorteil für die Deutschen arbeiteten, sollte die Sache geregelt werden, um der jüdischen Herrschaft in Europa Einhalt zu gebieten“.[24]

21 Raul Hilberg, Sonderzüge nach Auschwitz, Mainz 1981, S. 257.

22 Dies berichtete Franciszek Ząbecki, der Stationsaufseher in Treblinka, in: Wspomnienia dawne i nowe, Warszawa 1977, S. 43 f. Über die Aufschriften auf den Waggons S. 40.

23 Eine dieser Konferenzen fand vom 26.–28. 9. 1942 in Berlin statt. Zu diesem Zeitpunkt fuhren verstärkt Deportationszüge in die Vernichtungslager. Zum Ablauf der Konferenz: Heiner Lichtenstein, Mit der Reichsbahn in den Tod. Massentransporte in den Holocaust, Köln 1985, S. 61–64.

24 Schenk, Hans Frank, S. 201 f.

Einen Monat später nahm Frank auf einer Sitzung der Regierung des Generalgouvernements Bezug auf die „Vorhersage“ Hitlers und stellte fest:

> „Mit den *Juden* – das will ich Ihnen ganz offen sagen – muß so oder so Schluß gemacht werden. [...] Ich muß auch als alter Nationalsozialist sagen: Wenn die Judensippschaft in Europa den Krieg überleben würde, wir aber unser bestes Blut für die Erhaltung Europas geopfert hätten, dann würde dieser Krieg doch nur einen Teilerfolg darstellen. Ich werde daher den Juden gegenüber grundsätzlich nur von der Erwartung ausgehen, daß sie verschwinden. Sie müssen weg. Ich habe Verhandlungen zu dem Zweck angeknüpft, sie nach dem Osten abzuschieben. Im Januar findet über diese Frage eine große Besprechung in Berlin statt, [...]. [...] Meine Herren, ich muß Sie bitten, sich gegen alle Mitleidserwägungen zu wappnen. Wir müssen die Juden vernichten, wo immer wir sie treffen und wo es irgend möglich ist, um das Gesamtgefüge des Reiches hier aufrechtzuerhalten. [...] Man kann bisherige Anschauungen nicht auf solche gigantischen einmaligen Ereignisse übertragen. Jedenfalls müssen wir aber einen Weg finden, der zum Ziele führt, und ich mache mir darüber meine Gedanken. Die Juden sind auch für uns außergewöhnlich schädliche Fresser. Wir haben im Generalgouvernement schätzungsweise 2,5, vielleicht mit den jüdisch Versippten und dem, was alles daran hängt, jetzt 3,5 Millionen Juden. Diese 3,5 Millionen Juden können wir nicht erschießen, wir können sie nicht vergiften, werden aber doch Eingriffe vornehmen können, die irgendwie zu einem Vernichtungserfolg führen, und zwar im Zusammenhang mit den vom Reich her zu besprechenden großen Maßnahmen. Das Generalgouvernement muß genauso judenfrei werden, wie es das Reich ist.“[25]

Nach der Wannsee-Konferenz, auf der das Generalgouvernement durch den Regierungschef Bühler vertreten war, wurde die Zivilverwaltung angewiesen, mit der Polizei eng zusammenzuarbeiten. Die Gouverneure und Kreishauptmänner reagierten zum größten Teil wie Frank. Voller Ehrgeiz, als Erste die Juden in ihrem Verantwortungsbereich loszuwerden, wollten sie sich bei ihrem rücksichtslosen Vorgehen von niemandem übertreffen lassen.

25 Regierung und Behördenleiter des Generalgouvernements sprechen am 16. Dezember 1941 über die Fleckfiebergefahr und die nächsten Schritte bei der Verfolgung der Juden, in: VEJ 9, Dok. 26, S. 151–161, hier S. 159 f.

Der erste Monat des Massenmords (16. März – 14. April 1942)

Die Vorboten

Im Herbst 1941 trafen im Warschauer Ghetto Nachrichten über massenhafte Verbrechen an den Juden ein. Besonders beunruhigend waren die Berichte von Flüchtlingen aus Litauen über Pogrome und die Massenhinrichtungen in Ponary. Kundschafter, die aus dem Warschauer Ghetto entsendet wurden, um dies zu überprüfen, bestätigten die erschreckenden Mitteilungen. Aus Wilna nach Warschau geschickt, um mit der entstehenden Widerstandsbewegung Kontakt aufzunehmen, brachten auch Angehörige jüdischer Jugendorganisationen Kenntnisse von den Massenmorden. Anfang 1942 gelangte der bereits erwähnte Szlama Ber Winer, der aus dem Vernichtungslager Kulmhof geflüchtet war, in das Warschauer Ghetto und berichtete einem Mitarbeiter von Oneg Schabbat, Hersz Wasser, über die Verbrechen in den ins Reich eingegliederten Gebieten. Der Bericht Winers wurde wie die Berichte aus Wilna niedergeschrieben und mithilfe von Untergrundzeitschriften, die im Ghetto entstanden, verbreitet. Auch die polnische Untergrundpresse bestätigte die Meldungen über die Verbrechen an den Juden.[26] Doch lange Zeit gingen die Angehörigen des Widerstands und andere Beobachter trotz der erschreckenden Nachrichten davon aus, dass die Mordaktionen nur ein lokales Ausmaß hätten.

Ende 1941 begannen die Deutschen, die Bewohner des jüdischen Stadtviertels in Lublin auf ihre Arbeitsfähigkeit hin zu prüfen und zu selektieren. Anfang Februar 1942 wurde der jüdische Stadtbezirk dann nach einer Anordnung des Gouverneurs Zörner in ein Ghetto für Arbeitende (genannt Ghetto B oder kleines Ghetto) und ein Ghetto für Nicht-Arbeitende (Ghetto A) geteilt. Für den Umzug in den jeweiligen Bereich ließ man den Juden keine zwanzig Tage Zeit. Ab dem 7. März gab die Sicherheitspolizei gesonderte Bescheinigungen für diejenigen Jüdinnen und Juden aus, die eine Arbeitsstelle nachweisen konnten. Die Ghettobewohner wussten zwar nicht, worin der genaue Sinn dieser Dokumente lag. Dennoch versuchten sie mit allen Mitteln, eine Bescheinigung über eine Anstellung zu erlangen, da sie sich noch gut an die Razzien für die Arbeitslager und die Umsiedlung von Tausenden Juden aus der Stadt erinnerten.

Beunruhigende Nachrichten kamen auch aus Mielec im Distrikt Krakau.[27] Am 9. März umstellten deutsche und Blaue Polizei die Stadt. Die Deutschen

26 Siehe Klaus-Peter Friedrich, Der nationalsozialistische Judenmord und das polnisch-jüdische Verhältnis im Diskurs der polnischen Untergrundpresse (1942–1944), Marburg 2006.

27 Zu den Umständen und zum Ablauf dieser Umsiedlung siehe Andrzej Krempa, Zagłada Żydów mieleckich, Mielec 2012, S. 55–75.

setzten den Judenrat und über ihn die jüdischen Bewohner darüber in Kenntnis, dass eine Umsiedlung geplant sei. Als Begründung gaben sie Sicherheitserwägungen an, einen Bestimmungsort nannten sie nicht. Den Betroffenen blieb kaum Zeit, sich vorzubereiten, und sie durften nur 25 kg pro Person mitnehmen. Präzedenzlos war, dass die Anordnung die gesamte jüdische Bevölkerung betraf.

Die Umsiedlung lief ungewöhnlich brutal ab und war nicht vergleichbar mit den Erfahrungen, die die Juden vor Ort bisher mit den Verfolgern gemacht hatten. Bei der Selektion wurden alte Menschen, Kranke und alle, die sich zu verstecken versuchten, ermordet. Arbeitsfähige Männer wurden in das Arbeitslager Pustków verbracht, Hunderte andere außerhalb der Stadt erschossen.[28] Die meisten jüdischen Einwohner von Mielec – rund 3000 Menschen – wurden in zwei Transporten in Güterwaggons ins Lubliner Land – in die Ortschaften Parczew, Międzyrzec Podlaski, Hrubieszów und Włodawa – verschleppt. Nur wenigen gelang es, im Verlauf der Umsiedlung in benachbarte Orte zu flüchten. Die Aktion war in Absprache mit Polizeibehörden in Lublin seit Januar 1942 vorbereitet worden.

Deportationen aus Lublin und aus dem Distrikt Lublin

Am 14. März 1942 reiste Himmler nach Lublin zu einer Unterredung mit Odilo Globocnik und Friedrich-Wilhelm Krüger. Am Tag zuvor war er in Krakau gewesen, wo er sich mit Polizeiführern des Generalgouvernements getroffen und mit Frank die Ernennung Krügers zum Staatssekretär in der Regierung des Generalgouvernements vereinbart hatte. Die monatelangen Vorbereitungen für die „Evakuierung" der Juden waren damit abgeschlossen. Himmler kehrte tags darauf nach Berlin zurück.[29]

Die „Umsiedlungsaktion" in der Stadt Lublin begann in der Nacht vom 16. auf den 17. März. Angehörige der Polizei und Trawniki-Männer umstellten das Ghetto. In den verdunkelten Straßen wurde die Beleuchtung eingeschaltet. Offiziere der Sicherheitspolizei, allen voran Höfle und Worthoff, setzten sich mit dem Präsidium des Judenrats in Verbindung und erklärten diesem, dass die „Umsiedlungsaktion" unmittelbar bevorstehe. Bleiben könnten lediglich Juden mit einer Arbeitsbescheinigung und ihre Familienangehörigen. Diese wurden angewiesen, sich in den Teil des Ghettos zu begeben, der für Arbeitsfähige

28 Siehe: Der polnische Untergrund hält nach dem 20. März 1942 Informationen über eine Massenerschießung von Juden in Mielec fest, in: VEJ 9, Dok. 51, S. 223 f.

29 Witte u. a. (Hrsg.), Der Dienstkalender Heinrich Himmlers 1941/42, S. 379 f.

Nach der Liquidierung des Lubliner Ghettos karren wahrscheinlich jüdische Zwangsarbeiter Möbel weg und demontieren Gebäude, vermutlich März/April 1942
United States Holocaust Memorial Museum, courtesy of Instytut Pamięci Narodowej | Photograph Number: 73203

bestimmt war. Diejenigen, die die Stadt verlassen mussten, durften 15 kg Gepäck, Geld und ihre Wertgegenstände mitnehmen. Bewohnern, die sich widersetzten, drohte die Todesstrafe.

Die SS-Täter und ihre Helfershelfer drangen in Wohnungen ein und trieben die desorientierten Bewohner auf die Straße. Dutzende wurden niedergeschossen und 1500 Personen in die Maharhala-Synagoge getrieben, von wo aus sie unter Bewachung zur mehrere Kilometer entfernten Rampe beim städtischen Schlachthof geführt wurden. Dort mussten sie in die bereitstehenden Güterwaggons steigen. Der Zug fuhr in östliche Richtung ab. Das erschütternde Szenario wiederholte sich in den folgenden Nächten. Der Stab „Einsatz Reinhardt" hatte sich unterdessen in dem Lokal des örtlichen Kollaborateurs Grajer einquartiert.

Am 24. März wurden über einhundert Kinder aus dem Waisenhaus in der Grodzka-Straße 11 aus dem Ghetto getrieben und ermordet. Danach kamen die Bewohner von Altenheimen und Patienten der Krankenhäuser an die Reihe. Im Laufe von zwei Wochen wurden 18 000 Juden verschleppt und rund 700 an Ort und Stelle ermordet. Bereits in den ersten Tagen stellte sich heraus, dass der Besitz einer Arbeitsbescheinigung keine Garantie dafür war, verschont zu bleiben. Viele Juden weigerten sich, dem Aufruf des Judenrat zu folgen, und begaben sich nicht zu den Sammelpunkten. Sie versuchten, sich im Ghetto zu verstecken oder einen Unterschlupf auf der „arischen Seite" zu finden, in der Hoffnung, die Verschleppungen zu überstehen.

Am 31. März ordneten die Befehlshaber der „Umsiedlungsaktion" an, den Judenrat von 24 auf zwölf Personen zu verkleinern. Die Hälfte, unter ihnen auch der bisherige Vorsitzende Henryk Bekker, wurde mit dem nächsten Transport „evakuiert". Man sicherte ihnen zu, dass sie am Bestimmungsort eine vergleichbare Aufgabe übernehmen würden. Neuer Judenratsvorsitzender wurde der bisherige Stellvertreter Marek Alten. Nur sechs der bisherigen Mitglieder waren auch im neuen Judenrat vertreten. Ebenfalls reduziert wurde der bei den Deportationen eingesetzte Jüdische Ordnungsdienst – nur ein Drittel der 113 Polizisten durfte den Dienst später weiter versehen.[30] Alle wurden ins Vernichtungslager Belzec verschleppt. Einen sicheren Schutz vor der Deportation bot ausschließlich ein neues Dokument, der sogenannte J-Ausweis.

Für den 17. März, also kurz nach seiner Rückkehr aus Lublin, hatte sich Himmler mit Hitler zu einer Unterredung verabredet, die mehrere Stunden dauerte.[31] Es ist davon auszugehen, dass der Reichsführer SS seinen Führer auch über die Lage in Lublin informierte. Einige Tage später empfing Hitler Propagandaminister Goebbels zu einem Gespräch. Eines der vielen Themen, die auf der Tagesordnung standen, war die „jüdische Frage". „So wie zuvor blieb er auch diesmal gnadenlos. Juden müssen aus Europa verschwinden, das ist notwendig, und wenn das unvermeidlich ist, müssen die brutalsten Methoden angewendet werden", vertraute er seinem Tagebuch an.[32] Eine Woche später notierte Goebbels:

30 Nach Angaben der Sitzungsprotokolle des Judenrats, veröffentlicht im Jüdischen Gedenkbuch Lublins: Adam Kopciowski (Bearb.), Księga Pamięci żydowskiego Lublina, Lublin 2011, S. 292–298; Abbildungen der poln. Protokolle des Judenrats enthält: Nachman Blumental (Hrsg.), Te'udot mi-geto lublin – yudenrat le-lo derekh. Documents from Lublin Ghetto. Judenrat without direction, Jerusalem 1967.

31 Witte u. a. (Hrsg.), Der Dienstkalender Heinrich Himmlers 1941/42, S. 381.

32 Goebbels, Tagebücher, Teil II, Bd. 3.

„Aus dem Generalgouvernement werden jetzt, bei Lublin beginnend, die Juden nach dem Osten abgeschoben. Es wird hier ein ziemlich barbarisches und nicht näher zu beschreibendes Verfahren angewandt, und von den Juden selbst bleibt nicht mehr viel übrig. Im großen kann man wohl feststellen, daß 60 % davon liquidiert werden müssen, während nur noch 40 % in die Arbeit eingesetzt werden können. Der ehemalige Gauleiter von Wien, der diese Aktion durchführt, tut das mit ziemlicher Umsicht und auch mit einem Verfahren, das nicht allzu auffällig wirkt. An den Juden wird ein Strafgericht vollzogen, das zwar barbarisch ist, das sie aber vollauf verdient haben. Die Prophezeiung, die der Führer ihnen für die Herbeiführung eines neuen Weltkriegs mit auf den Weg gegeben hat, beginnt sich in der furchtbarsten Weise zu verwirklichen. Man darf in diesen Dingen keine Sentimentalität obwalten lassen. Die Juden würden, wenn wir uns ihrer nicht erwehren würden, uns vernichten. Es ist ein Kampf auf Leben und Tod zwischen der arischen Rasse und dem jüdischen Bazillus. Keine andere Regierung und kein anderes Regime konnte die Kraft aufbringen, diese Frage generell zu lösen. Auch hier ist der Führer der unentwegte Vorkämpfer und Wortführer einer radikalen Lösung, die nach Lage der Dinge geboten ist und deshalb unausweichlich erscheint. Gott sein Dank haben wir jetzt während des Krieges eine ganze Reihe von Möglichkeiten, die uns im Frieden verwehrt wären. Die müssen wir ausnützen. Die in den Städten des Generalgouvernements freiwerdenden Ghettos werden jetzt mit den aus dem Reich abgeschobenen Juden gefüllt, und hier soll sich dann nach einer gewissen Zeit der Prozeß erneuern. Das Judentum hat nichts zu lachen, und daß seine Vertreter heute in England und in Amerika den Krieg gegen Deutschland organisieren und propagieren, das müssen seine Vertreter in Europa sehr teuer bezahlen, was wohl auch als berechtigt angesehen werden muß."[33]

Der Propagandaminister führte weder damals noch später genauer aus, auf welche Weise die Juden ermordet werden sollten – oder bereits ermordet worden waren.

Als am 14. April die Deportationen eingestellt wurden, hatten die Nationalsozialisten und ihre Helfer 26 000–28 000 Bewohner des Lubliner Ghettos verschleppt und 1500–2000 an Ort und Stelle ermordet. Im Verlauf der Deportationen registrierte der Beerdigungsdienst 873 Leichen auf den Straßen Lublins:

33 Goebbels schreibt am 27. März 1942 über die systematischen Massenmorde an Juden im Gebiet Lublin, in: VEJ 9, Dok. 54, S. 228–233, hier S. 231, online: https://die-quellen-sprechen.de/09-054.html [14. 4. 2020].

416 Männer, 457 Frauen und Kinder, wobei die Letzteren in der Rubrik „Frauen" ausgeführt wurden. Die meisten Menschen wurden in den ersten Tagen ermordet. Der Tag mit der höchsten Opferzahl war der 24. März (124 Tote). Teilweise konnten die Ermordeten identifiziert werden. Einer von ihnen war das Mitglied des Judenrats Jakub Nisenbaum, der vor dem Krieg Chefredakteur der jiddischen Tageszeitung „Lubliner Tugblat" gewesen war. Er wurde am 3. April vor dem Sitz des Judenrats erschossen.

In den folgenden Tagen wuchs die Zahl der Ermordeten auf 1001 an. In dieser Zahl unberücksichtigt blieben die Kinder aus dem Waisenhaus und die Menschen in den Altenheimen und Krankenhäusern. Überlebende wurden angewiesen, sich in das neu eingerichtete Ghetto zu begeben, das sich in einem Viertel – Majdan Tatarski – am Stadtrand von Lublin befand, aus dem zuvor die polnischen Bewohner vertrieben worden waren. Diese Entscheidung traf die von Gouverneur Zörner geleitete Zivilverwaltung. Rund 8000 Juden mussten nach Majdan Tatarski umziehen. Kurz nach ihrer Ankunft kontrollierte die Sicherheitspolizei ihre Papiere. Alle, die nicht das Recht hatten, sich dort aufzuhalten, wurden in das nahe gelegene Konzentrationslager abgeführt. Eine kleine Gruppe Männer, 200 oder 300, blieb im Lager. 2500 Juden wurden am nächsten Tag in einen Wald bei dem Dorf Krępiec gebracht und mit Maschinengewehren erschossen. Im neuen Ghetto blieben etwa 4000 Personen zurück.[34] Eine Bekanntmachung drohte allen, die außerhalb der Ghettogrenzen angetroffen wurden, den Tod durch Erschießen an.

Einige Juden versteckten sich während der Verschleppungen auf dem Land. Andere versuchten, in das vermeintlich sicherere Warschau zu gelangen. In Lublin selbst zu bleiben und dort ein Versteck zu finden hielten die ortsansässigen Juden für zu gewagt. Vor allem, wenn sie mit falschen Papieren als Polen durchkommen wollten, war das Risiko, als Jude identifiziert zu werden, zu hoch.

Was mit den Deportierten geschehen war, wussten die in Lublin Zurückgebliebenen nicht. Es sprach sich zwar herum, dass das Ziel Belzec war. Diesen Namen verbanden die Lubliner Juden aber zunächst nicht mit einer Mordstätte, sondern mit dem Arbeitslager, das sich dort im Jahr 1940 befunden hatte. Das Schlimmste erwartete also niemand. Der alltägliche Massenmord von Tausenden Menschen war zu diesem Zeitpunkt noch unvorstellbar. Die lokale polnischsprachige Propagandapresse erwähnte die „Umsiedlungen" überhaupt nicht.

34 Siehe David Silberklang, Die Juden und die ersten Deportationen aus dem Distrikt Lublin, in: Musial (Hrsg.), „Aktion Reinhardt", S. 141–164, bes. S. 145–149; Jakub Chmielewski, Zagłada żydowskiego miasta – likwidacja getta na Podzamczu, in: Kwartalnik Historii Żydów (2015), S. 705–739.

Lediglich zum Abschluss der Deportationen teilte die Zeitung mit, dass die Deutschen einen polnischen Wunsch erfüllt hätten: „Jetzt wird das umgesetzt, wovon ein großer Teil der polnischen Gesellschaft die ganzen Vorkriegsjahre hindurch geträumt hatte, nämlich die nahezu völlige Arisierung des Handels und der Neuaufbau des Handels auf den Grundlagen einer geplanten Wirtschaft."[35]

Wenige Tage nach Beginn der Deportationen aus dem Ghetto Lublin fanden die ersten Verschleppungen aus jüdischen Gemeinden in den Kreisen Lublin, Krasnystaw, Zamość und Janów statt. Am 23. März fuhr das Kommando für die „Judenaussiedlung" nach Piaski – zur zweiten Mordaktion kam es dort am 7. April – und am nächsten Tag nach Izbica. Vor dem Krieg waren über 90 % der Bewohner Izbicas Juden gewesen. Die Gebäude des Städtchens bestanden aus Holz, eine Kanalisation gab es nicht, und nur wenige Häuser waren elektrifiziert. Bereits im Herbst 1939 kamen die ersten Transporte aus Koło und Łódź in Izbica an. Mitte 1941 hatte sich die Bevölkerung im Vergleich zur Vorkriegszeit verdoppelt. Der Stab „Einsatz Reinhardt" hatte Piaski und Izbica als Transitghettos zur vorübergehenden Unterbringung ausländischer Juden vorgesehen.[36]

Die Durchführung der Deportationen stimmten die SS-Männer des Stabs „Einsatz Reinhardt" mit der lokalen Zivilverwaltung und der örtlichen Polizei ab. Die Juden wurden völlig überrascht. Jeglicher Widerstand endete in einem Blutbad. Auf dem Bahnhof standen Waggons bereit, um die zusammengetriebenen Juden nach Belzec zu transportieren. Wenn die Verschleppungen in mehreren Etappen stattfinden sollten, wurde der Judenrat verpflichtet, Listen mit den Namen der zum Transport Bestimmten zu erstellen. Gelang dies nicht, drangen deutsche Polizei und Trawniki-Männer in die jüdischen Viertel ein und griffen die geforderte Anzahl Juden auf. Sie wurden auf den Marktplatz gejagt, wo sie stundenlang warten mussten, ohne mit Wasser und Nahrung versorgt zu werden. Währenddessen durchkämmten deutsche Polizisten das Ghettogebiet und ermordeten alle Aufgegriffenen an Ort und Stelle. War der Zug bereitgestellt, trieben Gendarmen und Blaue Polizei die Opfer zum Sammelpunkt oder direkt zur Bahnstation.

Am 11. April wurde das jüdische Viertel in Zamość, der zweitgrößten Stadt im Lubliner Land, umstellt. Die Angehörigen des „Umsiedlungsstabs" – Beamte der örtlichen Gestapo unter dem Befehl von SS-Untersturmführer Gotthard Schubert, Angestellte der Kreishauptmannschaft sowie SS-Männer aus Lublin – teilten dem Judenrat mit, dass 2500 „unproduktive Elemente" umzusiedeln seien

35 Kupiectwo m. Lublina na przełomie, in: Nowy Głos Lubelski, 9. 4. 1942.

36 Zu Izbica siehe Steffen Hänschen, Das Transitghetto Izbica im System des Holocaust, Berlin 2018.

und sich innerhalb von zwei Stunden auf dem Marktplatz einzufinden hätten. Ohne weiter abzuwarten, schritt die Polizei zur Tat, holte die Bewohner aus ihren Häusern und ermordete Alte und Kranke. Am Abend wurden die Überlebenden vom Marktplatz zur Bahnstation getrieben und auf 21 Güterwaggons verteilt. Unter den Verschleppten befand sich der bereits erwähnte Szlama Ber Winer, der das Warschauer Ghetto verlassen hatte, um sich bei seinen Verwandten zu verstecken. Am nächsten Tag wiesen die Deutschen den Judenrat an, die Leichen wegzuräumen und die Gehsteige von dem Blut zu reinigen.[37] Vor Ort blieben etwas über 4000 Juden zurück. Nach kurzer Zeit kamen drei Transporte mit Juden aus dem Protektorat hinzu. Einige Tage später fand eine „Umsiedlungsaktion" in einer weiteren großen jüdischen Gemeinde im Distrikt Lublin statt: Aus Kraśnik wurden 2500 Personen deportiert.

Die jüdischen Bewohner der Ortschaften, in denen „Aktionen" stattfanden, wussten ebenso wenig über das Schicksal der Verschleppten wie die Juden in Lublin. Es waren zwar furchtbare Gerüchte im Umlauf, doch schenkte man ihnen meist keinen Glauben. In Zamość kam es jedoch zu einem außergewöhnlichen Vorfall. Zwei Tage nachdem der erste Deportationstransport die Stadt verlassen hatte, sprach ein dreizehnjähriger Flüchtling aus Belzec mit dem Namen Wolsztajn beim Vorsitzenden des Judenrats, Mieczysław Garfinkel, vor.[38] Der Junge berichtete, was er in Belzec gesehen hatte. Garfinkel entschied, die schockierende Nachricht für sich zu behalten. Vielleicht konnte er sie einfach nicht glauben.

Polen verfügten hingegen über bessere Informationskanäle. Am 26. März 1942 notierte Zygmunt Klukowski, ein Arzt aus dem nahe gelegenen Städtchen Szczebrzeszyn, in sein Tagebuch, das er bei Kriegsbeginn zu schreiben begonnen hatte: „Hier siedeln sie auch Juden aus unterschiedlichen Städtchen und Städten aus und bringen sie überwiegend in die Gegend von Bełżec. Heute hörte ich davon erzählen, was sie mit den Juden in Lublin machten. Es ist schwer zu glauben, dass es wahr sein soll. Heute wurden die Juden von Izbica ausgesiedelt und auch nach Bełżec gebracht, wo angeblich ein schreckliches Lager sein soll. Sehr viele Juden kommen dabei um, weil sie sie an Ort und Stelle wegen beliebiger Kleinigkeiten erschießen."[39] Nur wenige Tage später war aus der Ungewissheit

37 Zur Beschreibung der Deportation siehe Adam Kopciowski, Zagłada Żydów w Zamościu, Lublin 2005, S. 155–162. Der Autor schätzt, dass 2900 Personen verschleppt und 250 vor Ort getötet wurden. In Überlebendenberichten werden unterschiedliche Zahlen genannt

38 Aussage Mieczysław Garfinkel, 5. 10. 1945, veröffentlicht in: Libionka (Hrsg.), Obóz zagłady w Bełżcu w relacjach, S. 118 f. Die Familie Wolsztajn stammte aus Włocławek. Das weitere Schicksal des Augenzeugen ist unbekannt.

39 Zygmunt Klukowski, Tagebuch aus den Jahren der Okkupation 1939–1944. Hrsg. v. Christine Glauning und Ewelina Wanke. Aus dem Polnischen übersetzt von Karsten Wanke. Mit

eine erschütternde Tatsache geworden: „Unter den Juden schreckliche Niedergeschlagenheit. Wir wissen jetzt schon ganz sicher, dass täglich ein Zug aus Richtung Lublin und einer aus Lemberg in Bełżec ankommt, mit jeweils mehr als 20 Waggons. Hier lassen sie die Juden aussteigen, treiben sie hinter die Stacheldrahtumzäunung, bringen sie mit elektrischem Strom um oder vergiften sie mit Gas, und anschließend verbrennen sie die Leichen. Unterwegs sehen Leute - vor allem Eisenbahner - schreckliche Szenen, weil die Juden schon genau Bescheid wissen, wohin und wozu man sie wegbringt. Man gibt ihnen weder zu essen noch zu trinken."[40]

Ausländische Juden im Generalgouvernement. Flugplatz, Transitghettos und das Konzentrationslager Lublin

In seinem Tagebucheintrag vom 26. März 1942 erwähnt Zygmunt Klukowski bereits Züge, mit denen ausländische Juden ins Lubliner Land gebracht wurden. Die Umsiedlungen in das Generalgouvernement fügten sich in den Gesamtplan der „Endlösung der Judenfrage" ein. Himmler und Heydrich hatten entschieden, dass gleichzeitig mit dem Beginn der Ermordung der Juden im Generalgouvernement Transporte mit Juden aus Theresienstadt, dem Deutschen Reich sowie der Slowakei nach Lublin geleitet werden sollten. Die SS befasste sich vor Ort mit entsprechenden Vorbereitungen. Unmittelbar bevor die Verschleppungen nach Belzec begannen, setzte der Leiter des Stabs „Einsatz Reinhardt", Hermann Höfle, Fritz Reuter aus dem Amt des Distriktgouverneurs über die Einzelheiten des kurz bevorstehenden Unternehmens in Kenntnis. Reuter war von der Regierung des Generalgouvernements angewiesen worden, „dem SS- und Polizeiführer in Lublin bei seinen Maßnahmen behilflich zu sein". Er erhielt die Nachricht, dass die Selektion der in den Distrikt Deportierten vor Ort ausgeführt werden sollte, wenn dies nicht bereits früher stattgefunden habe. „Nichteinsatzfähige" Juden sollten nach Belzec geschickt werden, „der äußersten Grenzstation im Kreise Zamosz", der Rest in ein „großes Lager", wo sie „nach ihren Berufen karteimäßig erfaßt" und dem Bedarf entsprechend konkreten Arbeitsstellen zugeführt werden sollten. Sammelpunkt für die deutschen Juden war das mittlerweile von den bisherigen Bewohnern geräumte Ghetto in Pia-

einer Einleitung von Ingo Loose, Berlin 2017, S. 333, Eintrag vom 26. März 1942; siehe auch Peter Longerich (Hrsg.), Die Ermordung der europäischen Juden. Eine umfassende Dokumentation des Holocaust 1941–1945, München 1989, Dok. 72, S. 197 f.

40 Der Arzt Zygmunt Klukowski führt vom 8. bis 15. April 1942 Tagebuch über die Deportation der jüdischen Bevölkerung aus Zamość und die Stimmung unter den Juden in Szczebrzeszyn, in: VEJ 9, Dok. 63, S. 251–254, hier S. 252, Eintrag vom 8. April 1942.

ski. Der Stab „Einsatz Reinhardt“ war bereit, täglich vier oder fünf Transporte von jeweils eintausend Juden anzunehmen, die zur „Zielstation Belzec“ geleitet werden sollten. Diese Juden, so kündigte Höfle in verschlüsselter Sprache an, „kämen über die Grenze und würden nie mehr ins Generalgouvernement zurückkommen“.[41]

In den folgenden Monaten wurden Tausende Juden aus dem Ausland in den Distrikt Lublin deportiert. Eine besondere Rolle für diese Transporte spielte ein Lager, das auf dem Gelände der Lubliner Flugzeugwerke (Lubelska Wytwórnia Samolotów) eingerichtet worden war und auf dem nun die in den Distrikt Lublin Deportierten selektiert wurden.[42] Als arbeitsfähig Angesehene kamen in das Konzentrationslager Majdanek, der große Rest in eines der erwähnten Transitghettos, die sich entlang der Bahnlinie befanden.[43] David Silberklang bezeichnete dieses Vorgehen als „Drehtürverfahren“.[44]

Zwei Transporte trafen am 11. und 17. März aus Theresienstadt in Lublin ein, der erste aus dem Reich am 13. März. Sämtliche Juden wurden nach Izbica im Kreis Krasnystaw gebracht. Der Kreishauptmann erhielt zu seiner „Beruhigung“ das Versprechen, dass die ortsansässigen Juden in der allernächsten Zeit „evakuiert“ werden würden. Und so geschah es dann auch – sie wurden nach Belzec deportiert. Der nächste Transport erreichte Izbica aus dem Deutschen Reich am 19. März. Bis Ende April wurden weitere 6000 Juden aus Theresienstadt in den Distrikt Lublin deportiert. Ihre Zwischenstation auf dem Weg in die Vernichtungslager waren die Transitghettos Piaski, Rejowiec und Zamość. Unter den Ankommenden befanden sich viele Frauen, Kinder und Alte. Die Konfrontation mit den örtlichen Bedingungen war für sie ähnlich schockierend wie zuvor für die aus Krakau in den Distrikt Lublin Umgesiedelten.

Nach und nach erreichten in diesen Wochen Transporte mit Juden aus Mainz, Worms, Darmstadt, Würzburg, Fürth, Nürnberg, Aachen, Koblenz, Kassel, Berlin, München, Breslau und anderen Städten des Deutschen Reichs den Distrikt Lublin. Im November 1941 hatten die „Umsiedlungen“ von dort begonnen. „Jede Stadt“, so schrieb Raul Hilberg, „hat ihre eigene Deportations-

41 Der Referent für das Bevölkerungswesen im Distrikt Lublin notiert am 17. März 1942 seine Vorbereitungen für die Ermordung der Juden, in: VEJ 9, Dok. 48, S. 218 f.; Faksimile in: Te'udot mi-geto lublin, Anhang, Dok. VI.

42 Zur Geschichte des Lagers siehe Wojciech Lenarczyk, Obóz pracy na Flugplatzu w Lublinie. Historia, funkcjonowanie, więźniowie, in: Zeszyty Majdanka 26 (2014), S. 61–126.

43 Zu den Deportationen: Janina Kiełboń, Judendeportationen in den Distrikt Lublin (1939–1943), in: Musial (Hrsg.), „Aktion Reinhardt“, S. 111–140. Zu den Transitghettos: Robert Kuwałek, Die Durchgangsghettos im Distrikt Lublin (u. a. Izbica, Piaski, Rejowiec und Trawniki), ebenda, S. 197–232.

44 Silberklang, Gates of Tears, S. 299–302.

geschichte und jede dieser Geschichten offenbart eine Menge über die Mechanismen der Deportationen und das psychologische Klima, in dem sie stattfanden."[45] Das Szenario war jedoch überall ähnlich. Die jüdischen Gemeinden waren verpflichtet, Namenslisten der zum Transport bestimmten Personen zu erstellen. Sogenannte Privilegierte kamen in das Ghetto Theresienstadt, alle anderen wurden „nach Osten" deportiert. Alle mussten vor der Abfahrt ihre Schulden begleichen, den verbliebenen Besitz registrieren lassen und dem Reich übereignen, die Wohnungsschlüssel sowie die Ausweispapiere abgeben. Den gesamten Ablauf beaufsichtigte die Gestapo, wobei sie Unterstützung von der Ordnungspolizei und Gendarmerie erhielt, die die Juden zu den Sammelpunkten begleiteten und dort bewachten. Alle „Sonderzüge" führten eine Bewachungsmannschaft mit sich.[46] Den Transport organisierte das Reichssicherheitshauptamt in Abstimmung mit der Reichsbahn. Die qualvollen Fahrten dauerten in der Regel mehrere Tage.

Ab März 1942 erreichten auch Transporte aus der von Präsident Jozef Tiso und Premierminister Vojtech Tuka regierten Slowakei den Distrikt Lublin. Im September 1941 hatte die Slowakei ein antijüdisches Gesetzespaket verabschiedet, das sich an den „Nürnberger Gesetzen" orientierte. Die „Arisierung" war forciert worden, und Beschlagnahmungen und Schikanen hatten zugenommen. Die Regierungsbehörden schickten junge Männer in Arbeitslager und führten die Kennzeichnungspflicht für Juden ein. Schließlich begannen die „Umsiedlungen". In der Slowakei lebten zu diesem Zeitpunkt rund 90 000 Juden, die der speziell zu diesem Zweck gegründeten Zwangsvereinigung Ústredňa Židov (Zentrale der Juden) beitreten mussten. Die Deportationen in das Generalgouvernement fanden in Abstimmung mit dem deutschen Auswärtigen Amt statt, das die Entwicklung der Geschehnisse aufmerksam verfolgte. Faktisch setzte die slowakische Regierung die Anweisungen des Reichssicherheitshauptamtes um. Sie stimmte allen deutschen Vorschlägen zu und bezahlte der Reichsregierung für jeden in das Generalgouvernement Deportierten 500 RM für „Unterbringung, Verpflegung, Kleidung und Umschulung". Zur gleichen Zeit konfiszierte der slowakische Staat die Habe der Opfer.

Der erste Schritt zur „Umsiedlung" der Juden bestand darin, sie in einem von mehreren Durchgangslagern zusammenzufassen. Danach wurden sie unter dem Vorwand, man wolle sie „nach Osten zur Arbeit" schicken, gruppenweise in das Generalgouvernement deportiert. Das slowakische Verkehrsministerium organisierte die Transporte in Absprache mit der Reichsbahn. Die Züge überquerten die

45 Hilberg, Die Vernichtung der europäischen Juden, Bd. 2, S. 477.
46 Ebenda, S. 476 ff.

Grenze bei der Bahnstation Zwardoń. Bis zur Grenze bewachte sie die Hlinka-Garde, die bereits die Razzien gegen Juden organisiert hatte, dann übernahmen die Deutschen sie. Diese leiteten einen Teil der Transporte nach Auschwitz, die übrigen nach Lublin.

Juden in der Slowakei versuchten auf verschiedenen Wegen, sich dem Zugriff des Staates zu entziehen. Einige bemühten sich um Verstecke, andere ließen sich taufen und hofften, dadurch Unterstützung vonseiten der Christen und der Kirchen zu bekommen. 6000 Verfolgte flohen nach Ungarn.[47]

In den ersten vier Transporten vom 27. März bis zum 5. April befanden sich ausschließlich Männer – rund 4500 an der Zahl –, die nach ihrer Ankunft in Lublin weiter nach Majdanek deportiert wurden. Sie stellten für die Deutschen ein bedeutendes Arbeitskräftereservoir dar und wurden sofort beim Ausbau des Lagers eingesetzt. Bis zu diesem Zeitpunkt hatte die SS außer Kriegsgefangenen der Roten Armee, von denen viele an Krankheiten und Hunger starben, auch eine Gruppe Lubliner Juden zur Arbeit herangezogen. Obwohl Majdanek offiziell der Inspektion der Konzentrationslager und dem SS-Wirtschafts-Verwaltungshauptamt unterstand, war es kein typisches Konzentrationslager, da die örtlichen SS- und Polizeieinheiten und besonders Globocnik auf seine Funktionen einen erheblichen Einfluss hatten.

Als die Deportationen der Juden begannen, waren weder der Aufbau noch die Logistik des Lagers abgeschlossen. Zu diesem Zeitpunkt befanden sich 51 Häftlinge im Konzentrationslager Majdanek, die fast alle aus dem Deutschen Reich stammten, sowie 58 sowjetische Kriegsgefangene, die die unter ihnen ausgebrochenen Epidemien überlebt hatten. Doch nach der Anlaufzeit änderten sich Charakter und Rolle des Lagers entscheidend. Majdanek sollte zu einem zentralen Ort bei der Ermordung der Juden im Generalgouvernement werden.[48]

Am 1. Mai 1942 befanden sich, wie die Lagerverwaltung registrierte, unter insgesamt 6425 Häftlingen in Majdanek 6377 Juden, bis Ende des Monats wuchs ihre Zahl auf 10 560 von 10 665 Häftlingen.[49]

47 Ebenda, S. 894–910.

48 Auf dem Lagergelände arbeiteten später mehrere Hundert Juden aus dem Lubliner Ghetto und aus den umliegenden Ortschaften. Die meisten wurden ermordet. Siehe Robert Kuwałek, Żydzi lubelscy w obozie koncentracyjnym na Majdanku, in: Zeszyty Majdanka 22 (2003), S. 82. Nach dem Aufbau des Lagers befanden sich zeitweise 1500 sowjetische Kriegsgefangene im Lager.

49 Tomasz Kranz/Robert Kuwałek/Beata Siwek-Ciupak, Odszyfrowane radiotelegramy ze stanami dziennymi obozu koncentracyjnego na Majdanku (styczeń 1942 – styczeń 1943), in: Zeszyty Majdanka 24 (2008), S. 212–215.

In einem der ersten Transporte aus der Slowakei in den Distrikt Lublin befand sich der dreißigjährige Dionýz Lénard aus Žilina im Nordwesten der Slowakei, etwa 30 km von der Grenze zum GG. In seinem Bericht aus dem Jahr 1943 beschreibt er den Eindruck, den Lublin bei seiner Ankunft auf ihn gemacht hatte:

> „Der Bahnhof war voller Menschen. Auf uns warteten drei große Lastwagen, viele Litauer, litauische Freiwillige der SS, und Ukrainer derselben Sorte sowie Angehörige von SS-Einheiten. Das Gepäck der Älteren und Kranken (das Durchschnittsalter der Ankömmlinge des Transports lag bei 45 Jahren) wurde auf die Fahrzeuge verladen, und los ging es. Wir mussten in einem ziemlich schnellen, ungewohnten Tempo laufen, die meisten von uns trugen schwere Koffer und Gepäck, und wir kamen nicht hinterher. Die Aufpasser griffen ein und schlugen mehr oder weniger stark mit ihren Gewehren oder auch mit Peitschen auf uns ein. Je weiter wir uns von der Stadt entfernten, desto stärker nahmen die Schläge an Kraft und Anzahl zu. Unsere neue Heimat lag 5 1/4 Kilometer vom Bahnhof entfernt. Auf der linken Seite der Straße konnte man eine Menge Baracken mit Juden sehen, aber das war nicht unser Lager.[50] […] Langsam näherten wir uns dem Lager. Die Straße verlief etwa 200 Meter von der Lagergrenze entfernt und war geschmückt mit Tafeln mit deutschen und polnischen Aufschriften ‚Zutritt zum Lagergelände streng verboten, es wird ohne Vorwarnung geschossen. Lagerleitung'. Oben auf die Tafel und in die Mitte zwischen den beiden Sprachen war ein Totenkopf gemalt, wie man ihn von den Giftröhrchen aus der Apotheke kennt. Zu diesem Zeitpunkt war das Lager noch nicht vollständig mit Stacheldraht umzäunt. Wir näherten uns dem Tor auf schlammiger Erde. Die ganze Umgebung nahm mir die letzten Hoffnungen, wenn ich die überhaupt noch hatte."[51]

50 Es handelte sich um das Lager auf dem Flugplatz aus der Vorkriegszeit.

51 Dionýz Lénard gelang es nach einigen Wochen, aus Majdanek zu entkommen und in die Slowakei zurückzukehren, wo er sich unter falschem Namen versteckt hielt. Siehe: Dionýz Lenard beschreibt seine Erfahrungen im KZ Lublin-Majdanek und auf seiner Flucht von April bis Juni 1942, in: VEJ 9, Dok. 88, S. 309–322. Lénards weiteres Schicksal blieb lange im Dunkeln. Erst vor wenigen Jahren wurde bekannt, dass er im Frühjahr 1943 verhaftet und im Juni im Konzentrationslager Sered inhaftiert wurde. Von dort floh er einige Monate später nach Ungarn. Nachdem die Deutschen Ungarn besetzt hatten, kehrte er in die Slowakei zurück. Ende 1944 wurde er erneut verhaftet, in Sered festgesetzt, ins KZ Sachsenhausen und dann ins KZ Buchenwald deportiert, wo er kurz vor der Befreiung des Lagers starb. Der kommentierte Bericht wurde auf Polnisch veröffentlicht: Marta Grudzińska, Dionyz Lénard. Relacja z pobytu w obozie na Majdanku (kwiecień–czerwiec 1942 roku), in: Zeszyty

Nach kurzer Zeit waren bereits ganze Familien aus der Slowakei in den Distrikt Lublin deportiert und in Lubartów, Rejowiec, Nałęczów und Opole Lubelskie untergebracht worden.

Deportationen aus Lemberg und dem Distrikt Galizien

Die Deportation der Juden Ostgaliziens in die Vernichtung begann zur gleichen Zeit wie die Lubliner Mordaktion. Die Vorbereitungen dazu dauerten viele Wochen. Der verantwortliche Stab des SS- und Polizeiführers Fritz Katzmann organisierte die „Evakuierung" in Absprache mit der Zivilverwaltung. Im Frühjahr 1942 ließ Katzmanns Stab einen jüdischen Stadtbezirk einrichten und dort die „Arbeitsfähigen" von den Alten, Kranken und Schwachen trennen. Arbeitsfähige erhielten in Lemberg eine Kennzeichnung mit dem Buchstaben „A". Die Zivilverwaltung und die Polizeibehörden täuschten die Einwohner mit der Behauptung, es würden lediglich ein paar Tausend „unproduktive Elemente" aufs Land abgeschoben, um die Zahl der Menschen im jüdischen Stadtbezirk zu verringern. Das Zusammentreiben der „Unproduktiven" organisierte anfangs der Jüdische Ordnungsdienst. Als dies den Deutschen jedoch zu langsam ging, traten Angehörige der Schupo und ukrainische Polizisten in Aktion und trieben die Aufgegriffenen in der Sammelstelle in der Jan-Sobieski-Schule in der Zamarstynowska-Straße zusammen. Wenn die notwendige Anzahl zusammengekommen war und die Ausweise kontrolliert waren, trieben die Uniformierten sie weiter zum Bahnhof Kleparów, wo sie Güterwaggons besteigen mussten.[52] Bis Mitte April, als die Deportationen unterbrochen wurden, hatte Katzmanns Stab rund 15 000 Personen in das kaum 100 km entfernte Vernichtungslager Belzec verschleppt. Anders als in Lublin fanden in Lemberg keine Erschießungen statt.

Über das Schicksal der Deportierten war in der Stadt lange Zeit nichts bekannt.

> „Nach der Aktion", schrieb Filip Friedman, „herrschte im jüdischen Viertel Friedhofsruhe. Man beweinte die Toten nicht öffentlich, und es war keine offizielle Trauer ausgerufen worden. Trotzdem versanken die jüdischen Straßen in tiefer Trauer. Die Menschen liefen mit vor Schmerz und

Majdanka 26 (2014), S. 181–250. Eine weitere Rekonstruktion seines Lebenslaufs auf Slowakisch: Ján Hlavinka, „Dôjsť silou-mocou na Slovensko a informovať…": Dionýz Lénard a jeho útek z koncentračného tábora Majdanek, Bratislava 2015, S. 34–56.

52 Zumindest ein Zeuge berichtete, dass der erste Transport im Vernichtungslager Belzec aus Lemberg kam. Aussage Edward Łuczyński, in: Libionka (Hrsg.), Obóz zagłady w Bełżcu w relacjach, S. 156.

> Scham gesenktem Haupt umher und vermieden es, sich gegenseitig in die Augen zu blicken. Die jüdischen Kinder hörten auf zu lachen und zu spielen. Wenn irgendwo an einer Straßenecke auch nur die Silhouette eines deutschen Gendarms oder ukrainischen Polizisten auftauchte, flohen sie entsetzt und verbargen sich zusammen mit den Alten, Kranken und Gebrechlichen in Unterschlüpfen und Verstecken. Trotzdem beruhigte sich die jüdische Gemeinschaft allmählich wieder. Der unverbesserliche Optimismus gewann die Oberhand. Nun hätten die Deutschen Lemberg von ‚unproduktiven' Elementen ‚gesäubert', daher würde es jetzt sicher ruhig werden. Das Wichtigste war nun, möglichst schnell eine Arbeit zu finden."[53]

Dies war jedoch eine Täuschung. Die nächste Mordaktion fand bereits am 26. Juni statt. Sie verlief ganz anders. Im Laufe einer zwölfstündigen Treibjagd griff das Vernichtungskommando der Polizei über 6000 Juden auf, in der Mehrzahl Frauen, Kinder und Alte. Sie wurden auf dem Gelände des Arbeitslagers an der Janowska-Straße ermordet. Dieses Geschehen bekam später den Namen „Blitzaktion". Gleichzeitig mit den Verschleppungen aus Lemberg begannen die Deportationen aus einigen Kreisen des Distrikts Galizien. Einer der ersten Transporte wurde in Żółkiew (deutsch Schowkwa) im Kreis Lemberg zusammengestellt, danach kam Rawa Ruska an die Reihe, eine Ortschaft an der Grenze zum Distrikt Lublin. Dann folgten die Verschleppungen aus Drohobycz, Stanislau und Kołomyja.[54] In manchen Ortschaften wurden jene verschont, die bei deutschen Firmen angestellt waren.

Bei den Deportationen kam es zu Massenerschießungen. Auch Gefangene in den Zwangsarbeitslagern wurden ermordet, was dem Anliegen der Zivilverwaltung und einiger Vertreter der Wehrmacht zuwiderlief. Sie wiesen darauf hin, dass die Verringerung der Arbeitskräfte den Wirtschaftsinteressen des Reichs schade. Die Opferzahlen stiegen in die Zehntausende.

Die Todesfabrik Belzec

Wenn die Transportzüge am Bahnhof von Bełżec ankamen, wurden sie in zwei Teile mit maximal 20 Waggons getrennt und von der Zugmaschine nacheinander an die Lagerrampe geschoben. Für den reibungslosen Ablauf der Ankunft und Übergabe der Deportierten war der deutsche Reichsbahnsekretär Rudolf Göckel zuständig, der den Zug von polnischen Maschinisten übernahm. Die

53 Friedman, Die Vernichtung der Lemberger Juden, S. 46.
54 Pohl, Nationalsozialistische Judenverfolgung in Ostgalizien, S. 188–190.

Opfer wussten bis zuletzt nicht, wo sie sich befanden und was mit ihnen geschehen sollte. Der deutsche SS-Mann des Lagers, der den Transport in Empfang nahm – manchmal war dies Wirth selbst –, hielt eine Rede, in der er die Juden „beruhigte“: Er erklärte, dass sie in einem Übergangslager angekommen seien, von wo aus sie nach kurzer Zeit auf ihren weiteren Weg geschickt würden. Zunächst einmal sollten sie jedoch ihre Wertgegenstände und Kleidung vorübergehend zur Desinfektion in Verwahrung geben. Die Deportierten erhielten die Zusicherung, dass sie ihre Habe danach wieder zurückbekommen würden. Unterdessen bestraften die Bewacher an Ort und Stelle jedes Anzeichen von Verzögerung oder Verweigerung. Die Männer wurden von den Frauen getrennt und in einen Gang geschickt, den die Lagerbesatzung Schleuse nannte und der in den geschlossenen Teil des Lagers führte. Dort trieben die Wachleute die verängstigten Jüdinnen und Juden in große Räume, die an Bäder erinnerten. Sie wussten nicht, dass sie sich in einer Gaskammer befanden, aus der es kein Entrinnen gab. Nachdem die Türen geschlossen worden waren, setzte das Wachpersonal den Motor in Gang und leitete Abgase in den hermetisch abgeriegelten Raum. Es dauerte keine zwanzig Minuten, bis bei den verzweifelten Menschen, die nun wussten, was ihr Schicksal war, der Tod eintrat.

Gefangene, die einem Sonderkommando angehörten, zogen die Leichen aus der Kammer und schleppten sie zu Massengräbern. Die Mordaktionen in den Gaskammern wiederholten sich so lange, bis alle Angekommenen umgebracht waren. Wenn die Transporte zu groß waren oder die Installationen für den Gasmord nicht funktionierten, mussten die Opfer stundenlang auf ihren Tod warten. Juden, die nicht in der Lage waren, sich aus eigener Kraft fortzubewegen, führten die Bewacher zu Massengräbern, die sich in der Nähe befanden, und erschossen sie an Ort und Stelle. Bei den ersten Transporten hatte die Lagerverwaltung entschieden, eine Gruppe junger Männer am Leben zu lassen und als „Hilfsarbeiter“ heranzuziehen. Sie mussten die Kleidung und das Gepäck der Opfer nach Geld und Wertgegenständen durchsuchen und das Raubgut danach zum Transport nach Lublin zusammenstellen, wo sich das Depot befand und die Sachen zur weiteren Verwendung aufbereitet wurden. Nachdem sie diese Arbeit erledigt hatten, wurden sie von SS-Männern oder den Trawniki-Männern ebenfalls ermordet. Aus den nächsten Transporten selektierte die SS dann wieder Juden, die die Gruppe der Getöteten ersetzen mussten. Erst nach einer gewissen Zeit entschied Wirth, ständige Häftlingskommandos zu bilden, die verschiedene Aufgaben zu verrichten hatten. Von den in der Anfangszeit nach Belzec Verschleppten überlebte niemand. Zwar gelang es einigen, aus dem Lager zu fliehen, aber bis zum Ende der deutschen Herrschaft kamen alle der in das Vernichtungslager Verschleppten zu Tode.

> „Die Vernichtungszentren arbeiteten rasch und wirkungsvoll. Ein Mensch stieg am Morgen aus dem Zug, am Abend war sein Leichnam verbrannt, seine Kleidung für den Transport nach Deutschland verpackt. Dieser Prozess war das Ergebnis umfangreicher Planungsarbeit; die Todeslager stellten einen verwickelten Mechanismus dar, an dem ein ganzes Heer von Spezialisten beteiligt war. Oberflächlich betrachtet, wirkt dieser reibungslos funktionierende Apparat täuschend einfach, doch bei näherer Untersuchung gleichen die Operationen des Vernichtungszentrums in mehrerer Hinsicht den komplexen Massenproduktionsmethoden einer modernen Fabrik."

Dies schrieb Raul Hilberg in seinem monumentalen Werk „Die Vernichtung der europäischen Juden".[55]

Nach der Inbetriebnahme von Belzec wurden im ersten Monat über 66 000 Juden aus den Distrikten Lublin und Galizien ermordet. Mitte April erfolgte die vorübergehende Schließung, weil die Mordstätte mit dem Bau neuer Tötungseinrichtungen vergrößert werden sollte und umgebaut werden musste. Ein Teil der Lagerbesatzung fand in der Zwischenzeit bei der Einrichtung des nächsten Vernichtungslagers Verwendung.[56]

Die Ausweitung der Tötungsaktionen (Mai bis Juni 1942)

Sobibor und die nächsten Deportationen aus dem Lubliner Land

Das zweite Vernichtungslager entstand in der Nähe des kleinen Dorfs Sobibór, das etwa einen Dutzend Kilometer von der Kreisstadt Włodawa entfernt liegt. Die Deutschen wählten diesen Ort aus, da die bewaldete Gegend kaum besiedelt war und er sich zudem an der Eisenbahnstrecke Lublin–Chełm–Włodawa befand.[57] Es ist nicht bekannt, wann genau die Entscheidung fiel, die Tötungsanstalt in Sobibór zu errichten. Wie aus Nachkriegsaussagen von polnischen Eisenbahnern und dem Chef der Lubliner Gendarmerie hervorgeht, war eine Gruppe von SS-Männern bereits im Herbst 1941 nach Sobibór gekommen.[58]

55 Hilberg, Die Vernichtung der europäischen Juden, Bd. 2, S. 927.

56 Siehe VEJ 9, Einleitung, S. 24 f.; Arad, Belzec, Sobibor, Treblinka, S. 72 f.

57 Grundlegend: Jules Schelvis, Vernichtungslager Sobibór, 2. Aufl., Hamburg 2003; Bildungswerk Stanisław Hantz e. V./Forschungsstelle Ludwigsburg der Universität Stuttgart (Hrsg.), Fotos aus Sobibor. Die Niemann-Sammlung zu Holocaust und Nationalsozialismus, Berlin 2020; siehe auch: Arad, Belzec, Sobibor, Treblinka, S. 30–36.

58 Musial, Ursprünge der „Aktion Reinhardt", S. 81; Marek Bem, Sobibór. Obóz zagłady 1942–1943, Warszawa 2014, S. 53 f.

Sollte die Entscheidung über die Errichtung des Lagers zu diesem Zeitpunkt getroffen worden sein, wäre dies ein Beleg dafür, dass es bereits weit umfassendere Mordpläne gab. Die Bauarbeiten begannen allerdings erst im März 1942, also zur jener Zeit, als die ersten Verschleppungen nach Belzec stattfanden.[59] Für den Aufbau des Vernichtungslagers Sobibor war der Bauingenieur Richard Thomalla verantwortlich. Für die benötigte Infrastruktur des Lagers konnten er und seine Mitarbeiter verschiedene bestehende Gebäude und die Bahnrampe nutzen. Nach kurzer Zeit reiste der aus Österreich stammende SS-Hauptsturmführer Franz Stangl (1908–1971) an, ein Polizeibeamter, der im Rahmen der „Aktion T4" in der Tötungsanstalt Hartheim eingesetzt gewesen war. Mit den Aufgaben, die ihn in Sobibor erwarteten, machte Globocnik ihn auf einer Bank vor dem Sitz des Stabs „Einsatz Reinhardt" bekannt. Schon am nächsten Tag begab sich Stangl nach Sobibor.[60] Seine Begleitmannschaft bestand aus zwanzig weiteren Angehörigen der „Aktion T4". Unter ihrer Aufsicht wurden die Bauarbeiten beendet.[61]

Das Lager Sobibor war im Vergleich zu Belzec weitläufiger angelegt. Zunächst hatte das Gelände eine Fläche von 12 Hektar, später wurde es bedeutend erweitert. Umzäunt war es mit Stacheldrahtverhauen, die mit Zweigen getarnt waren. Vier Wachtürme wurden errichtet, damit die Bewegungen der Häftlinge besser beobachtet werden konnten.

Die Anlage war in mehrere Bereiche unterteilt. Die Verwaltung nutzte ein Gebäude im Vorlager, wo sich auch die Eisenbahnrampe, die Wohnungen für die Deutschen und die Baracken für die Trawniki befanden. Lager I umfasste die Küche, die Werkstätten und die Baracken für die jüdischen Häftlinge. Im Lager II waren die Entkleidungskammer und die Sortierstelle untergebracht. Von dort führte ein 200 Meter langer Gang, von der Lagerbesatzung Schlauch genannt, in den abgeschlossenen Vernichtungsbereich (Lager III). Drei Gaskammern wurden in einem Gebäude eingerichtet, das nicht wie in Belzec aus Holz, sondern massiv, aus Steinen gebaut war. Noch in Belzec war Stangl die Funktionsweise der Gaskammern erläutert worden.[62] Inzwischen hatten in Sobibor unter der Aufsicht von Wirth und seinen Mitarbeitern „Versuchsvergasungen" begonnen.

59 Arad, Belzec, Sobibor, Treblinka, S. 31.

60 Gitta Sereny, Am Abgrund. Eine Gewissensforschung. Gespräche mit Franz Stangl, Kommandant von Treblinka, Frankfurt a. M. u. a. 1979, S. 106 f. Viele Einzelheiten dieses Berichts sind mit Vorsicht zu betrachten.

61 In den Gesprächen mit Gitta Sereny behauptet Stangl, dass die Bauarbeiten bei seiner Ankunft noch nicht weit fortgeschritten gewesen seien, ebenda.

62 Ebenda, S. 116.

Die Lagerbesatzung bestand aus einem Dutzend SS-Männern und 100–120 Wachleuten aus Trawniki. Der ersten Mordaktion in Sobibor fielen Juden aus Rejowiec, Włodawa und Umgebung zum Opfer, die das Lager errichtet hatten, sowie 250 Juden aus dem nahe gelegenen Arbeitslager in Krychów. Die ersten Transporte trafen Anfang Mai 1942 ein.

Die Inbetriebnahme des zweiten Vernichtungslagers im Generalgouvernement ermöglichte es dem Stab „Einsatz Reinhardt", seine Mordvorhaben beträchtlich auszuweiten. Als das Lager Belzec seinen Betrieb wieder aufnahm, wurden Juden aus dem Distrikt Krakau, der von den „Umsiedlungsaktionen" bis zu diesem Zeitpunkt nicht betroffen gewesen war, dorthin verschleppt. Im Mai 1942 besprachen sich Viktor Brack und Philipp Bouhler aus der Kanzlei des Führers in Berlin mit Odilo Globocnik. Nach dem Treffen berichtete Brack an Himmler: „Bei dieser Gelegenheit vertrat Brigadeführer Globocnik die Auffassung, die ganze Judenaktion so schnell wie nur irgend möglich durchzuführen, damit man nicht eines Tages mittendrin steckenbliebe, wenn irgendwelche Schwierigkeiten ein Abstoppen der Aktion notwendig machen."[63]

Globocnik wandte sich mit seinem Anliegen auch an Himmler. Seiner Meinung nach war es unbedingt notwendig, die Juden schnell aus dem Distrikt Lublin, der eine zentrale Bedeutung für die Germanisierungspläne habe, zu „entfernen".

Die Deportationen nach Sobibor betrafen die sechs Kreise Zamość, Krasnystaw – von wo aus bereits Transporte nach Belzec geleitet worden waren –, Puławy, Chełm, Hrubieszów und Biała Podlaska. Im Vergleich zu Belzec war der Einzugsbereich der „Umsiedlungsaktionen" erheblich größer. Sie erfassten nicht nur die Juden einzelner Ortschaften, sondern ganzer Kreise.[64] Die Zivilverwaltung leistete bedeutende Hilfe, so im Kreis Puławy, wo die Deportationen am 5. Mai begannen. Auch aus Opole Lubelskie, Dęblin, Ryki, Końskowola und anderen Ortschaften wurden Juden nach Sobibor verschleppt. Die größte jüdische Gemeinde befand sich in Opole Lubelskie, wo vor dem Krieg 4000 Juden gewohnt hatten. Bevor die Deportationen einsetzten, war die Zahl auf 7000 Juden angestiegen, von denen 2000 ursprünglich aus Wien stammten. Die Bahn verfügte über Abzweigungsbahnhöfe in den Orten Dęblin und Nałęczów, aus denen die Juden bereits vorher ausgesiedelt worden waren.

63 Viktor Brack schlägt Himmler am 23. 6. 1942 vor, Millionen arbeitsfähiger Juden von der Vernichtung auszunehmen und sie zu sterilisieren, in: Die Verfolgung und Ermordung der europäischen Juden durch das nationalsozialistische Deutschland 1933–1945, Bd. 6: Deutsches Reich und Protektorat Böhmen und Mähren Oktober 1941 – März 1943. Bearb. v. Susanne Heim, Berlin 2019 (VEJ 6), Dok. 130, S. 389 f.

64 Silberklang, Die Juden und die ersten Deportationen, S. 152.

Hersz Cukierman, vor dem Krieg Kaufmann in Warschau, wurde aus Nałęczów nach Sobibor deportiert. Zunächst musste er im April 1942 mit seiner Frau und vier Kindern aus dem kleinen Dorf Wólka Kątna nach Opole Lubelskie umsiedeln, wo sie sich mehrere Wochen aufhielten. Zum Auftakt der Deportation sperrten die Deutschen und ihre Helfer einen Teil der Juden in Baracken ein, angeblich, um die in der Stadt herrschende Unordnung zu beseitigen. Ein paar Tage später wurden dann die Frauen und Kinder auf Wagen verladen und die Männer in Kolonnen aufgestellt. Von Trawniki-Männern und Gendarmen bewacht, mussten sie eine beschwerliche Fahrt nach Nałęczów antreten. Auf dem Weg dorthin starben fünfzig Personen. Bauern verscharrten die Leichen, nachdem sie ihnen zuvor die Kleidung vom Leibe gerissen hatten. In Nałęczów harrte die Kolonne, von ihrem Begleitkommando überwacht, zwei Tage lang im Freien aus, obwohl es regnete, wie sich Cukierman erinnerte. „Wenn jemand Durst hatte und etwas Wasser aus den Regenrinnen auffangen wollte, dann musste er dies mit einem Ring, einem Ohrring oder der entsprechenden Summe Geld erkaufen. Viele starben an Hunger oder vor Erschöpfung." Die Bewacher schlugen wahllos auch auf Frauen und Kinder ein. Auf der Fahrt in den mit 150 Personen völlig überladenen Waggons erstickten viele von ihnen.[65]

Die Verschleppungen aus anderen Ortschaften liefen nach dem gleichen Muster ab. Im Laufe einer Woche, vom 6. bis 12. Mai 1942, seien, wie Kreishauptmann Alfred Brandt dem Gouverneur des Distrikts meldete, 16 822 Juden aus dem Kreis Puławy „über den Bug ausgewiesen" worden.[66]

Über die Verschleppung von 1200 Juden aus Kazimierz Dolny gibt es unterschiedliche Angaben. Die Deutschen wollten bereits seit einiger Zeit die Juden aus dem malerischen und von Touristen wie Künstlern gern besuchten Städtchen „umsiedeln". Obwohl die Juden aufgefordert worden waren, den Ort im Kreis Puławy zu verlassen, war ihre Vertreibung nicht vollständig. Als der Vorsitzende des Judenrats, Chaim Fajersztajn, die Gerüchte über die bevorstehende Deportation bestätigte, flüchtete ein Teil der Juden in benachbarte Ortschaften. Einige überquerten den Fluss.[67]

Die angekündigte Deportation begann am 2. März. Juden, die sich auf Befehl auf dem Marktplatz gesammelt hatten, wurden entweder direkt zur Bahnstation

65 Bericht Hersz Cukierman, 17. 9. 1944, AŻIH, 301/14, und 8. 12. 1944, AŻIH, 301/1187. Aus dem Jiddischen ins Polnische übertragen von Julia Jakubowska.

66 Der Bericht vom 13. 5. 1942 ist abgedruckt in: Faschismus – Getto – Massenmord, S. 438. Siehe auch Else Rosenfeld/Gertrud Luckner (Hrsg.), Lebenszeichen aus Piaski. Briefe Deportierter aus dem Distrikt Lublin 1940–1943, München 1968, S. 175 f.

67 Bericht Bolesław Zieliński (Cytryna), AŻIH, 301/4420; Bericht Ester Kohen, Yad Vashem Archiv, O3/3057.

nach Nałęczów oder in das Ghetto von Opole Lubelskie und von dort gemeinsam mit den ortsansässigen Juden weiter in östliche Richtung gebracht. Einige kamen in Arbeitslager, andere mussten vermutlich den Weg nach Belzec antreten. Robert Kuwałek geht allerdings davon aus, dass sie ins Vernichtungslager Sobibor verschleppt wurden.[68]

Am 12. Mai begannen die Deportationen aus dem Kreis Krasnystaw, in dem Ende 1941 18 000 Juden gelebt hatten. Im März 1942 war bereits ein Teil der Juden aus Izbica nach Belzec deportiert worden, um Platz zu schaffen für die aus dem Ghetto Theresienstadt eintreffenden Juden. Jetzt kam die Reihe an Krasnystaw, Turobin, Gorzków, Kraśniczyn und Żółkiewka.

In letztere Ortschaft waren Juden im 17. Jahrhundert auf Einladung des Feldhetmans Stefan Żółkiewski gezogen. Vor dem Krieg wohnten 1300 Juden im Ort. Mit den Deportationen aus den dem Reich angegliederten Gebieten vergrößerte sich ihre Anzahl. Die deutsche Besatzung bedeutete für diese Menschen eine nicht enden wollende Abfolge von alltäglicher Gewalt, Verfolgung, Treibjagden zur Zwangsarbeit, Kontributionszahlungen und drakonischen Strafen für die kleinsten Vergehen. Überall brachen Seuchen aus.

Am 13. Mai wurden die Juden von Żółkiewka unter Anwendung von brutaler Gewalt abgeholt und auf den Marktplatz gejagt. Rund eintausend Juden, auch aus den umliegenden Dörfern, die erst einige Tage zuvor umgesiedelt worden waren, trieben SS-Männer und Polizisten auf einen Fußmarsch in das 28 km entfernte Krasnystaw. Dort selektierten sie eine Gruppe junger Menschen, darunter den 36-jährigen Icchak Lichtman, der sich versteckt hatte, weil er seine Familie nicht verlassen wollte. Doch alle wurden ins Vernichtungslager Sobibor deportiert. Im Ort zurück blieb der Judenrat, den der 33-jährige Leon Felhendler leitete. Felhendler war zugleich Vorsitzender der örtlichen Jüdischen Sozialen Selbsthilfe. Doch das Funktionieren der Gemeinschaft war mit der Deportation völlig zusammengebrochen. Viele Kinder waren zurückgeblieben, deren Eltern den Weg in das Lager hatten antreten müssen. Die Opfer waren in einer äußerst tragischen Lage.[69] Unter den Deportierten aus Krasnystaw befanden sich auch der Vorsitzende des Kreiskomitees der Jüdischen Sozialen Selbsthilfe, Michał Szolsohn, und seine Frau. Zurückgebliebene Mitglieder der Selbsthilfe sandten daraufhin ein Telegramm an das Präsidium der JSS in Krakau mit der Bitte zu intervenieren. Der Name Sobibor wurde genannt. Die Absender dachten, dass es sich um

68 Information über die Verschleppung nach Angaben der Akten der Delegation der Jüdischen Sozialen Selbsthilfe (JSS); siehe Robert Kuwałek, Nowe ustalenia dotyczące liczby ofiar niemieckiego obozu zagłady w Sobiborze, in: Zeszyty Majdanka 26 (2014), S. 22 f.

69 Bericht Icchak Lichtman, 18. 12. 1945, AŻIH, 301/1204; Schreiben der Filiale der JSS an das Präsidium in Krakau, 18. 6. 1942, AŻIH, 211/1188; Bl. 21a.

ein weiteres Arbeitslager handele.[70] Nach Abschluss der Deportationswelle hielten sich im gesamten Kreis Krasnystaw nur noch 8000 Juden auf, von denen 3500 „Umsiedler" aus dem Protektorat und dem Deutschen Reich waren, die fast alle in Izbica lebten. Die Hälfte der Ortschaften wurde bereits als „judenrein" bezeichnet.

Alle Züge mit den Transporten fuhren durch die Bahnstation Chełm. Die Einwohner der nahe gelegenen Ortschaften und die Häftlinge der Arbeitslager im Kreis Chełm wurden auf Pferdefuhrwerken, mit Lastwagen oder zu Fuß ins Vernichtungslager Sobibor getrieben, darunter auch die Juden aus Włodawa. Die erste Deportation im Kreis Chełm fand am 18. Mai mit Menschen aus Siedliszcze statt. Aus der Stadt Chełm wurden über 4000 Juden verschleppt, viele von ihnen stammten ursprünglich aus der Slowakei.

Die „Umsiedlungsaktionen" führte die Sicherheitspolizei mit Unterstützung der Zivilverwaltung durch. Im Kreis Hrubieszów überwachte Kreishauptmann Otto Busse (1896–1968) persönlich die Deportation. Im Mai 1942 waren dort nach offiziellen Angaben 14 188 Juden ansässig, darunter 5600 in Hrubieszów selbst. Viele von ihnen waren entweder zwangsweise umgesiedelt worden oder aus eigener Initiative dorthin gezogen, da sie sich bessere Lebensbedingungen erhofft hatten. Darunter befanden sich Angehörige der Jugendbünde Dror und Betar aus dem Warschauer Ghetto, die in benachbarten Landgütern angestellt waren. Zwar hatten sie bereits von dem Schicksal der Lubliner Juden gehört, dachten jedoch, dass Hrubieszów nicht in diesem Maße betroffen sein würde.

Als bekannt wurde, dass eine Deportation bevorstand, brach Panik aus. Viele Juden bereiteten Verstecke auf Dachböden und in Kellern vor. Den Sinn des Worts „‚Aktion' verstand [jedoch] keiner".[71] Busse wies den Judenrat an, das Kontingent an Menschen für die Deportation bereitzustellen. Die „Aussiedler" durften ähnlich wie an anderen Orten 15 kg Gepäck und Wegverpflegung mitnehmen. Der Kreishauptmann wartete das Ergebnis jedoch nicht ab, sondern schickte Gendarmen, den Sonderdienst,[72] den Jüdischen Ordnungsdienst, Blaue

70 Telegramm der JSS Krasnystaw an das Präsidium in Krakau, 18. 6. 1942, AŻIH, 211/607, Bl. 4. Nach Einschätzung der JSS Krasnystaw war die Deportation Szolsohns ein Vergeltungsakt der deutschen Zivilverwaltung.

71 Bericht einer Einwohnerin Hrubieszóws, die während der Mordaktion nach Warschau geflüchtet war und ihre Aussage vor Mitarbeitern von „Oneg Schabbat" machte, in: Archiwum Ringelbluma. Konspiracyjne Archiwum Getta Warszawy, Bd. 6: Generalne Gubernatorstwo. Relacje i dokumenty. Bearb. v. Aleksandra Bańkowska, Warszawa 2012, S. 124.

72 Der Sonderdienst war eine Hilfseinheit, die auf Anordnung Hans Franks ins Leben gerufen worden war. Sie bestand von 1940 bis 1944 und war der Verwaltung des Generalgouvernements unterstellt. Eingesetzt wurde sie zu Polizei- und Bewachungsaufgaben, zudem kontrollierte sie die Einhaltung der von den lokalen Behörden erlassenen Vorschriften. Zum Sonderdienst siehe Peter Black, Indigenous Collaboration in the Government General – The

Polizei und Trawniki-Männer auf Menschenjagd. Diejenigen, die im Versteck entdeckt wurden oder Widerstand leisteten, wurden an Ort und Stelle erschossen. Busse selbst nahm an der Selektion teil und veranlasste einen Transport ins Vernichtungslager Sobibor mit 2000 Menschen.

In den folgenden Tagen wurden die Bewohner von Bełz und Dubienka nach Hrubieszów gebracht. Polnische und jüdische Polizisten sowie Angestellte der Kreishauptmannschaft fahndeten nach versteckten Juden. Das Geschehen wurde gefilmt und fotografiert. Auch dieses Mal entschied Busse über Leben und Tod und ließ zwei Züge mit dem Ziel Sobibor bereitstellen. Nach deren Abfahrt suchten Busses Männer nach weiteren Flüchtigen. Sie spürten Hunderte auf und erschossen sie auf dem jüdischen Friedhof.[73]

Zur selben Zeit organisierten Polizeikräfte die Verschleppung von 4000 Juden aus Grabowiec und Uchanie. Sie führten sie zur Bahnstation Miączyn, von wo die meisten ins Vernichtungslager Sobibor deportiert wurden. „Arbeitsfähige" konnten bleiben. Insgesamt wurden am 10. Juni über 11 000 Juden deportiert. In Hrubieszów zurück blieben der Judenrat und der Jüdische Ordnungsdienst. Dann erhielten Hunderte die Erlaubnis, zur Arbeit nach Hrubieszów und in die Umgebung zurückzukehren. In einigen Fällen hatten ihre deutschen Arbeitgeber interveniert.[74] Den Ablauf der Geschehnisse in Hrubieszów und Miączyn beobachteten zwei Frauen aus dem Warschauer Ghetto, die als Kurierinnen in den unweit gelegenen Kibbuz der Organisation Dror geschickt worden waren.[75]

Am 11. Juni wurde ein Transport aus dem Ghetto in Biała Podlaska ins Vernichtungslager Sobibor zusammengestellt. Einige Zeit vor der geplanten Deportation informierte Kreishauptmann Hubert Kühl den Judenrat über die Planungen, sodass die Juden sich vorbereiten konnten. 5000–8000 Juden sollten bleiben, in erster Linie Männer und Frauen mit Arbeitsbescheinigungen und deren Familien. Die für die Deportation Bestimmten mussten sich ab dem Morgen auf dem Marktplatz einfinden. Nur wenige Deutsche waren zu diesem Zeitpunkt zugegen, für Ordnung sorgte der Jüdische Ordnungsdienst. Kranke und Kinder

Case of the Sonderdienst, in: Peter M. Judson/Marsha L. Rozenblit (Hrsg.), Constructing Nationalities in East Central Europe, Oxford 2005, S. 243–266.

73 Bericht eines namentlich nicht bekannten Verfassers für „Oneg Schabbat", abgedruckt in: Archiwum Ringelbluma, Bd. 6, S. 112–118, über das Fotografieren: S. 116. Busse beging während des gegen ihn eingeleiteten Nachkriegsverfahrens Selbstmord. Unter den Beweismitteln befanden sich die bei der „Aktion" angefertigten Fotos.

74 Silberklang, Gates of Tears, S. 310 f.; Musial, Deutsche Zivilverwaltung, S. 248–254.

75 Bericht Fruma Płotnicka und Chawka Folman, abgedruckt in: Archiwum Ringelbluma, Bd. 6, S. 102–109.

konnten den Sammelpunkt verlassen, alle anderen wurden auf Fuhrwerken zur Bahnstation gebracht. Dort mussten sie, vom Judenrat mit Essen und Getränken versorgt, über Nacht ausharren. Morgens wurden sie in die Waggons getrieben. Einige Tage später entstand unter den Zurückgebliebenen Unruhe, da es nicht gelungen war herauszufinden, wohin der Transport geschickt worden war.[76]

Doch im Vernichtungslager Sobibor kamen nicht nur polnische Juden an. Es wurden auch Züge in das Vernichtungslager geschickt, in denen sich Juden aus dem Reich, dem Protektorat und der Slowakei befanden, die im März und April 1942 in den Transitghettos untergebracht worden waren. Überdies war der Distrikt Lublin Ziel zahlreicher weiterer Transporte aus verschiedenen Ländern. Teilweise wurden die Deportierten in Lublin einer Selektion unterzogen. Die „Arbeitsfähigen" kamen nach Majdanek oder auch nach Trawniki und in weitere kleinere Arbeitslager. Für alle anderen hieß das Ziel Sobibor, oder sie wurden auf verschiedene Transitghettos verteilt, bis die nächsten bereitgestellten Züge sie auf direktem Weg nach Sobibor brachten. Dies war der Fall bei zehn Transporten aus der Slowakei, die in der ersten Junihälfte im Distrikt Lublin eintrafen.

Vom 1. Mai bis zum 19. Juni schickten die Deutschen insgesamt 50 Transporte unter anderem aus Dortmund, Koblenz, Breslau, Frankfurt am Main, Berlin, Weimar, Wien, Kassel, Theresienstadt, Prag und einer Anzahl slowakischer Städte in den Distrikt Lublin.[77] Aus dem Bericht des Transportleiters des Zuges mit der Bezeichnung „Da 38" von Wien nach Sobibor, Joseph Fischmann, geht hervor, dass am 14. Juni um die Mittagszeit eintausend Männer, Frauen und Kinder die Waggons bestiegen hatten. Um 19 Uhr fuhr der Zug ab. Der Weg führte über Brünn/Brno, Neiße/Nysa, Oppeln/Opole, Częstochowa, Kielce, Radom nach Lublin. Dort wurden 51 Personen zur Arbeit selektiert. Am 17. Juni um 8.15 Uhr erreichte der Zug die Endstation Sobibor. Das Ausladen und die Übergabe von 949 Juden an Franz Stangl dauerten eine weitere Stunde.[78] Es war der letzte Zug, der Wien mit dem Ziel Sobibor verließ.

Der Tötungsvorgang in Sobibor glich dem in Belzec. Dies belegen Aussagen von Männern, die in das Lager verschleppt und dort für die Arbeitskommandos

76 Bericht Mosze Josek Fajgenbaum, AŻIH, 302/1, auszugsweise zit. in: Michał Grynberg (Hrsg.)/Maria Kotowska (Bearb.), Życie i zagłada Żydów polskich 1939–1945. Relacje świadków, Warszawa 2003, S. 63 f.

77 Genaue Angaben mit der Aufteilung nach einzelnen Ländern: Kiełboń, Deportacje Żydów, S. 171–177; chronologisch, mit den Namen der Ortschaften, aus denen die Juden deportiert wurden: Silberklang, Gates of Tears, S. 304–306.

78 Ebenda, S. 565 f. Fischmann beschwerte sich, dass die Wachmannschaft in Waggons der Dritten Klasse reisen musste und die Verpflegung, die sie erhalten hatten, schnell schlecht wurde.

selektiert wurden. Hersz Cukierman, der am 13. Mai im Vernichtungslager Sobibor eintraf, berichtete nach dem Krieg:

> „Der menschliche Verstand ist nicht in der Lage zu begreifen, dass wir uns in einem Vernichtungslager befinden. Als die Leute aus dem Zug geholt wurden, liefen die Mörder herum – SS-Männer mit langen Peitschen in den Händen. 150 Ukrainer befanden sich ebenfalls bei den Waggons. Außerdem war der große Hund Bari dabei, der später nach Treblinka gebracht wurde. Die Deutschen schrien: ‚Alle raus aus den Waggons' (auf Deutsch). Wenn jemand nicht schnell genug aufwachte, nach der langen, fünf-, sechstägigen Fahrt, dann hetzte der Deutsche den Hund auf ihn, der den Unglücklichen aufweckte, indem er ihm Stücke Fleisch aus dem Körper riss. Die Leute wurden in das erste Lager gebracht, wo zwei Durchgänge waren, alle 30 Schritte hingen Behälter mit siedendem Wasser. Männer und Frauen wurden getrennt aufgestellt. Das Lager war mit Stacheldraht umzäunt und Kiefernbäumen bepflanzt, damit man nicht sehen konnte, was in dem Lager vor sich ging, denn es befand sich in der Nähe der Bahnlinie. Alle paar Minuten kam ein anderer SS-Mann und fragte nach einem Schuhmacher, einem Schneider usw. Auf diese Weise bildete sich eine drei-, vierhundert Mann starke Gruppe. Es entstand also der Eindruck, dass sie mit Gruppen von Spezialisten ins Lager gehen. Die Leute wurden tatsächlich in das sogenannte dritte Lager geführt, jedoch nicht zur Arbeit in ihrem Fach, sondern in die Gaskammer. Davor hatte man starke Männer ausgesucht, ich war bei den schwächeren, ich blieb also zurück. Und das war mein Glück. Ich stellte mir in diesem Moment vor, wohin sie diese Leute brachten, aber eigentlich hatte ich keine Ahnung, wohin. Nachdem ich zwei, drei Monate in Sobibor gesessen hatte, erfuhr ich, was mit den Leuten geschehen war, die vor mir ausgewählt worden waren. In die Gaskammer passten nicht mehr als 300 Personen, und als die erste Gruppe von 300 Leuten ins Gas gebracht worden war, stand auf dem Platz eine neu vorbereitete Gruppe. Den Tätern ging es darum, dass die Arbeit schnell vonstattenging. Die Vergasungen dauerten bis 9 Uhr abends, bis auf dem Platz nur noch 100 Personen waren, unter ihnen ich und mein Sohn. Die Deutschen wollten schon schlafen gehen, man brachte also die 100 Juden zu einem Platz, wo sie von Ukrainern bewacht wurden. Unter einem Dach wurden wir dort bis 5 Uhr morgens festgehalten."[79]

79 Bericht Hersz Cukierman, AŻIH, 301/1187. Die Erinnerungen wurden publiziert in: Marek Bem (Hrsg.), Sobibór. Bunt wobec wyroku. Ausgewählt v. Marta Janczewska, Warszawa 2012.

Die Frauen aus dem Transport, in dem sich auch Hersz Cukierman befunden hatte, wurden sofort ermordet. Die Männer hörten ihr Weinen und Schreien. Auch sie warteten nun auf den Tod. Am Leben blieb zunächst eine Gruppe von Handwerkern – ihre Vorgänger waren an diesem Tag erst zur Gaskammer gebracht worden.[80]

Von Anfang Mai bis Mitte Juni wurden im Vernichtungslager Sobibor mindestens 64 000 Juden ermordet.[81] Dann musste der Zugverkehr eingestellt werden, weil die Eisenbahnlinie auf dem Teilstück Chełm–Włodawa erneuert wurde. Bis Ende September kamen nur noch kleinere Gruppen ins Vernichtungslager Sobibor, so zum Beispiel am 7. August 1942, als ein Transport aus dem nahe gelegenen Włodawa im Lager eintraf. Unter den 1500 Opfern befanden sich über einhundert Kinder.

Deportationen aus Krakau und Umgebung

Anfang Juni 1942 begannen die Deportationen aus dem Distrikt Krakau, wo bis dahin bis auf die bereits erwähnte „Aktion“ in Mielec trügerische Ruhe geherrscht hatte. Die Organisation der Transporte in das wieder geöffnete Lager Belzec übernahmen Polizeitruppen unter dem Befehl von SS- und Polizeiführer Julian Scherner (1895–1945) und seinem Stabschef Martin Fellenz (1909–2007). Die Deportationen aus Krakau leitete der Judenreferent Wilhelm Kunde.

Wie in anderen Orten begann der Abtransport mit der Überprüfung der Arbeitspapiere. Am 29. Mai wurden die Bewohner des Ghettos angewiesen, sich im Büro der Jüdischen Sozialen Selbsthilfe zu melden und ihre Arbeitskennmarken zu erneuern. Den ganzen Tag über harrte eine große Menschenmenge vor dem Büro der Selbsthilfe aus. Ziel der Deportationen waren angeblich Arbeitslager in der Ukraine. Die erste Gruppe musste sich auf dem Zgody-Platz (Platz der Einheit, heute: Platz der Ghettohelden) einfinden und wurde von dort zur Bahnstation Prokocim gebracht, von wo aus die Züge ins Vernichtungslager Belzec fuhren. Mehrere Personen wurden bei dieser „Aktion“ erschossen. Zwar durften die Juden Gepäck mitnehmen, mussten aber die Schlüssel zu ihren Wohnungen in den Türen stecken lassen.[82]

Am 3. und 4. Juni fand eine zweite „Aktion“ statt. Tadeusz Pankiewicz, der einzige Pole, der auf dem Ghettogelände wohnte und Eigentümer der Apotheke am Zgody-Platz war, berichtete nach dem Krieg:

80 Bericht Icchak Lichtman, AŻIH, 301/1204.

81 Angaben nach: Kuwałek, Nowe ustalenia, S. 38.

82 Zu dieser und den folgenden Deportationen aus Krakau siehe Löw/Roth, Juden in Krakau.

> „Wiederum setzt sich der Zug der Aussiedler in Bewegung. Die ersten Menschen verlassen den Friedensplatz. Die angetriebenen, getretenen und geschlagenen ziehen wie Schatten ruhig und langsam, ernsthaft und mit Würde hin. Einige laufen in Gruppen, andere bleiben für sich allein. Wieder andere machen einen verwirrten Eindruck. Neben ihnen laufen die deutschen Polizisten; jeder hat ein Gewehr in der Hand und die Finger am Abzug der Waffe. [...] Die Menge zieht vor den Fenstern meiner Apotheke vorbei. Das alles vollzieht sich unter ständigem Geschrei, unter unbarmherzigem Schlagen, Treten und Schießen. Es gibt viele Tote und Verwundete, [...] Überall im Ghetto hallen Schüsse. Die Soldaten halten ihre rauchenden Gewehre in den Händen, die Offiziere ihre Revolver, Totschläger, Ruten und Stöcke.“[83]

Deportiert wurde auch der Vorsitzende des Judenrats, Dr. Artur Rosenzweig, zusammen mit seiner Familie. Ihm war vorgeworfen worden, die Deportationen zu verzögern. Der dritte Transport verließ Krakau am 8. Juni. Die Gesamtzahl der aus Krakau Verschleppten bewegt sich zwischen 5000 und 7000 Personen. Im dezimierten Ghetto blieben 12 000 Juden zurück, die über die geforderten Arbeitsbescheinigungen verfügten. Der Judenrat war den Behörden nun vollständig ausgeliefert. Über das Schicksal der Abtransportierten war nichts Genaues bekannt, zumindest blieben die meisten Bewohner des Ghettos im Unklaren.

Am 10. Juni begannen die Deportationen aus Tarnów, einer der größten jüdischen Gemeinden im Distrikt. 40 000 Juden lebten dort. Das Szenario ähnelte dem in Krakau – wer keinen Stempel mit dem Nachweis einer Arbeitsanstellung vorweisen konnte, unterlag der „Umsiedlung“. Der Jüdische Ordnungsdienst führte die Selektierten zur Sammelstelle, wo sie stundenlang warten mussten. Verstecke wurden aufgespürt und jene, die gefasst wurden, an Ort und Stelle getötet. In drei Transporten wurden 10 000 Juden nach Belzec deportiert. Die Polizei ging außerordentlich brutal vor. Einige Tausend, zumeist Alte, Frauen und Kinder, wurden auf dem jüdischen Friedhof und in einem nahe gelegenen Wald erschossen. Dies waren die letzten Deportationen in das Vernichtungslager Belzec. Die zivilen Behörden gaben bekannt, dass ein jüdischer Stadtbezirk geschaffen werde.

Mitte Juni 1942 wurde der Bahnverkehr nach Belzec und Sobibor eingestellt. Grund dafür war, dass dem Nachschub für die frontnahen Wehrmachtseinheiten absolute Priorität zukam. Die Unterbrechung sollte ursprünglich nur zwei Wochen dauern, zog sich tatsächlich jedoch länger hin.

83 Tadeusz Pankiewicz, Die Apotheke im Krakauer Ghetto, Kraków 1982, S. 98.

Die Vernichtungslager in der polnischen Widerstandspresse

Das präzedenzlose Morden blieb der Aufmerksamkeit des polnischen Untergrunds nicht verborgen. Die erste Notiz über eine „Liquidierungsaktion" im Lubliner Land erschien Mitte April, also einen Monat nach deren Beginn, im „Biuletyn Informacyjny" (Informationsbulletin) des Oberkommandos der Heimatarmee (AK).[84] Eine kurze, aber erschütternde Notiz mit dem Titel „Der Mord an den Juden im Lubliner Land" meldete die Ermordung von 2500 Juden im Lubliner Ghetto – darunter auch die Kinder des Waisenhauses – und den Transport von 25 000 Juden in das Lager Belzec, wo „der Massenmord an den Juden mithilfe von Giftgas" vor sich gehe.[85] Dieser Information maß das Blatt zunächst keine größere Bedeutung bei und setzte sie an das Ende der Rubrik mit Nachrichten aus dem Land. Sehr schnell jedoch erkannten die Verfasser die bedrohliche Lage. Zwei Wochen später veröffentlichten sie an herausragender Stelle Dokumente über die Verfolgung von Juden im gesamten Land und gingen unter anderem auf die Sterblichkeitsrate im Warschauer Ghetto, die Morde in Litauen und in den ins Reich eingegliederten Gebieten sowie in den Vernichtungslagern Kulmhof und Belzec ein. Ihre Einschätzung, dass die Ankündigung Hitlers vom 30. Januar 1939, er werde die Juden restlos beseitigen, nun in die Praxis umgesetzt würde, war weitsichtig. Die Verantwortung dafür trage das ganze deutsche Volk.[86]

Am 3. Juni erschien der erste ausführliche Bericht über Belzec. Der Verfasser schätzte die Anzahl der in das Lager Deportierten auf 70 000 und ging davon aus, dass dort „Menschen massenhaft ermordet werden". Die Schlussfolgerung war eindeutig – „dass wir es hier mit einem der schrecklichsten deutschen Verbrechen zu tun haben".[87] Quelle dieser Nachrichten war eine ausführliche Meldung, die dem monatlichen Bericht des Lubliner Kommandos der Heimatarmee beigelegt worden war. Sie beinhaltete unter anderem die genaue Anzahl der Transporte nach Belzec, die Anzahl der im Lager beschäftigten SS-Männer und Wachleute sowie Vermutungen über den Ablauf des Massenmordes. Auch der

84 Siehe das Kapitel über die zentrale Presse von Armia Krajowa/Heimatarmee und Delegatura Rządu RP na Kraj/Regierungsdelegatur, in: Klaus-Peter Friedrich, Der nationalsozialistische Judenmord in polnischen Augen: Einstellungen in der polnischen Presse 1942–1946/47, phil. Diss. Köln 2003, http://kups.ub.uni-koeln.de/volltexte/2003/952/, S. 102–163, bes. S. 107 f.

85 Mordowanie Żydów w Lubelszczyźnie, in: Biuletyn Informacyjny, Nr. 15, 16. 4. 1942.

86 Żydzi, in: Biuletyn Informacyjny, Nr. 17, 30. 4. 1942.

87 Obóz w Bełżcu, in: Biuletyn Informacyjny, Nr. 22, 3. 6. 1942; Übersetzung in: Friedrich, Der nationalsozialistische Judenmord in polnischen Augen, S. 108.

Name Christian Wirth fiel. Später berichtete jede Ausgabe des „Biuletyn Informacyjny“, welche Verbrechen in den annektierten polnischen Gebieten verübt wurden und in welchen Ghettos im Generalgouvernement „Aktionen“ stattfanden. Ein intern umlaufendes Nachrichtenblatt der Heimatarmee erwähnte einen Aufstand, den Häftlinge im Lager Belzec am 13. Juni initiiert haben sollen. Dort heißt es: „Als den Juden befohlen wurde, die Leichen der ermordeten Frauen und Kinder wegzuschaffen, und sie das schreckliche Bild vor Augen hatten (sie standen in der Kammer und hielten sich aneinander fest), warfen sie sich auf die Wachmannschaft. Die Folge war, dass die gesamte Lagerbesatzung alarmiert wurde. Im Kampf kamen 4–6 Deutsche und fast alle Juden um. Einigen gelang die Flucht.“[88] Bestätigt ist dieser Vorfall nicht. Von jenen, die in diesem Zeitraum in das Vernichtungslager deportiert wurden, überlebte niemand. Auffällig ist in diesem Zusammenhang, dass zunächst jegliche Angaben über das Vernichtungslager Sobibor fehlten.[89]

88 „Aneks“, Nr. 36, 1.–16. 6. 1942.

89 Die erste Nachricht über Sobibor – mit der Anmerkung, dass es sich nach Belzec um das zweite Lager im Lubliner Land handele –, erschien erst Ende Juli, als das Lager geschlossen war. Dies zeugt davon, wie wenig man darüber wusste. Siehe Informacja Bieżąca [Laufende Information], Nr. 27, 27. 7. 1942. Erstmals in der Untergrundpresse erwähnt wurde Sobibor eine Woche darauf in: Biuletyn Informacyjny, Nr. 31, 6. 8. 1942.

← Abbildung

Deportation der jüdischen Bevölkerung von Mielec am 9. März 1942
Unter der Aufsicht von deutschen Soldaten müssen sich jüdische Männer, Frauen und Kinder mit Gepäck und Kleidersäcken auf einem Platz versammeln.

Bundesarchiv, B 162 Bild-00409

V. Die zweite Phase der „Aktion Reinhardt"

Deportationen aus den Distrikten Warschau und Radom (Juli – Oktober 1942)

Die Errichtung des Vernichtungslagers Treblinka

Auf einer Konferenz der Regierung des Generalgouvernements zu Sicherheitsfragen am 18. Juni 1942 auf dem Wawel, dem Amtssitz Hans Franks, nahmen die Teilnehmer mehrmals auf „Fortschritte" bei der Beseitigung der Juden Bezug, wobei sie sich euphemistischer Umschreibungen bedienten. Oberregierungsrat Wilhelm Engler referierte über die Lage im Distrikt Lublin und meldete: „Die *Judenfrage* sei in der Stadt Lublin geklärt. Man habe das bisherige Judenviertel evakuiert und die arbeitsfähigen Juden außerhalb der Stadt in einem besonderen Bezirk [in Majdan Tatarski] untergebracht. Im Übrigen seien im Distrikt Lublin die Juden in Ghettos zusammengefasst." Ludwig Losacker, Amtschef im Distrikt Galizien, sprach von der „Evakuierung einer beträchtlichen Anzahl" von Juden und sagte eine schnelle Wiederaufnahme der Deportationen zu. Dr. Herbert Hummel, der den Gouverneur Warschaus vertrat, vermeldete Fortschritte bei der „wirtschaftlichen Aktivität" der Juden und äußerte die Hoffnung, dass „die Stadt Warschau in absehbarer Zeit von der arbeitsunfähigen Judenlast befreit werde". Staatssekretär Josef Bühler fragte beunruhigt, ob „eine Aussicht auf eine schnellere Verminderung der Ghettobevölkerung [in Warschau] bestehe". Staatssekretär Krüger erwiderte daraufhin, dass „das Problem der Judenaussiedlung [...] zu einer Entscheidung" dränge", für die „die Gestellung von ausreichenden Transportzügen notwendig" sei, und versicherte seinem Kollegen, dass er trotz der Zugsperre für die nächsten 14 Tage in Verhandlungen mit dem Präsidenten der Generaldirektion der Ostbahn (Gedob), Gerteis, „erreicht" habe, dass „für den Abtransport von Juden ab und zu Züge bereitgestellt werden". Wenn die Zugsperre aufgehoben werde, müsse „die Judenaktion verstärkt durchgeführt werden". Über die Ostbahn beschwerte sich SS- und Polizeiführer Scherner in seinem Bericht über die Sicherheitslage in Krakau und

Tarnów.[1] Der Vertreter des Distrikts Radom schloss sich dem an. Es ist erstaunlich, dass der auf der Sitzung anwesende Globocnik es unterließ, sich zu diesem Thema zu äußern.

In Berlin war Gouverneur Hans Frank in die Kritik geraten, weil er die „Evakuierungen“ nicht mit der geforderten Härte umgesetzt habe. Als Goebbels den Bericht Franks über die „Liquidierungen“ der Juden im Generalgouvernement vernahm, kommentierte er sarkastisch, dass Frank „sich dafür keinen Lorbeerkranz winden kann“. Frank habe vom Führer einen SS-Staatssekretär an die Seite gestellt bekommen, „der in weitem Umfang den Anordnungen Himmlers unterliegt“.[2]

Die Transportprobleme waren größer als zunächst angenommen. Mitte Juli rief der persönliche Adjutant Himmlers, SS-Obergruppenführer Karl Wolff, den neuen Staatssekretär im Verkehrsministerium, Dr. Albert Ganzenmüller (1905–1987), an und bat ihn, sich der Zugausfälle anzunehmen, die die Arbeit von Krüger und Globocnik beträchtlich erschwerten.[3] Am Samstag, dem 18. Juli begab sich Himmler nach Lublin, um sich mit der Lage vor Ort vertraut zu machen. Vor seinem Abflug von Kattowitz nach Lublin hatte er Auschwitz-Birkenau aufgesucht, wo er Zeuge der Ankunft des ersten Transports mit Juden aus den Niederlanden wurde. Während seines Aufenthalts in Lublin verbrachte er viele Stunden damit, sich mit Globocnik und Krüger zu beraten. Die zwei zentralen Punkte auf der Tagesordnung waren die Fortführung der Ermordung der Juden und die Germanisierung des Distrikts Lublin. Am nächsten Tag begab er sich nach Trawniki und inspizierte das SS-Schulungslager.[4] Dann reiste er weiter nach Chełm. Nachdem er dort den ganzen Tag zugebracht hatte, kehrte er nach Lublin zurück. Möglicherweise nutzte er die Gelegenheit, um auch nach Sobibor zu fahren, das von Chełm keine 50 km entfernt liegt.

Am nächsten Tag flog Himmler nach Berlin zurück.[5] Vor seiner Abreise erteilte er dem ihn begleitenden Krüger den strikten Befehl, die „Umsiedlung“ der gesamten jüdischen Bevölkerung des Generalgouvernements bis zum Ende des Jahres abzuschließen. Nach diesem Zeitpunkt dürften „sich keinerlei Personen

1 Siehe: Führende deutsche Besatzungsfunktionäre besprechen am 18. Juni 1942 die Deportation der Juden des Generalgouvernements in die Vernichtungslager, in: VEJ 9, Dok. 80, S. 290–294, hier S. 291.

2 Die Tagebücher von Joseph Goebbels. April bis Juni 1942. Teil 2, Bd. 4, Eintrag vom 24. 5. 1942, S. 352.

3 Zit. nach Arad, Belzec, Sobibor, Treblinka, S. 51.

4 Von diesem Besuch ist ein Foto überliefert.

5 Witte u. a. (Hrsg.), Der Dienstkalender Heinrich Himmlers 1941/42, S. 493–497. Ein Besuch Sobibors ist hier nicht vermerkt.

jüdischer Herkunft mehr im Generalgouvernement aufhalten. Es sei denn, dass sie sich in den Sammellagern Warschau, Krakau, Częstochowa, Radom, Lublin aufhalten". Bis zu diesem Zeitpunkt sollten sämtliche Arbeiten, bei denen Juden beschäftigt waren, entweder beendet sein oder deren Betriebe in eines der Sammellager verlegt werden. Das Vorgehen sei „zu der im Sinne der Neuordnung Europas notwendigen ethnischen Scheidung von Rassen und Völkern sowie im Interesse der Sicherheit und Sauberkeit des deutschen Reiches und seiner Interessengebiete erforderlich". Über voraussichtliche Terminüberschreitungen sollte Himmler rechtzeitig unterrichtet werden, um gegebenenfalls „früh genug für Abhilfe sorgen" zu können.[6]

Jetzt begann die blutigste Phase des Judenmordes. Anfang Juli wurden die Deportationen aus dem westlichen und östlichen Kleinpolen wieder aufgenommen. Die Besatzungsmacht ließ Juden aus Westeuropa in das vergrößerte Lager Auschwitz-Birkenau verschleppen und bezog im Generalgouvernement zwei zusätzliche Distrikte in die „Aktion Reinhardt" ein. Dies wurde möglich, nachdem mit Treblinka ein weiteres Vernichtungslager errichtet worden war, das schnell das Epizentrum des Judenmordes im Generalgouvernement werden sollte.

Einige Historiker gehen davon aus, dass Himmler am 17. April während eines mehrstündigen Besuchs in Warschau darauf drängte, ein drittes Vernichtungslager im Generalgouvernement einzurichten, in dem die Warschauer Juden ermordet werden sollten. Der Reichsführer SS suchte an diesem Tag das Warschauer Ghetto auf und besprach sich mit dem örtlichen SS- und Polizeiführer Arpad Wigand. Nur wenige Stunden zuvor hatte er das Vernichtungslager Kulmhof inspiziert.[7]

Das dritte Mordlager der „Aktion Reinhardt" wurde in der Gemeinde Kosów Lacki im Kreis Sokołów an der Bahnlinie Warschau–Białystok in vier Kilometern Entfernung von der Bahnstation Treblinka errichtet.[8] Von dort nach Warschau sind es weniger als 100 km. In der dünn besiedelten Gegend war im Herbst 1941 ein Arbeitslager für Juden und Polen erbaut worden, das im Verantwortungsbereich des Gouverneurs des Distrikts Warschau, Ludwig Fischer, lag. In dem später als Treblinka I bezeichneten Lager waren etwa 1000 Gefangene inhaftiert, die in einem Kieswerk und auf der Bahnstation Małkinia arbeiten

6 Siehe: Der Reichsführer SS Himmler ordnet am 19. Juli 1942 an, die Ermordung der jüdischen Bevölkerung im Generalgouvernement bis Jahresende abzuschließen, in: VEJ 9, Dok. 96, S. 337.

7 Witte u. a. (Hrsg.), Der Dienstkalender Heinrich Himmlers 1941/42, S. 400 f.

8 Siehe Jacek A. Młynarczyk, Treblinka – ein Todeslager der „Aktion Reinhardt", in: Musial (Hrsg.) „Aktion Reinhardt", S. 257–284.

mussten.[9] Wahrscheinlich begannen die Bauarbeiten Anfang Juni. Die Arbeiter waren Juden aus Węgrów und Stoczek Węgrowski sowie im Arbeitslager Treblinka I inhaftierte Polen. Wieder lagen die Bauarbeiten in der Verantwortung von Thomalla. Das Lager umfasste eine Fläche von 24 Hektar und hatte die Form eines Rechtecks mit dem Ausmaß von 600 x 400 m. Es war in drei Teile gegliedert, einen Wohnlager genannten Verwaltungs- und Wirtschaftsbereich, ein Auffanglager, in dem die Transporte angenommen wurden, sowie den vollkommen isolierten Abschnitt – das Totenlager – für die massenhafte Tötung. Hier mussten die zur Arbeit gezwungenen Juden zunächst ein gemauertes Gebäude mit drei Gaskammern einrichten, in die gleichzeitig 600 Opfer gepfercht werden konnten, und Massengräber ausheben. Nachdem ein Bahngleis in das Lager gelegt worden war, ließ die SS das gesamte Gelände umzäunen und mit Gebüsch tarnen. Später veranlasste sie aus Gründen der besseren Kaschierung den Bau einer Attrappe, die einen Bahnhof vortäuschten sollte. Lagerkommandant wurde Dr. Irmfried Eberl (1910–1948), ein Arzt aus Österreich, der zuvor Direktor der Tötungsanstalten der „Aktion T4“ in Brandenburg und in Bernburg gewesen war. Die Lagerbesatzung bestand aus 30–40 deutschen SS-Männern und etwa einhundert Wachmännern aus Trawniki. Einige von ihnen hatten bereits Erfahrungen beim Massenmord von Juden gemacht.

Die Lage im Warschauer Ghetto

Unter den Menschen im Warschauer Ghetto nahm mit der Zeit das Gefühl der Bedrohung immer weiter zu. In der Nacht vom 17. auf den 18. April, kurz nach der Abreise Himmlers, fuhren Lastwagen mit Polizei und SS-Männern ins Ghetto. Auf der Basis einer zuvor angelegten Liste wurden 60 Personen festgenommen und erschossen. Nur wenigen der Gesuchten gelang es zu entkommen. Der Grund für diese Mordaktion ist nicht endgültig geklärt, da sich unter den Opfern sowohl politisch Verdächtige als auch eifrige Kollaborateure befanden. Dem Vorsitzenden des Judenrats wurde erklärt, dass es sich um eine Maßnahme gegen die Verbreitung illegaler Publikationen im Ghetto handele. Es war jedoch keine einmalige Hinrichtung, denn zu ähnlichen Vorfällen war es zu dieser Zeit in vielen Ghettos des Generalgouvernements gekommen. Um das Ausschalten der Untergrundpresse ging es dabei jedoch nicht. Mit dem Terror sollten die Ghettobevölkerung und die Widerstandsgruppen eingeschüchtert werden.[10] Fast

9 Das Lager bestand bis Juli 1944, siehe Edward Kopówka, Karny obóz pracy w Treblince, in: ders. (Hrsg.), Co wiemy o Treblince? Stan badań, Siedlce 2013, S. 45–60.

10 Yisrael Gutman, Resistance. The Warsaw Ghetto Uprising. Boston/New York 1994, S. 115.

täglich wiederholten sich jetzt die Überfälle auf das Ghetto, Angehörige unterschiedlicher deutscher Formationen drangen in die Wohnungen ein und raubten und mordeten. Der Kampf gegen den Schmuggel wurde ebenfalls verschärft.

Immer neue Flüchtlinge kamen nach Warschau und brachten erschreckende Nachrichten mit. Anfang April erhielt Hersz Wasser vom Oneg Schabbat einen Brief von Szlama Ber Winer voller Anspielungen. Er teilte mit, dass im Lubliner Land genau das geschehe, was er in Kulmhof erlebt hatte: „Von meinem Cousin aus Lublin haben mich Grüße erreicht, und aus Izbica Lub[elska] haben mich ebenfalls Grüße von der Familie erreicht und so weiter. Sie schreiben mir von der ganzen Familie, dass sie zum olem emes gingen, und zwar auf die gleiche Weise wie in Chełmno."[11] Mit dem hebräischen Begriff „olem emes" war das Jenseits beziehungsweise der Friedhof gemeint. Der Ortsname Izbica Lubelska nimmt Bezug auf die Deportationen aus Lublin, die Mitte März 1942 begannen, und aus Izbica, von wo am 24. März 1942 2200 Juden in das Vernichtungslager Belzec transportiert wurden. Wie bereits erwähnt, wurde Winer zwei Wochen später nach Belzec verschleppt und ermordet.

Die Mitarbeiter von Oneg Schabbat beschlossen, anhand der Nachrichten über die Lage der Juden in Polen Berichte und Artikel zu verfassen. Ein Bericht vom April 1942 mit dem Titel „Die zweite Etappe" entstand während der Verschleppungen aus Lublin und ließ keinen Zweifel daran, dass mit dem deutsch-sowjetischen Krieg die physische Vernichtung der Juden begonnen hatte – ihre „Ausrottung". Sie werde „gnadenlos" und „mit einer beispiellosen Entschlossenheit" durchgeführt.[12] Die Arbeiterpartei Bund schickte im Mai eine Dokumentation an die polnische Exilregierung in London. Enthalten waren Berichte über die Massenerschießungen im Westen der Sowjetunion, die Vergasungen in Kulmhof und die Deportationen im Generalgouvernement.[13]

Ende Juni erreichte die Nachricht über die Existenz des Lagers Sobibor das Warschauer Ghetto. Quelle dieser Information waren die Kurierinnen des Jugendbunds Dror.[14] Der Personenkreis, der über den Massenmord Bescheid

11 Siehe: Der Flüchtling Szlojme Winer aus dem Vernichtungslager Kulmhof unterrichtet Hersz Wasser am 5. April 1942 über den Mord an den Juden in Belzec, in: VEJ 9, Dok. 61, S. 248 f.

12 Der Bericht „Drugi etap" ist veröffentlicht in: Archiwum Ringelbluma. Konspiracyjne Archiwum Getta Warszawy, Bd. 11: Ludzie i prace „Oneg Szabat". Bearb. v. Aleksandra Bańkowska, Tadeusz Epsztein, Warszawa 2013, S. 305–311, hier S. 305 f.

13 Siehe: Der Bund berichtet am 11. Mai 1942 über die planmäßigen Massenmorde an der jüdischen Bevölkerung und fordert, sie zu stoppen, in: VEJ 9, Dok. 74, S. 279–291.

14 Bulletin „Oneg Szabat", 24. 6. 1942, in: Archiwum Ringelbluma. Konspiracyjne Archiwum Getta Warszawy, Bd. 11: Ludzie i prace „Oneg Szabat". Bearb. v. Aleksandra Bańkowska, Tadeusz Epsztein, Warszawa 2013, Dok. 58, S. 240–243, hier S. 240. In der polnischen Untergrundpresse wurde Sobibor erst später erwähnt.

wusste, war noch immer klein. Aber auch gut Informierte verdrängten den Gedanken an das Schlimmste. Sie wollten nicht wahrhaben, dass sich die Mordaktionen in Warschau wiederholen könnten. Abraham Lewin (1893–1943), der vor dem Krieg Hebräischlehrer im Mädchengymnasium Jehudija in Warschau gewesen und nun einer der aktivsten Mitarbeiter von Oneg Schabbat war, bekam in den ersten Julitagen von einem Mädchen aus Dęblin erzählt, dass ihre Familie mit einem Teil der dortigen Juden nach Sobibor geschickt worden sei und sie danach nichts mehr von ihnen gehört habe. Lewin war der Meinung, dass es sich bei Sobibor um einen Hinrichtungsort für einzelne Juden handeln müsse. Seit mehreren Monaten hatte er zwar immer schreckenerregendere Nachrichten gehört, glaubte jedoch, dass wirtschaftliche Erwägungen die Deutschen von massenhaften Morden abhalten würden. In seinem Tagebuch notierte er: „Jüdische Schneider nähen in großen Mengen und ohne Unterlass Armeemäntel, warme Hosen mit Pelzeinlagen und auch Mützen, die mit Filz ausgelegt sind. Das alles in Vorbereitung auf den Winter [...]. Die Produktion im Ghetto in den sogenannten Shops, Fabriken, die von den Deutschen geleitet werden [...], steigt, wie die Leute sagen, von zwei Millionen Złoty im Monat Anfang des Jahres auf 12 Millionen im letzten Monat."[15] Auch die im Ghetto verbliebenen politisch und gesellschaftlich Aktiven der älteren Generation gaben sich einer Täuschung hin.

Um die Juden in Sicherheit zu wiegen, erleichterten die deutschen Behörden die Bedingungen im Ghetto zeitweise und erlaubten sogar die Einrichtung von Kinderspielplätzen. Auch die Versorgungslage im Ghetto verbesserte sich leicht. Dennoch verstärkte sich unter der Bevölkerung ein Gefühl der Beklemmung. Am 17. Juli wurden Juden, die keine polnische Staatsbürgerschaft besaßen, im Gefängnis Pawiak festgesetzt.[16] Im Ghetto gingen erschreckende Gerüchte um. Der Obmann des Judenrats, Adam Czerniaków, erhielt von den Deutschen eine ganze Reihe von Zusicherungen, dass es keinen Grund zur Beunruhigung gebe:

> „Morgens 7.30 [Uhr] bei der Gestapo. Ich fragte Mende, wie viel Wahres an den Gerüchten sei. Er entgegnete, er habe nichts davon gehört. Als Nächstes wandte ich mich an Brandt; er antwortete, ihm sei nichts darüber bekannt. Auf die Frage, ob das dennoch passieren könne, erwiderte er, er wisse gar nichts. Unsicher verließ ich ihn. Ich wandte mich an seinen Chef, Kommissar

15 Abraham Lewin, Dziennik. Bearb. v. Katarzyna Person, Warszawa 2015, S. 153 f. Auf Englisch: Abraham Lewin, A Cup of Tears. A Diary of the Warsaw Ghetto. Hrsg. v. Antony Polonsky. Übers. v. Christopher Hutton, Oxford/New York 1988.

16 Darunter war die Familie von Mary Berg. Mitte Januar 1943 wurde sie in das Lager Vittel in Frankreich verbracht.

> Boehm. Der erwiderte, dass das nicht seine Abteilung sei [...]. Da ich keinen anderen Ausweg hatte, begab ich mich zum stellvertretenden Leiter der Abteilung III, Scherer. Er gab seiner Verwunderung über das Gerücht Ausdruck und erklärte, er wisse auch nichts darüber. Schließlich fragte ich, ob ich der Bevölkerung erklären könne, dass kein Anlass zu Befürchtungen besteht. Er antwortete, das könne ich, alles, was die Leute reden, sei Quatsch und Unsinn."[17]

Ähnlich hatte sich bereits zuvor der Kommissar für den jüdischen Wohnbezirk, Auerswald, geäußert.

In Warschau hielt sich in dieser Zeit eine Gruppe SS-Männer aus Lublin unter der Leitung von Höfle und Michalsen auf. Sie rekrutierten aus lokalen Polizeieinheiten einen 20-Mann starken „Umsiedlungsstab" unter dem Befehl von SS-Untersturmführer Karl Georg Brandt und dem Gestapomann Gebhardt Mende. Bereits zuvor waren zwei Kompanien von Trawniki-Männern nach Warschau beordert worden sowie weitere Polizeitruppen in der Stärke von eintausend Mann, die dem SS- und Polizeiführer Dr. Ferdinand von Sammern und Frankenegg (1897–1944) unterstanden.

Die „große Deportation" aus Warschau

Am Mittwoch, den 22. Juli 1942 um zehn Uhr morgens diktierte Hermann Höfle dem Judenrat neue Maßregeln und Anordnungen. Er eröffnete die Sitzung mit den Worten: „Am heutigen Tag beginnt die Umsiedlung der Juden aus Warschau. Es ist euch ja bekannt, dass es hier zu viele Juden gibt."[18] Die Deportation sollte sofort beginnen. Jedem „Umsiedler" wurde zugestanden, fünfzehn Kilogramm Reisegepäck und Verpflegung für drei Tage mit sich zu nehmen. Der Judenrat musste die Anweisungen bekannt geben und mithilfe des Ordnungsdienstes dafür sorgen, dass sich täglich 6000 Menschen am Sammelplatz einfanden. Höfle drohte an, dass Personen, die die Umsiedlungsmaßnahmen zu umgehen oder zu stören versuchten, sofort erschossen würden. Von der Abschiebung zurückgestellt waren bei deutschen Firmen angestellte Arbeiter, medizinisches

17 Der Vorsitzende des Warschauer Judenrats schreibt vom 18. bis 23. Juli 1942 über die Tage bis zum Beginn der Deportationen nach Treblinka, in: VEJ 9, Dok. 99, S. 243–246, hier S. 244.

18 Zit. nach Marcel Reich-Ranicki, Mein Leben, München 2005, S. 220. Reich-Ranicki war Chef des Übersetzerbüros beim Judenrat. Die Chronologie der Deportation folgt Engelking/ Leociak, The Warsaw Ghetto. Siehe auch Gutman, Resistance. The Warsaw Ghetto Uprising, S. 133–145.

Personal, Mitarbeiter des Judenrats, Beschäftigte des Jüdischen Ordnungsdienstes sowie deren Familienangehörige. Wie in ähnlichen Situationen zuvor war es den Tätern wichtig, ihre eigentlichen Absichten zu tarnen und Hoffnung unter den Opfern aufkommen zu lassen. Um den Judenrat einzuschüchtern, hatten die Deutschen bereits am Tag zuvor Dutzende Geiseln genommen. Höfle „bat mich [Czerniaków] in sein Büro und erklärte, meine Frau sei vorläufig noch in Freiheit, doch wenn die Aussiedlung nicht wunschgemäß verlaufe, werde sie als erste Geisel erschossen".[19] Am ersten Tag der „Aktion" wurden 6250 Personen zusammengetrieben, überwiegend Bettler, die auf den Straßen des Ghettos aufgegriffen worden waren, sowie Gefängnisinsassen.

Am nächsten Tag nahm Czerniaków sich das Leben. In einem – vermutlich an seine Frau gerichteten – Abschiedsbrief erklärte er: „Sie verlangen von mir, mit eigenen Händen die Kinder meines Volkes umzubringen. Es bleibt mir nichts anderes übrig, als zu sterben."[20] An seine Mitarbeiter schrieb er:

> „Worthoff und seine Kollegen [vom Umsiedlungsstab] waren bei mir und verlangten, daß für morgen ein Kindertransport vorbereitet wird. Damit ist mein bitterer Kelch bis zum Rand gefüllt, denn ich kann doch nicht wehrlose Kinder dem Tod ausliefern. Ich habe beschlossen abzutreten. Betrachtet dies nicht als einen Akt der Feigheit oder eine Flucht. Ich bin machtlos, mir bricht das Herz vor Trauer und Mitleid, länger kann ich das nicht ertragen. Meine Tat wird alle die Wahrheit erkennen lassen und vielleicht auf den rechten Weg des Handelns bringen. Ich bin mir bewußt, daß ich Euch ein schweres Erbe hinterlasse."[21]

Nachfolger Czerniaków wurde sein bisheriger Vertreter Marek Lichtenbaum, der die Befehle, die man ihm übergab, auch ausführte. Czerniakóws Selbstmord erschütterte das Ghetto. Viele – auch Ringelblum gehörte dazu – nahmen seine Tat als moralische Niederlage und als Flucht vor der eigenen Verantwortung wahr.

Nach der Verbreitung der vom Judenrat unterschriebenen „Bekanntmachung", die den Beginn der Deportationen ankündigte, brach im Ghetto

19 Im Warschauer Getto. Das Tagebuch des Adam Czerniaków, S. 284.

20 Wiedergegeben in: ebenda, S. 285.

21 Im Warschauer Getto. Das Tagebuch des Adam Czerniaków, S. 285. Czerniakóws Witwe verließ das Ghetto und überlebte versteckt mithilfe von Bekannten. Das Tagebuch nahm sie mit sich und übergab es kurz vor ihrem Tod (1950) einem Verwandten, der ins Ausland reiste. Das Jüdische Historische Institut hatte sich nicht dafür interessiert. Die Blätter waren im Besitz einer Privatperson in Kanada, bis die Gedenkstätte Yad Vashem sie 1964 erwarb.

Chaos aus. Die Insassen waren durcheinander. Den meisten war lediglich klar, dass man sich um eine Arbeitsbescheinigung bemühen musste. Abraham Lewin notierte: „Auf den Straßen ist so viel los wie in der Zeit, als Warschau bombardiert wurde [1939]. Die Juden hetzen wie verrückt über die Straßen, begleiten Kinder und tragen Bündel Bettwäsche. Die Deutschen umstellen die Häuser auf der Karmelicka, Nowolipie. Mütter und Kinder irren über die Straßen wie verlorene Schafe. Wo ist mein Kind? Klagen."[22] Von diesem Moment an dokumentierte Lewin die Tage „des im Weltgeschehen beispiellosen Abschlachtens".[23] Er notierte, wer aus seiner Familie, von seinen Bekannten und Freunden aufgegriffen und abtransportiert wurde. Kaum einer konnte sich retten.

Der Sammelpunkt für die Deportierten war der Umschlagplatz an der Stawki-, Niska- und Zamenhofa-Straße in der Nähe des Danziger Bahnhofs. Er war bisher genutzt worden, um Waren vom „arischen" Warschau ins Ghetto zu transportieren. „Eigentlich ein Umschlagplatz für Waren, der mit einem eigenen, noch aus der Vorkriegszeit stammenden Mäuerchen umgeben war", schrieb der jüdische Polizist Samuel Puterman (1915–1955):

> „Auf den Platz führten zwei Eingangstore, eines von der Dzika-, ein zweites von der Niska-Straße. Neben Letzterem stand das Gebäude eines Stadtbads aus der Vorkriegszeit, das nach der Einrichtung des Ghettos als Zwangssammelbad diente. Neben dem Bad hoben sich riesige moderne Blocks mit ehemaligen Schulen empor, in denen sich ein Seuchenkrankenhaus befand. Zwei Gebäude mit geräumigen Sälen und großen Fenstern verfügten über zwei weiträumige, miteinander verbundene Höfe, die an den Zaun des eigentlichen Umschlagplatzes grenzten. Dieses Gelände war bisher Niemandsland gewesen, und wie von der genialen Hand eines satanischen Architekten geschaffen, erhielt es jetzt den Namen Umschlagplatz."[24]

Von den ersten Tagen der Deportationen an erschossen die Deutschen und ihre Helfershelfer Kranke und ältere Menschen auf dem jüdischen Friedhof. Das Tempo, in dem die Deportationen stattfanden, war schreckenerregend. Bis zum Ende des Monats wurden fast 65 000 Ghettobewohner verschleppt. Junge Männer wurden in ein Durchgangslager (Dulag) gebracht und von dort auf verschiedene Arbeitslager verteilt.

22 Lewin, Dziennik, S. 170 f., Eintrag vom 24. 7. 1942.

23 Ebenda.

24 Zit. nach Pamiętniki z getta warszawskiego. Fragmenty i regesty. Bearb. Michał Grynberg, Warszawa 1983, S. 162. Der Autor überlebte versteckt auf der „arischen Seite".

Zu größeren Komplikationen kam es nicht. Am 28. Juli beruhigte Dr. Albert Ganzenmüller vom Reichsverkehrsministerium Karl Wolff und Himmler, dass die ihm zur Kenntnis gebrachten Transportprobleme inzwischen gelöst worden seien. Die Deportationszüge fuhren ohne Zwischenfälle nach Belzec und Treblinka. Die Verbindung Warschau–Lublin–Sobibór musste jedoch noch bis zum Abschluss von Reparaturarbeiten im Oktober 1942 gesperrt bleiben.[25] Die Nachricht stimmte Himmler zufrieden, wie aus der Antwort Wolffs hervorging, die er Ganzenmüller im Auftrag Himmlers zukommen ließ:

> „Mit besonderer Freude habe ich von Ihrer Mitteilung Kenntnis genommen, daß nun schon seit 14 Tagen täglich ein Zug mit je 5000 Angehörigen des auserwählten Volkes nach Treblinka fährt, und wir doch auf diese Weise in die Lage versetzt sind, diese Bevölkerungsbewegung in einem beschleunigten Tempo durchzuführen. Ich habe von mir aus mit den beteiligten Stellen Fühlung aufgenommen, so daß eine reibungslose Durchführung der gesamten Maßnahme gewährleistet erscheint. Ich danke Ihnen nochmals für die Bemühungen in dieser Angelegenheit und darf Sie gleichzeitig bitten, diesen Dingen auch weiterhin Ihre Beachtung zu schenken.“[26]

Die deutsche Polizei hielt sich in der Anfangsphase der „Umsiedlungsaktion“ in Warschau abseits; eingesetzt wurde fast ausschließlich der Jüdische Ordnungsdienst. Als sich aber zeigte, dass es immer schwieriger wurde, das geforderte Kontingent zusammenzustellen, änderten die Täter ihre Vorgehensweise. SS und ihre Hilfstruppen – lettische Bataillone und Trawniki-Männer – blockierten nun die Zugänge zu einzelnen Vierteln, und alle, die keine Arbeitsbescheinigung vorweisen konnten, wurden abtransportiert. Wer versuchte, sich zu verstecken, wurde an Ort und Stelle erschossen. Die deutschen Behörden lockten die Menschen mit falschen Versprechungen zum Umschlagplatz. Sie gaben bekannt, dass diejenigen, die sich freiwillig zum Abtransport meldeten, eine Ration Brot und Marmelade erhielten. Viele ausgehungerte Menschen nahmen dieses Angebot wahr.

25 Siehe: Der Staatssekretär im Reichsverkehrsministerium informiert am 28. Juli 1942 darüber, dass aus Warschau täglich Tausende Juden in Vernichtungslager deportiert werden, in: VEJ 9, Dok. 103, S. 355 f. Abdruck als Faksimile in: Hilberg, Sonderzüge nach Auschwitz, Anlage 26, S. 177, und in Stanisław Wojtczak, Karny obóz pracy Treblinka I i ośrodek zagłady Treblinka II, in: Biuletyn Głównej Komisji Badania Zbrodni Hitlerowskich w Polsce 26 (1975), S. 117–185, hier Dok. 9, S. 169.

26 Zit. nach Hilberg, Die Vernichtung der europäischen Juden, Bd. 2, S. 516. Faksimile in: ders., Sonderzüge nach Auschwitz, Anlage 29, S. 181, und Wojtczak, Karny obóz, Dok. 10, S. 170.

Anfang August erhöhte die SS das Tempo der „Umsiedlungsaktion", sie und ihre Hilfstruppen trieben nun täglich mindestens 10 000 Juden zum Umschlagplatz. Dort wurden die Bedingungen immer unerträglicher Eine namentlich nicht bekannte Frau schrieb:

> „Auf dem Platz drängten sich Leute mit ihren Bündeln und Rucksäcken. Alle trugen die Hoffnung in sich, dass die Reise vielleicht doch nicht mit dem Tod endete, und dann wären die Sachen ja doch notwendig. [...] Die Menge und das Gedränge waren jedoch so groß, dass es unmöglich war, das Gepäck von 6–7 Kilogramm bei sich zu halten. Bevor die Waggons ankamen, versuchten viele Leute, sich der Abfahrt zu entziehen. Es war eine instinktive Reaktion, von dem überfüllten und stinkenden Platz davonzulaufen. Man versank dort im Kot und Dreck. Während die Leute auf die Waggons warteten, befriedigten sie ihre physischen Bedürfnisse an dem Ort, an dem sie standen. Eine Möglichkeit, sich durch die Menge zu drängen, gab es nicht. Es komme, was da wolle, zu fliehen war ein unerreichbarer Traum. Überall Stacheldraht, an allen Seiten deutsche Wachen und Gewehre, die bereit waren, jeden Moment zu schießen."[27]

Einigen gelang es, jüdische Polizisten zu bestechen. Manchmal halfen auch Papiere oder Bekanntschaften. Es galten keine festen Regeln. Die Situation verschlimmerte sich von Tag zu Tag. Anfang August befahlen die SS-Führer den jüdischen Polizisten unter der Androhung, andernfalls gegen ihre Familienangehörigen vorzugehen, jeweils fünf Personen zum Umschlagplatz zu bringen. Einige Polizisten quittierten daraufhin den Dienst, da sie daran nicht mitwirken wollten.

Am 5. oder 6. August – die Berichte nennen ein unterschiedliches Datum – erging an das Waisenhaus in der Sienna-Straße 16 der Befehl, die Kinder zum Umschlagplatz zu bringen. Der Leiter der Einrichtung, Janusz Korczak, bestand darauf, sie zu begleiten. Korczak, geboren 1878 oder 1879 in Warschau als Henryk Goldszmit, war seit 1912 Direktor des Waisenhauses in der Krochmalna-Straße 92 und bekannt als Autor populärer Kinderbücher und vieler pädagogischer Schriften. In der ersten Zeit befand sich das Waisenhaus im Ghetto in der Chłodna-Straße, später in der Sienna-Straße. Den Marsch von Korczak und den ihm anvertrauten Kindern zum Umschlagplatz beschrieb der zionistische Aktivist und Sekretär des Judenrats Nachum Remba: „Die Kinder wurden in

27 Zit. nach Pamiętniki z getta warszawskiego, S. 154. Die Verfasserin dieses Berichts begab sich im Februar 1943 auf die „arische Seite". Ihr weiteres Schicksal ist unbekannt.

Viererreihen aufgestellt, an der Spitze Korczak, der erhobenen Hauptes mit zwei Kindern an der Hand den Marsch anführte.“[28] Außer Korczak wurden auch seine Mitarbeiterin Stefania Wilczyńska (1886–1942) und weitere Erzieher nach Treblinka verschleppt. Kurze Zeit später sollten die anderen Kinderheime, Internate und Kindergärten das gleiche Schicksal erleiden. Dass Familien, die sich freiwillig meldeten, nicht getrennt werden würden, war ein weiteres teuflisches und verlogenes Versprechen, das nur dazu diente, möglichst viele Juden zu deportieren. Ringelblum, selbst Vater eines Zwölfjährigen, notierte: „Eine Mutter wollte nicht ohne ihr Kind gehen. Ein Vater wollte nicht ohne seine Frau gehen usw. Und dann machten sie sich zusammen zu den Waggons auf. Hunderte Familien gingen wegen der Kinder zum Umschlagplatz.“[29]

Höfle bewegte sich im Ghetto ausschließlich im Auto. Als er an den Umschlagplatz kam, „war auf seinem gleichmäßigen, gut geformten Gesicht nur ein kaum sichtbares Lächeln zu sehen“, berichtete Puterman. „Wenn er an einem Alten vorbeiging, dessen Stirn von einem Peitschenhieb aufgeplatzt war, zeigte sein Gesicht keine Regung, ebenso wenig, wenn er in einen Saal ging, wo auf dem schmutzstarrenden Boden von Fliegenschwärmen bedeckte kleine Kinder und Neugeborene lagen, die den Eltern bei der Selektion abgenommen worden waren. Gleichgültig empfahl er Szmerling,[30] die Wachen zu verstärken, und erkundigte sich, wie viele Personen zum Abtransport bereitstanden. Regungslos schaute er sich mit an, und das im Übrigen nur sehr kurz, [...] wie die Verladung in die Waggons vonstattenging.“ Ähnlich verhielt sich Michalsen, „immer lächelnd, höflich zu seinen Mitarbeitern. Befehle erteilte er mit leiser Stimme. [...] nie wurde er bösartig, er schrie nicht, bis jetzt hat er noch nie auf einen Juden geschossen oder jemanden geschlagen. Gegenüber dem Ordnungsdienst verhielt er sich eher korrekt.“[31] Gleichwohl gingen die Deutschen und die Trawniki-Männer immer brutaler vor, und die Zahl der Morde nahm erschreckend zu.

Am 9. August wurde das Ghettogelände verkleinert. Abermals brach Chaos aus, wodurch es den Tätern leichter fiel, weitere Razzien und Verschleppungen zu organisieren. Vielen, die ihre Wohnungen verloren, blieb nichts anderes übrig, als sich auf dem Umschlagplatz zu melden. Die Shops wurden jetzt abgeriegelt und waren damit kein sicherer Unterschlupf mehr. Manchmal wurden sämtliche

28 Ringelblum zitierte den Bericht Nachum Rembas in seiner Notiz über Korczak: Kronika getta warszawskiego, S. 606. Remba wurde Anfang November 1943 in einem Arbeitslager im Lubliner Land ermordet.

29 Ringelblum, Kronika getta warszawskiego, S. 404.

30 Mieczysław Szmerling war der für den Umschlagplatz verantwortliche jüdische Polizist.

31 Zit. nach Pamiętniki z getta warszawskiego, S. 156 f.

Beschäftigten zur „Umsiedlung“ bestimmt. Die Arbeitsbescheinigungen verloren dann ihre Gültigkeit oder wurden vollkommen willkürlich nur in Einzelfällen respektiert.

Am 28. August kam es zur Unterbrechung der Deportationen aus dem Warschauer Ghetto. Schon seit mehreren Tagen war auch die jüdische Bevölkerung in den Kleinstädten im Warschauer Umland einbezogen worden, deren Verschleppung nun Vorrang eingeräumt wurde. Doch am 3. September nahm die SS die Deportationen aus dem Warschauer Ghetto wieder auf.

Die letzte Phase der „Umsiedlungsaktion“ begann am Sonntag, den 6. September. Deutsche Firmen, die im Ghetto produzierten, erhielten eine Benachrichtigung, wonach ihnen jeweils eine Höchstzahl jüdische Arbeiter zustehe. Insgesamt sollten 32 000 Juden im Ghetto verbleiben. Das war die Anzahl der „Lebensnummern“ – so die offizielle deutsche Bezeichnung –, die verteilt wurden und die zum weiteren Aufenthalt im Ghetto berechtigten. Alle, die keine solche Nummer bekamen, mussten deportiert werden. Sämtliche Ghettobewohner wurden angewiesen, sich um zehn Uhr morgens zwischen den Straßen Gęsia, Smocza, Niska und Zamenhofa – im sogenannten Kessel – einzufinden, um sich „registrieren“ zu lassen. Bis zum 11. September wurden 2648 Menschen an Ort und Stelle ermordet und über 54 000 nach Treblinka verschleppt.

Die „große Deportation“ aus Warschau endete am 21. September 1942. An diesem Tag, der auf den Vorabend des jüdischen Feiertags Jom Kippur fiel, fanden die letzten Blockaden und Selektionen statt. Die Anzahl der jüdischen Polizisten wurde von 2400 auf 380 Personen reduziert. Viele der Entlassenen gelangten mit ihren Familien auf den Umschlagplatz und wurden entweder nach Treblinka oder in das Konzentrationslager Majdanek verschleppt. Lewin bemerkte, dass „die Juden, die der Szene beiwohnten, dies mit einer gewissen Zufriedenheit betrachteten“.[32] Drei Tage später informierten die Deutschen den Judenrat darüber, dass die Aktion beendet sei.

Seit der Ankunft des Lubliner Vernichtungskommandos der „Aktion Reinhardt“ waren keine zwei Monate vergangen. Deutschen Quellen zufolge wurden in diesem Zeitraum 253 742 Juden deportiert. Nach jüdischen Schätzungen waren es bis zu 300 000. Etwas über 11 000 Juden gelangten in Arbeitslager, alle anderen kamen nach Treblinka. Die Unterlagen des Judenrats enthalten auch Angaben über die Anzahl derjenigen, die im Ghetto selbst erschossen wurden. Im Juli waren es 1224 Menschen, im August 2305, im September 3158, insgesamt also 6687. Hinzu kommen Hunderte weitere Tote, die aus anderen Gründen starben oder sich aus Verzweiflung selbst das Leben nahmen. Den Angaben

32 Lewin, A Cup of Tears, S. 226, Eintrag vom 16. 9. 1942.

des Gouverneurs des Distrikts Warschau, Ludwig Fischer, zufolge verblieben im Ghetto fast 35 000 Juden. Sie waren auf dem Gelände, auf dem sich die Shops befanden, kaserniert. Das Ghetto war jetzt in einzelne, voneinander isolierte Enklaven unterteilt, zwischen denen sich Straßen mit verlassenen Wohnblocks befanden, die sich in große Arbeitslager verwandelt hatten. 20 000–25 000 Juden befanden sich noch im Ghetto, die über keine Ausweise verfügten. Bei ihnen handelte es sich, wie Ringelblum schrieb, um die Familienangehörigen und Bekannten derjenigen, die „Lebensnummern“ besaßen. Unter ihnen waren aber auch Polizisten und Beamte – und einige „einfache, normale Juden, die sich einfach gut verborgen hatten und sich weiterhin versteckt hielten“.[33]

Das Ghetto hatte sich von Grund auf verändert. Ein mit „Die Liquidierung des jüdischen Warschaus“ betitelter Bericht, den Oneg Schabbat im November 1942 erstellte und an die polnische Exilregierung in London schickte, begann mit folgenden Worten:

> „Im Glanz des unvergleichlichen, goldenen polnischen Herbstes funkelt und leuchtet eine Schicht Schnee. Dieser Schnee ist nichts anderes als die Federn und Daunen aus dem Bettzeug der Juden, das von dem ganzen Besitz, von den Schränken, Truhen und Koffern voller Wäsche und Kleidung bis hin zu den Schüsseln, Töpfen, Tellern und anderen Hausratsgegenständen der nach ‚Osten‘ evakuierten 500 000 Juden zurückgeblieben ist. Diese Sachen, die niemandem mehr gehören, die Tischtücher, Mäntel, Federbetten, Pullover, Bücher, Wiegen, Dokumente und Fotografien, sie liegen durcheinander in den Wohnungen, auf den Höfen, auf den Plätzen, zu Haufen zusammengeklaubt und mit jenem Schnee bedeckt aus der Zeit des tausendfachen deutschen Mordes an den Juden Warschaus, aus den aufgeschlitzten Eingeweiden ihres Bettzeugs. […] Die Häuser sind ausgestorben oder dem allmählichen Verfall preisgegeben, die Straßen sind versperrt mit Stacheldrahtverhauen, Bretterzäune trennen die einzelnen Wohnblocks voneinander ab, und vor allem sind die Menschen nicht mehr da, die noch vor zwei Monaten die Hauptstraßen des Ghettos füllten, die zu ihren alltäglichen Beschäftigungen eilten, die etwas kauften oder verkauften, die arbeiteten: eine Entvölkerung, wie sie nicht einmal die Zeiten der Schwarzen Pest aufwiesen. […] Das jüdische Warschau besteht nicht mehr.“[34]

33 Ringelblum, Kronika getta warszawskiego, Eintrag vom 5. 12. 1942, S. 423.

34 Auf Deutsch auszugsweise veröffentlicht in: Sakowska, Die zweite Etappe ist der Tod, S. 244 ff.

„Jede Fabrik", so schrieb Lewin, „ist ein geschlossenes Gefängnis. Es ist verboten, von der Fabrik von Schultz auf der Nowolipie zur Többens-Fabrik auf der Leszno zu gehen. Den ganzen Tag über sind wir eingeschlossen [...]. Den ganzen Tag verbringen wir im Shop. Den ganzen Tag über dürfen wir nicht auf der Straße laufen. Die Straße wirkt traurig auf einen zufälligen Passanten oder einen, der mit seiner Gruppe vorbeimarschierte. Kein lebendes Wesen war zu sehen. Verwaist sind die Straßen, auf denen einmal Juden herumschwärmten wie Bienen in einem Bienenstock."[35]

Zu dieser Zeit war es kaum noch möglich, die Absichten der Deutschen zu verkennen. Dies förderte eine Haltung, die alsbald zum Ausbruch des Aufstands führte.

Der Holocaust in der Provinz im Distrikt Warschau

Eine mehrtägige Unterbrechung der Deportationen aus Warschau im August 1942 diente dazu, den Massenmord in die Provinz zu verlagern.[36] Das von Brandt befehligte Vernichtungskommando verschleppte in kurzer Zeit 7000 Juden aus Otwock (19. August), 5000 aus Falenica (20. August), 1500 aus Rembertów und 5000 aus Mińsk Mazowiecki (21.–22. August). Das Szenario war überall gleich. Trawniki-Männer, Gendarmerie und Blaue Polizei umstellten das Ghetto mit einer Postenkette. Nach den Anweisungen an den Judenrat wurden die überraschten, verwirrten und verängstigten Juden auf die Straße getrieben, jegliche Widersetzlichkeit dabei brutal unterbunden. Nach der Selektion führte das Vernichtungskommando die Opfer zur Eisenbahnstation– und tötete einen Teil von ihnen noch auf dem Weg. Einen Bericht über die Deportation aus Otwock hinterließ Calel Perechodnik, ein damals 26-jähriger Ingenieur, der dem jüdischen Ordnungsdienst angehörte.[37] Das Schlimmste war, so notierte er, dass trotz vieler beunruhigender Vorboten niemand das ganze Ausmaß des Unheils kommen sah.

Am Vortag der Mordaktion war Brandt erschienen und hatte mit der Zivilverwaltung verhandelt. In den Morgenstunden trafen die SS und eine Einheit Hilfstruppen ein. Sie umstellten das Ghetto und begannen sofort, willkürlich

35 Lewin, A Cup of Tears, S. 228 f. Einträge vom 1. und 5. 10. 1942.

36 Chronologie und Ablauf der Deportation: Młynarczyk, „Akcja Reinhard" w gettach prowincjonalnych dystryktu warszawskiego, S. 57–67.

37 Auszüge in deutscher Übersetzung: VEJ 9, Dok. 39, S. 200 f. (über das Verhältnis von Polen und Juden und erste Nachrichten von Massenmorden um die Jahreswende 1941/42) und Dok. 120, S. 387 f. (über die Mitwirkung der polnischen Polizei an den Vorbereitungen der Deportation am 19. August 1942 aus Otwock).

auf Einzelne zu schießen. „Das erste Opfer war Frau Doktor Glikman, wohnhaft beim Warschauer Schlagbaum. Eine nette, hübsche Ärztin, Mutter zweier Kinder. Sie trat ruhig auf die Straße, um den Ukrainern die Bescheinigung zu zeigen, die sie als Zahnärztin auswies, sie war speziell für die jüdische Polizei tätig. Mit einem freundlichen Lächeln streckte sie die Hand mit der Bescheinigung aus, ein Schuß traf sie in den Kopf – sie war sofort tot.“[38]

Der Judenrat und der Jüdische Ordnungsdienst wurden angewiesen, die Juden auf dem Marktplatz zusammenzutreiben. Jene, die eine Arbeitsbescheinigung hatten, waren überzeugt, dass sie nach kurzer Zeit wieder freigelassen würden. Es zeigte sich jedoch, dass nur die jüdischen Polizisten bleiben durften. Beruhigt durch die Zusicherung, dass man auch ihre Familienangehörigen unbehelligt lasse, halfen die Polizisten bei der Verladung in die bereitstehenden Waggons. Im letzten Moment verluden die Deutschen jedoch auch ihre Nächsten. Darunter waren Perechodniks Frau Anka und seine Tochter Athalil. Nach der Abfahrt des Transports begruben die Männer vom Ordnungsdienst die Getöteten und verrichteten Aufräumarbeiten im verlassenen Ghetto. Über mehrere Tage hinweg wurde dort geplündert. Dann zogen Polen in die Häuser.[39] Gleichzeitig ermordeten die Deutschen auch die Kranken im Sanatorium von Otwock, das als „Zofiówka“ bekannt war. Unter den Opfern befand sich die Mutter des Schriftstellers Julian Tuwim. Auch hier suchten die Deutschen viele Tage nach jenen, die vor den Deportationen geflohen waren.

Am 22. August war das Ghetto in Siedlce an der Reihe. Die Mordaktion dauerte zwei Tage. Das Vernichtungskommando bestand wie andernorts aus SS-Männern, die aus Warschau angereist waren, und der lokalen Polizei. Sie trieben die jüdische Bevölkerung auf dem Friedhof zusammen, Hunderte wurden erschossen. Etwa 10 000 Menschen, die viele Stunden lang auf ihren Abtransport hatten warten müssen, wurden nach Treblinka deportiert, 2000 blieben im Ort zurück und hatten im verkleinerten „Restghetto“ Zwangsarbeit zu leisten. Ebenso erging es den jüdischen Bewohnern weiterer Gemeinden.

38 Calel Perechodnik, Bin ich ein Mörder? Das Testament eines jüdischen Ghetto-Polizisten, Lüneburg 1997. Aus dem Polnischen von Lavinia Oelkers, Lüneburg 1997, S. 65.

39 Siehe ebenda, S. 65–88. Einige Wochen später wurde Perechodnik in ein Arbeitslager verschleppt. Von dort flüchtete er nach Warschau, wo er sich versteckte und von Mai bis Oktober 1943 seine Erinnerungen niederschrieb. Danach nahm er in den Reihen der Heimatarmee (AK) am Warschauer Aufstand teil. Ende Oktober 1944 kam er unter ungeklärten Umständen ums Leben. Einen Teil seiner Aufzeichnungen hatte er einem polnischen Bekannten aus Otwock anvertraut. Dieser übergab sie später dem Bruder Calel Perechodniks. Einen weiteren Teil, den er 1944 verfasst hatte, versteckte Perechodnik in den Ruinen von Warschau. Er gilt als verschollen.

Deportation aus dem Ghetto Siedlce in das Vernichtungslager Treblinka, 1942
Der Wehrmachtssoldat Hubert Pfoch nahm das Foto heimlich auf. Er war ab 1984 Präsident des Dokumentationsarchivs des österreichischen Widerstandes. | *DÖW 08603-2*
Zum Foto: www.doew.at/erinnern/biographien/erzaehlte-geschichte/widerstand-1938-1945/hubert-pfoch-dann-koennten-wir-uns-treblinka-von-innen-anschauen

Einen Monat später, am jüdischen Feiertag Jom Kippur, als die Deportationen aus dem Warschauer Ghetto eingestellt wurden, fanden Mordaktionen im Kreis Sokołow statt. Aufgrund der geografischen Nähe zu Treblinka hatten die Ghettobewohner kaum einen Zweifel daran, welches Schicksal sie erwartete. In Sokołow Podlaski waren der Kreishauptmann Ernst Gramß, sein Stellvertreter Dr. Klaus Hermann und der Chef der lokalen Gestapo, Schröder, während der Deportation anwesend. Angehörige der deutschen Polizei und der Gendarmerie, Trawniki-Männer und Blaue Polizei trieben die Juden auf den kleinen Marktplatz, wo sie viele Stunden auf den Transport warten mussten. Polnische Zivilisten halfen, die Juden aus ihren Verstecken zu holen. 6000 Juden wurden verschleppt, lediglich rund 200, die die „Habe absichern“ sollten, wurden am Leben gelassen. Zur gleichen Zeit fand die „Umsiedlung“ der 6000 Juden des Ghettos von Węgrów statt. Polizisten und Gendarmen drangen in die Häuser ein und jagten die Juden auf die Straße. An der Suche nach versteckten Juden beteiligten sich einige polnische Nachbarn aus eigener Initiative, darunter Jugendliche und Feuerwehrmänner. Die Opfer wurden auf Lastwagen und Pferdefuhrwerke geladen oder zu Fuß in das 17 Kilometer entfernte Sokołow getrieben. Die Razzien und Durchsuchungen hielten mehrere Tage lang an. Aufgegriffene Juden wurden auf den Marktplatz geführt und dann auf dem Jüdischen Friedhof getötet. Kaum waren die Häuser der Juden verlassen, kamen Plünderer, um sich an deren Habe zu vergreifen. In der Hoffnung, Geld oder Wertsachen zu finden, zogen sie den auf dem Marktplatz liegenden Leichen die Kleidung aus. Trotz der groß angelegten Fahndungen im Ort und in der Umgebung gelang es vielen Juden unterzutauchen.[40] Die dritte Auflösung einer jüdischen Gemeinde am Festtag von Jom Kippur fand in Stoczek Węgrowski statt. Die Opfer wurden nach Sokołów Podlaski getrieben und von dort mit den anderen nach Treblinka verschleppt. Binnen weniger Tage war der gesamte Kreis „judenfrei“.

Die von den lokalen Strukturen der Heimatarmee herausgegebenen Untergrund-Publikationen berichteten ausführlich über den Terror gegen die jüdische Bevölkerung.[41] Besonders viel Raum widmeten die Blätter der Demoralisierung in der nichtjüdischen Bevölkerung. Nach den Mordaktionen in Stoczek Węgrowski, Węgrów, Wołomin, Jadów und Radzymin wurde detailliert von zahllosen Polen berichtet, die sich an der Jagd auf Juden beteiligten und sich an der Habe der Opfer

40 Zur Demoralisierung der polnischen Bevölkerung: Bericht des polnischen Bürgermeisters Władysław Okulus, AŻIH, 301/6043, sowie Shraga Feivel Bielawski, The Last Jew from Wegrow: The Memoirs of a Survivor of the Step-by-Step Genocide in Poland. Edited and rewritten by Louis W. Liebovich, New York 1991. Der Autor beobachtete die Lage tagelang von einem Dachboden aus, auf dem er sich mit seiner Familie versteckt hielt.

41 Siehe Friedrich, Der nationalsozialistische Judenmord in polnischen Augen.

bereicherten. Das Presseorgan der Heimatarmee im Kreis Warschau meldete sich Mitte November 1942 unter der Überschrift „Abscheu“ zu Wort:

> „Die aus dem Land eingehenden Nachrichten der letzten Wochen treiben jedem anständigen Polen die Schamröte ins Gesicht. Aus verschiedenen Orten – eigentlich aus allen, in denen es bestialische Morde an Juden gab – wird berichtet, dass sich nicht nur die Nazis am Eigentum der von den Deutschen ermordeten Opfer vergriffen, dass sich vielmehr auch die Blaue Polizei und – was noch schlimmer ist – die örtliche polnische Bevölkerung an diesem Raub beteiligten. Anfangs dachten wir, allein gesellschaftlicher Abschaum, berufsmäßige Diebe und Banditen hätten dieses schändliche Handwerk betrieben. Aber leider stellt sich heraus, dass nicht selten ‚solide‘ Bürger und gewichtige ‚Hausbesitzer‘ an diesen kriminellen Aktionen teilnehmen. Ihre bisherige gesellschaftliche Stellung, ihr ‚Katholizismus‘ hindern sie nicht daran, sich im Schlamm der allgemeinen Kriminalität zu suhlen. Das ist umso beschämender, als dies auf der Basis von Mordtaten geschieht, die von den niederträchtigen Feinden des polnischen Volks begangen werden. [...] Diese Geschehnisse zeugen von einer erschreckenden geistigen Verwahrlosung breiter gesellschaftlicher Kreise durch Krieg und deutsche Besatzung.“[42]

Die Angehörigen der Heimatarmee vermochten jedoch kaum mehr, als die Szenen dieses Albtraums passiv zu beobachten, der sich so lange in ihrer gesamten Umgebung abspielte. Dabei verfügten sie noch am ehesten über die Mittel, gegen derartige Handlungen tatkräftig vorzugehen.[43]

Die Organisation des bewaffneten Widerstands im Warschauer Ghetto

Die führenden Vertreter des Widerstands im Ghetto zogen nach Beginn der „Umsiedlungsaktion“, deren Ausmaße immer mehr Schrecken verursachten, ihre Folgerungen für die Einschätzung der Lage. Sie erkannten, dass sich die gesamte jüdische Bevölkerung in Todesgefahr befand – unabhängig davon, in welchem Bereich des Ghettos sie lebte oder für wie nützlich die Deutschen Einzelne hielten. Wie schon zuvor in Wilna sprachen sich vor allem Jüngere dafür aus, den bewaffneten Kampf aufzunehmen.

42 Ohyda, in: Biuletyn Informacyjny, Nr. 52, Ausgabe P, 13. 11. 1942. Siehe auch: Dariusz Libionka, Polska konspiracja wobec eksterminacji Żydów w dystrykcie warszawskim, in: Prowincja noc, S. 443–504, bes. S. 452–463.

43 Siehe zum Vergleich: Die katholische Zeitung Prawda warnt vor der Demoralisierung der polnischen Gesellschaft durch den Judenmord Ende Juli 1942, in: VEJ 9, Dok. 108, S. 362–364.

Am 28. Juli verkündeten Mitglieder der Jugendbünde Haschomer Hazair, Dror Hechaluz und Akiba die Bildung einer Jüdischen Kampforganisation (Żydowska Organizacja Bojowa, ŻOB). Daran nahmen Cywia Lubetkin (1914–1978), Icchak Cukierman (Yitzhak Zuckerman) (1915–1981), Mordechaj Tenenbaum-Tamarof (1916–1943), Józef Kapłan (1913–1942) und viele weitere junge Aktivisten teil. Die Jüdische Kampforganisation entwickelte sich zu einer überparteilichen Widerstandsgruppe mit beachtlicher Reichweite. Die extrem schwierigen Ausgangsbedingungen setzten jedoch ihren Möglichkeiten, sich den Vernichtungsplänen zu widersetzen, enge Grenzen. Arie Wilner (1917–1943), der als Kurier aus dem Ghetto gesandt wurde, gelang es wochenlang nicht, mit der Heimatarmee Kontakt aufzunehmen oder Waffen zu besorgen. Lediglich die kleine kommunistisch orientierte Widerstandsgruppe war in der Lage, sich einige wenige Waffen zu beschaffen. Erfolgreicher waren die Gruppen hingegen bei der Aufklärung. In illegalen Zeitungen und Proklamationen riefen sie den Jüdischen Ordnungsdienst auf, passiven Widerstand zu leisten und die Mitarbeit zu verweigern, wenn die Deutschen sie dazu zwangen, ihre Pläne zu unterstützen. Von Flüchtlingen aus Treblinka und von Kurieren, die aus Ghettos entsandt worden waren, hatten die politisch Aktiven bereits erfahren, welches Ziel die Deportationen hatten. Zygmunt Frydrych, der im Bund organisiert war, begab sich nach Sokołów Podlaski und erfuhr dort von Eisenbahnern wie auch von der örtlichen Bevölkerung die Wahrheit über den Bestimmungsort der Transporte aus dem Warschauer Ghetto. Er traf dort auch zwei Personen, die aus Treblinka geflohen waren.[44] Am 20. August verübte Izrael Kanał, der zuvor dem Jüdischen Ordnungsdienst angehört hatte, einen Anschlag auf dessen Leiter Józef Szeryński, der dabei verwundet wurde. Das Attentat fand im Ghetto starken Widerhall.

Der Rechtsanwalt Leon Feiner (1885–1945), Mitglied des Bundes, befand sich bereits seit längerer Zeit auf der „arischen Seite“. Über Kontakte zu sozialistischen Widerstandskreisen gelang es ihm, ein Treffen mit Jan Kozielewski (genannt Karski) zu organisieren. Karski hatte von führenden Vertretern der Heimatarmee und der Regierungsdelegatur im Land, die der in London ansässigen Exilregierung Polens unterstanden, den Auftrag bekommen, als Kurier nach London zu fahren. Gemeinsam mit dem Zionisten Menachem Kirszenbaum, der sich ebenfalls auf der „arischen Seite“ befand, überreichte Feiner Karski einen Bericht für die jüdischen Vertreter im Nationalrat der polnischen Exilregierung.[45] Vor seiner

44 Marek Edelman, Getto walczy (Udział Bundu w obronie getta warszawskiego), Warszawa 1945, S. 31 f.

45 Siehe: Der Bundist Leon Feiner schildert am 31. August 1942 die Ermordung der Juden in Polen und fordert, Vergeltung an den Deutschen zu üben, in: VEJ 9, Dok. 126, S. 401–410.

Abreise nach London besuchte Karski zweimal das Warschauer Ghetto.[46] Unter den Dokumenten, die er auf Mikrofilm mit nach London nahm, befanden sich noch weitere Materialien über die Lage im Warschauer Ghetto und über den Ablauf des Judenmordes in Polen. Sie waren vom Referat für Jüdische Angelegenheiten in der Nachrichten- und Propagandastelle beim Oberkommando der Heimatarmee zusammengestellt worden, das dem Juristen Henryk Woliński unterstand. Als lettischer Wachmann verkleidet, fuhr Karski in den Distrikt Lublin und wurde dort Zeuge einer Deportation.[47] In London kam er einige Zeit nach Beendigung der „großen Deportation" aus Warschau an. Bereits zuvor waren Depeschen von Warschau nach London geschickt worden, in denen von fortgesetzten Deportationen berichtet wurde.[48] Die polnische Exilregierung entschied sich jedoch aus nicht endgültig geklärten Gründen dagegen, diese Informationen zu nutzen.[49]

Die 44 Tage andauernden Deportationen dezimierten die Reihen der Untergrundkämpfer im Ghetto. Viele Mitarbeiter von Oneg Schabbat wurden nach Treblinka verschleppt, unter ihnen Szymon Huberband, der vor seiner Ankunft in Warschau (im September 1939) Rabbiner in Piotrków Trybunalski gewesen war. Am 1. August versteckten drei Mitarbeiter des Archivs – Israel Lichtensztejn und zwei seiner Schüler, Dowid Graber und Nochum Grzywacz – einen Teil des

46 Vor allem in den letzten Jahren wurden über Karski viele missverständliche Informationen verbreitet. Ziel seiner Mission war es nicht, „über den Holocaust zu berichten", sondern über die interne Lage des polnischen Widerstands und über das besetzte Land zu informieren. Karski sprach mit dem Beauftragten der Exilregierung, dem Kommandanten der Heimatarmee sowie Vertretern sämtlicher im Untergrund agierender Organisationen sowie der Kirche. Mit dem Einverständnis des Beauftragten der Exilregierung sprach er auch mit Vertretern der Juden. Siehe Wojtek Rappak, „Raport Karskiego" – kontrowersje i interpretacje, in: Zagłada Żydów. Studia i Materiały 10 (2014), S. 96–130. Hier auch der erste von Karski niedergeschriebene Bericht über die Art seiner Mission vom 30. 11. 1942.

47 In dem 1944 in den Vereinigten Staaten veröffentlichten Buch Story of a Secret State. My Report to the World, und in weiteren Nachkriegsberichten behauptete er, es habe sich um das „jüdische Vernichtungslager" Belzec gehandelt. Seine Beschreibung des Orts lässt daran jedoch zweifeln. Einige Historiker sind der Auffassung, er sei in Izbica gewesen. Dies ist aufgrund der Ortsbeschreibung ebenfalls unsicher. Verwunderlich ist ferner, dass Karski in seinem Bericht Treblinka nicht erwähnte – ebenso wenig das Lager in Lublin-Majdanek, an dem er auf dem Weg nach Zamość und weiter nach Belzec hätte vorbeikommen müssen. Hier ist allerdings zu bedenken, dass Karski keinen Augenzeugenbericht im eigentlichen Sinne vorgelegt hat.

48 Siehe etwa: Der Oberkommandierende der Heimatarmee meldet am 19. August 1942 den Stand der Deportationen aus dem Warschauer Getto, in: VEJ 9, Dok. 119, S. 386.

49 Die wichtigste Depesche schickte der Oberkommandierende der Heimatarmee, General Stefan Rowecki, nach London. Dort hielt sie der Stab des Obersten Befehlshabers geheim. Siehe Adam Puławski, Nie ujawniać czynnikom nieoficjalnym. Depesze AK o Zagładzie, in: Więź, Nr. 7, 2007, S. 69–80.

Archivs in zehn Metallkisten in einem Haus in der Nowolipki-Straße 68.[50] Die verbliebenen Angehörigen von Oneg Schabbat setzten ihre Arbeit dennoch fort. Schwere Verluste musste der Bund hinnehmen – von fast 500 organisierten Mitgliedern blieben lediglich wenige Dutzend zurück.[51] Ähnlich war die Lage bei anderen politischen Gruppierungen. Mutlosigkeit und tiefe Niedergeschlagenheit breiteten sich aus. „Das Ende der großen Aktion“, schrieb Israel Gutman, Mitglied des Jugendbunds Haschomer Hazair, Überlebender und Historiker des Warschauer Ghettos, „ließ die Juden erschöpft, geschockt, versteinert und aufgewühlt zurück. Es kam die Zeit der Abrechnung und der Gewissensprüfung. Ohne eine Antwort zu erwarten, stellten sich die am Leben Gebliebenen die Frage: Warum wurde nicht der Versuch unternommen, Widerstand zu leisten? Warum trat keine organisierte Widerstandsbewegung hervor, gab es nicht einmal spontane Widerstandsregungen? Warum wurde am verhassten Jüdischen Ordnungsdienst keine Vergeltung verübt?“[52]

Für den Aufbau der Jüdischen Kampforganisation war eine Person außerordentlich wichtig: Mordechaj Anielewicz (1919–1943), ebenfalls Mitglied von Haschomer Hazair, der die Zeit der „großen Aktion“ in der jüdischen Gemeinde im Kohlebecken von Dombrowa verbracht hatte. In ganz kurzer Zeit gelang es ihm, an die Spitze der erweiterten Organisation zu rücken. Unter deren Aktivisten sprühte Anielewicz vor Tatkraft. Anders als so viele, die in den Tagen der Deportationen aus Warschau passiv geblieben waren, hatte ihn das Gefühl einer persönlichen Niederlage keineswegs gelähmt.[53] In den folgenden Wochen stießen weitere politische Parteien und Organisationen zur Jüdischen Kampforganisation, die nun ein breites Spektrum des jüdischen politischen Lebens repräsentierte.[54] Als letzte Gruppe schloss sich im Dezember 1942 auch der Bund den Kämpfern an. Bis zu diesem Zeitpunkt hatten sie auf eine enge Zusammenarbeit mit den polnischen Sozialisten gesetzt und sich von den Zionisten ferngehalten.

Die Führung der Jüdischen Kampforganisation bildete nun ihre endgültige Struktur aus: Stellvertreter von Anielewicz wurde Icchak Cukierman vom Jugendbund Dror, außerdem gehörten Hersz Berliński (Poale Zion-Links), Marek

50 Alle drei kamen ums Leben. Der von ihnen versteckte Teil des Archivs wurde im September 1946 aufgefunden.

51 Edelman, Getto walczy, S. 39.

52 Gutman, Resistance. The Warsaw Ghetto Uprising, S. 146.

53 Ebenda, S. 165.

54 Darunter befanden sich auch Kommunisten. Bereits im Frühjahr 1942 wurde unter der Leitung der im Ghetto aktiven Zelle der PPR (Polska Partia Robotnicza) eine Organisation mit dem Namen Antifaschistischer Block gegründet, deren Existenz jedoch aufgrund von Verhaftungen ein schnelles Ende bereitet wurden. Viele kommunistische Aktivisten starben später in Treblinka.

Edelman (Bund) und Michał Rosenfeld von der kommunistischen Polnischen Arbeiterpartei (PPR) der Führungsspitze an. Überdies wurde eine nicht unter Waffen stehende politische Vertretung gegründet, die sich unter dem Namen Jüdisches Nationalkomitee (Żydowski Komitet Narodowy) Gehör verschaffen und die politischen Interessen der jüdischen Bevölkerung gegenüber dem Polnischen Untergrundstaat vertreten sollte. Im Herbst gelang es dem Gesandten der Jüdischen Kampforganisation Wilner, Kontakt zu Woliński aufzunehmen, der zum glühenden Fürsprecher der Juden wurde. Der Oberkommandierende der Heimatarmee, Rowecki, erkannte die Gruppierung jetzt offiziell an und empfahl, dem Ghetto eine erste kleine Lieferung Waffen zu übergeben. Am 29. Oktober 1942 wurde der Leiter des Jüdischen Ordnungsdienstes, Jakub Lejkin, der sich während der „Umsiedlungsaktion“ als besonders pflichtbewusst hervorgetan hatte, bei einem Attentat der Jüdischen Kampforganisation auf seiner Arbeitsstelle erschossen. Das gleiche Schicksal ereilte den Mitarbeiter des Judenrats Israel First, den Leiter der Wirtschaftsabteilung im Judenrat und dessen Verbindungsmann zu den deutschen Besatzungsbehörden. Die Aktivitäten beschränkten sich nicht auf die Stadt Warschau. Kuriere und Verbindungspersonen reisten in andere Ghettos und setzten sich dafür ein, Widerstandsgruppen zu bilden. So wurde Verbindung mit Gruppen in Będzin und Sosnowiec sowie im Generalgouvernement mit Częstochowa und Krakau aufgenommen.

Abseits der Organisationsstrukturen der Jüdischen Kampforganisation und des Jüdischen Nationalkomitees verblieben die jungen Aktivisten der zionistisch-revisionistischen Gruppierung Betar. Aus der Vorkriegszeit herrührende Empfindlichkeiten, aber auch Uneinigkeit über die Besetzung der Führungsspitze verhinderten, dass es zu einer Einigung kam. Die Betar-Mitglieder riefen deshalb eine eigene bewaffnete Organisation ins Leben, die sie als Jüdischen Militärbund (Żydowski Związek Wojskowy) bezeichneten. Anführer wurden der nicht näher bekannte Paweł Frenkel und der Journalist Leon Rodal. Obwohl sich im Jüdischen Militärbund weniger Kämpfer als in der Jüdischen Kampforganisation zusammenschlossen, die viele politische Gruppierungen repräsentierte, und die Gruppe keine Kontakte zur Heimatarmee hatte, war sie militärisch gut aufgestellt und verfügte über eine bedeutende Anzahl an Waffen.[55] In ihrem Einflussbereich agierten noch weitere Gruppen, die sich der Jüdischen Kampforganisation nicht anschließen wollten.[56]

55 Siehe: Der Jüdische Militärbund ruft die Gettoinsassen in Warschau Anfang Januar 1943 auf, gegen die deutschen Besatzer zu kämpfen, in: VEJ 9, Dok. 202, S. 568 f.

56 Um den Jüdischen Militärbund ranken sich viele Mythen, die auf Missverständnissen beruhen, siehe dazu Dariusz Libionka/Laurence Weinbaum, Bohaterowie, hochsztaplerzy, opisywacze. Wokół Żydowskiego Związku Wojskowego, Warszawa 2011.

Der Beginn der Deportationen aus dem Distrikt Radom

Bis Anfang August 1942 hatten keine Deportationen aus dem Distrikt Radom stattgefunden. Das bedeutete jedoch nicht, dass keine Vorbereitungen für den Massenmord getroffen wurden. Am 18. Juni erklärte der stellvertretende Gouverneur des Distrikts Radom, Alfons Oswald, der Distrikt sei bei der „Judenumsiedlung“ allein wegen der Transportschwierigkeiten „etwas ins Hintertreffen geraten“. Nun müsse man noch einmal 6–8 Wochen warten. Dies bestätigte Staatssekretär Krüger, der jedoch hinzufügte, dass „von Seiten der Polizei die Judenaktion bis in alle Einzelheiten vorbereitet sei“.[57] Am 21. Juli wurden 69 Juden aus der kleinen Ortschaft Ryczywół bei Radom in das Vernichtungslager Sobibor verschleppt, das zu dem Zeitpunkt als Mordstätte eigentlich nicht in Betrieb war.[58] Dies blieb die einzige Verschleppung aus dem Distrikt Radom nach Sobibor. Da sich die Bauarbeiten an der Eisenbahntrasse weiter verzögerten, entschied man nämlich, sämtliche Transporte aus dem Distrikt Radom nach Treblinka zu leiten.[59]

Unmittelbar verantwortlich für die Durchführung der Deportationen im Distrikt Radom war der aus Memel/Klaipėda stammende SS- und Polizeiführer für den Distrikt, SS-Standartenführer Dr. Herbert Böttcher (1907–1950). Böttcher hatte in dieser Funktion Carl Albrecht Oberg (1897–1965) abgelöst, der einige Monate zuvor als Höherer SS- und Polizeiführer in das besetzte Frankreich versetzt worden war, wo er sich an der Deportation von Zehntausenden Juden in die Vernichtungslager führend beteiligte. Am 1. August reiste der gelernte Drogist Wilhelm Blum (1890–1947), ein Offizier aus dem Stab Globocniks, nach Radom, um das Vorhaben zu koordinieren. Ein Sonderkommando entstand, das unter dem Befehl von SS-Hauptsturmführer Adolf Feucht (1909–1945) den Kern der ausführenden Truppen bei den Mordaktionen bildete. Das Kommando setzte

57 Siehe: Führende deutsche Besatzungsfunktionäre besprechen am 18. Juni 1942 die Deportation der Juden des Generalgouvernements in die Vernichtungslager, in: VEJ 9, Dok. 80, S. 290–294, hier S. 293.

58 Über diesen Vorgang gab es ein Schreiben der Kreishauptmannschaft Radom-Land an die Distriktbehörde in Lublin, in dem der Kreishauptmann Dr. Justus Rubehn den Leiter der Unterabteilung Bevölkerungswesen und Fürsorge im Distrikt Lublin, Georg Hartig, darüber unterrichtete, dass „durch ein Sonderdienstkommando 69 Juden aus Ryczywół ins Lager Sobibor des SS- und Polizeiführers im Bezirk Lublin auf Transport geschickt worden sind“. Siehe Schelvis, Vernichtungslager Sobibór, S. 281, und Leon Poliakov/Josef Wulf, Das Dritte Reich und die Juden. Dokumente und Aufsätze, Berlin 1955, S. 200. Es handelt sich um eines von ganz wenigen Dokumenten über Deportationen nach Sobibor.

59 Auf der Besprechung von RSHA und Reichsbahn in Berlin vom 26.–28. 9. 1942 wurde angekündigt, dass nach Beendigung der Renovierung der Eisenbahntrasse täglich ein Transport aus dem Distrikt Radom nach Sobibor geleitet werden sollte, siehe Lichtenstein, Mit der Reichsbahn in den Tod, S. 62. Doch kam es nicht dazu.

sich aus einer 140 Mann starken Kompanie von Trawniki-Männern zusammen. Wie in anderen Distrikten wurden in den einzelnen Ortschaften lokale Sicherheitspolizei, Schupo, Gendarmerie, Bedienstete der Blauen Polizei und Beschäftigte der Zivilverwaltung eingesetzt.

Im Sommer 1942 lebten 360 000 bis 400 000 Juden im Distrikt Radom.[60] Wie auch an anderen Orten wurden im Vorfeld der Deportationen die jüdische Bevölkerung seit Anfang des Jahres aus den Dörfern und kleineren Ghettos vertrieben und nach ihrer „Arbeitsfähigkeit" selektiert. So verbrachte man die Familie von Dawid Rubinowicz mit den jüdischen Bewohnern des Dorfes Krajno und der umliegenden Ortschaften in das Ghetto Bodzentyn. Vor dem Krieg hatten in Bodzentyn rund 1000 Juden gelebt, im Frühjahr 1942 waren es annähernd 4000, darunter Hunderte, die aus Płock im Westen Polens umgesiedelt worden waren. Obwohl das Ghetto nicht geschlossen war, herrschte dort große Enge, und die Lebensbedingungen verschlechterten sich von Tag zu Tag. Regelmäßig kam es zu Überfällen der Polizei, Hinrichtungen und Verhaftungen sowie zu Razzien, deren Opfer den Arbeitslagern zugeführt wurden. „Wenn das noch lange so anhält", schrieb Dawid Rubinowicz am 10. April, „werden die Leute schon vor Entsetzen wie die Fliegen sterben".[61]

Die Deportationen im Distrikt begannen in der Stadt Radom. Bereits seit längerer Zeit gingen bei den Juden Gerüchte über die anstehende Verschleppung um, und das Gefühl der Unsicherheit wurde immer größer. Man wusste um die Deportationen aus Lublin und anderen Orten und auch, dass zuerst Personen abgeschoben worden waren, die keinerlei Arbeit nachgingen. Ende April wurden Józef Diament, der Vorsitzende des Judenrats, und weitere Angehörige des Judenrats verhaftet, was die Unruhe in der jüdischen Bevölkerung noch vergrößerte. In der Nacht vom 4. auf den 5. August wurde schließlich das sogenannte kleine Ghetto im Stadtteil Glinice geräumt, wo vor allem jene untergebracht waren, die als „arbeitsunfähig" galten. Nachts hatten Trawniki-Männer und Blaue Polizei das Ghetto eingekreist. Ihre Helfer hatten Scheinwerfer aufgestellt, die plötzlich eingeschaltet wurden. Die Bewohner wurden gewaltsam aus ihren Häusern getrieben. Nach einer Selektion zwängte man etwa 8000 Juden in die Zugwaggons. Rund 1000 blieben im Ort zurück. Blum leitete die Mordaktion, bei der Dutzende getötet wurden. Unter den Verschleppten befanden sich auch 2000 Bewohner des sogenannten großen Ghettos in der Innenstadt. Polen, die am nächsten Tag in der Hoffnung auf einen gewinnbringenden Handel ins Ghetto kamen, brachten

60 Siehe Jacek A. Młynarczyk, Organisation und Durchführung der „Aktion Reinhard" im Distrikt Radom, in: Musial (Hrsg.), „Aktion Reinhardt", S. 165–196.

61 Pamiętnik Dawida Rubinowicza, S. 31–33.

erschreckende Nachrichten über den Ablauf der Geschehnisse am Bahnhof mit. Die Panik erreichte ihren Höhepunkt. Die deutschen Behörden bemühten sich, die Gemüter zu beruhigen. Sie gaben bekannt, dass Arbeitende und ihre Familienangehörigen nichts zu befürchten hätten, insbesondere dann nicht, wenn sie in der Rüstungsproduktion tätig waren. Zudem wurde angekündigt, dass weitere Handwerksbetriebe eingerichtet würden. Wie an anderen Orten auch begann in der jüdischen Bevölkerung ein Wettlauf nach Arbeitsbescheinigungen. Teilweise wurden die Arbeiter auf dem Gelände der Shops kaserniert. Einige, vor allem Jugendliche und Alleinstehende, entschlossen sich, aus dem Ghetto zu fliehen.

Am 17. August begann die Räumung des großen Ghettos. Der Ablauf war der gleiche wie zuvor in Glinice. Eine Polizeikette umstellte das Ghetto, um Mitternacht wurde die Beleuchtung eingeschaltet – und die „Säuberung“ der Häuser begann. Die Bewohner wurden zum Sammelpunkt getrieben und selektiert. Es war ein heißer Tag. Die Leute trugen dennoch mehrere Lagen von Kleidung übereinander und litten nun unter der Hitze. Die Sicherheitspolizei und die Angestellten des Arbeitsamtes riefen die „Arbeitsfähigen“ heraus, respektierten die Eintragungen in den Papieren jedoch in vielen Fällen nicht. Unter Blums Kommando wurden dann rund 10 000 Juden in die Waggons getrieben. Viele der Jüngeren wollten ihre Eltern und Kinder nicht zurücklassen und unternahmen keine Bemühungen, sich der Deportation zu entziehen. Die Deutschen kasernierten rund 3000 Männer und schickten sie dann in Zwangsarbeitslager in der Stadt. Eine Gruppe verrichtete Aufräumarbeiten im Ghetto und begrub die Ermordeten. Aus den nun leer stehenden Häusern wurden Möbel und noch nutzbare Gegenstände herausgeholt. Zur gleichen Zeit lief die Suche nach Juden, die sich dem Abtransport entzogen hatten. Wie ein Überlebender berichtete, irrten viele Kinder in dem verlassenen Ghetto umher. Manche von ihnen waren aus dem „arischen“ Viertel zum Ghetto geschickt worden. Die SS-Männer brachten sie zu einem Sammelpunkt und ermordeten sie.[62]

Auf noch gewalttätigere Weise wurden vom 20. bis zum 24. August die meisten Juden aus Kielce ausgesiedelt. An der Mordaktion nahmen 70 Beamte der Sicherheitspolizei, 150 Ordnungspolizisten sowie rund 100 Trawniki-Männer teil. Die Einsatzkräfte unterstützten hundert Blaue Polizisten und den Jüdischen Ordnungsdienst. Um vier Uhr morgens umstellten sie das Ghetto. Der „Umsiedlungsstab“ erteilte dem Judenrat die entsprechenden Anweisungen. Die Ghettoinsassen wurden aus ihren Häusern geholt und zum Ort der Selektion geführt. Alles lief von Beginn an mit größter Brutalität ab. „Arbeitsfähige“ wurden abgesondert

62 Bericht Chaim Zajde, 1947, AŻIH, 301/4501. Siehe auch Piątkowski, Dni życia, dni śmierci, S. 219–226.

und die Übrigen in Zugwaggons verladen, während das Ghetto unablässig durchsucht und den Ermordeten die Kleidung ausgezogen wurde. Die Leichen schaffte man auf den Friedhof. Allein am ersten Tag ging ein Transport von 5000 Personen nach Treblinka. Am zweiten Tag erschossen die Täter sämtliche Kinder und Patienten im Krankenhaus. Am 24. August, dem letzten Tag der Gewaltorgie, fuhren etwa 15 000 Juden ins Vernichtungslager Treblinka ab, 2000 wurden an Ort und Stelle ermordet. Die etwa 2000 Menschen, die danach noch lebten, mussten fortan für die Rüstungsindustrie in der Stadt und im Umland arbeiten.[63] Mehrere Hundert Menschen versuchten, sich dem Morden durch Flucht zu entziehen.

Das größte Ghetto im Distrikt Radom, das sich in Częstochowa befand, wurde vom 22. September bis zum 5. Oktober „geräumt". Das vom Hauptmann der Schutzpolizei Paul Degenhardt befehligte Vernichtungskommando erschoss schon am ersten Tag 1500 Juden. In sechs Transporten hatten die Deutschen etwa 33 000 Menschen verschleppt. Jene, die sie danach in Verstecken aufgriffen, erschossen sie an Ort und Stelle. Handwerker, die für die Wehrmacht und Polizei arbeiteten, waren von den Deportationen zurückgestellt und einen Tag vor deren Beginn kaserniert worden.

Im selben Zeitraum fanden auch in der kleinstädtischen Provinz Deportationen statt. Im September organisierte die Sicherheitspolizei „Umsiedlungen" in den Kreisen Jędrzejów,[64] Kielce und Radom. Die Opfer wurden zunächst in Ortschaften konzentriert, die an Eisenbahnstrecken lagen. Am 21. September ging ein Deportationszug von der Bahnstation Suchedniów in das Vernichtungslager Treblinka. Über mehrere Tage waren die Juden aus umliegenden Ortschaften unter Bewachung von Gendarmerie und Blauer Polizei zum Abfahrtsort geschafft worden. Auch die Bewohner des 25 km entfernten Bodzentyn waren darunter. Wahrscheinlich befand sich auch die Familie Rubinowicz unter den 4000 Juden, die verschleppt wurden. Für einen Fluchtversuch fehlten ihnen die Mittel. In den Wochen danach waren die Orte Busko, Radomsko, Piotrków Trybunalski, Opatów, Starachowice, Tomaszów Mazowiecki und Końskie betroffen.[65] Die Täter gingen auch hier mit äußerster Rücksichtslosigkeit vor.

63 Beschreibung der Deportation nach: Jacek A. Młynarczyk, Bestialstwo z urzędu. Organizacja hitlerowskich akcji deportacyjnych w ramach „Operacji Reinhard" na przykładzie likwidacji kieleckiego getta, in: Kwartalnik Historii Żydów (2002), S. 363–372.

64 Siehe auch: Die Jüdische Soziale Selbsthilfe berichtet am 2. September 1942 über die Zwangsumsiedlung von 2000 Juden in der Stadt Jędrzejów, in: VEJ 9, Dok. 127, S. 411.

65 Siehe: Wiadomości: Ein Bericht vom 22. Dezember 1942 fasst die Zustände in den Arbeitslagern und die Zahl ermordeter Frauen, Männer und Kinder in verschiedenen Orten zusammen, in: VEJ 9, Dok. 195, S. 555–560, darin S. 560 eine Tabelle mit „Zahlenangaben aus einigen Orten des sog. Gen.Gouv., in denen die ‚Umsiedlungsaktion' im September, Oktober und November [...] stattgefunden hat".

In Sandomierz kamen kurz vor der Deportation deutsche Beamte ins Ghetto, angeblich, um ausstehende Steuern einzutreiben. Die Deportationen begannen am 28. Oktober frühmorgens. „Um 6 Uhr“, so berichtete der Überlebende Icchak Gorzyczański, „hörte man, wie die Stadtglocken und die Sirenen der Feuerwehr 75 Minuten lang Alarm schlugen. Die Gendarmerie gab mit Unterstützung der jüdischen Polizei den Befehl an die jüdische Bevölkerung aus, sich auf dem Marktplatz aufzustellen, und drohte, alle, die in ihren Häusern bleiben würden, zu erschießen. [...] Die ganze Stadt wurde unter Bewachung genommen. Die Mörder schlugen unbarmherzig zu [...]. Auf dem Weg zur Bahnstation töteten Ukrainer und Letten 78 Personen. Mit der Hilfe von Feuerwehr und Hausmeistern holte die polnische Polizei etwa 400 Juden, die sich zu verbergen versucht hatten, aus den Häusern. 200 von ihnen wurden auf der Stelle ermordet. Die Übrigen schickte man zur Bahnstation.“[66]

Gleich danach begaben sich die Einsatzkräfte auf die Suche nach Juden, die sich der Mordaktion zu entziehen versuchten, um sie auf den Jüdischen Friedhof zu bringen und dort zu töten. In der zweiten Oktoberhälfte wurden auch die Juden aus den Ghettos im Kreis Opatów deportiert. Unter ihnen war Samuel Willenberg (1923–2016). Willenberg stammte aus Częstochowa, hatte im September 1939 am Krieg teilgenommen und war dabei verwundet worden. In den letzten Monaten vor der Deportation hatte er seinen Aufenthaltsort mehrfach gewechselt. Nachdem seine Schwester verhaftet worden war, die sich in Częstochowa mit „arischen Papieren“ versteckt hatte, verfiel er in Gleichgültigkeit. Er kehrte nach Opatów zurück und ergab sich seinem Schicksal.

Nach der Deportation waren noch einige Dutzend Juden in der Ortschaft, die übrigen rund 7000 Menschen wurden zur etwa zwanzig Kilometer entfernten Bahnstation in Ożarów getrieben. Schwache und Kranke fanden kein Gnade vor den Mördern. Nach der Ankunft wurden alle anderen in den Zug gepresst, jeweils 120 in einen Waggon.[67]

Hatten die Deutschen die „Sicherung“ des Eigentums der Deportierten in den ehemals jüdischen Stadtbezirken abgeschlossen, siedelten sie dort polnische Bevölkerung an. Polen, die sie bei der Plünderung des Ghettos antrafen, wurden verhaftet und vor Sondergerichte gestellt. Die Stadtverwaltung übernahm die Wohnungen, und die Propagandapresse begann mit einer neuen antisemitischen Kampagne. Bewiesen sei, dass „die Juden Radoms wie Ungeziefer lebten, als Parasiten auf gesunden Organismen. Es bereitete ihnen keinen Kummer,

66 Bericht Icchak Gorzyczański, 1945, AŻIH, 301/47.

67 Samuel Willenberg, Treblinka. Lager – Revolte – Flucht – Warschauer Aufstand, Münster 2009, S. 13–15. Das hebräische Original Mered be-Treblinka erschien 1986 in Tel Aviv.

dass ihre Wohnungen auseinanderfielen und in ihnen schmutzstarrende Unordnung herrschte."[68] Sachen, die die Juden zurückgelassen hatten, fanden zahllose Abnehmer.

Die meisten Opfer der kleineren Ortschaften wurden direkt nach Treblinka deportiert. Lediglich in Orten, in deren Nähe sich Arbeitslager befanden, ließen die Deutschen größere Gruppen von Juden am Leben, so zum Beispiel in Wierzbnik im Kreis Starachowice, wo 6000 Juden lebten. Die „Judenumsiedlung" dauerte hier einen Tag und fand am 27. Oktober statt. Herr über Leben und Tod war Kriminalkommissar Walther Becker, Chef der lokalen Niederlassung von Sipo und SD. Unter seinem Kommando umstellten lokale Polizeieinheiten, Gendarmerie, Blaue Polizei, Sonderdienst und eine Kompanie Trawniki-Männer das Ghetto. Der Jüdische Ordnungsdienst hatte die Anweisung erhalten, alle Juden auf dem Marktplatz zusammenzutreiben. Die deutschen Beamten waren unzufrieden mit dem Tempo und begannen, willkürlich Einzelne zu ermorden. Becker, der zuvor als „gemäßigt" gegolten hatte, erschoss nun auch eigenhändig Juden. An der Selektion nahm er ebenfalls teil. Viele Juden waren vor eine teuflische Alternative gestellt: bei den Angehörigen zu bleiben oder sich die Chance auf ein Überleben zu wahren – um den Preis, von Kindern oder betagten Eltern getrennt zu werden. 4000 Menschen wurden in die Waggons getrieben und ins Vernichtungslager Treblinka verschleppt. 1400 Männer und 400 Frauen kamen in das Arbeitslager in Starachowice. Vor Ort ermordet wurden über 60 Menschen.[69]

In nur vier Monaten war das Vernichtungslager Treblinka Ziel von Transporten mit über 300 000 Juden. Etwa 10 000 wurden bei den Deportationen in den Städten und Kleinstädten im Distrikt Radom unmittelbar ermordet. Darüber, wie groß die Zahl der Juden war, die diese Welle an Gewalt überlebten, herrscht Uneinigkeit – sie schwankt zwischen 25 000 und 30 000.[70] Sie lebten in Lagern, die auf dem Gelände der ehemaligen jüdischen Stadtbezirke eingerichtet wurden. Juden arbeiteten dort in Werkstätten und Produktionsbetrieben

68 Dziennik Radomski, Nr. 279, 28. 11. 1942, zit. nach Piątkowski, Okupacja i propaganda, S. 137.

69 Der Ablauf der Deportation wurde auf Grundlage von Aussagen und Berichten Überlebender rekonstruiert: Christopher R. Browning, Remembering Survival. Inside a Nazi Slave-labor Camp, New York 2011, S. 128–149. Im Jahr 1978 sprach ein Gericht in Hamburg, das den Aussagen sämtlicher Überlebender keinen Glauben schenkte, Becker von jeglicher Verantwortung frei, ebenda, S. 25–27.

70 Die Zahl von 300 000 Deportierten, die aus dem Distrikt Radom nach Treblinka kamen, nennt Jacek Młynarczyk, Organisation und Durchführung der „Aktion Reinhard" im Distrikt Radom, S. 195. Die Zahl von 330 000 nach Treblinka Verschleppten und 10 000, die vor Ort ermordet wurden, gibt Robert Seidel an: Deutsche Besatzungspolitik in Polen. Der Distrikt Radom 1939–1945, Paderborn 2006, S. 329 f.

(in Radom, Kielce, Ostrowiec Świętokrzyski, Częstochowa) sowie in den Restghettos. Außerdem wurden sie in Unternehmen der Rüstungsindustrie beschäftigt, die Firmen polnischer Inhaber übernommen hatten und die nun etwa zur HASAG – der Hugo Schneider AG – gehörten. In diesen Betrieben hatten bis Herbst 1942 ausschließlich Polen gearbeitet. Dann stieg die Bedeutung des Arbeitseinsatzes von Juden fortwährend, da viele polnische Arbeiter Zwangsarbeit im Deutschen Reich leisten mussten. Die größten Betriebe des HASAG-Konzerns befanden sich in Skarżysko-Kamienna, wo es eine Munitionsfabrik gab. Von August bis November 1942 wurden dort 8350 Juden aus verschiedenen aufgelösten Ghettos kaserniert. Die meisten kamen aus Opatów (1200) und Stopnica (1500), aus einigen Ghettos hundert, aus manchen auch mehrere Hundert. Vertreter des Konzerns trafen eine Übereinkunft mit der SS, wonach sie sich an den Selektionen beteiligen konnten, die mit den Deportationen verbunden waren. So konnten sie die für ihre Firmen notwendigen Arbeiter aussuchen. Aus dem Ghetto in Skarżysko wurden 500 junge Leute ausgewählt, ihre Familien hingegen nach Treblinka verschleppt.[71] Die Arbeitslager unterstanden der Rüstungsinspektion der Wehrmacht, die Bewachung organisierte der Werkschutz, der zwar nominal dem SS- und Polizeiführer unterstand, in der Praxis jedoch autonom agieren konnte.

Wie in den anderen Distrikten flohen auch im Distrikt Radom während der „Judenumsiedlungen" Tausende aus den Ghettos und versuchten, sich in der Umgebung zu verstecken und so zu überleben.[72] Einige wurden gefasst, andere kehrten nach einer gewissen Zeit in die noch bestehenden Ghettos zurück, wieder andere konnten im Untergrund überleben.

Die Todesfabrik Treblinka

Der erste Transport aus dem Warschauer Ghetto erreichte die Bahnstation Treblinka am 23. Juli 1942, einem Donnerstag. Die Ankunft erwarteten mehrere SS-Männer der Lagerbesatzung sowie deutsche Eisenbahner, die die Aufgabe hatten, die Waggons in das Lager zu fahren. Es war ein sehr heißer Tag. „Die ganze Bahnstation war erfüllt von dem Heulen und Schreien einiger Tausend Menschen", notierte der Stationsvorsteher Franciszek Ząbecki. Der Zug wurde geteilt.

71 Felicja Karay, Death Comes in Yellow. Skarżysko-Kamienna Slave Labor Camp, Amsterdam 1996, S. 34–41.

72 Zum Beispiel flohen aus dem Ghetto in Żarki die Hälfte aller Juden (1600), aus Wodzisław 1000, aus Ostrowiec 2000. Ähnliche Zahlen liegen aus anderen Ortschaften vor. Siehe Jacek A. Młynarczyk/Sebastian Piątkowski, Cena poświęcenia. Zbrodnie na Polakach za pomoc udzielaną Żydom w rejonie Ciepielowa, Kraków 2007, S. 69.

Jeweils zwanzig Waggons kehrten nach einer gewissen Zeit leer zurück.[73] In den ersten Tagen wurden täglich durchschnittlich 6000 Menschen ermordet. Mitte August stieg diese Zahl auf 10 000 an. Allein in den ersten fünf Wochen wurden über 300 000 Juden aus Warschau und Radom in den Gaskammern erstickt. Der Tötungsprozess glich dem in Belzec und Sobibor. Der erste schriftliche Bericht über den Massenmord in Treblinka stammt von dem damals 26-jährigen Mitglied des Haschomer Hazair Dawid Nowodworski, der am 17. August vom Umschlagplatz nach Treblinka fuhr:

> „In meinem Waggon befanden sich 71 Personen aller Schichten, Klassen, in unterschiedlichem Alter, Kinder von 2–8 bis 10 Jahren, verschlossene Waggons. Der Waggon wurde mit einem Schlüssel abgesperrt. Niemand glaubte, in Richtung Tod. Mit Sicherheit – in Richtung Leben. [...] Alte Leute und Kinder – verloren, aber erwachsen – zum Leben. Für die Fahrt braucht man 3–4 Stunden – aber sie dauerte 12 Stunden. [...] Wir kamen um sieben Uhr morgens dort an. [...] Vor dem Aussteigen sprach ich mit dem Lokomotivführer, einem Polen, und auf die Frage, wie oft von hier Gruppen zur Arbeit führen, antwortete er: Hier kommt man nur an, niemand fährt von hier weg."[74]

Nowodworski gelang es zu fliehen. Er erreichte das Warschauer Ghetto und alarmierte seine Genossen.

Einen weiteren Bericht legte der am 25. August aus Warschau deportierte Abraham Jakub Krzepicki ab, der vom 26. August bis 13. September in Treblinka gewesen war:

> „Müde und erschöpft verließen wir die Güterwaggons. Nachdem wir so viele Stunden im Halbdunkel gereist waren, blendete uns die Sonne. Es war fünf Uhr nachmittags, aber es herrschte die größte Hitze des Tages. Als wir umherblickten, sahen wir unzählige Haufen von Lumpen. Der Anblick versetzte uns einen Stich ins Herz. So viele Klamotten! Aber wo waren die Leute? Wir riefen uns Geschichten ins Gedächtnis, die wir von Lublin, Koło und Turek gehört hatten, und wir sagten: ‚Juden, das ist nicht gut! Sie haben

73 Ząbecki, Wspomnienia stare i nowe, S. 39 f.

74 Sein Bericht wurde am 28. August von Mitarbeitern des Untergrundarchivs Oneg Schabbat auf Jiddisch protokolliert. Das Manuskript ist teilweise beschädigt. Siehe Archiwum Ringelbluma, Bd. 13, S. 126–129. Vor Nowodworski waren bereits andere Flüchtlinge in das Warschauer Ghetto zurückgekehrt, ihre Berichte sind jedoch nicht überliefert. Insgesamt liegen Berichte von vier aus dem Vernichtungslager Treblinka Geflohenen vor.

uns in der Falle!' Sie trieben uns immer schneller, schneller. Durch einen weiteren Ausgang, von einem Ukrainer bewacht, verließen wir den Bereich des Bahnsteigs und betraten ein eingezäuntes Areal, in dem sich zwei Baracken befanden.
Einer der Deutschen schrie einen Befehl: ‚Frauen und Kinder auf die linke Seite! Männer auf die rechte Seite!' Wenig später wurden zwei Juden dort als Dolmetscher positioniert, um der Menge zu zeigen, wo es langgeht. Wir Männer wurden aufgefordert, uns draußen entlang der Längsseite der Baracke auf der rechten Seite hinzusetzen. Die Frauen gingen alle in die Baracke auf der linken Seite, und es wurde ihnen, wie wir später erfuhren, sofort befohlen, sich nackt auszuziehen. Durch eine weitere Tür wurden sie aus der Baracke getrieben. Von dort betraten sie einen schmalen Pfad, der von beiden Seiten mit Stacheldraht begrenzt war. Dieser Pfad führte durch ein kleines Wäldchen zu dem Gebäude, in dem sich die Gaskammer befand. Nur wenige Minuten später konnten wir ihre schrecklichen Schreie hören. Aber wir konnten nichts sehen, weil uns die Bäume des Wäldchens die Sicht versperrten."[75]

Die SS-Angehörigen beruhigten die Männer und erklärten ihnen, sie würden Arbeit bekommen, jeder in seinem Beruf. Eine Selektion fand statt, und die dabei Ausgewählten, unter ihnen Krzepicki, wurden weggeführt. Auf dem Platz, an den sie nun kamen, bot sich ihnen „ein schrecklicher Anblick. Zahllose Leichen lagen dort aufeinandergeschichtet. Ich denke, dass es vielleicht 10 000 Leichen waren. Ein schrecklicher Gestank hing in der Luft. Die meisten Körper hatten furchtbar aufgeblähte Bäuche. [...] Wir Neuankömmlinge waren starr vor Schreck. Wir sahen einander an, um uns zu versichern, dass der Anblick Wirklichkeit war. Aber wir hatten Angst, uns zu viel umzusehen, weil die Wachen jede Minute schießen konnten. Ich traute noch immer meinen Augen nicht. Ich dachte immer noch, es sei nur ein Traum."[76] Ein paar Hundert Meter weiter, am Massengrab, verrichtete der Bagger seine Arbeit.

Die ungeheuer große Zahl der Transporte, die nach Treblinka geleitet wurden, führte zu chaotischen Zuständen. Die Lagerbesatzung kam mit dem Verscharren der Opfer und dem Sortieren der geraubten Habe nicht nach. Die

75 Der Bericht wurde Ende Dezember 1942 auf Jiddisch niedergeschrieben. Veröffentlicht ebenda, S. 155 ff. Hier zit. nach: Abraham Krzepicki, Achtzehn Tage in Treblinka, in: Beer/Benz/Distel (Hrsg.), Nach dem Untergang, S. 553–616, hier S. 560. Weder Krzepicki noch Nowodworski überlebten den Krieg. Beide kamen während des Warschauer Ghettoaufstands ums Leben.

76 Zit. nach: Krzepicki, Achtzehn Tage in Treblinka, S. 562 f.

Lage beunruhigte den Lubliner Stab „Einsatz Reinhardt". Der Inspekteur der Vernichtungslager Wirth machte einen Kontrollbesuch, daraufhin ließ Globocnik den Lagerkommandanten Eberl abberufen. Zudem wurden SS-Männer aus Belzec nach Treblinka geschickt, die unter Wirths Kommando „die Lage in den Griff" bekommen sollten. Zum Kommandanten wurde Franz Stangl ernannt, der später den Tag seiner Ankunft beschrieb:

> „Es war Dantes Inferno wahr geworden. Als das Auto auf dem Sortierplatz stehenblieb, versank ich bis zu den Knien in Geld. Ich wußte nicht, wohin ich mich drehen sollte, wohin ich mich wenden sollte. [...] Ich watete in Münzen, Papiergeld, Diamanten, Juwelen, Kleidungsstücken. Die waren überall, sie waren über den ganzen Platz verstreut. Der Geruch war unbeschreiblich: Hunderte, nein Tausende verwesender, zerfallender Leichen. Ein paar Hundert Meter weiter auf der anderen Seite des Stacheldrahtzauns am Waldrand sowie im gesamten Umkreis des Lagers waren Zelte und Feuer mit Ukrainern und Mädchen – Huren aus dem ganzen Gebiet [...], die betrunken herumtorkelten, tanzten, sangen und Musik spielten."[77]

Stellvertreter Stangls wurde SS-Oberscharführer Kurt Franz (1914–1998), ein Sadist mit unschuldigem Blick, der deshalb den Beinamen „Lalka" (die Puppe) bekam. Erfahrungen hatte er in den Tötungseinrichtungen der „Euthanasie-Aktion" und im Vernichtungslager Belzec gesammelt.

Aus den Juden, die vorläufig am Leben gelassen wurden, bildeten die Deutschen Sonderkommandos. Bislang waren alle Arbeiten, die mit dem Vernichtungsprozess verbunden waren – Sortieren der Kleidung und der Wertgegenstände, Ordnung halten, das Leeren der Gaskammern – von Männern ausgeführt worden, die stets nach einer gewissen Zeit ermordet und dann durch neu Ankommende ersetzt wurden. Von nun an gab es in Treblinka ständig zwischen 700 und 1500 „Arbeitsjuden". Die einzelnen Kommandos leiteten Funktionshäftlinge, die Kapos. In dem isolierten Vernichtungsbereich des Lagers waren etwa 300 Häftlinge des Sonderkommandos untergebracht.

Die Deportationen wurden am 4. September wieder aufgenommen. Die Transporte zählten nun jeweils um die 60 Waggons, die aufgeteilt und ins Lager geschoben wurden. An der Rampe mussten die Juden schnell aussteigen, danach fand eine Selektion statt, bei der die Deutschen Fachleute zur Arbeit auswählten. Kranke brachten sie ins „Lazarett", wo sie erschossen und ihre Leichen in

77 Zit. nach Gitta Sereny, Am Abgrund. Gespräche mit dem Henker. Überarbeit. Neuausgabe, München 1995, S. 181 f.

Massengräber geworfen wurden. Frauen und Kinder wurden getrennt von den Männern in die Gaskammern getrieben. Abram Krzepicki gelang es, eine solche Szene zu beobachten:

> „Ich konnte durch eines der beiden starken, weiß angestrichenen Eisentore, die gerade offenstanden, ins Innere hineinschauen. Ich sah vor mir einen Raum, der nicht allzu groß war. Er sah aus wie ein normaler Duschraum mit allen Annehmlichkeiten eines öffentlichen Badehauses. Die Wände des Raums waren mit kleinen, weißen Kacheln verkleidet. Es war eine sehr feine, saubere Arbeit. Der Boden war mit orangefarbenen Terrakotta-Fliesen gekachelt. Vernickelte Metallarmaturen waren an der Decke angebracht.
> Das war alles. Ein komfortables, nettes, kleines Badehaus, das man in der Mitte einer waldreichen Umgebung errichtet hatte. Es gab weiter nichts zu sehen. Aber wenn man vor dem Eingang dieses ‚Badehauses' stand, konnte man Berge von Kalk erblicken, und unter ihnen die riesigen, noch offenen Massengräber, wo Zehntausende oder vielleicht Hunderttausende von ‚Badegästen' die ewige Ruhe fanden. Später wurde mir gesagt, dass sie auch hier begonnen hatten, die Leichen in den Gräbern zu verbrennen."[78]

Jankiel Wiernik (1889–1972), der Ende August aus Warschau nach Treblinka deportiert wurde, schildert in seinem Bericht,[79] dass die drei Gaskammern jeweils rund 25 qm groß und fast zwei Meter hoch waren. Den Motor bedienten zwei Trawniki-Männer: „Einer von ihnen – Iwan – war groß, und obwohl seine Augen freundlich und mild schienen, war er ein Sadist. Es machte ihm Spaß, seine Opfer zu foltern. […] Der andere Ukrainer hieß Mikołaj Niższy. Seine Haut war blass und er hatte einen ähnlichen Charakter wie Iwan."[80] Wiernik war bei Bauarbeiten beschäftigt und hatte so die Möglichkeit, den letzten Weg der Opfer zu beobachten: „An dem Tag, wo ich zum ersten Mal sah, wie man Männer, Frauen und Kinder in das Haus des Todes brachte, wurde ich fast wahnsinnig. Ich riss an meinen Haaren und vergoss bittere Tränen der Verzweiflung. Ich litt

78 Krzepicki, Achtzehn Tage in Treblinka, S. 581.

79 Ein polnisches Untergrundblatt veröffentlichte den Augenzeugenbericht Jankiel Wierniks über den Zeitraum seines Aufenthalts im Lager vom 22. 8. 1942 bis nach dem Häftlingsaufstand 1943: Kraj, Nr. 9–10 vom 28. 9. 1943, S. 30 f., unter der Überschrift „Świadkowie zbrodni" [Zeugen des Verbrechens]. Siehe auch Friedrich, Der nationalsozialistische Judenmord in polnischen Augen, S. 150 f.

80 Bei Iwan, der bei den Häftlingen als Iwan der Schreckliche bekannt war, handelte es sich wahrscheinlich um Iwan Marczenko. Lange Zeit wurde angenommen, dass mit „Iwan" John Demjanjuk gemeint sei. Ein Gericht in Jerusalem sprach Demjanjuk jedoch von den „Iwan" zur Last gelegten Verbrechen frei.

am meisten, als ich die Kinder sah, begleitet von ihren Müttern oder alleine, völlig unwissend, dass innerhalb weniger Minuten ihre Leben durch schreckliche Qualen ausgelöscht sein würden."[81]

Täglich wurden 10 000 bis 12 000 Menschen vergast.

Die Bahnrampe an der Einfahrt zum Lagergelände war aus Gründen der Tarnung so gebaut, dass sie dem Anblick der Baulichkeiten an einem wirklichen Bahnhof ähnelte, der über eine Güterabfertigung verfügte. Mitte Oktober entstand neben dem zuerst errichteten Gebäude mit Gaskammern ein neues, aus Ziegelsteinen gebautes mit zehn Gaskammern. Die Kammern verfügten jeweils über eine Fläche von rund 50 qm. Die Leichen wurden durch rückwärtige Türen herausgezogen, die dem Konstruktionsmuster der neuen Gaskammern in Belzec folgten. Auf dem Dach war ein Davidstern angebracht.[82] „In Blickrichtung Lager gab es an der Spitze des Daches einen Davidstern, so dass das Gebäude wie eine altmodische Synagoge aussah. Als die Bauarbeiten abgeschlossen waren, sagte der Hauptsturmführer zu seinen Untergebenen: ‚Die Judenstadt ist endlich fertig geworden.'"[83] Im Innern der Kammern befanden sich Imitationen von Duschinstallationen. Wie in den anderen Lagern der „Aktion Reinhardt" wussten die Opfer bis zuletzt nicht, wo sie sich befanden.

Wiederaufnahme der Deportationen nach Belzec und Sobibor (Juli – Dezember 1942)

Die Deportationen nach Belzec

Der Umbau des Vernichtungslagers Belzec war Mitte Juli 1942 abgeschlossen. Anstelle der Holzbaracke waren ein Gebäude aus Stein errichtet und die Anzahl der Gaskammern verdoppelt worden, in die nun 2000 Opfer gleichzeitig hineingezwängt werden konnten. Eine genaue Beschreibung der Einrichtung gibt Rudolf Reder, einer von nur drei namentlich bekannten Überlebenden des Lagers:

> „Das Gebäude mit den Gaskammern war nicht hoch, dafür lang und breit. Es war aus grauen Betonblöcken errichtet worden und trug ein Flachdach aus Dachpappe. Direkt darüber erstreckte sich ein mit Zweigen bedecktes

81 Jankiel Wiernik, Ein Jahr in Treblinka, Wien 2014, S. 34 f.
82 Bericht Stanisław Kon, Oktober 1945, AŻIH, 301/26.
83 Wiernik, Ein Jahr in Treblinka, S. 41.

> Drahtgeflecht. [...] Davor stand ein großer Blumenkübel mit Pflanzen. Die Stirnseite trug eine Inschrift in großen Lettern: ‚Bade- und Inhalationsräume'. Die Stufen führten zu einem völlig leeren und unbeleuchteten Korridor aus lediglich vier Betonwänden; er war sehr lang, wenn auch nur anderthalb Meter breit. Auf beiden Seiten des Korridors befanden sich Türen zu den Gaskammern. Diese waren Holzschiebetüren mit Holzgriffen. Die Gaskammern waren fensterlos. Sie waren dunkel und leer. In jeder Gaskammer gab es eine runde Öffnung von der Größe einer Steckdose. Alle Wände und Fußböden waren aus Beton. Sowohl der Korridor als auch die Gaskammern waren nicht mehr als zwei Meter hoch. An der Wand gegenüber vom Eingang jeder Gaskammer befanden sich weitere Schiebetüren von zwei Metern Breite. Die Körper der Vergasten wurden durch diese nach außen geschleppt. Auf einer Seite des Gebäudes befand sich ein Anbau, der nicht größer als zwei mal zwei Meter war. Dieser enthielt die ‚Maschine', einen Motor, der mit Benzin betrieben wurde. Die Gaskammern lagen etwa anderthalb Meter über Grund. Die Türen führten zu einer Rampe, auf welche die Körper der Opfer geworfen wurden, und die sich auf einer Höhe mit den Gaskammern befand."[84]

Die Gaskammern waren bis Ende des Jahres ununterbrochen in Betrieb.

Nachdem Wirth zum Inspekteur der Vernichtungslager ernannt worden und nach Lublin gewechselt war, übernahm Gottlieb Hering (1887–1945), ein ehemaliger Beamter der Kriminalpolizei, den Posten des Lagerkommandanten. Auch er hatte Erfahrungen in den Tötungseinrichtungen der „Euthanasie"-Aktion gesammelt. Sein Stellvertreter und zugleich Kommandant des Vernichtungsbereichs war Gottfried Schwarz, der zuvor Kommandant der Wacheinheiten gewesen war. Die Anzahl der SS-Männer wurde erhöht. Der Völkermord lief auf Hochtouren. Die Transporte aus den Distrikten Lublin, Galizien und Krakau rollten von nun an ohne Unterbrechung bis zum Jahresende. Als Erstes wurden die Deportationen aus dem Distrikt Krakau wieder aufgenommen, dann aus dem Distrikt Galizien und Lublin.

84 Rudolf Reder, Bericht über Bełżec, in: Benz/Distel/Königseder (Hrsg.), Nationalsozialistische Zwangslager, Strukturen und Regionen – Täter und Opfer, Berlin 2011, S. 353–373, hier S. 358 f. Der Bericht wurde erstmals 1946 in Krakau von der Zentralen Jüdischen Historischen Kommission unter dem Titel „Bełżec" auf Polnisch veröffentlicht.

Distrikt Krakau

Mitte Juni 1942 waren die Mordaktionen im Distrikt Krakau unterbrochen worden. Jetzt setzten sie im östlichen Teil des Distrikts wieder ein. Zunächst kam der Kreis Rzeszów an die Reihe. In einer ersten Phase befahl Kreishauptmann Dr. Heinz Ehaus (1906–1945), die jüdische Bevölkerung in großen Ghettos oder Übergangslagern zu konzentrieren. Zu diesem Zweck hatte er die Judenräte zuvor zu gigantischen Kontributionszahlungen verpflichtet. Allein in der Stadt Rzeszów betrug die Summe eine Million Złoty. Er forderte zudem, sämtliche Steuerschulden im Laufe von einer Woche zu begleichen. Ende Juni begann man damit, die Juden vom Land auf Bauernfuhrwerken in das Ghetto von Rzeszów zu treiben. Bewacht wurden sie dabei von der Blauen Polizei, dem Jüdischen Ordnungsdienst und deutscher Gendarmerie. Das Vorgehen wurde auf Treffen abgestimmt, zu denen aus Krakau der SS- und Polizeiführer für den Distrikt, Julian Scherner, sowie sein Stabschef Martin Fellenz anreisten. Für die Umsetzung des Vorhabens erhielten sämtliche Funktionäre der zivilen und der Polizeibehörden entsprechende Anweisungen.

Am 5. Juli 1942 wurde das Ghetto Rzeszów umstellt. Ehaus persönlich unterrichtete den Judenrat über die Abschiebung von „unproduktiven Elementen“. Er nahm die Selektion selbst vor und entschied über die Eintragungen in den Dokumenten. Die Deportationen begannen am 7. Juli und dauerten zehn Tage. Insgesamt wurden 15 000 bis 16 000 Juden verschleppt, einige Quellen gehen von 20 000 aus. Über tausend Ältere sowie diejenigen, die sich zu verstecken versucht hatten, wurden noch im Ghetto, auf dem Weg zur Bahnstation oder in einem nahe gelegenen Waldstück ermordet. Die Gräber hatten Angehörige des Baudienstes ausgehoben.[85] Am 7. August wurden tausend Menschen, insbesondere Frauen und Kinder, aus dem Ghetto verschleppt und kurz darauf ermordet. Im Ghetto verblieben 4000 Juden.[86] Die „Juli-Aktion“ war noch nicht beendet, als

85 Diese Organisation war im Mai 1940 auf Anweisung von Hans Frank in Anlehnung an den Reichsarbeitsdienst geschaffen worden und unterstand Heinrich Hinkel (1892–1950). Sie erfasste polnische junge Männer. Wer sich zu entziehen versuchte, konnte in ein Straflager eingeliefert werden. Die Angehörigen des Baudienstes (Junacy) waren kaserniert und hatten es mit unterschiedlichen Arbeiten zu tun. Vor allem im Distrikt Krakau wurden sie 1942 bei den Mordaktionen als Helfer eingesetzt. Siehe Mścisław Wróblewski, Służba budowlana (Baudienst) w Generalnym Gubernatorstwie 1940–1945, Warszawa 1984, und Klaus-Peter Friedrich, Über den Widerstandsmythos im besetzten Polen in der Historiographie, in: 1999. Zeitschrift für Sozialgeschichte des 20. und 21. Jahrhunderts 13 (1998), S. 10–60, bes. S. 38–41.

86 Siehe: Repräsentanten der polnischen Regierung berichten im November 1942 über die Ermordung der Juden im Distrikt Radom, in: VEJ 9, Dok. 184, S. 539–541.

der Gouverneur des Distrikts Krakau, Richard Wendler, Ehaus auf einer Regierungssitzung in Krakau als beispielhaften Kreishauptmann lobend hervorhob.[87] Ehaus selbst befahl, an seinem Amtssitz im Schloss von Rzeszów eine Gedenktafel für seine Verdienste anbringen zu lassen. Sie informierte: „Dieser Adler, das deutsche Zeichen der Erhebung und des Sieges, wurde anläßlich der Befreiung der Stadt Reichshof von allen Juden im Juli des Jahres 1942 hier angebracht. Die Anbringung geschah während der Amtszeit des ersten Kreishauptmanns und Kreisstandortführers der NSDAP der Kreishauptmannschaft Reichshof, des SS-Sturmbannführers Dr. Heinz Ehaus.“[88]

Am 17. Juli wurden rund 2000 Juden aus Dąbrowa Tarnowska und Umgebung deportiert und einhundert vor Ort ermordet.[89] Danach „räumten“ die Häscher die Städte Dębica, Przemyśl, Jarosław, Krosno, Nowy Sącz, Nowy Targ, Sanok und Tarnów.[90] Herren über Leben und Tod waren die Beamten der lokalen Außendienststellen der Sicherheitspolizei und des Sicherheitsdienstes, die jeweils von einer Handvoll bis zu einigen Dutzend Deutschen besetzt waren. „Der Massenmord“, so Klaus-Michael Mallmann, „wurde in den Alltag der KdS-Angehörigen integriert und fungierte als geradezu vergemeinschaftendes Medium einer Kultur der Gewalt“.[91] Der Ablauf der Deportationen war überall gleich: erst die brutale Konzentrierung der Juden, ihr Zusammentreiben auf einem Platz, gefolgt von der Selektion – und schließlich die Verschleppung nach Belzec oder in ein Zwangsarbeitslager. In den jüdischen Vierteln wurde stets eine kleine Opfergruppe zurückbehalten. In einigen Fällen waren dies die Angehörigen des Judenrats oder des Jüdischen Ordnungsdienstes, die das Eigentum der Opfer ordnen und aufbereiten sollten. Mit der Zeit kamen verzweifelte Menschen hinzu, die zunächst den Ghettos entflohen waren und deren nahezu aussichtslose Lage sie zurück in die Ghettos trieb, da sie sich hier größere Chancen auf ein Überleben erhofften als auf der Flucht oder in einem Versteck. Die abschließende „Umsiedlung“ fand dann einige Wochen, manchmal auch erst

87 Siehe Roth, Herrenmenschen, S. 211.

88 Zit. nach: ebenda, S. 212.

89 Zur Beschreibung einer Deportation siehe Jan Grabowski, Hunt for the Jews. Betrayal and Murder in German-Occupied Poland, Bloomington 2013, S. 32–34.

90 Zur Chronologie der Deportationen siehe: Elżbieta Rączy, Zagłada Żydów w dystrykcie krakowskim, Rzeszów 2014, S. 270–336. Es ist bedauerlich, dass sich die Autorin kaum mit den deutschen Tätern befasste. Besonders wenig ging sie auf die Beamten ein, die die einzelnen „Liquidierungsaktionen“ organisierten.

91 Klaus-Michael Mallmann, „Mensch, ich feiere heut’ den tausendsten Genickschuß.“ Die Sicherheitspolizei und die Shoah in Westgalizien, in: Gerhard Paul (Hrsg.), Die Täter der Shoah: Fanatische Nationalsozialisten oder ganz normale Deutsche?, Göttingen 2002, S. 109–136, hier S. 119.

einige Monate später statt. Die Juden wurden dann entweder an Ort und Stelle ermordet oder weggeschafft.

Einheiten aus Trawniki nahmen an den Ghettoräumungen im Distrikt Krakau nicht teil. Hier wurden bei den Mordaktionen in erster Linie Funktionäre der Gendarmerie und der Blauen Polizei eingesetzt; für Hilfsarbeiten zudem Feuerwehrmänner und Baudienstleute hinzugezogen. Vor allem in kleineren Ortschaften war der Baudienst von Bedeutung. Im Kreis Miechów, wo die Deportationen Ende August 1942 begannen, beschränkte sich seine Rolle nicht auf das Ausheben von Massengräbern und die Anwesenheit bei Hinrichtungen. Die Baudienstmänner beteiligten sich hier auch am Einschließen der Ghettos und dem Aufgreifen potenzieller Flüchtlinge, sie begleiteten die Opfer zu den Sammelpunkten und bewachten sie. Im Kreis Miechów lebten etwa 30 000 Juden konzentriert in den größeren Ortschaften. Ein einziges Ghetto war geschlossen worden – jenes in Miechów selbst. Die meisten Juden lebten in der Kleinstadt Działoszyce, vor Beginn der Deportationen waren es rund 8000. Mehrere Tausend lebten darüber hinaus in Wolbrom, Proszowice, Słomniki und Książ Wielki. Der größte Teil von ihnen wurde in drei aufeinanderfolgenden „Judenumsiedlungen" nach Belzec verschleppt. Als erster Sammelpunkt diente Słomniki. Hier mussten rund 8000 Juden drei Tage lang unter schlimmsten Bedingungen auf einer Wiese bei der Bahnstation ausharren, bis der Zug eintraf. Geleitet wurde die Deportation von Friedrich Beyerlein, dem Chef der lokalen Niederlassung der Sicherheitspolizei und des Sicherheitsdienstes. Einige Tausend Juden kamen in Arbeitslager, vor allem nach Plaszow und Prokocim (Julag I und II). An den Selektionen nahm unter anderem Fellenz teil.

Im Laufe dieser und der folgenden „Umsiedlungen" kam es zu extrem brutalen Massenmorden. Allein in Działoszyce wurden an einem Tag rund 1200 Personen von deutscher Polizei und Gendarmerie getötet. Ähnliches geschah einige Tage später in Wolbrom. Verschont blieben lediglich einige kleinere Ortschaften, die zu Sammelpunkten für Flüchtlinge erklärt wurden – denn nicht wenige Juden kehrten nach einer gewissen Zeit auf der Flucht wieder an ihren einstigen Wohnort zurück, und die Deutschen schienen dies zunächst zu tolerieren.

Zwei Monate später begann der letzte Akt der Tragödie. Mehrere Tausend Juden, die bis dahin noch am Leben geblieben waren, führten Gendarmerie und Blaue Polizei nach Miechów ab oder ermordeten sie vor Ort. Am 18. November fand dort die letzte Massenhinrichtung statt. Die Opfer wurden in Gruppen in einen Wald bei Miechów getrieben. Sie mussten sich ausziehen und durch ein Spalier von Gendarmen, SS-Männern und Angehörigen des Sonderdienstes laufen. Danach wurden sie durch einen Schuss in den Hinterkopf getötet. 600 Menschen fielen auf diese Weise der Mordaktion zum Opfer. Die Hauptverantwortung hatte in diesem Fall der Stellvertreter des Kreishauptmanns übernommen, der fanatische Antisemit Dr. Friedrich Schmidt (1901–1977), der sich am Morden eigenhändig beteiligte. Dann aber kam es zu einem Zwischenfall: Ein Jude stürzte sich mit einem Messer auf Schmidt und verletzte ihn an der Kehle. Doch dieser hatte Glück, kam in ein Krankenhaus und überlebte.[92] Dutzende Juden versuchten, sich in der Umgebung zu verstecken oder ins Ghetto von Krakau zu gelangen, wo sie jedoch auch nicht in Sicherheit waren.

Am 28. Oktober 1942 fand unter dem Befehl von Scherners Stabsführer Wilhelm Haase (1906–1952) in Krakau die nächste „Judenumsiedlung" statt. Das, was sich an diesem Tag zutrug, stellte alle bisher verübten Grausamkeiten in den Schatten. Das Vernichtungskommando jagte die Menschen unter Schlägen aus den Häusern, griff sie auf der Straße auf und schoss anschließend auf die zusammengetriebene Menge. Helfershelfer brachten die jüngsten Kinder aus dem jüdischen Waisenhaus aus der Stadt, um sie dort zu ermorden. Die älteren Kinder mussten den Weg nach Belzec antreten – mit ihnen die Leiterin der Einrichtung, Anna Feuerstein. Mit der gleichen Erbarmungslosigkeit behandelten die Einsatzkräfte der Deutschen Kranke, Alte und Invaliden. Sie trieben die Juden zum Zgody-Platz und von dort zur Bahnstation in Płaszów. An diesem Tag wurden 4500 Menschen verschleppt und 600 ermordet.[93]

Kurz darauf wurde das Ghetto verkleinert und in zwei Bereiche unterteilt: in das sogenannte Ghetto A für die „Arbeitsfähigen" und das Ghetto B für die von den Nazis als „unnütz" Eingestuften, vor allem Alte, Kranke und Kinder. Zudem wurden die Ghettogrenzen abgeriegelt. Allen war klar, dass die Insassen von Ghetto B der nächsten „Umsiedlungsaktion" zum Opfer fallen würden. Die „Arbeitsfähigen" teilte man in drei Kategorien ein: Arbeiter für die Rüstungsindustrie, für die Wehrmacht sowie für zivile Dienste. Verantwortlich für die Juden waren nun ausschließlich Stellen der SS.

Einigen Verfolgten gelang es, auf die „arische Seite" zu fliehen. Umgekehrt versuchten Flüchtlinge aus den umliegenden Ortschaften, sich im Krakauer Ghetto zu verstecken, da sie keinen anderen Ausweg sahen. Ähnlich wie in Warschau konsolidierte sich zu diesem Zeitpunkt auch hier die Widerstandsbewegung im Ghetto. Aktivisten des Untergrunds aus zwei Widerstandsgruppen, denen Mitglieder der Jugendbünde Akiba, Dror und Haschomer Hazair sowie

92 Zu diesem Thema siehe Dariusz Libionka, Powiat miechowski, w: Dalej jest noc. Zagłada Żydów w wybranych powiatach, red. Barbara Engelking, Jan Grabowski, Warszawa 2018, Bd. II, S. 92–99. Im Dezember 1944 wurde Schmidt vom Gouverneur des Distrikts Radom, Ernst Kundt, für seinen Einsatz ausgezeichnet. Zu diesem Zeitpunkt war er bereits Stadthauptmann von Częstochowa.

93 Siehe Zimmerer, Zamordowany świat, S. 150–156.

der kommunistischen PPR angehörten, schlossen sich im November zur Jüdischen Kampforganisation zusammen. Sie entschieden in Absprache mit kommunistischen Widerstandsgruppierungen außerhalb des Ghettos, zur Tat zu schreiten. Ihre bekannteste Aktion war der blutige Anschlag auf das von Deutschen besuchte Theatercafe (Café Cyganeria) am 22. Dezember 1942. Doch die darauf folgende Verhaftungswelle, bei der die Führer der Jüdischen Kampforganisation gefangen genommen und getötet wurden, bedeutete das Ende der Widerstandsgruppe im Ghetto.[94]

Im Oktober 1942 begann die SS in Krakau mit dem Bau eines neuen Zwangsarbeiterlagers auf dem Gelände zweier jüdischer Friedhöfe, an der Jerozolimska-Straße und der Abrahama-Straße in Płaszów, die offizielle Bezeichnung war Zwangsarbeitslager Plaszow. Die Nivellierungsarbeiten und die Errichtung der Infrastruktur führte eine Gruppe jüdischer Arbeiter und Fachleute aus, die aus dem Ghetto herbeigeholt wurden. Sie mussten auf den Gräberfeldern auch die Baracken errichten. Vorgesehen war, binnen kurzer Zeit Firmen und Werkstätten aus dem Ghetto, die für die Wehrmacht produzierten, hierher zu verlagern.[95]

Distrikt Galizien

Rudolf Reder kam zur Zeit der „großen Deportation“ aus Lemberg nach Belzec. Vom 10. bis zum 23. August 1942 wurden 50 000 Juden aus Lemberg verschleppt. Bereits zuvor waren auch die Deportationen aus kleineren Ortschaften wieder aufgenommen worden, beispielsweise aus dem unweit von dem Dorf Bełżec gelegenen Rawa Ruska. In Lemberg begann die Wiederaufnahme der Deportationen mit der Überprüfung der Arbeitsbescheinigungen. Der SS- und Polizeiführer Katzmann beschwerte sich in seinem Bericht über die „Lösung der Judenfrage im Distrikt Galizien“, dass es zu Problemen mit deutschen Arbeitgebern und Kommandeuren der Wehrmacht gekommen sei, die versucht hätten, ihre jüdischen Arbeiter zu schützen.[96] Offiziellen Zahlen zufolge hielten sich rund

94 Siehe: Gestapo-Chef Heinrich Müller meldet am 25. Dezember 1942 die Erschießung jüdischer Widerstandskämpfer in Krakau, in: VEJ 9, Dok. 196, S. 561 f.

95 Siehe zu diesem Lger: Ryszard Kotarba, Niemiecki obóz w Płaszowie 1942–1945, Warszawa/Kraków 2009, S. 23–26 (über die Anfänge und den Kontext der Errichtung des Lagers). Siehe auch Mario Wenzel, Arbeitszwang und Judenmord. Die Arbeitslager für Juden im Distrikt Krakau des Generalgouvernements 1939–1944, Berlin 2017, S. 160–183.

96 Der Bericht Katzmanns entstand im Juni 1943 und wurde Staatssekretär Krüger übersandt. Er beschreibt das Vorgehen im Distrikt gegen Juden, beinhaltet Fotos, Dokumente und einen Finanzbericht. Siehe: Der SS- und Polizeiführer in Galizien berichtet am 30. Juni 1943 abschließend über die Ermordung der Juden im Distrikt, in: VEJ 9, Dok. 251, S. 695–708, bes. S. 697 f.

80 000 Juden in der Stadt auf, tatsächlich können es jedoch weitaus mehr gewesen sein. Viele wussten um die Gefährlichkeit der Situation und versuchten sich zu verbergen. Pläne wurden gemacht, über einzelne Teile des jüdischen Viertels eine Blockade zu verhängen. Seit dem 10. August, einem Montag, durchkämmten deutsche und ukrainische Polizisten täglich das Ghetto und nahmen Juden fest, die zunächst zum Lager an der Janowska-Straße und von dort zum Bahnhof Kleparów gebracht wurden.

Reder, der wie viele andere nicht über eine Arbeitsbescheinigung verfügte, versuchte unterzutauchen, wurde jedoch entdeckt und zum Sammelpunkt gebracht. Sein Transport verließ am 16. August die Stadt.[97] Am folgenden Tag flog Himmler nach Lemberg. Zusammen mit Globocnik traf er sich mit Katzmann und Vertretern der Zivilverwaltung, im Anschluss daran wurden ihm zwei Zwangsarbeitslager vorgeführt. Wahrscheinlich sah er sich auch eine Deportation an.[98] In den nächsten Tagen wurden auch Menschen nach Belzec deportiert, die über eine Arbeitsbescheinigung verfügten, darunter eine Gruppe von Arbeitern, die in Werkstätten beschäftigt waren. Die Verladung der Opfer in die Waggons war mit äußerster Gewalt verbunden. Das bisherige Leben der Juden Lembergs war in völliger Auflösung begriffen. Am 21. August gab Katzmann den Befehl, ein geschlossenes Ghetto einzurichten.

Kurt Gerstein, SS-Offizier und Leiter der Abteilung Gesundheitstechnik im Hygiene-Institut der Waffen-SS, suchte das Lager am 18. August dienstlich auf. Er beobachtete die Ankunft eines Transports aus Lemberg in Belzec. Mit Wirth sollte er über den Einsatz von Zyklon B sprechen. In seinem Bericht, der drastische Einzelheiten enthält, beschreibt er, was er in Belzec sah: „Am anderen Morgen kurz vor sieben kündigt man mir an: In zehn Minuten kommt der erste Transport! – Tatsächlich kam nach einigen Minuten der erste Zug von Lemberg aus an. 45 Waggons mit 6700 Menschen, von denen 1450 schon tot waren bei ihrer Ankunft. Hinter den vergitterten Luken schauten, entsetzlich bleich und ängstlich, Kinder durch, die Augen voll Todesangst, ferner Männer und Frauen.“

Auch den Tötungsprozess in den Gaskammern hält Gerstein fest:

97 Im November 1942 wurde Reder unter Bewachung von Belzec nach Lemberg geschickt, um dort im Lager notwendige Materialien zu besorgen. Er konnte seinem Bewacher entwischen und versteckte sich, bis die Rote Armee die Stadt einnahm. Anfang 1945 zog er nach Krakau, wo er mehrmals Bericht ablegte. 1951 emigrierte er und ließ sich in Kanada nieder. In Vergessenheit geraten, starb er dort im Jahr 1968. Siehe Robert Kuwałek, Relacje i zeznania Rudolfa Redera, in: Libionka (Hrsg.), Obóz zagłady w Bełżcu w relacjach, S. 13–25.

98 Pohl, Nationalsozialistische Judenverfolgung in Ostgalizien, S. 220.

> „Gut vollpacken – so hat es der Hauptmann Wirth befohlen. Die Menschen stehen einander auf den Füßen. 700–800 auf 25 Quadratmetern, in 45 Kubikmetern! Die SS zwängt sie physisch zusammen, soweit es überhaupt geht. – Die Türen schließen sich. Währenddessen warten die anderen draußen im Freien, nackt. Man sagt mir: Auch im Winter genau so! Ja, aber sie können sich ja den Tod holen! sage ich. – Ja, grad for das sinn se ja doh! – sagt mir ein SS-Mann darauf in seinem Platt. – Jetzt endlich verstehe ich auch, warum die ganze Einrichtung Heckenholt-Stiftung [sic] heißt. Heckenholt[99] ist der Chauffeur des Dieselmotors, ein kleiner Techniker, gleichzeitig der Erbauer der Anlage. Mit den Dieselauspuffgasen sollen die Menschen zu Tode gebracht werden. Aber der Diesel funktioniert nicht! Der Hauptmann Wirth kommt. Man sieht, es ist ihm peinlich, daß das gerade heute passieren muß, wo ich hier bin. Jawohl, ich sehe alles! Und ich warte. Meine Stoppuhr hat alles brav registriert: 50 Minuten, 70 Minuten – der Diesel springt nicht an! Die Menschen warten in ihren Gaskammern. Vergeblich. Man hört sie weinen, schluchzen. … […] Nach 2 Stunden 49 Minuten – die Stoppuhr hat alles wohl registriert – springt der Diesel an. Bis zu diesem Augenblick leben die Menschen in diesen 4 Kammern, viermal 750 Menschen in viermal 45 Kubikmetern! – Von neuem verstreichen 25 Minuten. Richtig, viele sind jetzt tot. Man sieht das durch das kleine Fensterchen, in dem das elektrische Licht die Kammer einen Augenblick beleuchtet. Nach 28 Minuten leben nur noch wenige. Endlich, nach 32 Minuten ist alles tot!“[100]

Als zwei Wochen später Wilhelm Cornides, ein junger Unteroffizier der Wehrmacht, mit dem Zug durch das Dorf Bełżec fuhr, erzähltem ihm Mitreisende, dass Juden mithilfe von Gas ermordet würden. Er sah die leeren Waggons, auf deren Türen Zahlen geschrieben standen. Er nahm an, dass es sich um Angaben über die Zahl der Opfer handelte. In der Luft hingen ein süßlicher Geruch und Gestank. Was innerhalb des Lagers geschah, konnte Cornides jedoch nicht sehen.

99 Richtig: Lorenz Hackenholt (*1914), Angehöriger der deutschen Lagerbesatzung.

100 Dokumentation des Gerstein-Berichts vom Mai 1945 in: Vierteljahrshefte für Zeitgeschichte 1 (1953) 2, S. 185–194, hier S. 190 f., www.ifz-muenchen.de/heftarchiv/1953_2.pdf [15. 4. 2020]. Einige Tage später schilderte Gerstein seine Eindrücke und Beobachtungen dem Gesandtschaftsrat der schwedischen Botschaft, Göran von Otter, den er im Zug auf dem Weg von Warschau nach Berlin traf. Danach versuchte er ohne Erfolg, zum Nuntius des Papstes in Berlin durchzukommen. Im Februar 1943 berichtete Gerstein einem Freund aus den Niederlanden, Johan Herman Ubbink (1909–1990), der die Informationen an den niederländischen Widerstand weitergab. Siehe: Der niederländische Widerstandskämpfer Cornelis van der Hooft zeichnet am 25. März 1943 auf, was Kurt Gerstein über das Geschehen in den Vernichtungslagern mitgeteilt hat, in: VEJ 9, Dok. 223, S. 606–608. Gerstein verübte am 25. 7. 1945 Selbstmord in einem Pariser Gefängnis.

„Im Zug von Rawa-Ruska nach Cholm 17 Uhr 30:
Als wir um 16 Uhr 40 einstiegen, lief gerade ein leerer Transportzug ein. Ich bin zweimal entlanggegangen und habe gezählt; es waren 56 Waggons. Auf den Türen standen Nummern mit Kreide aufgezeichnet, 60, 70, einmal 90, manchmal 40, wohl die Zahl der Juden, die darin befördert worden waren. […] Ich fragte: ‚Wissen denn die Juden, was mit ihnen geschieht?‘ Die Frau antwortete: ‚Die, die von weiterher kommen, werden wohl nichts wissen, aber hier in der Nähe wissen sie es schon. Da versuchen die dann auch wegzulaufen, wenn sie merken, daß sie geholt werden. So z. B. neulich in Cholm, wo man 3 auf dem Weg durch die Stadt erschossen hat.‘ ‚In den Bahnpapieren laufen diese Züge unter dem Namen Umsiedlungstransporte‘, bemerkte der Bahnpolizist. Er sagte dann noch, daß nach der Ermordung Heydrichs mehrere Transporte mit Tschechen durchgekommen waren. Das Lager Belzec soll direkt an der Bahn liegen, die Frau hat versprochen, es mir zu zeigen, wenn wir vorbeifahren. […]
18 Uhr 20:
Wir sind am Lager Belzec vorbeigefahren. Vorher ging es längere Zeit durch hohe Kiefernwälder. Als die Frau rief ‚jetzt kommt es‘ sah man nur eine hohe Hecke von Tannenbäumen. Ein starker süßlicher Geruch war deutlich zu bemerken. ‚Die stinken ja schon,‘ sagte die Frau. ‚Ach Quatsch, das ist ja das Gas‘, lachte der Bahnpolizist. Inzwischen – wir waren ungefähr 200 Meter gefahren – hatte sich der süßliche Geruch in einen scharfen Brandgeruch verwandelt. ‚Das ist vom Krematorium‘, sagte der Polizist.
Kurz darauf hörte der Zaun auf. Man sah ein Wachhaus mit SS-Posten davor. Ein doppeltes Bahngleis führte in das Lager hinein. Das eine Geleis war eine Abzweigung von der Hauptstrecke, das andere führte über eine Drehscheibe aus dem Lager zu einer Reihe von Schuppen, die ungefähr 250 Meter davon entfernt standen. Auf der Drehscheibe stand gerade ein Güterwagen. Mehrere Juden waren damit beschäftigt die Scheibe zu drehen. SS-Posten, das Gewehr unter dem Arm, standen daneben. Einer der Schuppen war offen, man konnte deutlich sehen, daß er mit Kleiderbündeln bis an die Decke gefüllt war. Beim Weiterfahren schaute ich noch einmal zum Lager zurück. Der Zaun war zu hoch, als daß man irgendetwas hätte sehen können. Die Frau sagte, daß man manchmal beim Vorbeifahren aus dem Lager Rauch aufsteigen sieht, ich konnte jedoch nichts dergleichen bemerken. […]“[101]

101 Der Unteroffizier Wilhelm Cornides notiert am 31. August 1942, was er bei den Deportationen von Juden nach Bełżec beobachtet und gehört hat, in: VEJ 9, Dok. 125, S. 397–400, https://die-quellen-sprechen.de/09-125.html [14. 4. 2020].

Als das Ghetto in Lemberg im September geschlossen wurde, waren dort noch rund 36 000 Juden am Leben. Als Vergeltung für den Tod eines SS-Manns war noch im August der Vorsitzende des Judenrats, Landsberg, verhaftet und zusammen mit Dutzenden seiner Mitarbeiter und Polizisten ermordet worden. Die SS erhängte Landsberg und die Polizisten am Balkon des Gebäudes des Judenrats. Die Leichen wurden danach noch tagelang öffentlich zur Schau gestellt. Die anderen wurden erschossen.

Nach einer kurzen Unterbrechung setzte im November erneut eine Deportation mit 10 000 Menschen ein. Das Szenario vom August wiederholte sich: Straßenblocks wurden abgesperrt und die Bewohner zuerst in das Janowska-Lager gebracht und danach in Waggons getrieben. Das Ghetto verwandelte sich in ein riesiges Arbeitslager. Die Bewohner wurden kaserniert, und zwar ähnlich wie in Warschau je nach Arbeitsstelle. Die Arbeitenden wurden abhängig von ihrer Tätigkeit eingestuft: für die Wehrmacht (W) oder für die Rüstungsindustrie (R). Jene, die nicht arbeiteten, kamen in ein kleineres Ghetto.

Im Herbst 1942 fanden im gesamten Distrikt Deportationen statt. Im September und Oktober begann die Konzentration der noch lebenden Juden in Ortschaften, die zu Sammelpunkten bestimmt waren. In deutschen Dokumenten sind erschreckende Einzelheiten über den Ablauf der Mordaktionen und der Deportationen überliefert. In dem Bericht eines Offiziers des Bataillons 133 der Ordnungspolizei von Mitte September 1942 steht unter anderem:

> „Am 8., 9. und 10. 9. 42 sind Aktionen in Kuty, Kosow, Horodenka, Zaplatow und Sniatyn durchgeführt worden. Etwa 1500 Juden mußten nach Kuty 50 km oder von Kosow 35 km in Fußmärschen nach Kolomea getrieben werden, wo sie mit anderen in der Umgebung zusammengebrachten Juden im Hofe des Gefängnisses der Sipo übernachtet haben. Außer den in Horodenka und in Sniatyn aufgetriebenen Juden, die in je 10 Waggons an diesen Orten von der Sipo bereits eingeladen worden waren, wurden weitere 30 Waggons in Kolomea beladen. […] Bei den Aktionen in der Umgebung von Kolomea am 8., 9. und 10. 9. 42 mußten etwa 400 Juden aus den bekannten Gründen mit der Schußwaffe beseitigt werden. […] Mit Rücksicht auf die an den Tagen herrschende große Hitze und die Belastung der Juden durch lange Fußmärsche oder durch tagelanges Warten ohne Zuführung nennenswerter Verpflegung war die geschehene übermäßig starke Beladung des größten Teiles der Waggons mit 180 bis 200 Juden derart katastrophal, daß sich der Umstand stark nachteilig für den Transport ausgewirkt hat.“[102]

102 Zit. nach Browning, Ganz normale Männer, S. 53 f.

Insgesamt befanden sich 8205 Juden in dem Transport. Während der ganzen Fahrt versuchten die Opfer, sich aus der Falle zu befreien. Auf dem Weg, so der Bericht weiter, musste der Zug an jeder Bahnstation anhalten, um Bretter, die herausgerissen worden waren, wieder festzunageln. Die Bewachung verschoss ihre gesamte Munition und sah sich gezwungen, Bajonette einzusetzen. Auf der Fahrt starben 2000 Personen. Und das war keine Ausnahme.

Zu dieser Zeit wurden die meisten Juden aus allen Kreisen des Distrikts ermordet – aus Lemberg, Stryj, Rawa Ruska, Kolomea, Czortków, Tarnopol, Sambor, Drohobycz, Kamionka Strumiłowa, Brzeżany, Stanislau und Złoczów. Die letzten Transporte fuhren vom 7. bis zum 11. Dezember 1942 aus Rawa Ruska nach Belzec. Katzmann brüstete sich damit, dass bis Mitte November „254 989 Juden aus- bezw. umgesiedelt“[103] worden waren; die Zahlen sind jedoch weitaus höher anzusetzen.

Zeitgleich mit den Morden war es im Distrikt zu Massenfluchten aus den Ghettos gekommen.

Distrikt Lublin

Der Massenmord in den Vernichtungslagern Sobibor und Belzec war ab dem 19. Juni 1942 unterbrochen, denn es mangelte an Transportkapazitäten im Generalgouvernement. Dies hatte jedoch nicht zur Folge, dass die Mordaktionen im Distrikt Lublin ausgesetzt wurden. So schickte der Stab Globocniks das Reserve-Polizei-Bataillon 101 nach Józefów Roztoczański im Kreis Bilgoraj, um die dortigen Juden zu erschießen. In dem Bataillon dienten Polizisten mittleren Alters aus Hamburg, die bis dahin nicht besonders aufgefallen waren. Am 13. Juli informierte Wilhelm Trapp, der 53-jährige Bataillonskommandant und Veteran aus dem Ersten Weltkrieg, seine Truppe über den Auftrag, den das Bataillon ausführen sollte. Denjenigen, die sich dieser Aufgabe nicht gewachsen fühlten, stellte er frei, an der Exekution teilzunehmen. 12 Angehörige und ein Offizier des Bataillons nahmen das Angebot an und bekamen andere Aufgaben zugeteilt. Die anderen begannen, 1800 Juden auf den Marktplatz zu treiben. „Arbeitsfähige“ wurden nach Lublin überstellt, die Übrigen in einen nahe gelegenen Wald getrieben und erschossen. Zuvor hatten sich die Opfer auf den Boden legen müssen. Einige Polizisten weigerten sich, dem Befehl nachzukommen. Die Hinrichtungen nahmen den ganzen Tag in Anspruch. Nach Abschluss des Massenmords wurde das Bataillon in einen anderen Landstrich des Distrikts Lublin geschickt

103 Siehe: Der SS- und Polizeiführer in Galizien berichtet am 30. Juni 1943 abschließend über die Ermordung der Juden im Distrikt, in: VEJ 9, Dok. 251, S. 698.

und nahm dort an zahllosen antijüdischen Einsätzen, an Treibjagden auf Flüchtige und an Massenerschießungen teil.[104]

Die Deportationen nach Belzec wurden kurze Zeit später wieder aufgenommen. Deren Ablauf schildert Zygmunt Klukowski in seinem Tagebuch. Die erste Verschleppung der jüdischen Bevölkerung aus seinem Heimatort Szczebrzeszyn beschrieb er am 8. August 1942:

> „11 Uhr morgens [...] Ausnahmslos allen Juden war befohlen worden, sich vor 8 Uhr früh auf dem Markt in der Nähe des Judenrats einzufinden. Man erlaubte ihnen, 15 kg Gepäck, Essen für fünf Tage und 1500 Złoty mitzunehmen. Der Bürgermeister sagte mir, sie müssten 2000 Juden aus Szczebrzeszyn ‚in die Ukraine' abtransportieren, die Eisenbahner erzählten, auf dem Bahnhof stehe dafür bereits ein Zug mit 55 Waggons bereit. – Keiner der Juden stellte sich freiwillig, man begann sie einzufangen und zur [Markt-]Halle zu bringen. Ich fragte einen Gendarmen der hiesigen Wache, der ausgezeichnet Polnisch spricht, was sie machen würden, wenn die Juden nicht von selbst kämen. Er antwortete kurz: ‚Dann werden sie erschossen.'
> Es ist fast 7 Uhr abends. Den ganzen Tag lang, seit dem Mittag, durchstreifen Gendarmen, Gestapoleute, Sonderdienstmänner, polnische Polizisten, Magistratsboten, Mitglieder des Judenrats und jüdische Polizisten die Stadt und holen die Juden aus den Häusern, zerren sie aus den unterschiedlichsten Verstecken und treiben sie zur Halle. Die Juden bieten einen schrecklichen Anblick – überwiegend in Lumpen, Frauen mit kleinen Kindern auf den Armen. In den Gesichtern zeichnen sich geradezu tierische Angst und abgrundtiefe Verzweiflung ab. Sie verhalten sich vollkommen ruhig, man hört weder Weinen noch Wehklagen. Die jüdischen Häuser sind menschenleer, einige Wohnungen stehen offen. Die Magistratsboten bringen zurückgelassene Sachen und versteckte Waren weg. Vollbeladene Fuhrwerke mit den verschiedenartigsten Dingen in Säcken und Bündeln habe ich gesehen. – Übrigens haben die meisten Juden sich so versteckt, dass sie nicht auffindbar sind. Ziemlich viele Polen, vor allem junge Männer, helfen eifrig bei der Suche nach Juden. – In der ganzen Stadt [herrscht] helle Aufregung.
> 9 Uhr abends
> Vor 8 Uhr am Abend haben sie damit begonnen, die Juden aus der Halle wegzubringen. Einige ergriffen die Flucht, dann begann eine wilde Schießerei, u. a. in unserer Straße. Unter den Polen, die sich zahlreich auf der

104 Zum Vorgehen des Bataillons und zur Haltung seiner Angehörigen siehe Browning, Ganz normale Männer, S. 86–113, der sich auf Nachkriegsaussagen einzelner Angehöriger des Bataillons beruft.

> Straße eingefunden hatten, brach schreckliche Panik aus, alles, was Beine hatte, floh und suchte in den Häusern Zuflucht. Kurz darauf wurden alle Juden zur Bahnstation geführt, genauer gesagt getrieben, einige Frauen und gebrechliche Alte fuhren auf Pferdewagen hinterher. Wer zauderte, wurde mit Knüppeln, Peitschen usw. geschlagen. – Das habe ich alles mit eigenen Augen gesehen, da ich an der Krankenhausmauer direkt neben der Landstraße stand. Das war so erschütternd, so entsetzlich unmenschlich, dass es nur schwer zu beschreiben ist."[105]

An Ort und Stelle wurden 300 Juden erschossen. Mitarbeiter der Stadtverwaltung holten viele Stunden lang die zurückgelassenen Habseligkeiten aus den Häusern der Opfer. Juden, die sie dort noch antrafen, wurden erschossen, darunter viele Frauen und Kinder. Der deutsche Bürgermeister ließ keinen Zweifel daran, dass „die Juden hier alle liquidiert werden".[106]

Die zweite von den Tätern als Aussiedlung bezeichnete Mordaktion in Szczebrzeszyn begann am 21. Oktober 1942. Klukowski hielt in seinem Tagebuch fest:

> „Den ganzen Tag über, bis zum Einbruch der Dunkelheit, passierten grauenhafte Dinge. Bewaffnete Gendarmen, SS-Leute und blaue [polnische] Polizisten rannten in der Stadt herum, um Juden aufzuspüren. Diese wurden auf den Marktplatz getrieben und vor dem Rathaus versammelt. Aus den unterschiedlichsten Verstecken wurden sie herausgeholt, Tore und Türen wurden zerschlagen, Fensterläden aufgebrochen, in manche Keller und Wohnungen wurden Handgranaten geworfen. Geschossen wurde mit Revolvern, Gewehren und Maschinengewehren, die an verschiedenen Stellen aufgestellt waren. Es wurde geschlagen, getreten, und überhaupt kam es zu unmenschlichen Quälereien."

900 Juden brachte man aus der Stadt zur Bahnstation. Gendarmerie und Blaue Polizei nahmen an der Judenjagd teil. Wieder wurde geraubt. Klukowski notierte am darauf folgenden Tag: „Ein Teil der jüdischen Wohnungen ist versiegelt, trotzdem wird in einer Tour geraubt. Die polnische Bevölkerung hat sich alles andere als korrekt verhalten. Viele Leute haben sich sehr aktiv daran beteiligt, die Juden aufzuspüren. Sie verrieten, wo sich Juden verstecken. Junge Burschen liefen sogar hinter kleinen jüdischen Kindern her, die die Polizisten vor aller

105 Siehe: Zygmunt Klukowski schildert vom 8. bis 20. August 1942 die Deportation der jüdischen Bevölkerung aus Szczebrzeszyn, in: VEJ 9, Dok. 121, S. 388–390, hier S. 389.

106 Klukowski, Tagebuch aus den Jahren der Okkupation, S. 365.

Augen umbrachten. – Überhaupt passierten so furchtbare, ungeheuerliche, entsetzliche Dinge, dass einem die Haare zu Berge stehen.“ Und in den folgenden Tagen ging dieser Albtraum weiter:

> „Ununterbrochen wurden Juden zum Friedhof geführt, Fuhrwerke transportierten den ganzen Tag über ständig die Leichen ab, und aus den jüdischen Wohnungen wurde alter Hausrat eingesammelt und zur Markthalle gebracht. Viele Einwohner raubten bei dieser Gelegenheit schamlos alles, was nicht niet- und nagelfest war. – Immer noch sehe ich vor meinen Augen einzelne Juden, die man zusammengeschlagen hat, Gruppen, die in den Tod geführt werden, grün- und blaugeschlagene, blutüberströmte Leichen, die einfach irgendwie auf die Wagen geschmissen werden. Unter diesen Opfern überwiegen bei weitem Frauen, Kinder und Alte. Männer in den besten Jahren gibt es verhältnismäßig wenig unter ihnen. Entweder verstecken sie sich besser, oder es ist ihnen gelungen, in die Wälder zu fliehen. Es heißt, sie hätten gedroht, sich für dieses Verhalten der Zivilbevölkerung zu rächen und die Stadt anzuzünden. Auf diese Weise taucht eine neue Angst auf – vor dem Brand. Der heutige Tag war entsetzlich, und das ist schon der vierte hintereinander. Wahrscheinlich weiß niemand, wie viele Juden schon umgebracht worden sind. Und sicher ist das noch nicht das Ende, denn für morgen früh um 8 Uhr wurden erneut sämtliche Männer mit Spaten und die Bauern, die heute die Leichen transportiert haben, mit ihren Fuhrwerken einbestellt.“

Am 25. Oktober 1942, einem Sonntag,

> „spürte die Zivilbevölkerung den ganzen Tag über Juden auf und brachte sie in den Arrest beim Magistrat. Gegen Abend wurden etwa 50 Leichen von erstickten und an Entkräftung gestorbenen Juden weggebracht. Auf den Friedhof wurden heute, getrennt voneinander, Männer (etwa 100) und Frauen mit Kindern gebracht. Und weiterhin wird überall nach versteckten Juden gesucht. Ich habe gesehen, wie in der Nähe des Krankenhauses, in den Gebäuden der bekannten Seilerei Dym, genau 50 Juden gefunden und weggeführt wurden. Wir zählten sie, als sie zum Arrest getrieben wurden. Eine Menge Gaffer stand da und schaute zu, manche halfen [sogar] bereitwillig mit, brachen Dächer und Wände auf und suchten Juden, auf die sie dann mit Knüppeln einschlugen.“[107]

107 Zygmunt Klukowski, Dziennik, Heft 4, Bl. 267–274, Biblioteka Uniwersytecka Katolickiego Uniwersytetu Lubelskiego, Dział Rękopisów 813, siehe auch Klukowski, Tagebuch aus den Jahren der Okkupation, S. 376–380.

In den umliegenden Ortschaften fanden zur gleichen Zeit ebenfalls Mordaktionen statt. Einträge im Tagebuch, in denen Klukowski notierte, dass Juden festgenommen worden waren, finden sich bis Ende November 1942.

Zur gleichen Zeit wurden die jüdischen Gemeinden im Kreis Janów Lubelski aufgelöst. In einigen Fällen entschieden die Juden, sich nicht an den Sammelpunkten zu melden, sondern in den umliegenden Wäldern unterzutauchen. Daraufhin wurden tagelange Treibjagden veranstaltet, an denen außer der deutschen auch die Blaue Polizei, Feuerwehrmänner und Zivilisten aus der Ortsbevölkerung teilnahmen.[108] Am 2. November fertigten die Aufseher am Sammelpunkt in Zaklików ein Transport ab, in dem sich auch der aus Janów stammende Chaim Hirszman befand. Obwohl er als „Arbeitsfähiger" hätte zurückgestellt werden können, entschied er sich, seine Familie nicht alleinzulassen. In Belzec wurde er zur Arbeit ausgesondert. Später berichtete er:

> „Sie luden uns in den Zug und brachten uns nach Belzec. Der Zug fuhr durch ein Wäldchen. Dann wechselte das gesamte Zugpersonal. Den Platz der Bahnarbeiter nahmen SS-Männer aus dem Todeslager ein. Das verstanden wir zu dem Zeitpunkt aber noch nicht. Der Zug fuhr in das eigentliche Lager. Andere SS-Männer holten uns aus dem Zug. Sie führten uns alle zusammen in eine Baracke: Männer, Frauen und Kinder. Sie sagten, wir müssten baden, und befahlen uns, uns auszuziehen. Ich verstand sofort, was das bedeutete. Nachdem wir uns ausgezogen hatten, befahl man uns, uns aufzustellen, Frauen und Kinder getrennt von den Männern. Ein SS-Mann stand da, und indem er mit seiner Peitsche schlug, befahl er den Männern, nach rechts oder nach links zu gehen – in den Tod oder zur Arbeit. Mich befahl er auf die Todesseite, was mir damals aber nicht bewusst war. Ich glaubte, dass beide Seiten dasselbe bedeuteten, nämlich den Tod. Doch als ich in die angewiesene Richtung sprang, rief mich der SS-Mann und sagte: ‚Du bist ein Militärmensch, dich können wir brauchen.' Uns, die wir zur Arbeit selektiert worden waren, befahl man, uns wieder anzuziehen."[109]

Mit anderen Männern musste Hirszman dann dabei helfen, die Opfer in die Gaskammern zu bringen und nach deren Ermordung die Leichen herauszuholen. „In einem dieser ‚Transporte' aus der Gaskammer war die Leiche meiner Frau,

108 Bericht Adam Ulrich (polnischer Ingenieur), AŻIH, 301/2845. Siehe Dariusz Libionka, Polska ludność chrześcijańska wobec eksterminacji Żydów – dystrykt lubelski, in: ders. (Hrsg.), Akcja Reinhardt, S. 318.

109 Bericht Hirszman, in: Libionka (Hrsg.), Obóz zagłady w Bełżcu w relacjach, S. 94 f.

ich musste ihr die Haare scheren." Hirszman überlebte das Vernichtungslager Belzec. Er fand 1946 einen tragischen Tod.

Deportationen nach Sobibor

Die Deportationen nach Sobibor begannen Anfang Oktober 1942 von Neuem. Kommandant des Lagers war inzwischen der Kriminalpolizist Franz Reichleitner (1906–1944), der Stangls Nachfolge angetreten hatte, nachdem dieser nach Treblinka versetzt worden war. Reichleitner stammte ebenfalls aus Österreich und war zuvor Leiter der T4-Tötungseinrichtung Hartheim gewesen. In Sobibor waren Gaskammern gebaut worden, die zur gleichen Zeit rund eintausend Opfer fassen konnten. Sie waren das Ziel von Transporten aus den Kreisen Lublin, Chełm, Hrubieszów und Krasnystaw. Abgesehen von polnischen waren darunter auch ausländische Juden, die einige Monate zuvor im Distrikt Lublin in die Transitghettos von Rejowiec, Izbica, Piaski und anderen Orten verschleppt worden waren.

Im Transitghetto Izbica befanden sich Vertriebene aus Zamość und weiteren Orten sowie Personen, die aufgrund ihrer verzweifelten Lage ihre Verstecke verlassen und sich ins Ghetto begeben hatten. Ein Überlebender schrieb, dass der Ort aussah „wie eine Bahnstation, an der Leute auf den Zug warten". Aus Angehörigen von Judenräten verschiedener Ortschaften wurde ein neuer, provisorischer Judenrat gebildet. Die zweitletzte Deportation aus Izbica nach Sobibor fand am 18. Oktober 1942 statt. Anfänglich sollten nur jene verschleppt werden, die nicht arbeiteten. Bei der Suche nach versteckten Juden unterstützten Feuerwehrmänner die Polizisten und Gendarmen. Aufgespürte wurden sofort ermordet. Am 2. November stellten die Deutschen auf ebenso brutale Weise den letzten Transport zusammen, danach erklärten die deutschen Behörden Izbica für „judenrein".[110]

Mit demselben Zug wurden die letzten Juden aus Żółkiewka verschleppt, unter ihnen auch Leon Felhendler. Der Transport zählte 6000 Menschen. Als sie am Bestimmungsort ankamen und aus den Waggons gestiegen waren, führte man sie durch eine Straße, die

> „mit Stacheldraht eingezäunt und mit Holz getarnt war. Auf dem Weg trafen sich nächste Verwandte und Bekannte wieder. Am Tor stand ein Gestapo-Mann. Der Wächter des Übergangs zum Tod. ‚Frauen rechts, Männer

110 Hänschen, Das Transitghetto Izbica, S. 198. Mehreren Hundert Juden gelang es, aus dem umstellten Ghetto zu entkommen und in die umliegenden Wälder zu fliehen, Kuwałek, Die Durchgangsghettos, S. 230.

> links', so fielen die kurzen Befehle, und wie hypnotisiert, apathisch und abgestumpft bildeten sich zwei Gruppen. Kinder stellten sich zu ihren Müttern. […] sie befanden sich in einem Käfig, aus dem es keinen Ausweg gab. Alle fühlten, dass dies ihr letzter Moment war. Der Gestapo-Mann ging auf und ab, er stolzierte nach vorne und nach hinten […], sie suchten Schneider, Schuster und andere Fachleute. Sie suchten gesunde und starke Männer. Sie wählten 52 Leute. […] Es herrschte eine solch allgemeine Teilnahmslosigkeit, […] dass sich niemand zur Arbeit meldete."[111]

Felhendler meldete sich erst, als er einen Bekannten sah, der im Mai deportiert worden war.

Die Vernichtungsaktionen gingen mit unbeschreiblicher Brutalität weiter. Hunderte wurden in umliegenden Wäldern und auf jüdischen Friedhöfen ermordet. Immer häufiger verbargen sich Juden in rechtzeitig vorbereiteten Verstecken. Die Verfolger fahndeten tagelang nach ihnen. Während der letzten Mordaktion in Chełm am 6. November befasste sich die Polizei mit der Suche nach versteckten Juden. Eine polnische Einwohnerin berichtete:

> „Die Häuser waren alle auseinandergenommen, Sachen auf die Straße geworfen, es lagen einige Leichen auf der Straße, und Soldaten [Polizisten] mit Gewehren durchsuchten Leute, die vorher noch nie hier gewesen waren. Auf dem Platz vor der Kirche standen ungefähr tausend Personen, die aus ihren Häusern gekommen waren, ohne Widerstand zu leisten. Aber was geschah mit dem Rest? Durch die entvölkerten Straßen gehen Soldaten [Polizisten] und schießen in die leeren Häuser, werfen Granaten durch offene Türen und Fenster. Überall treffen sie auf eine Grabesstille, aber die Deutschen verfügen über eine genaue Statistik und wissen, dass erst ein Zehntel der [jüdischen] Bevölkerung aus dem Ghetto herausgekommen ist. Was also mit dem Rest?"[112]

Nachdem die Deutschen und ihre Helfer 2000 Juden zusammengetrieben hatten, pferchten sie die eingeschüchterten Menschen in Waggons. Die Fahrt musste mehrfach unterbrochen werden, da immer wieder Einzelne aus dem Zug sprangen. Das leer stehende Ghetto wurde geplündert.[113] Die Suche nach Geflüchteten hielt viele Tage an. In einigen Städtchen blieben noch wenige Juden zurück.

111 Bericht Feldhändler (Felhendler), in: Dokumenty i materiały z czasów okupacji niemieckiej w Polsce, Bd. 2: Akcje i wysiedlenia. Bearb. v. J[ózef] Kermisz, Warszawa 1946, S. 202.

112 Bericht Aurelia Jaworska, AŻIH, 301/119.

113 Siehe Robert Kuwałek, Zagłada żydowskiego Chełma, in: Zagłada Żydów na polskiej prowincji, S. 195 f.

In der zweiten Dezemberhälfte wurden kleinere Gruppen von Juden auf Pferdefuhrwerken und Lastwagen deportiert. Auf diese Weise kamen auch vier junge Frauen nach Sobibor, Zelda Metz aus dem Dorf Siedliszcze, Estera Terner (verheiratete Raab) aus Chełm, ihre Cousine Rywka Feldman (später Regina Zieliński) und Hella Weiss (geb. Felenbaum) aus Lublin. Sie trafen sich in einem kleinen Lager im Dorf Staw, wo sie bei Meliorierungsarbeiten eingesetzt waren. Nach Abschluss der Arbeiten wurden sie deportiert. Die Strecke von 40 km zurückzulegen dauerte den ganzen Tag. „Zu unserer Verfügung", so erinnerte sich Metz, „standen 150 Pferdefuhrwerke. 800 Leute mussten darauf einen Platz finden. Bewacht wurden wir von der ukrainischen schwarzen Polizei. Die Juden flohen – und die Fliehenden wurden beim Weglaufen getötet. In Sobibor kamen wir abends an. Wir gingen einzeln in das Lager. Das Lager war mit elektrischen Lampen hell erleuchtet." Bei der nun folgenden Selektion wählte der SS-Mann Gustav Wagner eine Gruppe von einem Dutzend Frauen und drei Männern zur Arbeit aus. Alle anderen wurden ins Gas geschickt.[114] Dies war der letzte Transport, der im Jahr 1942 in Sobibor eintraf.

Die Auflösung des Ghettos in Majdan Tatarski in Lublin und die Gaskammern von Majdanek

Anfang November 1942 entschied sich das Schicksal des Ghettos, das im Arbeiterviertel Majdan Tatarski in Lublin nach der „großen Deportation" Ende März/ Anfang April eingerichtet worden war. Die Grenzen des Ghettos verliefen etwa an den folgenden Straßen: Gromadzka, Majdanek, Rolna und Majdan Tatarski, ihr genauer Verlauf ist nur schwer zu rekonstruieren. Das Gelände war mit Stacheldraht umzäunt und wurde von jüdischer und Blauer Polizei bewacht. Zu diesem Zeitpunkt waren hier noch etwa 4000 Juden am Leben, die allesamt Arbeitsbescheinigungen vorweisen konnten. Die Deutschen hatten nach der „großen Deportation" bekannt gegeben, in dem verkleinerten Ghetto ein „Musterghetto" errichten zu wollen. In diesem gab es einen Judenrat, die Jüdische Soziale Selbsthilfe war aktiv und auch ein Krankenhaus wurde eingerichtet. Das Problem der Unterbringung aller Insassen sollte durch den Bau von Holzbaracken gelöst werden. Die Lage schien sich zu stabilisieren. Die Juden wurden aufgefordert, für Sauberkeit zu sorgen, sogar Gärten wurden angelegt. Die Zahl der Ghettoinsassen wuchs, da Flüchtlinge aus den umliegenden Ortschaften versuchten, in das Ghetto zu gelangen, unter ihnen auch bedrohte Menschen aus dem Warschauer

114 Dokumenty i materiały z czasów okupacji niemieckiej w Polsce, Bd. 1: Obozy, Łódź 1946, S. 208.

Ghetto. Gleichzeitig siedelten die Deutschen einzelne Gruppen „nützlicher“ Juden in das Ghetto um. Die Ruhe war jedoch trügerisch. Anfang September führte die Polizei eine Selektion durch, nach der rund tausend Menschen in das Transitghetto Piaski umgesiedelt wurden, eine weitere Gruppe kam Ende Oktober aus Majdan Tatarski nach Piaski. Diese Umsiedlungen leiteten den Schlussakt des Mordes an den Lubliner Juden ein.

Am 8. November fand die letzte Deportation aus Piaski statt. Mehrere Tausend Juden, unter ihnen auch Menschen aus dem Protektorat und dem Deutschen Reich, wurden nach Sobibor verschleppt und Hunderte von ihnen an Ort und Stelle ermordet.

Am 9. November begann die Auflösung von Majdan Tatarski.[115] Unter dem Kommando des Stabs „Einsatz Reinhardt“ mit Hermann Worthoff, Judenreferent beim KdS Lublin, an der Spitze wurde die Mehrzahl der Ghettoinsassen, 3000 Menschen, nach Majdanek deportiert. Einige Dutzend jüdische Handwerker kamen in das Lager an der Lipowa-Straße und in das Gefängnis im Schloss Lublin. Rund 190 Bewohner wurden auf dem Ghettogelände erschossen, unter ihnen der Vorsitzende des Judenrats, Marek Alten, der Leiter des Ordnungsdienstes und weitere Funktionäre sowie eine Gruppe Kollaborateure.[116] Nach der Durchkämmung des Ghettos wurde die Habe der Juden im Magazin am Alten Flugplatz gesammelt. Vielen Juden gelang es noch im letzten Moment zu fliehen und ein Versteck in der Stadt zu finden, oft auch in Warschau.

Die in das Konzentrationslager Majdanek Verschleppen teilte die SS gleich nach der Ankunft auf. Sie wurden der ersten Eingangsselektion in der Geschichte des Lagers unterzogen. Mehrere Hundert, meist Alte und Kinder, ermordeten die Deutschen in den Gaskammern. Die Übrigen gelangten, Frauen und Männer getrennt, zur Aufnahme ins Lager. In Majdanek bestand zu dieser Zeit bereits das Frauenlager. Im Oktober und November wurden zahlreiche als „arbeitsfähig“ selektierte Frauen und Männer aus den aufgelösten Ghettos nach Majdanek verschleppt.[117]

Im Gegensatz zu den Tötungseinrichtungen in den Lagern der „Aktion Reinhardt“ ist über die Gaskammern im Konzentrationslager Majdanek wenig bekannt. Installiert wurden sie in einem gemauerten Gebäude, das ursprünglich der Desinfektion dienen sollte. Kurt Gerstein hatte das zu dem Zeitpunkt

115 Jakub Chmielewski, Likwidacja getta szczątkowego w Lublinie, in: Justyna Gałuszka (Hrsg.), Wiek XX wiekiem kryzysu? Kryzys człowieczeństwa, czyli ludobójstwa w minionym stuleciu, Kraków 2014, S. 53–76.

116 Radzik, Lubelska dzielnica zamknięta, S. 47–57.

117 Tomasz Kranz, Die Vernichtung der Juden im Konzentrationslager Majdanek, Lublin 2007, S. 23; Kuwałek, Żydzi lubelscy w obozie koncentracyjnym na Majdanku, S. 105 f.

in Bau befindliche Gebäude im August 1942 gesehen, als er das Lager Majdanek zusammen mit Wirth besichtigte. Die Umbauten, die Majdanek zu einem Vernichtungslager machen sollten, wurden wahrscheinlich in Zusammenarbeit mit Wirth im Herbst 1942 abgeschlossen. Zum Massenmord in den Gaskammern von Majdanek nutzten die Deutschen Kohlenmonoxid oder – wie in Auschwitz-Birkenau – Zyklon B. Bis Ende des Jahres sollten darin 6500 bis 7800 Juden erstickt werden.[118]

Weitere Deportationen nach Treblinka (Herbst 1942)

Der Norden des Lubliner Lands

In das Vernichtungslager Treblinka wurden nicht nur Juden aus den Distrikten Warschau und Radom deportiert, sondern auch aus dem nördlichen Teil des Distrikts Lublin. Der Stab „Einsatz Reinhardt“ hatte dies entschieden, da sich die Reparaturarbeiten an der Eisenbahnstrecke nach Sobibor in die Länge zogen.[119] In diesem Gebiet lebten rund 50 000 Juden, von denen 8000 aus der Slowakei umgesiedelt worden waren; geschlossene Ghettos gab es in diesem Landstrich nicht. Die größte jüdische Gemeinde befand sich in Międzyrzec Podlaski, wo 12 000 Juden zusammengedrängt lebten. Das Städtchen war aufgrund seiner günstigen geografischen Lage zum Transitghetto erklärt worden. Die Mordaktionen führten neben der Sicherheitspolizei Angehörige des Polizei-Reserve-Bataillons 101 sowie Trawniki-Männer durch. Noch vor Beginn der Deportationen erschoss ein Kommando des Polizei-Reserve-Bataillons 101 und eine 50 Mann starke Einheit von Trawniki-Männern 1700 Juden, die zuvor in dem Dorf Łomazy zusammengetrieben worden waren.[120]

Die Deportationen begannen am 19. August in Parczew, gefolgt von Międzyrzec Podlaski, von wo am 25. und 26. August unter Anwendung äußerster Brutalität über 10 000 Juden verschleppt wurden. Viele von ihnen wurden an Ort und Stelle ermordet. Ein Überlebender berichtete später:

118 Kranz, Obóz koncentracyjny na Majdanku a „Akcja Reinhardt“, S. 241 f. Siehe auch: Tomasz Kranz, Massentötungen durch Giftgase im Konzentrationslager Majdanek, in: Morsch/Perz/Ley (Hrsg.), Neue Studien zu nationalsozialistischen Massentötungen durch Giftgas, S. 219–227.

119 Mehr dazu: Robert Kuwałek, Deportacje z dystryktu lubelskiego do obozu zagłady w Treblince, in: Kopówka (Hrsg.), Co wiemy o Treblince?, S. 143–164.

120 Siehe Browning, Ganz normale Männer, S. 114–121.

> „Die Juden lagen verwundet oder getötet auf den Straßen. Gruppen von Frauen und Männern und Kindern wurden auf den Marktplatz getrieben. Schreckliche Dinge fanden dort statt. […] Wir mussten im Schneidersitz dasitzen. Wer sich bewegte, wurde erschossen. Sie schlugen und misshandelten uns. Noch schlimmer als die Deutschen misshandelten uns die Ukrainer. So saßen wir dort bis vier Uhr morgens. Dann hat man uns befohlen, uns in Fünferreihen aufzustellen. Deutsche und Ukrainer sahen sich die Reihen an, schlugen, raubten und schossen. Dann führten sie uns zum Bahnhof. Wir warteten auf dem großen Platz vor der Bahnstation. Sie nahmen den Müttern ihre Kinder weg und schlugen ihre Köpfe an den Telefonmasten ein. Dann luden sie uns zu Zweihundert in die Waggons.“[121]

Da an diesem Tag große Hitze herrschte, fielen die Menschen vor Ermüdung und Durst in Ohnmacht. Die lokale Sicherheitspolizei, Trawniki-Männer und Angehörige des Polizei-Reserve-Bataillons 101 führten auch hier die Mordaktion durch. Im Ghetto blieben etwa eintausend Menschen zurück.

Die Kapazitäten des Vernichtungslagers Treblinka waren im August 1942 vollkommen erschöpft, die zahllos anfallenden Leichen konnten nicht mehr beseitigt werden. Die Tötungsmaschinerie musste vorübergehend gestoppt werden, daher wurden die Deportationen mit dem Ziel Treblinka ausgesetzt.

Die nächste Deportationswelle begann Ende September 1942 in Biała Podlaska, wo zu diesem Zeitpunkt noch über 5000 Juden lebten. Mitte August wurden 400 Männer festgenommen und nach Lublin gebracht, unter ihnen auch die Angehörigen des Judenrats. Am 26. September informierte Kreishauptmann Hubert Kühl (1903–1942) den polnischen Bürgermeister Aleksander Wasilewski, dass die Juden an diesem Tag in „geschlossenen Gruppen“ nach Międzyrzec Podlaski umgesiedelt werden. Die Einwohner der umliegenden Ortschaften sollten sich im Laufe der nächsten drei Tage dort einfinden, ausgenommen jene, die in Lagern inhaftiert waren. Diejenigen Juden, die sich auf dem Gebiet des Kreises Biała Podlaska nach dem 29. September 1942 noch aufhielten, würden strengstens bestraft, ließ Kühl den Bürgermeister wissen. Jene, die Juden gleich welchen Alters bei sich aufnehmen oder deren Aufenthaltsort bewusst verschweigen würden, hätten mit einer harten Bestrafung zu rechnen; das Plündern jüdischen Eigentums stehe unter Todesstrafe. Es zu sichern war Aufgabe der Blauen und ukrainischen Polizisten sowie der Gemeindevorsteher. Zwei Tage später erhielt der Bürgermeister genaue Richtlinien auch von der Sicherheitspolizei. Sämtliche

121 Bericht Elias Magid, AŻIH, 301/2019, zit. nach Kuwałek, Deportacje, S. 148 f. Magid sprang aus dem Zug und überlebte im Versteck.

Verwaltungsangestellte sollten ihre besondere Aufmerksamkeit auf Geflüchtete richten. Diese seien sofort festzuhalten und zum nächsten Polizeiposten zu bringen, der sie dem Grenzpolizeikommissariat (Gestapo) in Biała Podlaska überstellen müsse.[122]

Die Deutschen wussten, dass den Juden nicht verborgen geblieben war, was sie erwartete. Und tatsächlich wurden im Ghetto Verstecke vorbereitet. Einige Juden flüchteten in die Wälder. An ihrer Ergreifung und Ermordung nahmen Polizisten, Gendarmen, Blaue Polizisten, Volksdeutsche und auch Soldaten der Luftwaffe teil, die auf dem nahe gelegenen Flugplatz stationiert waren. Sie alle wurden vom örtlichen Gestapochef befehligt. Der Überlebende Fajgenbaum berichtete: „Als er sah, dass ein großer Teil der Juden dem Aufruf nicht folgte, wurden besonders geschulte Hunde herbeigeführt, die jene suchten, die sich verbargen. [...] Überall liegen jüdische Leichen herum, und jüdisches Blut fließt in Strömen. Beamte holen Gegenstände aus den jüdischen Wohnungen und bringen sie in die Synagoge und das Gebetshaus." Fünfzig Juden blieben im Ghetto für Aufräumarbeiten zurück. Sie mussten mitansehen, wie versteckte Juden aufgegriffen wurden. Einige versuchten später, im Lager Alter Flugplatz unterzukommen.[123]

Kurz danach erfasste die Welle des Mordens weitere Orte. Eine Bahnstation, zu der die Opfer gebracht wurden und wo die Selektionen stattfanden, lag in Lubartów. In dem Transport, der am 7. Oktober nach Treblinka fuhr, befanden sich unter den Juden aus Ostrów Lubelski auch Chil Rajchman und seine 19-jährige Schwester Rywka. Die Opfer wurden in Gruppen von 140 Personen in die Waggons geladen. Den meisten war bewusst, wohin sie gebracht werden sollten.[124] Die zweitgrößte jüdische Gemeinde im Kreis mit 10 000 Mitgliedern befand sich in Łuków. Auch hier versuchten viele Juden, sich im Ghetto zu verbergen oder außerhalb in Verstecken auszuharren. Während der blutigen Deportation wurden sie nicht nur von Deutschen aufgegriffen, sondern ebenso von Polen, von Polizisten und von „Freiwilligen" jeglicher Art. Gleichzeitig wurden die Opfer ihrer Habe beraubt. In seinem Tagebuch beschrieb Stanisław Żemiński, der Lehrer im Ort, das schreckliche Geschehen mit viel Mitgefühl für die Opfer.[125]

122 Beide Dokumente veröffentlicht in: Dokumenty i materiały z czasów okupacji, Bd. 2, S. 57 f.

123 Bericht Fajgenbaum in: Grynberg (Hrsg.)/Kotowska (Bearb.), Życie i zagłada Żydów polskich, S. 66–68.

124 Siehe Chil Rajchman, Ich bin der letzte Jude. Treblinka 1942/43. Aufzeichnungen für die Nachwelt. Aus dem Französischen von Ulrike Bokelmann, München/Zürich 2009, S. 29 f.

125 Stanisław Żemiński, Łuków – getto i okolice (27. 10.–10. 11. 1942), AŻIH, 302/30, Bl. 8–10. Die veröffentlichte Fassung des Tagebuchs ist an vielen Stellen zensiert, siehe Stanisław Żemiński, Kartki z dziennika nauczyciela w Łukowie z okresu okupacji Hitlerowskiej, in:

Die letzte Deportation aus dem Kreis fand am 7. November aus Łuków und Międzyrzec Podlaski statt, sie wurde begleitet von Erschießungen, gefolgt von viele Tage währenden Suchaktionen nach Flüchtigen.

Juden aus anderen Ländern

Das Vernichtungslager Treblinka fungierte auch als Mordstätte für ausländische Juden. Im Oktober 1942 deportierten die Deutschen Juden aus Dęblin nach Treblinka. Zum Großteil waren es slowakische Juden aus Prešov, die man fünf Monate zuvor dorthin gebracht hatte, nachdem Dęblins jüdische Bevölkerung nach Sobibor verschleppt worden war. Insgesamt mussten 7000 slowakische Juden den Weg nach Treblinka antreten. Eine weitere Gruppe ausländischer Juden – 8000 tschechische, deutsche und österreichische Juden – traf in fünf Transporten aus dem Ghetto Theresienstadt in Treblinka ein. Einer der Deportierten war der damals 22-jährige Richard Goldschmid (Glazar) aus Prag. Nach einem Monat in Theresienstadt wurde er Richtung Norden verschleppt.

Die Zugfahrt in einem Personenwagen dauerte zwei Tage. Die Juden wussten nicht, wohin man sie brachte. Bei ihrer Ankunft hatten sie den Eindruck, auf einer Farm angekommen zu sein: „Das schaut aus wie eine kleine Station im Wilden Westen, und dahinter gleich eine Farm mit hohem grünen Zaun. Hübsch grün ist der Zaun, eine große Farm wird es sein mit einer Menge Vieh – und mit Vieh kenn’ ich mich aus. Die Menschen werden von der Rampe weg durch ein anderes Tor auf einen Platz dirigiert. Auf beiden Seiten Reihen von Holzbaracken.“[126] Frauen und Kinder schickte die SS nach links, die Männer nach rechts. Ein SS-Mann versicherte ihnen, dass sie nach der Desinfektion alle zur Arbeit eingeteilt würden. Goldschmid wurden aus den Wartenden herausgeholt und an einen anderen Ort geführt. Dort erfuhr er von einem jüdischen Häftling, wo er sich befand und dass die Juden, mit denen er angekommen war, schon nicht mehr lebten.[127] Aus dem Transport wurden zwanzig Arbeiter selektiert.

Biuletyn ŻIH 27 (1958) 3, S. 105–112. Es wurde angenommen, dass der Autor den Krieg nicht überlebte. Tatsächlich hieß er Stanisław Żemis und arbeitete in der Genossenschaft „Społem“ in Siedlce. Er wurde mit seiner Ehefrau unter dem Vorwurf festgenommen, kommunistisch aktiv zu sein. Gleich nach dem Ende der NS-Herrschaft war er für einige Monate Bürgermeister von Siedlce. Dann zog er nach Warschau. Żemis starb 1978.

126 Richard Glazar, Die Falle mit dem grünen Zaun. Überleben in Treblinka, Frankfurt a. M. 1992, S. 13 f.

127 Siehe ebenda, S. 14 f.

Deportationen aus dem Bezirk Bialystok

Im Herbst 1942 begannen die Deportationen aus dem Bezirk Bialystok, der außerhalb der Grenzen des Generalgouvernements lag und in dem etwa 200 000 Juden lebten, 40 000 im Ghetto Białystok. Die Hälfte von ihnen war bei deutschen Industriebetrieben beschäftigt, weshalb die Entscheidung über ihre Ermordung aufgeschoben wurde. Das Reichssicherheitshauptamt in Berlin schickte die Anordnung, mit der die Vernichtungsaktionen eingeleitet wurden, nach Königsberg, die Hauptstadt Ostpreußens, wozu der Bezirk Bialystok verwaltungsmäßig gehörte.[128] Den Großeinsatz befehligte Dr. Wilhelm Altenloh (1908–1985), der Kommandeur der Sicherheitspolizei und des SD für den Bezirk Bialystok. Für die Zeit der Deportationen verlegte Altenloh seinen Sitz von Allenstein nach Białystok. Eine wichtige Rolle spielten auch der Gestapochef in Białystok, Lothar Heimbach, der Referatsleiter für Judenangelegenheiten, SS-Obersturmführer Fritz Friedel, Angehörige der lokalen Vertretungen von Schutzpolizei und Gendarmerie, Polizeibataillone, die im Bezirk stationiert waren, sowie Hilfspolizisten. Wie schon im Generalgouvernement beteiligte sich die Zivilverwaltung auch hier auf allen Ebenen an dem Einsatz. Für den Transport der Juden war die Reichsbahndirektion (RBD) in Königsberg verantwortlich.

Die Mordaktion begann am Montag, den 2. November, in Dutzenden Ortschaften gleichzeitig. Im ersten Schritt wurden die Menschen in fünf Sammellagern konzentriert: 40 000 Juden in Kiełbasin bei Grodno, 9000 in Bogusze bei Grajew, 9000 in Białystok, 15 000 in Zambrów und 17 000 in Wołkowysk. Zuvor hatten sich hier Lager für sowjetische Kriegsgefangene befunden, die, nachdem die Wehrmacht sie der Polizei überlassen hatte, in großer Zahl an Hunger und Krankheiten zugrunde gegangen waren. Den Juden wurde vorgegaukelt, sie würden nach Osten zur Arbeit verschickt, und einige klammerten sich an diese letzte Hoffnung. Abtransportiert wurden sie meist mit Pferdefuhrwerken. Wie im Generalgouvernement suchte man nach Flüchtigen, um sie, sobald sie aufgegriffen waren, zu ermorden. Auf dem Transport wurden die Opfer misshandelt. Die Bedingungen in den Sammellagern waren derart schrecklich, dass ihre Insassen mit dem Schlimmsten rechneten.

Das Sammellager in Białystok war in den Kasernen des 10. Ulanenregiments eingerichtet worden. Tagelang wurden die Menschen dort ohne Essen und Trinken festgehalten, sodass Zahllose starben. Die Zustände in den anderen

128 Siehe Szymon Datner, Eksterminacja ludności żydowskiej w okręgu białostockim, in: Biuletyn ŻIH 60 (1966) 4, S. 3–50, bes. S. 24–26. Siehe auch Sara Bender, „Akcja Reinhardt" w okręgu białostockim, in: Libionka (Hrsg.), Akcja Reinhardt, S. 203–216, bes. S. 207–212.

Sammellagern waren ähnlich, wenn nicht schlimmer. In Kiełbasin hausten die Verschleppten in ausgekühlten Erdhöhlen, während sie auf die Waggons warteten. Die Sterblichkeitsrate war vor allem bei Kindern extrem hoch.

Am 10. November liefen die Deportationen nach Treblinka an. Die Insassen des Ghettos in Bielsk Podlaski, wohin auch Bewohner der umliegenden Ortschaft gebracht worden waren, verschleppte man ohne den Umweg über ein Sammellager direkt in die Gaskammern. Vom 2. bis 11. November fuhr täglich ein Transport mit eintausend Opfern in die Todesfabrik Treblinka. In einigen Fällen wurden die Juden aus kleineren Ortschaften direkt zur Bahnstation getrieben. Jehoszui Kailes, der dies in Bielsk Podlaski miterlebte, schrieb:

> „Bielsk erreichte ein Transport nach dem anderen. Die Juden kamen mit allem, was sie besaßen, mit kleinen Kindern. Sie wurden ins Ghetto gebracht wie umherziehende Zigeuner. Das Tor wurde geöffnet, auf beiden Seiten standen strenge und kräftige Wachleute, sie wurden in der Nacht gebracht und abgezählt. Dann erhielt der den Judenrat Befehl: Sie sollten so zur Station gebracht werden, wie sie hierhergebracht worden waren. Und sofort wurden auf der Bahnstation die Züge für den Transport zusammengestellt. Waren die Züge abgefahren, morgens früh, hing an der Tür des Judenrats ein Zettel, dass alle Flüchtigen am Tor bei der Jagiellońska-Straße gesammelt werden sollten. Dort wurden sie in Reihen aufgestellt, abgezählt und zu Fuß auf Seitenstraßen zur Bahnstation geführt. Trawniki-Männer mit Gewehren begleiteten sie. In die Waggons wurden sie geworfen, so als würde Vieh hineingeworfen. Dann wurden sie weggeschafft. Wir wussten weder wohin noch wozu. Der nächste Transport fuhr am folgenden Tag ab, jedes Mal [fuhren] nur Fremde, keine Leute aus Bielsk. Bis schließlich eines Tages der Judenrat von Bielsk den Befehl erhielt, die Juden der Stadt zum Abtransport bereitzustellen."[129]

Rund vierzig Facharbeiter wurden mit ihren Familien in das Ghetto Białystok überstellt. Nach der letzten Deportation mussten die Angehörigen des Judenrats auf den Friedhof gehen, wo sie erschossen wurden. Dasselbe Schicksal traf die Kranken.

Zur gleichen Zeit wie aus Bielsk Podlaski wurden auch die Juden aus den kleineren Ortschaften im gleichnamigen Kreis verschleppt. Ciechanowiec und

129 Bericht Jehoszui Kajlesa, AŻIH, 301/1463, zit. nach: Barbara Engelking, Powiat bielski [Kreis Bielsk], in: dies./Jan Grabowski (Hrsg.), Dalej jest noc. Zagłada Żydów w wybranych powiatach okupowanej Polski, Bd. 1, Warszawa 2018, S. 111 f.

Siemiatycze lagen unweit von Treblinka. In Ciechanowiec ließen die Deutschen zunächst ein kleineres Arbeitslager einrichten, das sie jedoch schon bald wieder auflösten, um die Juden zu deportieren. Alle wurden zur 20 km entfernten Bahnstation in Czyżew getrieben. Versteckte wurden an allen Orten erschossen, dennoch ließen sich die Menschen von der Flucht nicht abhalten. In Brańsk kam es zu dem Versuch einer Massenflucht. Viele wurden dabei ergriffen und getötet.

Die erste Phase der Deportation endete am 15. Dezember. Nahezu sämtliche Juden aus Kiełbasin, Bogusze, Białystok und Wołkowysk waren nach Treblinka verschleppt worden. Den Weg zu den Bahnstationen hatten sie alle, erschöpft von ihrem Aufenthalt in den provisorischen Lagern, zu Fuß zurücklegen müssen.[130] Lediglich das Lager in Zambrów, das auf einem ehemaligen sowjetischen Militärstützpunkt untergebracht war, bestand längere Zeit. Sogar ein Judenrat wurde berufen, den der vormalige Vorsitzende des Judenrats von Zambrów, Glickson, leitete. Dass die Juden jedoch zu keinerlei Arbeiten herangezogen wurden, konnte nur eines bedeuten: dass die Auflösung des Lagers bevorstand.

Die Ernte des Todes

Die Deportationen in die Vernichtungslager der „Aktion Reinhardt" wurden am 15. Dezember 1942 unterbrochen, da der Bahnverkehr den Nachschub für die Ostfront gewährleisten sollte. Der Befehl, den Himmler vor der „großen Aktion" im Warschauer Ghetto erteilt hatte und der besagte, dass bis Jahresende die Deportationen aller Juden aus dem Generalgouvernement abgeschlossen sein müssten, war zu großen Teilen erfüllt. Binnen neun Monaten waren die meisten Juden Polens in Vernichtungslagern und bei Massenerschießungen ermordet worden. Das Ausmaß der Verbrechen in den einzelnen Vernichtungslagern ist aufgrund eines Funkspruchs, den der Chef des Stabs „Einsatz Reinhardt", Hermann Höfle, nach Krakau und Berlin sandte, bekannt.[131] In dem am längsten bestehenden Lager Belzec waren demnach 434 508 Juden, in Sobibor 101 370 und in dem im Juli eröffneten Lager Treblinka 713 555 Personen ermordet worden.[132]

130 Arad, Belzec, Sobibor, Treblinka, S. 396 f. (Grafik).

131 Siehe: Der britische Geheimdienst fängt am 11. Januar 1943 Funksprüche ab, in denen der Leiter des Stabs „Einsatz Reinhardt" die Zahl der in den Vernichtungslagern ermordeten Juden mitteilt, in: VEJ 9, Dok. 204, S. 570.

132 Siehe Witte/Tyas, A New Document, S. 470. Höfle sandte seinen Funkspruch am 11. 1. 1943 an den stellvertretenden Befehlshaber der Sicherheitspolizei im Generalgouvernement in Krakau, Franz Heim (1907–1944), sowie an Eichmann. Siehe auch Stephen Tyas, Der britische Nachrichtendienst: Entschlüsselte Funkmeldungen aus dem Generalgouvernement, in: Musial (Hrsg.), „Aktion Reinhardt", S. 431–448.

Der Funkspruch nannte darüber hinaus die Zahl der Opfer des Konzentrationslagers Lublin(-Majdanek): 24 733 Juden.[133] Bis Jahresende 1942 waren demnach in den Lagern der „Aktion Reinhardt“ 1 274 166 Menschen ermordet worden.[134]

Diese Zahl stimmt mit der Angabe in einem Bericht überein, den der Inspekteur für Statistik beim Reichsführer SS, Richard Korherr, Himmler am 23. März 1943 vorlegte, nachdem dieser ihn am 18. Januar 1943 damit beauftragt hatte. Darin hielt Korherr fest, 1 274 166 Juden „wurden durchgeschleust durch die Lager im Generalgouvernement“.[135] Diese Formulierung wurde gewählt, da Himmler – wohl zur Tarnung des millionenfachen Mordes – „wünscht[e], dass an keiner Stelle von ‚Sonderbehandlung der Juden‘ gesprochen wird“.[136] Der Bericht wurde – „zur Vorlage an den Führer“ – auch in einer kürzeren Fassung angefertigt.[137] Hier gab Korherr an, dass sich die Anzahl der Juden im Generalgouvernement außer durch die „Evakuierung“ um weitere 427 920 Juden durch Emigration und Tod verringert habe; die Gesamtzahl der jüdischen Opfer bezifferte er auf 1 702 086 Personen.[138]

Die Angaben müssen als Annäherung an die tatsächlichen Opferzahlen betrachtet werden; sie wurden auf Grundlage von Teilberichten des Stabs „Einsatz Reinhardt“ erstellt. Es ist jedoch nicht genau bekannt, auf welche Weise diese Zahlen zustande kamen und in welchem Maße sie der Realität entsprachen. Zudem ist unklar, ob die Opfer vor der Verladung in die Waggons oder nach Ankunft am Bestimmungsort gezählt wurden. Nicht unwichtig ist außerdem, dass die „Judenumsiedlungen“ von (Massen-)Erschießungen und Treibjagden begleitet waren, bei denen Zehntausende Männer, Frauen und Kinder ums Leben kamen.

Von den zwei Millionen Juden, die sich den Angaben Korherrs zufolge im Jahr 1939 im Generalgouvernement aufgehalten haben sollen, waren Ende 1942

133 Laut Höfles Funkspruch seien in Majdanek 12 761 Personen in den letzten beiden Wochen des Jahres 1942 ermordet worden, siehe Witte/Tyas, A New Document, S. 469. Die genaue Analyse der Zahlen ergibt jedoch, dass es sich hierbei um die Opfer aller Hinrichtungen und Morde im Jahr 1942 handeln muss. Alle anderen starben aufgrund von Krankheiten und der fatalen Lebensbedingungen. Siehe Tomasz Kranz, Das Konzentrationslager Majdanek und die „Aktion Reinhardt“, in: Musial (Hrsg.), „Aktion Reinhardt“, S. 249.

134 Witte/Tyas, A New Document, S. 470.

135 Der Korherr-Bericht und die Korrespondenz mit Himmler im Original: www.statistik-des-holocaust.de/stat_ger_korherr.html [15. 4. 2020], hier Bericht Korherr (lange Fassung), Bl. 9, http://www.statistik-des-holocaust.de/Korherr1-10.jpg.

136 Anweisung Himmler an Korherr, 10. 4. 1943, www.statistik-des-holocaust.de/Korherr_ 0410.jpg.

137 Korherr an Brandt, 19. 4. 1943, www.statistik-des-holocaust.de/Korherr_0419.jpg.

138 Bericht Korherr (kurze Fassung), Bl. 4, http://www.statistik-des-holocaust.de/Korherr2-4.jpg.

noch 297 914 am Leben; die meisten von ihnen, 161 514, im Distrikt Galizien, die geringste Zahl im Distrikt Lublin – 20 000 (von Korherr geschätzt); im Distrikt Warschau waren es noch 50 000, im Distrikt Krakau 37 000, in Radom 29 400.[139] Diese Zahlen berücksichtigen nicht, wie viele sich illegal in den Ghettos aufhielten oder sich in Wäldern und auf der „arischen Seite“ in größeren Städten verbargen. Es waren zu diesem Zeitpunkt Zehntausende. In den ins Reich eingegliederten polnischen Gebieten einschließlich dem Bezirk Bialystok waren von 790 000 Juden noch 233 210 am Leben, die meisten von ihnen, 87 180, im Ghetto Litzmannstadt.[140]

139 Bericht Korherr (lange Fassung), Bl. 11, www.statistik-des-holocaust.de/Korherr1-12.jpg.
140 Ebenda.

← Abbildung

Der Umschlagplatz im Warschauer Ghetto, ca. 1943.
Auf dem „Umschlagplatz“ wurden die Juden vor allem im Jahr 1942 für die Deportation zumeist ins Vernichtungslager Treblinka zusammengetrieben, 1943 wurden sie oft von hier aus in Arbeitslager und nach Majdanek verschleppt.

Public Domain

VI. Die Weiterführung des Massenmords

Die ersten Monate des Jahres 1943

Die Restghettos im Generalgouvernement

Am 28. Oktober 1942 und am 10. November 1942 legte der Höhere SS- und Polizeiführer und Staatssekretär in der Regierung des Generalgouvernements Friedrich-Wilhelm Krüger durch Polizeiverordnungen fest, welche Ghettos in den jeweiligen Distrikten vorerst weiterbestehen durften. Juden sollte gestattet werden, sich noch in 54 Städten und Gemeinden im Generalgouvernement aufzuhalten. Im Distrikt Lublin wurden in acht Orten „Judenwohnbezirke" zugelassen, im Distrikt Warschau und Krakau jeweils fünf, im Distrikt Radom nur vier. Die meisten dieser Orte lagen im Distrikt Galizien – hier waren es 32. Ausgenommen von der Verpflichtung, in einem Ghetto zu wohnen, waren alle Juden, „die in Wehrwirtschafts- und Rüstungsbetrieben beschäftigt und in geschlossenen Lagern untergebracht sind".[1] Bei Verlassen der Ghettos drohte allen weiterhin die Todesstrafe. Auch diejenigen, die in irgendeiner Weise versuchten, Juden zu helfen, sollten nach Ansicht des SS- und Polizeiführers im Distrikt Radom, Dr. Herbert Böttcher, mit dem Tod bestraft werden:

> „Betr.: Beherbergung von geflüchteten Juden durch Polen.
> Die Erfahrungen der letzten Wochen haben gezeigt, daß gerade aus den kleinen jüdischen Wohnbezirken des Flachlandes Juden, um sich der Evakuierung zu entziehen, flüchten.
> Diese Juden müssen durch Polen aufgenommen worden sein. Ich ersuche, baldmöglichst allen Bürgermeistern und Voigten aufzugeben, ihren Dorfangehörigen auf das Eindringlichste klar zu machen, daß jeder Pole, der einen Juden aufnimmt, sich schuldig macht nach der 3. Verordnung

1 Siehe: Der Höhere SS- und Polizeiführer im Generalgouvernement bestimmt am 28. Oktober 1942, welche Ghettos in den Distrikten Warschau und Lublin vorerst weiter bestehen dürfen, in: VEJ 9, Dok. 168, S. 497–499, hier S. 498.

> über Aufenthaltsbeschränkungen im Generalgouvernement vom 15. 10. 41 VO. Bl. GG. Seite 595. Ebenso sind als Gehilfen anzusehen die Polen, die den geflüchteten Juden wenn auch nicht Unterschlupf, so doch Beköstigung gewähren oder ihnen Nahrungsmittel verkaufen. In allen Fällen trifft diese Polen die Todesstrafe.
> Weiter ersuche ich, in den Orten, in denen die Judenevakuierung bereits stattgefunden hat, den jüdischen Wohnbezirk auch offiziell aufzuheben. Ausnahmen bilden die Städte, in denen noch Restghettos verbleiben."[2]

Die Täter versuchten damit ein weiteres Mal, die Opfer auf perfide Weise zu täuschen, indem sie die Hoffnung nährten, dass ein Überleben als Arbeiter in den Restghettos möglich wäre. Die geflohenen oder untergetauchten Juden sollten in die Ghettos gelockt werden. Und tatsächlich bewog ihre nahezu ausweglose Lage nicht wenige, in die Ghettos zurückzukehren, obwohl ihnen die Gefahr, in die sie sich damit begaben, durchaus bewusst war. Das Leben auf der Flucht war ungemein hart, waren sie doch Hunger, Kälte, Regen und Schnee ausgesetzt; bei nichtjüdischen Landsleuten im Versteck unterzukommen war teuer – jederzeit mussten sie damit rechnen, verraten oder entdeckt zu werden.

Gleichzeitig begannen die Deutschen in den für „judenrein" erklärten Städten, den Vernichtungsprozess zu beschleunigen. So kam nur ein Teil der Juden in die vorgesehenen Ghettos und Arbeitslager, der weitaus größere Teil wurde auf Friedhöfen oder in nahe gelegenen Wäldern erschossen oder in den Tod verschleppt.

Der Streit zwischen Zivilverwaltung und Sicherheitspolizei über die Frage der Ausbeutung der jüdischen Arbeitskraft flammte erneut auf. Hans Frank klagte auf einer Sitzung der Regierung des Generalgouvernements Ende 1942:

> „Nicht unwichtige Arbeitskräfte hat man uns in unseren altbewährten Judenschaften genommen. Es ist klar, daß der Arbeitsprozeß erschwert wird, wenn mitten in dieses Arbeitsprogramm des Krieges der Befehl kommt, alle Juden sind der Vernichtung anheimzustellen. Die Verantwortung hierfür trifft nicht die Regierung des Generalgouvernements. Die Weisung der Judenvernichtung kommt von höherer Stelle. Wir müssen uns nur mit den Schlußfolgerungen abfinden und können auch den Reichsstellen nur mitteilen, daß die Wegholung der Juden arbeitsmäßig zu ungeheuersten Schwierig-

2 Siehe: Der SS- und Polizeiführer im Distrikt Radom, Dr. Herbert Böttcher, fordert am 21. September 1942, polnischen Helfern von Juden mit der Todesstrafe zu drohen, in: VEJ 9, Dok. 144, S. 447, https://die-quellen-sprechen.de/09-144.html [14. 4. 2020].

> keiten geführt hat. [...] Nun lautet der Befehl, daß die Juden aus der Rüstung wegzuholen seien; ich hoffe, daß dieser Befehl, wenn nicht bereits aufgehoben, noch aufgehoben wird, denn dann sieht die Lage noch schlimmer aus."[3]

Die Sicherheitspolizei war ebenfalls an der Ausbeutung der jüdischen Arbeitskraft interessiert, ihre Aufgabe bestand jedoch vor allem darin, den Boden für die letzte Phase der „Judenumsiedlungen" zu bereiten.

Seit dem 1. Dezember 1942 galt im Generalgouvernement eine vollständige Transportsperre für zivile Güter, nachdem sich bei der Ostbahn 500 Züge gestaut hatten; diese gravierenden Transportprobleme hatten schon Mitte November eingesetzt.[4] Als die Beschränkungen bei der Nutzung des Schienennetzes, die angesichts der kritischen Lage in Stalingrad eingeführt worden waren, aufgehoben wurden, intensivierten sich die Vernichtungsaktionen wieder. Transporte wurden nach Treblinka und Sobibor geleitet. Das Vernichtungslager Belzec hatte allerdings seine „Aufgabe" erfüllt und war im Dezember 1942 stillgelegt worden.

Staatssekretär Krüger, der für das Sicherheitswesen im Generalgouvernement zuständig war, bat Himmler am 5. Dezember darum, trotz der allgemeinen Transportsperre durch Einwirken auf die Wehrmacht und das Reichsverkehrsministerium die Fortführung der Deportationen zu ermöglichen.[5] Für Himmler hatte die restlose Ermordung der jüdischen Bevölkerung im Generalgouvernement oberste Priorität. Mehrfach betonte er nachdrücklich, dass die Deportationen in den Distrikten Warschau und Radom sowie im Bezirk Bialystok schneller wieder in Gang kommen müssten. Himmler setzte sich für die sofortige Wiederaufnahme der Deportationen in die Vernichtung ein und intervenierte ein weiteres Mal bei Dr. Ganzenmüller im Verkehrsministerium:

> „Nun komme ich noch mit einer wichtigen Frage. Eine Voraussetzung für die Befriedigung des General-Gouvernements[,] von Bialystok und von russischen Gebieten, ist der Abtransport der ganzen Bandenhelfer und Bandenverdächtigen. Dazu gehört auch in erster Linie der Abtransport der Juden. Ebenso gehört der Abtransport der Juden aus dem Westen dazu, da wir sonst

3 Siehe: Generalgouverneur Frank übt am 9. Dezember 1942 verhaltene Kritik an der Ermordung jüdischer Zwangsarbeiter, in: VEJ 9, Dok. 189, S. 548 f.

4 Jan-Henrik Peters, Zwischen Lohnarbeit und Deportation. Juden bei der Ostbahn im Generalgouvernement 1939–1943, in: Zeitschrift für Geschichtswissenschaft 58 (2010), S. 816–837, bes. S. 831. Siehe auch Helge Grabitz/Wolfgang Scheffler, Letzte Spuren. Ghetto Warschau, SS-Arbeitslager Trawniki, Aktion Erntefest. Fotos und Dokumente über Opfer des Endlösungswahns im Spiegel der historischen Ereignisse, 2. Aufl., Berlin 1993, S. 315.

5 Longerich (Hrsg.), Die Ermordung der europäischen Juden, Dok. 83, S. 221 f.

in diesen Gebieten ebenfalls mit einer Erhöhung der Anschläge zu rechnen haben. Hier brauche ich Ihre Hilfe und Ihre Unterstützung. Ich muß, wenn ich die Dinge rasch erledigen will, mehr Transportzüge bekommen. Ich weiß sehr wohl, wie angespannt die Lage für die Bahn ist und welche Forderungen an Sie immer gestellt werden. Trotzdem muß ich an Sie die Bitte richten: Helfen Sie mir und verschaffen Sie mir mehr Züge."[6]

Wiederaufnahme der Deportationen im Bezirk Bialystok

Die „Judenumsiedlungen" vom Herbst 1942 hatten nur Białystok und die Ghettos in Jasionówka und Pružana verschont. Die Insassen des großen Ghettos in Grodno sowie ein Teil der Bewohner Krynkis und Sokółkas wurden in das Sammellager Zambrów gebracht. Die Phase des Übergangs endete, als man die zugunsten von Militärtransporten verhängte Transportsperre wieder aufhob. Am 25. Januar 1943 wurden über 2000 Juden aus Jasionówka und Umgebung nach Treblinka verschleppt. Zwei Tage darauf begannen die Deportationen von 12 000 Juden aus dem geschlossenen Ghetto Pružana nach Auschwitz. In Pružana hatte sich eine Widerstandsgruppe gebildet, die aus mehreren Dutzend Personen bestand. Als sie ihreAktionen jedoch aufflogen, wurde das Ghetto umzingelt. Einem Teil der Jugendlichen gelang es, den Bewachungsring und die Stacheldrahtverhaue, die um das Ghetto gezogen waren, zu durchbrechen und in die umliegenden Wälder zu entkommen. Dort hofften sie, als Partisanen aktiv werden zu können.[7] Die Übrigen wurden von der Bahnstation Orańczycy aus, die zwölf Kilometer entfernt und außerhalb des Bezirks Bialystok lag, verschleppt, weshalb die Reichsverkehrsdirektion Minsk für diese Deportation verantwortlich war.[8]

Das große Ghetto in Grodno mit seinen 16 000 Insassen wurde unter dem Kommando der örtlichen Gestapochefs zeitgleich aufgelöst. Man trieb die jüdische Bevölkerung in der Synagoge zusammen und von dort zum Bahnhof. Bis Ende Januar waren 10 000 Menschen verschleppt, die Mordaktion endete jedoch erst am 14. Februar. Die meisten Ghettoinsassen kamen nach Treblinka, rund eintausend „Arbeitsfähige" in das Ghetto Białystok. Der Vorsitzende des

6 Schreiben Himmler an Ganzenmüller, 20. 1. 1943, zit. nach: Faschismus – Getto – Massenmord, S. 346.

7 Bericht Szmerl Elman, auszugsweise zit. in: Grynberg (Hrsg.)/Kotowska (Bearb.), Życie i zagłada Żydów polskich, S. 411.

8 Katrin Stoll, Rozkład jazdy tylko w jedną stronę. Przesłuchania byłych urzędników Reichsbahnu na temat deportacji Żydów z Pružan do Auschwitz w 1943 r., in: Zagłada Żydów. Studia i Materiały 12 (2016), S. 281–297.

Judenrats, Dawid Brawer, wurde vor Ort erschossen. Indessen hielten sich noch viele Juden im Ghetto versteckt. Sie wurden in den folgenden Tagen mit Unterstützung der örtlichen Bevölkerung aufgegriffen und der Polizei übergeben.[9]

Ende Dezember 1942 entschied Himmler, dass 30 000 Juden aus dem Ghetto Białystok nach Auschwitz-Birkenau gebracht werden sollten. Der Befehlshaber der Sicherheitspolizei und des SD für den Bezirk Bialystok, Altenloh, und die für das Ghetto verantwortlichen Funktionäre sprachen sich aber gegen diese Entscheidung aus, und tatsächlich gelang es ihnen, die geforderte Zahl um die Hälfte zu verringern. Ein Mitarbeiter von Eichmann, Rolf Günther, erschien, um die Deportationen vor Ort zu überwachen und gegebenenfalls zu intervenieren, damit keine weiteren Versuche unternommen würden, den Umfang der Deportationen einzuschränken, indem man auf den Nutzen ihrer Arbeitskraft für die Wehrmacht verwies. Die Verschleppungen begannen am 5. Februar und dauerten eine Woche. Die Sicherheitspolizei ermordete Hunderte an Ort und Stelle, ehe rund 10 000 Menschen in fünf Transporten verschleppt wurden; zwei Transporte gingen nach Auschwitz, die übrigen nach Treblinka.[10] Damit war die „Judenumsiedlung" in Białystok vorerst beendet. Im Ghetto blieben rund 30 000 Bewohner zurück. Der größte Teil von ihnen war bei deutschen Firmen beschäftigt. Für ein paar Monate normalisierte sich die Lage einigermaßen. Das Ghetto Białystok war das einzige im Bezirk, in dem sich Juden noch aufhalten durften. Als es im August 1943 endgültig aufgelöst werden sollte, erhoben sich die Mitglieder der jüdischen Widerstandsgruppe. Doch da die Deutschen – anders als im Warschauer Ghetto – vorbereitet waren, wurde der Aufstand binnen weniger Tage niedergeschlagen. Etliche Kämpfer konnten in die umliegenden Wälder fliehen, und auch einigen anderen Juden war es kurz zuvor und während der Räumung des Ghettos gelungen zu entkommen. Sie hofften auf Unterstützung durch die in der Gegend aktiven Partisanengruppen.

Die Auflösung der Restghettos im Distrikt Radom

Die Restghettos im Distrikt Radom bestanden nur kurze Zeit. Bereits am 5. und 6. Januar 1943 wurde die jüdische Bevölkerung aus Radomsko (4000) und Ujazd (2000) deportiert. Nicht weit entfernt waren rund 6000 Juden im Ghetto Sandomierz auf engem Raum zusammengepfercht. Es handelte sich um

9 Bericht eines namentlich nicht bekannten Autors, AŻIH, 301/1903, auszugsweise zit. in: Grynberg (Hrsg.)/Kotowska (Bearb.), Życie i zagłada Żydów polskich, S. 404 f.

10 Bender, „Akcja Reinhardt" w okręgu białostockim, S. 214. Arad schreibt von fünf Transporten nach Treblinka. Ende Februar wurden 104 Jüdinnen aus Białystok und Grodno von Treblinka nach Majdanek gebracht.

Menschen, die aus den umliegenden Ortschaften geflohen waren und die sich dann entschlossen hatten, aus den Wäldern und ihren Verstecken zurückzukehren. Denn die Gendarmen erschossen alle, die sie außerhalb der Stadt antrafen. Die Ghettoinsassen wurden beim Sortieren der Habe der Deportierten und bei Arbeiten im Umland eingesetzt. Am 10. Januar wurde das Ghetto plötzlich umstellt. Die Juden wurden durch „ein speziell dafür errichtetes schmales Tor gejagt, an dem eine Gruppe SS-Männer mit dicken Knüppeln stand": „Unbarmherzig schlugen und malträtierten sie diejenigen, die hindurchkamen, so sehr, dass die meisten unter den vielen Schlägen zusammenbrachen. Dutzende starben bereits hier. Dasselbe wiederholte sich auf noch brutalere Art und Weise, als jeweils 150 Menschen in die Viehwaggons getrieben wurden."[11] Zahllose Menschen wurden auf dem Weg zur Bahnstation getötet. Einigen gelang es später, aus dem Zug zu springen.[12] Drei Tage später wurden auch die 5000 jüdischen Einwohner von Szydłowiec nach Treblinka deportiert. Nur eine kleine Gruppe kam in Arbeitslager.

Zu diesem Zeitpunkt ließen die Täter Juden, die in Arbeitslagern auf dem Gelände der ehemaligen Ghettos beschäftigt waren, noch am Leben. In Radom waren es zu diesem Zeitpunkt noch rund 3000 Menschen, die in Waffenfabriken oder Werkstätten auf dem Lagergelände arbeiteten. In Częstochowa blieben offiziell 5000 Juden zurück; mit der Zeit vergrößerte sich diese Zahl, da viele Geflüchtete in die Stadt zurückkehrten. Sie wurden in vier Betrieben der HASAG-Werke zur Arbeit gezwungen. Mehrere Tausend Juden arbeiteten zudem in Piotrków Trybunalski, Ostrowiec Świętokrzyski, Kielce und Tomaszów Mazowiecki. Alles in allem lebten Zehntausende in Arbeitslagern.

Das Warschauer Ghetto und der Distrikt Warschau

Das Warschauer Ghetto hatte nach der „großen Aktion" von Juli bis September 1942 seinen Charakter völlig verändert. Das Ghettogelände war erheblich verkleinert und in verschiedene Bereiche aufgeteilt worden: das sogenannte Zentralghetto und das Areal, auf dem sich die Werkstätten – Shops – befanden, in denen Juden Zwangsarbeit verrichten mussten. Dazwischen standen unbewohnte und mehr oder weniger zerstörte Wohnhäuser. Insgesamt befanden sich von einst rund 400 000 Insassen nur noch etwas mehr als 50 000 im Ghetto. Die offizielle

11 Bericht Gertner, 20. 8. 1944, AŻIH, 301/13. Dies ist einer der ersten Berichte, die die Jüdische Historische Kommission in Lublin aufzeichnete.

12 Bericht Zofia Zysman, Oktober 1946, AŻIH, 301/2016.

Zahl betrug 35 000.[13] Juden, die sich „legal" im Ghetto aufhielten, waren den Fabriken der Rüstungsinspektion und Unternehmen zur Zwangsarbeit zugeteilt; einzelne Arbeitsplätze lagen auch außerhalb des Ghettos.

Am 9. Januar 1943 kam Himmler nach Warschau.[14] Verärgert darüber, dass seine Anweisungen vom Oktober 1942 ganz offenbar ignoriert worden waren und dass noch immer zahlreiche Juden bei den Privatfirmen arbeiteten, anstatt sie der SS zu unterstellen, ordnete er die sofortige Deportation von 8000 Juden an. Dabei drohte er den privaten Unternehmern, denen er Habsucht und Sabotage vorwarf, mit Sanktionen. Besonders scharf äußerte er sich über den Eigentümer des größten der Shops, Walther Többens (1909–1954).

Himmler forderte nun die „sofortige Ausschaltung der privaten Firmen" und befahl Ferdinand Sammern-Frankenegg, SS- und Polizeiführer im Distrikt Warschau, die Betriebe und ihre Arbeitskräfte binnen sechs Wochen in den Distrikt Lublin zu verlagern.[15] Bei der Umsetzung des Befehls stieß Sammern-Frankenegg jedoch auf unerwarteten Widerstand. Die beiden im Warschauer Ghetto existierenden Kampforganisationen hatten sich bereits seit einiger Zeit auf die Verteidigung der Ghettoinsassen vorbereitet. Der Jüdische Militärbund rief zum Widerstand auf: „*Unsere Losung lautet:* / Kein einziger Jude wird mehr in Treblinki [sic] umkommen! / Fort mit den Volksverrätern! / Unerbittlicher Kampf dem Okkupanten bis zum letzten Blutstropfen! / *Macht euch zur Tat bereit! / Seid wachsam!!!*"[16] In dem Aufruf der Jüdischen Kampforganisation von Mitte Januar hieß es: „Juden! Der Okkupant beginnt mit dem zweiten Akt der Vernichtung. Geht nicht wehrlos in den Tod! Wehrt euch! Nehmt ein Beil, eine Brechstange, ein Messer in die Hand, versperrt eure Häuser! Sollen sie euch so bezwingen! Im Kampf habt ihr die Möglichkeit einer Rettung. Kämpft!"[17]

Am Montag, den 18. Januar, drangen deutsche Polizeikräfte ins Ghetto ein, um Juden herauszuholen, die keine Arbeitsbescheinigungen vorweisen konnten. Dieses Mal jedoch versteckten sich die meisten Bewohner. Einheiten der

13 Siehe: Oberst Freter vom Rüstungskommando Warschau fasst am 12. Januar 1943 eine Besprechung mit Himmler zusammen, in: VEJ 9, Dok. 205, S. 571 f.

14 Siehe: Wiadomości: Bericht von Mitte Januar 1943 über die Ermordung von drei Millionen Juden in Polen, in: VEJ 9, Dok. 207, S. 574–582, hier S. 581 f.

15 Grabitz/Scheffler, Letzte Spuren, S. 180 f.

16 Siehe: Der Jüdische Militärbund ruft die Gettoinsassen in Warschau Anfang Januar 1943 auf, gegen die deutschen Besatzer zu kämpfen, in: VEJ, Bd. 9, Dok 202, S. 568 f.

17 Siehe: Faschismus – Getto – Massenmord, Dok. 403, S. 497. Siehe auch: Aufruf an die Juden im Warschauer Ghetto, in: Herder-Institut (Hrsg.), Dokumente und Materialien zur ostmitteleuropäischen Geschichte. Themenmodul „Holocaust in Polen", bearb. von Imke Hansen, www.herder-institut.de/resolve/qid/2451.html; Appell an die Bewohner des Warschauer Ghettos, ebenda, www.herder-institut.de/resolve/qid/2456.html [beide 14. 4. 2020].

Jüdischen Kampforganisation schritten zum Widerstand. Kämpfer unter dem Kommando von Anielewicz mischten sich in die Menge, die zum Umschlagplatz getrieben wurde, und eröffneten das Feuer auf die Deutschen. Die Jüdische Kampforganisation erlitt große Verluste bei den Schusswechseln, dennoch war die Euphorie groß, da die Deportation zunächst gestoppt werden konnte. Tatsächlich aber wollte die SS zu diesem Zeitpunkt das Ghetto nicht vollständig auflösen. Ziel war es, die Bevölkerungszahl im Ghetto zu verringern. Die Mordaktion dauerte vier Tage. Nachdem 5000 Menschen abtransportiert worden waren, unterbrachen die Deutschen den Einsatz.[18] Unter den Deportierten befand sich vermutlich auch Abraham Lewin. Sein Tagebuch bricht am 16. Januar jäh ab.[19]

Nach den Januarkämpfen wuchs die Autorität der Jüdischen Kampforganisation im Ghetto. Auch das Kommando der Heimatarmee war beeindruckt von deren Heldenmut. Die Untergrundpresse, vor allem das Biuletyn Informacyjny, fand nicht nur Worte der Anerkennung, sie war auch an der Lieferung von weiteren Waffender beteiligt. Die Jüdische Kampforganisation erhielt Dutzende Pistolen und Granaten. Das reichte zwar längst nicht aus, doch wären die Aussichten der Kampforganisation ohne diese Unterstützung noch schlechter gewesen.

Das Ghetto in Warschau war das letzte im Distrikt, das aufgelöst wurde. Das Restghetto in Kałuszyn war schon im Dezember 1942 geräumt worden, die vollständige Auflösung der Ghettos in Sobolew, Kosów, Rembertów und Siedlce erfolgte im Januar und Februar 1943, wobei die Insassen entweder vor Ort getötet oder nach Treblinka verschleppt wurden. Dem Mord fielen auch die Arbeitskommandos anheim, die in den Groß- und den Kleinstädten zurückgeblieben waren und deren Aufgabe es war, die von den Opfern zurückgelassene Habe zu ordnen. Ein Teil dieses jüdischen Besitzes wurde an Nichtjuden verkauft. Unter dem Vorwand, die verbliebene jüdische Bevölkerung stelle eine Seuchengefahr dar, drangen die Kreishauptmänner darauf, die Juden loszuwerden.

Nach den Mordaktionen vom Herbst 1942 lebten wie in den anderen Distrikten auch im Distrikt Warschau ungezählte flüchtige Juden, die sich versteckt hielten. An der Suche nach ihnen beteiligten sich außer der Gendarmerie und der Blauen Polizei auch Freiwillige aus der örtlichen Bevölkerung. Mit Schreiben vom 13. März 1943 an die Kreishauptmannschaft im Bereich Warschau ordnete der SS- und Polizeiführer des Distrikts Warschau Sammern-Frankenegg an:

18 Mehr zu den Kämpfen bei Gutman, Resistance. The Warsaw Ghetto Uprising, S. 177–182.

19 Der erste Teil seines Tagebuchs wurde mit anderen Dokumenten aus dem Ringelblum-Archiv im Juli 1942 versteckt, der zweite Teil im Februar 1943. Siehe Lewin, A Cup of Tears.

> „[Es sind] sofort mit größter Energie alle noch in den einzelnen Städten bzw. auf dem Land befindlichen Juden, besonders die ohne Armbinde sich frei bewegenden, die also durch die bisherigen Umsiedlungsaktionen nicht erfasst werden konnten, festzustellen und der Gendarmerie zur Liquidierung zuzuführen [...]. Für diese Aufgabe sind in erster Linie Sonderdienste, polnische Polizei und etwa vorhandene V-Männer einzuspannen. Auch die polnische Bevölkerung selbst kann in weitestem Maße für diese Feststellungen herangezogen werden. [...] Die Personen, die für die Verhaftung und Liquidierung dieser Juden entsprechende Angaben gemacht haben, erhalten in jedem einzelnen Falle bis zu einem Drittel des zustande gebrachten Vermögens des von ihnen namhaft gemachten Juden."[20]

Nur wenig länger als die Ghettos bestanden jene Zwangsarbeitslager, die im Herbst 1942 nicht von den Deportationen betroffen waren. Auch hier hatten untergetauchte oder aus den Ghettos entkommene Juden Zuflucht gesucht, wenn sie keine Aussicht mehr auf ein Überleben im Versteck oder auf der Flucht sahen. Im Frühjahr wurden jedoch auch in den Zwangsarbeitslagern die meisten Häftlinge erschossen oder nach Treblinka deportiert. Einer der letzten Orte im Distrikt Warschau, an dem sich Juden aufhielten, war Węgrów. Dort sammelten sich mehrere Hundert Juden, die von den deutschen Behörden vorerst noch geduldet wurden. Aber am 30. April begannen die Jagd auf sie. Ein von der Heimatarmee herausgegebenes Blatt nannte die Zahl von 400 Todesopfern. Nach Treblinka verschleppt wurden 300 Juden. Berichtet wurde auch hier, dass sich Polen aus der örtlichen Bevölkerung an der Judenjagd beteiligten, Verstecke ausfindig machten und die Untergetauchten an die Deutschen verrieten, wofür diese ihnen als Belohnung erlaubten, die Habe der Opfer an sich zu nehmen – „den Leichen die Kleidung und Schuhe auszuziehen, Goldzähne herauszuschlagen usw."[21] Nur einzelne Juden konnten sich retten.

In Mińsk Mazowiecki, wo ebenfalls noch jüdische Arbeiter lebten, wurden am 5. Juni 1943 sämtliche dort noch Arbeitenden erschossen.

20 Siehe Faschismus – Getto – Massenmord, Dok. 275, S. 352; Josef Wulf, Das Dritte Reich und seine Vollstrecker. Die Liquidation von 500 000 Juden im Ghetto Warschau, Berlin 1961, S. 243 f. Siehe auch Młynarczyk, „Akcja Reinhardt" w gettach prowincjonalnych dystryktu warszawskiego, S. 69–72.

21 Libionka, Polska konspiracja wobec eksterminacji Żydów w dystrykcie warszawskim, S. 466. Später gingen die Deutschen dann gegen solche „Zahndiebe" vor und brachten sie in das Arbeitslager Treblinka I.

Der Aufstand im Warschauer Ghetto

Der Verlauf der Kämpfe

„Aus Sicherheitsgründen“ ordnete Himmler am 16. Februar 1943 an, das Warschauer Ghetto abzureißen. „Alle irgendwie verwertbaren Teile der Häuser und Materialien aller Art [seien] vorher zu verwerten“, das bis dahin noch verbliebene Restghetto, in dem ca. 30 000 Zwangsarbeiter für die Rüstungsindustrie arbeiteten, sei „herauszuverlegen“. Da der jüdische Wohnbezirk „für Deutsche niemals geeignet ist“, befahl er, dass dieser „von der Bildfläche verschwindet und die Millionenstadt Warschau, die immer ein gefährlicher Herd der Zersetzung und des Aufstandes ist, verkleinert wird“.[22]

Zwei Monate später begannen die Deutschen mit der Umsetzung des Himmler-Befehls. Im März 1943 war auf Initiative des SS-Wirtschaftsverwaltungshauptamts das SS-Unternehmen Ostindustrie GmbH (Osti) beauftragt worden, im Distrikt Lublin Arbeitslager zu schaffen und die Aufsicht über die bereits bestehenden Arbeitsplätze für Juden zu übernehmen. Dem Vorstand der Osti gehörten unter anderem der Chef des WVHA, Oswald Pohl, sowie Globocnik und Krüger an.[23] Gemäß einer Vereinbarung mit der SS wurde der Eigentümer des größten Shops im Warschauer Ghetto, Walther Többens, zum „Bevollmächtigten für die Verlegung der jüdischen Betriebe in Warschau“ ernannt, der daraufhin seinen Arbeitern in Aussicht stellte, in Lagern im Lubliner Land weiterarbeiten zu können. Zugleich garantierte er ihnen, dass sie und ihre Familien dort in völliger Sicherheit seien. Doch viele Juden glaubten solchen Versprechungen nicht mehr, sodass nur wenige bereit waren, in die rund fünfzig Kilometer von Lublin entfernte Gemeinde Poniatowa umzusiedeln, wohin die Többens-Werke verlegt werden werden sollten. Globocnik traf auch mit dem Eigentümer des zweiten großen Shops, Fritz Emil Schultz, eine Vereinbarung, der zufolge die SS sämtliche Maschinen und Werkzeuge der Firma, die nach Trawniki verlegt wurde, übernahm.

Im Ghetto hatten die Jüdische Kampforganisation sowie der Jüdische Militärbund die Zeit nach den Kämpfen Mitte Januar genutzt, um sich auf die endgültige Räumung des Ghettos vorzubereiten. Die Kampfgruppen wurden

22 Himmler befiehlt am 16. Februar 1943, den verbliebenen Teil des Warschauer Gettos vollständig niederzureißen, in: VEJ 9, Dok. 217, S. 597 f., https://die-quellen-sprechen.de/09-217.html [14. 4. 2020].

23 Felicja Karay, Żydowskie obozy pracy w czasie „akcji Reinhardt“, in: Libionka (Hrsg.), Akcja Reinhardt, S. 248–260, hier S. 255.

verstärkt, die Arsenale aufgefüllt und sogenannte Bunker (Schutzräume) eingerichtet. In beiden Organisationen waren zusammen rund 700 Kämpfer organisiert, die sich in allen Teilen des Ghettos aufhielten. Die Jüdische Kampforganisation bestand aus 22 Einheiten, in denen jeweils Angehörige einzelner Parteien und Jugendorganisationen zusammengeschlossen waren. Eine Kampfgruppe umfasste 10 bis 12 Personen. Dror stellte fünf Einheiten. Ihre Kommandanten waren Zacharia Artsein, Isaac Blaustein, Ber Braudo, Henoch Gutman und Beniamin Wald. Die Haschomer Hazair stellte vier Kampfgruppen, die von Mordechaj Growas, Joshua Winogron, Dawid Nowodworski und Józef Farber befehligt wurden. Die Einheiten der Bundisten führten Jurek Błones, Lewi Gruzalec, Dawid Hochberg und Wawel (Wolf) Rozowski an, diejenigen der Kommunisten, der „Gewerkschaftlichen Linken", unterstanden Aron Bryskin, Jurek Grynszpan, Henryk Zylberberg und Henryk Kawe (Kawa). Die Kampfgruppe der Gordonia wurde von Jakub Fajgenblat angeführt, die der Akiba von Lutek Rotblat, die der Hanoar Hazioni von Jakub Praszkier, die der jüdischen sozialistischen Arbeiterpartei Poale Zion-Linke von Hersz Berliński und jene der Poale Zion-Rechte von Meir Majerowicz. Die Hauptkräfte befanden sich im Zentralghetto unter dem Kommando von Izrael Kanał.[24] Die Kämpfer waren mit Kurzwaffen und Granaten ausgerüstet, die zum Teil aus eigener Produktion stammten. Die Jüdische Kampforganisation verfügte nur über wenige Gewehre.

Dem Jüdischen Militärbund gehörten weniger Menschen an. Er stellte zwischen 180 und 250 Kämpfer, war jedoch besser bewaffnet. Seine Hauptkräfte konzentrierten sich um den Muranowski-Platz. Zwei weitere Einheiten befanden sich auf dem Gelände der Shops. Am Vortag der Kämpfe besuchte Ringelblum ihr Hauptquartier:

> „Die Stabsoffiziere des ZZB, mit welchen ich mich unterhielt, trugen ihre Waffen offen in Holstern. In einem anderen Raum sah ich viele Waffen an Haken an der Wand hängen, MGs, Gewehre, Handgranaten, Pistolen vieler Kaliber, Munitions-Magazine, deutsche Wehrmachts-Uniformen, die während des Aufstandes gut genutzt wurden. Das Hauptquartier war so betriebsam wie jede andere militärische Kommandostelle. Es wurden Befehle an Posten und Kampfgruppen ausgegeben, Berichte über Geldkonfizierungen von vermögenden Ghettobewohnern erstattet. In meiner Anwesenheit

24 Biografische Informationen über die Angehörigen der Jüdischen Kampforganisation bei Anka Grupińska, Odczytanie listy. Opowieści o warszawskich powstańcach Żydowskiej Organizacji Bojowej, Wołowiec 2014.

> wurden von einem ehemaligen polnischen Offizier Waffen für eine Viertel Million Zloty gekauft, bei einem Vorschuss von 50 000 Zloty. Es wurden zwei automatische Gewehre für 40 000 Zloty gekauft, dazu eine beachtliche Menge Granaten und Kugeln."[25]

In den letzten Monaten vor dem Aufstand gingen der Jüdische Militärbund und die Jüdische Kampforganisation auf gleiche Weise vor: Die Einheiten bereiteten sich vor, setzten die Ausbildung an der Waffe fort, verstärkten die Posten, schalteten Verräter und Provokateure aus und beschafften sich Informationen. Manche Juden, die keiner Kampforganisation angehörten, konnten sich ebenfalls eine Waffe besorgen und trafen Vorbereitungen, um sich im Fall einer anstehenden Deportation verteidigen zu können. Innerhalb weniger Monate wurde auf dem Ghettogelände ein dichtes Netz von Bunkern und Unterständen angelegt, die bei Gefahr als Rückzugspunkte dienen sollten. Einige waren mit fließend Wasser, Strom und einem großen Vorrat an Lebensmitteln ausgestattet.

Am 19. April um 4 Uhr morgens umstellte eine Postenkette von deutschen Polizisten, Trawniki-Männern und Blauer Polizei das Ghetto. SS-Einheiten drangen mit mehr als 800 Mann, mit Ordnungs- und Sicherheitspolizei, Wehrmachtssoldaten und einem Bataillon Trawniki-Männer in das Ghetto ein. Unterstützt wurden sie von einem Panzer und zwei gepanzerten Fahrzeugen.[26] Die Angreifer hatten jedoch unterschätzt, wie gut sich die Juden im Ghetto auf diesen Fall vorbereitet hatten. Als die erste Kolonne die Ghettogrenze überschritt, wurde sie von der Jüdischen Kampforganisation an der Kreuzung Zamenhofa-/Gęsia-Straße angegriffen, eine zweite an der Nalewki-Straße 33. Die von der Gegenwehr überraschten Deutschen und ihre Helfer sahen sich gezwungen, den Rückzug aus dem Ghetto anzutreten, und erlitten bedeutende Verluste. Der zweite Vorstoß an diesem Tag erfolgte um 8 Uhr morgens und wurde von dem zwei Tage zuvor nach Warschau beorderten SS-Brigadeführer Jürgen Stroop (1895–1952) befehligt, der über Erfahrungen mit sogenannten Befriedungseinsätzen und dem Kampf gegen Partisanen verfügte. Er ersetzte Sammern-Frankenegg, der wegen Unfähigkeit abkommandiert worden war. Die Kämpfe

25 Emanuel Ringelblum, Stosunki polsko-żydowskie w czasie drugiej wojny światowej. Uwagi i spostrzeżenia. Bearb. Artur Eisenbach, Warszawa 1988, S. 126, hier zit. nach: Arno Lustiger, Ghettoaufstand und jüdischer Widerstand, www.yadvashem.org/de/education/newsletter/9/uprising-and-resistance.html [5. 2. 2021].

26 Zum Ablauf der Kämpfe siehe Yisrael Gutman, The Jews of Warsaw, 1939–1943: Ghetto, Underground, Revolt, Bloomington 1989 [zuerst 1982], S. 364 ff.; Gutman, Resistance. The Warsaw Ghetto Uprising, S. 177 ff.

spielten sich am Muranowski-Platz ab, wo sich die Hauptkräfte des Jüdische Militärbunds unter dem Befehl von Paweł Frenkel postiert hatten.[27]

Als es zu dämmern begann, zogen sich die Deutschen aus dem Ghetto zurück. Aus dem Bericht Stroops, den er kurz nach Beendigung der Kämpfe verfassen ließ,[28] geht hervor, dass am 19. April 16 SS-Leute, 6 Trawniki-Männer und 2 polnische Polizisten verwundet wurden.[29] Die Verluste der Verteidiger, die von Positionen aus gekämpft hatten, die sie schon vor längerer Zeit vorbereitet hatten, waren verhältnismäßig gering. Nur wenige Juden wurden aufgegriffen, da sich die Ghettoinsassen in Kellern und extra angelegten Schutzräumen verborgen hielten. In den Abendstunden versuchte eine Gruppierung der Kedyw – einer Einheit der Heimatarmee zur Durchführung von Sabotage- und Diversionshandlungen –, an der Ecke Bonifraterska- und Sapieżyńska-Straße ein Loch in die Ghetto-Mauer zu sprengen. Die lang vorbereitete Aktion scheiterte: Zwei Kämpfer starben, einige erlitten Verwundungen. Auf der anderen Seite trugen drei Blaue Polizisten Verletzungen davon. In den folgenden Tagen führten Untergrundkämpfer der Heimatarmee und anderer Organisationen noch einige kleinere bewaffnete Aktionen in der Nähe der Mauer durch, um die im Ghetto Kämpfenden zu entlasten.

Am 20. April setzten sich die erbitterten Kämpfe in der Nähe des Muranowski-Platzes und auf dem Gelände der Bürstenwerkstätten in der Świętojerska-Straße fort. Auf einem Wohnhaus – so Stroop – wurden „die jüdische und die polnische Flagge als Aufruf zum Kampf gegen uns […] gehißt".[30] Infolge seiner Beteiligung an der Einnahme dieses Gebäudes kam der 21-jährige SS-Untersturmführer Otto Dehmke ums Leben.[31] Der Aufruf an die Bevölkerung, das

27 Zum Anteil des Jüdischen Militärbunds an den Kämpfen siehe Libionka/Weinbaum, Bohaterowie, hochsztaplerzy, opisywacze, S. 457 f.

28 Siehe: SS-Brigadegeneral Jürgen Stroop schildert am 16. Mai 1943 Entstehung und Vernichtung des Warschauer Gettos, in: VEJ 9, Dok. 243, S. 648–656.

29 Der Wortlaut des Berichts, der mit Fotos und Tagesmeldungen der Einsätze im Ghetto versehen war und an Krüger geschickt wurde, ist eine der wichtigsten deutschen Quellen über den Aufstand. Den vollständigen Bericht enthält: Jürgen Stroop, Es gibt keinen jüdischen Wohnbezirk in Warschau mehr, hrsg. v. Andrzej Wirth, Neuwied 1960; ders., Es gibt keinen jüdischen Wohnbezirk in Warschau mehr! Żydowska dzielnica mieszkaniowa w Warszawie już nie istnieje!, hrsg. v. Andrzej Żbikowski, Warszawa 2009, pamiec.pl/ftp/ilustracje/Raport_STROOPA.pdf [11. 4. 2020]. Zuerst veröffentlicht als Dokument 1061-PS beim Internationalen Militärgerichtshof: Nürnberger Prozess gegen die Hauptkriegsverbrecher vor dem Internationalen Militärgerichtshof, Nürnberg, 14. November 1945 – 1. Oktober 1946, 42 Bde., Nürnberg 1949, Bd. 26, Dokumentband 2, München 1989 (Nachdruck), www.holocaust-history.org/works/stroop-report/jpg/strp021.jpg, Im Folgenden kurz: Stroop-Bericht. Zahlen ebenda, Bl. 3.

30 Stroop-Bericht, Bl. 12.

31 Ebenda, Bl. 2, 12.

Eine Kolonne von Juden eilt während des Warschauer Ghettoaufstands zum Umschlagplatz | *Public Domain*

Kampfgebiet zu verlassen, wurde nicht befolgt. Auch auf dem Gelände der Shops von Többens und Schultz kam es zu bewaffneten Auseinandersetzungen.

Juden, die die Angreifer aus den Bunkern und Schutzräumen herausholten, brachten Stroops Männer zum Umschlagplatz, von wo aus man sie nach Treblinka oder in den Distrikt Lublin verschleppte. In den nächsten Tagen fanden an mehreren Orten im Ghetto Kämpfe statt. Jeden Morgen drangen Dutzende Sturmtruppen in das Viertel ein, aber es gelang ihnen nicht, die Gegenwehr zu beenden, da sich die jüdischen Kämpfer über Dächer und Keller zurückzogen.

Stroop meldete am 22. April: „In Massen – ganze Familien – sprangen die Juden, schon vom Feuer erfasst, aus dem Fenster oder versuchten sich durch aneinandergeknüpfte Bettlaken usw. herabzulassen. Es war Vorsorge getroffen, daß diese sowohl [als] auch die anderen Juden sofort liquidiert wurden."[32] Die Angreifer eroberten die Stellungen des Jüdischen Militärbunds am Muranowski-

32 Ebenda, Bl. 27.

Platz. Teilweise entkamen die jüdischen Kämpfer durch einen vorbereiteten Tunnel auf die „arische Seite“. Leon Rodal starb wahrscheinlich bei den Kämpfen. Auf Befehl von Stroop begann man damit, die Wohnhäuser und Werkstätten ohne Rücksicht auf die materiellen Verluste in Brand zu setzen, um so die Verteidigungsstellungen auszuschalten und die Juden zu zwingen, die Gebäude zu verlassen. Am 23. April wurden mehrere Präsidiumsmitglieder des Judenrats erschossen, darunter der Vorsitzende Marek Lichtenbaum, der Anwalt Gustaw Wielikowski, der Ingenieur Dr. Alfred Abraham Sztolcman, der Ingenieur Stanisław Szereszewski und der Arzt Dr. Izrael Milejkowski. Ihre Familien wurden nach Poniatowa deportiert. Stroop schrieb: „Immer wieder konnte man beobachten, daß trotz der großen Feuersnot Juden und Banditen es vorzogen, lieber wieder ins Feuer zurückzugehen, als in unsere Hände zu fallen. Immer wieder schossen die Juden bis fast zur Beendigung der Aktion.“[33] Stroops Ziel war es, den Einsatz bis zum 26. April zu beenden, dem zweiten der Osterfeiertage. Doch der Widerstand hielt weiter an.

Die zivile Bevölkerung ging durch die Hölle. Am 27. April notierte eine unbekannte junge Frau in ihrem Bunker:

> „Da wir keinen Kundschafter [für die Verbindung] ins Freie hatten – denn schließlich wagte es niemand, sich draußen umzusehen –, mussten wir den Wahnsinn, der sich dort abspielte, durch die zu uns dringende Symphonie von Geräuschen zu rekonstruieren versuchen. Zuerst hörte ich über mir das Dröhnen von Hunderten im Gleichschritt marschierenden Soldatenbeinen, das schnell wieder abriss. Der Lärm der Schritte fand in unseren schon halb wahnsinnigen Köpfen ein Echo aus rasender Angst, und es vibrierte nur noch ein Gedanke: Schaffen sie es, finden sie unseren Bunker? Danach ließen sich nicht näher bestimmbare Geräusche und Lärm vernehmen, die wir als Vorbereitungen zu den Kämpfen, die hier stattfinden sollten, deuteten. Und schon hören wir, einen nach dem anderen, Schüsse der Artillerie, den Widerhall von Granatexplosionen, das Rattern eines Maschinengewehrs und unablässig merkwürdige widerhallende Geräusche, die an Donner während eines Sommergewitters erinnern. Sie entfernen sich von uns, um sich dann mit verblüffender Geschwindigkeit wieder zu nähern. Es gibt gar keinen Zweifel mehr, dass die Aktion in unserem Gebiet stattfindet und die Deutschen uns dieses Mal buchstäblich von der Erdoberfläche wegfegen wollen, so dass jede Spur von uns verschwindet. Wir sind in die Wahrnehmung dieser immer stärker werdenden Kampfgeräusche vertieft,

33 Ebenda, Bl. 32.

> und die Angst beginnt uns zu lähmen. Wir hören auf, Menschen zu sein, werden zu zitternden Nervenbündeln, fast so weit, den Verstand zu verlieren."

Bald darauf entdeckten die Deutschen den Bunker.[34] Noch am selben Tag wurde eine Gruppe von Kämpfern des Jüdischen Militärbunds in einem Wohnhaus in der Muranowska-Straße 6 auf der „arischen Seite" entdeckt.[35]

Ununterbrochen durchkämmten Sturmtruppen das Ghetto. Mit jedem Tag entdeckten sie weitere Bunker. Aufgegriffene Juden wurden erschossen oder zum Umschlagplatz gebracht. Mordechaj Anielewicz und viele weitere Angehörige des Stabs der Jüdischen Kampforganisation nahmen sich am 8. Mai in ihrem von der SS umstellten Bunker das Leben. Nur wenigen gelang es, sich zu retten, indem sie ihren unterirdischen Schutzraum durch einen Ausgang verließen, der nicht überwacht wurde.

Am 13. Mai meldete Stroop: „Es zeigte sich am heutigen Tage, daß die nunmehr gefangenen Juden und Banditen den sogen. Kampfgruppen angehören. Es sind durchweg junge Burschen und Weiber im Alter von 18–25 Jahren. Bei der Aushebung eines Bunkers entspann sich ein regelrechtes Feuergefecht, bei dem die Juden nicht nur aus Pistolen 08 und poln. Vis-Pistolen schossen, sondern auch poln. Eierhandgranaten gegen die Männer der Waffen-SS warfen."[36]

Am 16. Mai konnte Stroop melden: „Es wurden 180 Juden, Banditen und Untermenschen vernichtet. Das ehemalige jüdische Wohnviertel Warschau besteht nicht mehr. Mit der Sprengung der Warschauer Synagoge wurde die Großaktion um 20.15 Uhr beendet."[37] In der Trümmerlandschaft hielten sich noch einzelne Kämpfer auf, deren Leben in den folgenden Wochen ständig bedroht war.

Zwei Gruppen der Jüdischen Kampforganisation mit zusammen etwa 80 Personen gelang es, nach übermenschlichen Anstrengungen durch die Kanalisation auf die „arische Seite" zu gelangen. Mithilfe der kommunistischen Gwardia Ludowa wurden sie nach Łomianki gebracht. Von dort gingen sie in die

34 Siehe: Eine Bewohnerin des Warschauer Gettos schildert am 27. April 1943 ihre Beobachtungen und Empfindungen in einem unterirdischen Schutzraum, in: VEJ 9, Dok. 235, S. 631–633, hier S. 632. Die Verfasserin wurde nach Majdanek verschleppt und kam dort um. Überliefert ist lediglich ein Teil ihres Tagebuchs, das auf 68 Seiten eines Schulhefts geschrieben und teilweise schwer entzifferbar ist.

35 Das Wohnhaus stand mehr oder weniger an demselben Platz wie heute das Hotel Ibis an der Muranowska-Straße. Der Muranowska-Platz selbst besteht heute nicht mehr.

36 Siehe Stroop-Bericht, Bl. 68.

37 Ebenda, Bl. 74.

Wälder bei Wyszków, wo sie ihren Widerstand als Partisanen fortsetzten. Die meisten kamen jedoch nach kurzer Zeit um, da sie es nicht vermochten, sich in der feindlichen Umgebung zurechtzufinden. Ein mehrköpfiges Kommando der Jüdischen Kampforganisation blieb bei Icchak Cukierman in Warschau. Cukierman war während des Aufstands der Verbindungsmann zur „arischen Seite" gewesen und hatte sich dort erfolglos um eine wirksame Unterstützung vonseiten der Heimatarmee bemüht.[38] Vom Kommando des Jüdischen Militärbunds überlebte niemand. Beim Verlassen Warschaus wurde eine Gruppe bei Michalin von der Gendarmerie angegriffen und zerstreut. Einige Kämpfer kehrten nach Warschau zurück. Paweł Frenkel starb wahrscheinlich Mitte Juni 1943 in einem Haus in der Grzybowska-Straße 11 oder 12, in dem er sich mit mehreren Genossen versteckt hielt.[39] Das Ende der NS-Herrschaft erlebten nur wenige.

Bei dem fast einen Monat währenden Einsatz zur Niederschlagung des Aufstands wurden starke Verbände von SS, Ordnungspolizei, Sicherheitspolizei, Wehrmacht und ein Bataillon von Trawniki-Männern eingesetzt. Die Ghettomauern bewachten 363 polnische Polizisten, befehligt von vier Offizieren.[40] Die Verluste der Deutschen beliefen sich offiziell auf 16 Tote und 85 Verletzte.[41] Wenn man die unzureichende Bewaffnung der Juden in Betracht zieht und außerdem bedenkt, dass nur wenige über eine gediegene militärische Ausbildung verfügten, ist das eine sehr beachtliche Zahl.

Mit Fernschreiben an Krüger vom 24. Mai 1943 meldete Stroop:

> „Von den 56 065 insgesamt erfaßten Juden sind ca. 7000 im Zuge der Großaktion im ehem. jüd. Wohnbezirk selbst vernichtet. Durch den Transport nach T. II [Treblinka] wurden 6929 Juden vernichtet, so daß insges. 13 929 Juden vernichtet wurden. Über die Zahl 56 065 hinaus sind schätzungsweise 5–600 Juden bei Sprengungen und durch Feuer vernichtet worden. [...] Es wurden 631 Bunker vernichtet. [...] Bis auf 8 Gebäude [...] ist das ehem. Ghetto vollständig zerstört. Soweit nicht Sprengungen durchgeführt wurden, stehen nur noch die Brandmauern."[42]

38 Icchak Cukierman (Deckname „Antek") beschrieb dies später in seinen Erinnerungen: Yitzhak Zuckerman, A Surplus of Memory: Chronicle of the Warsaw Ghetto Uprising, Berkeley 1993. Cukierman und die anderen am Leben gebliebenen Angehörigen der Jüdischen Kampforganisation nahmen später am Warschauer Aufstand teil.

39 Libionka/Weinbaum, Bohaterowie, hochsztaplerzy, opisywacze, S. 533–535.

40 Siehe Stroop-Bericht, Bl. 7.

41 Siehe ebenda, Bl. 2–6.

42 Fernschreiben vom SS- und Polizeiführer im Distrikt Warschau Stroop an Krüger, 24. 5. 1943, Stroop-Bericht, Bl. 75 f.

Polnische Reaktionen

Die polnische Untergrundpresse verfolgte die Kämpfe im Ghetto sehr genau. In Artikeln brachten einige der Autoren ihre Solidarität mit den Kämpfenden und ihre Verachtung für die Deutschen zum Ausdruck. Das wichtigste Presseorgan der Heimatarmee, Biuletyn Informacyjny, schrieb unter anderem: „Die kämpfenden Bürger des Polnischen Staates jenseits der Ghettomauern sind der hauptstädtischen Gesellschaft nähergerückt, verständlicher geworden als die passiven Opfer, die sich ohne Widerstand zur Schlachtbank führen ließen." Das Blatt berief sich auf die „strenge Christenpflicht", Flüchtlingen Hilfe zu leisten.[43] Das gemeinsame Schicksal von Polen und Juden betonte auch die sozialistische Presse:

> „Ob die Schlacht bei Krasnobrod [im polnischen Verteidigungskrieg 1939], die verschiedenen Aktionen der Einheiten bewaffneter Gruppen im Land oder der Waffengang der im Warschauer Getto eingesperrten polnischen Bürger – alle Aktionen zeugen von der unnachgiebigen Haltung Polens gegenüber dem Besatzer und unserem Willen, die völlige Unabhängigkeit zu erlangen. Kein einziger Tropfen Blut wird in diesen Kämpfen umsonst vergossen. [...] Den Arbeitern jüdischer Nationalität, die im Angesicht des sicheren Todes beschlossen haben, lieber mit der Waffe in der Hand zu sterben, als sich passiv der Gewalt auszuliefern, senden wir brüderliche Grüße und die Versicherung, daß ihre Tat nicht ohne Echo verhallen wird. Sie wird in die Legende des kämpfenden Polen eingehen und zum gemeinsamen Gut der Errungenschaften des polnischen einfachen Volkes werden, zu Errungenschaften, auf denen das Gebäude der wiedergeborenen Polnischen Republik errichtet werden wird."[44]

Ganz andere Töne schlug die nationalistische Presse jeglicher Couleur an. In einer Erklärung der rechtsradikalen und antisemitischen Gruppe Szaniec (Die Schanze)[45] war zu lesen, dass „der Widerstand und die Versorgung der

43 Ostatni akt wielkiej tragedii, in: Biuletyn Informacyjny, Nr. 17 (172), 29. 4. 1943. Siehe Friedrich, Der nationalsozialistische Judenmord in polnischen Augen, S. 142–145.

44 WRN, Nr. 9, 7. 5. 1943: Walki w warszawskim ghetto. WRN war ein Zentralorgan der im Untergrund tätigen Polnischen Sozialistischen Partei (PPS). Siehe auch: WRN: Stellungnahme vom 28. September 1942 zum Mord an den Juden des Warschauer Gettos, in: VEJ 9, Dok. 149, S. 462–464.

45 Diese Gruppierung ging aus dem vor 1939 aktiven Nationalradikalen Lager (Obóz Narodowy Radykalny) hervor.

Kämpfenden mit Tausenden von Waffen vom Bund und den Kommunisten organisiert wurden. Diese Elemente waren es, die in der gesamten Besatzungszeit den Polen am feindlichsten gegenübergestanden haben und in kommunistischen Organisationen sich auf die blutige Abrechnung mit den Polen in der Phase des Übergangs vorbereitet haben." In den Plänen der Kommunisten solle der Aufstand hinter den Ghettomauern einen entscheidenden Faktor darstellen, um einen vorzeitigen allgemeinen Aufstand zu provozieren, wie ihn die PPR anstrebe: „Im Getto waren über längere Zeit kommunistische Druckereien tätig, dort befanden sich Waffenlager und haben kommunistische Stäbe gewirkt, aus denen heraus sowjetische Offiziere die Zersetzungsarbeit leiteten. In diesem Licht muß man den Widerstand der Juden als eine vorteilhafte Tatsache ansehen, die beizeiten die Entladung eines der Arsenale der Kommune herbeiführte, wobei sie den Deutschen eine Menge Schwierigkeiten, Verluste und ihre Kompromittierung eingebracht hat."[46]

Das hier auf polnischer Seite bemühte antisemitische Stereotyp von der „Judenkommune" hatten sich die deutschen Besatzer schon zunutze gemacht, ehe sie zur Vernichtung des Ghettos schritten. Denn mit den Geschehnissen in Katyn versuchten sie, die antijüdische Stimmung anzuheizen. In einem Leitartikel der polnischsprachigen Besatzungszeitung „Nowy Kurier Warszawski" wurde behauptet, hinter der Ermordung Tausender polnischer Offiziere stünden „Juden vom NKWD".[47]

In einem Plakat „An die Bevölkerung Warschau" vom 13. Mai 1943, das der Gouverneur des Distrikts Warschau, Ludwig Fischer, unterzeichnet hatte, hieß es dann:

> „In letzter Zeit wurde eine ganze Reihe von Mordanschlägen in dem Gebiet der Stadt Warschau verübt. Hinter diesen Anschlägen stand dieselbe Hand, deren Werk die Massengräber der polnischen Offiziere in Katyn sind. All diese kommunistischen Banditen haben ihren Unterschlupf in dem ehemaligen jüdischen Wohnbezirk Warschau gefunden und sind dort weitgehender Hilfe und voller Unterstützung begegnet. Der ehemalige jüdische Wohnbezirk wurde dadurch zum Nest aller Anhänger der bolschewistischen Ideologie, die mit allen Mitteln versucht, Unruhe und Zersetzung innerhalb der Bevölkerung zu verbreiten. Der ehemalige jüdische Wohnbezirk wird

46 Polska Informacja Prasowa, Nr. 18, 7. 5. 1943: Opór ghetta we właściwym świetle; auch in Wielka Polska, 18. 5. 1943. Siehe Friedrich, Der nationalsozialistische Judenmord in polnischen Augen, S. 239, 261 f.

47 Nowy Kurier Warszawski, Nr. 92, 17./18.4.1943.

> vernichtet und mit ihm gleichzeitig die Hoffnung der Kommune, die sich in dem Gedanken wiegte, daß die Tage der Bluthherrschaft des bolschewistischen Systems auch einmal in diesem Lande kommen werden."

Und auch zur Denunziation rief Fischer auf: „Wer die Behörden benachrichtigt, wo sich ein kommunistischer Agent oder Jude noch auf freiem Fuss bewegt, erfüllt nur eine selbstverständliche Pflicht sich selbst und den Seinen gegenüber."[48]

Die polnische Untergrundpresse veröffentlichte – mit Ausnahme der von den Rechtsnationalisten herausgegebenen Blätter – eine Erklärung des „Bevollmächtigten der [Exil-]Regierung für das [besetzte] Land", Jan Stanisław Jankowski:

> „Das von christlichem Geist durchdrungene polnische Volk, das in der Moral kein Doppelmaß kennt, nahm die antijüdischen deutschen Bestialitäten mit Abscheu auf, und als am 19. April ein ungleicher Kampf entbrannte, betrachtete es die sich auf männliche Art wehrenden Juden mit Achtung und Mitgefühl und deren deutsche Mörder mit Verachtung. Die politische Führung des Landes [...] erneuert heute die Worte dieser Verurteilung mit allem Nachdruck. Und die polnische Gesellschaft tut recht daran, den gejagten und verfolgten Juden Gefühle des Mitleids entgegenzubringen und ihnen Hilfe zu leisten. Diese Hilfe sollte sie auch weiterhin gewähren."[49]

Auch der Ministerpräsident der polnischen Regierung in London, General Władysław Sikorski, rief in einer an das polnische Volk gerichteten Rundfunkansprache vom 4. Mai 1943, deren Text in den wichtigsten Organen der Untergrundpresse abgedruckt wurde, zur Hilfeleistung auf: „Es geschieht das größte Verbrechen in der Geschichte der Menschheit. Wir wissen, daß ihr den gequälten Juden, soweit es euch möglich ist, helft. Ich danke euch, meine polnischen Landsleute, in meinem eigenen Namen und im Namen der Regierung. Ich bitte euch darum, ihnen jegliche Hilfe zu gewähren, und gleichzeitig darum, diese

48 Zit. nach: Klaus-Peter Friedrich, Kontaminierte Erinnerung: Vom Einfluß der Kriegspropaganda auf das Gedenken an die Warschauer Aufstände von 1943 und 1944. Über Veränderungsprozesse in der polnischen und der deutschsprachigen Publizistik und Erinnerungskultur, in: Zeitschrift für Ostmitteleuropa-Forschung 55 (2006), 3, S. 395–432, hier S. 397. Siehe auch Lars Jockheck, „Banditen" – „Terroristen" – „Agenten" – „Opfer". Der polnische Widerstand und die Heimatarmee in der Presse-Propaganda des „Generalgouvernements", in: Bernhard Chiari (Hrsg.), Die polnische Heimatarmee. Geschichte und Mythos der Armia Krajowa seit dem Zweiten Weltkrieg, München 2003, S. 431–472, bes. S. 458.

49 Rzeczpospolita Polska, Nr. 8 (59), 6.5.1943. Siehe Friedrich, Der nationalsozialistische Judenmord in polnischen Augen, S. 146.

Greuel auszurotten."[50] Im Wortlaut dieser Ansprache, die die Wendung vom „heldenhaften bewaffneten Widerstand" der jüdischen Bevölkerung enthält, fehlt allerdings der erste Satz. Sikorskis Beschreibung der polnischen Reaktion auf die Kämpfe im Getto lautete, im Unterschied zu der in der Untergrundpresse angeführten Passage, wie folgt:

> „Das Rattern der Maschinengewehre, Bombenexplosionen und Brände ließen in der Nähe die Warschauer Bevölkerung zusammenströmen, die von Grauen erfaßt den unglücklichen Opfern eines in der Geschichte unbekannten Barbarentums zu Hilfe eilt, wo und wie immer sie kann. Ich danke den Landsleuten im Namen der Regierung und in meinem eigenen Namen für diese edle Regung. Ich bitte sie darum, den Bedrohten jegliche Hilfe und jeglichen Schutz angedeihen zu lassen, und gleichzeitig verurteile ich all diese Grausamkeiten gegenüber der ganzen, sich allzu lange in Schweigen hüllenden Menschheit."[51]

Die Reaktionen der Polen auf die Kämpfe im Ghetto reichten von Hilfsbereitschaft über Gleichgültigkeit bis hin zu Denunziationen. Während die einen mit Entsetzen und voller Mitgefühl reagierten, blieben andere gleichgültig und empfanden sogar Genugtuung über das Schicksal, das den Juden widerfuhr. Dieses zwiespältige Bild betraf auch den polnischen Untergrund und fand bereits vor Ende der deutschen Besatzung literarische Verarbeitung. Noch in den Tagen des Aufstands entstanden die Erzählung „Die Karwoche" (Wielki tydzień) von Jerzy Andrzejewski und das Gedicht „Campo di Fiori" des polnischen Dichters Czesław Miłosz.[52] Der Titel von Miłoszs Gedicht verweist auf den gleichnamigen Platz in Rom, auf dem das Denkmal für den Philosophen Giordano Bruno steht, der hier im Februar 1600 als Ketzer verbrannt wurde. „Miłoszs Gedicht spannt einen Bogen von Brunos Ketzertod im Rom der frühen Neuzeit zum besetzten Warschau unter nationalsozialistischer Herrschaft. Es gilt als wichtiges Zeugnis der polnisch-jüdischen Beziehungsgeschichte und zugleich als bedeutende literarische Stellungnahme zur Ermordung der europäischen Juden."[53]

50 Rzeczpospolita Polska, Nr. 8 (59), 6. 5. 1943, Beilage; WRN, Nr. 11, 4. 6. 1943.

51 Zit. nach: Paweł Szapiro (Bearb.), Wojna żydowsko-niemiecka. Prasa konspiracyjna 1943–1944 o powstaniu w getcie Warszawy, London 1992, Nr. 101, S. 113 f.

52 Jerzy Andrzejewski, Die Karwoche. Roman, München 2000; Czesław Miłosz, Campo di Fiori. Auf Deutsch veröffentlicht in: Karl Dedecius/Deutsches Polen-Institut (Hrsg.), Panorama der polnischen Literatur des. 20. Jahrhunderts. Bd. 1, Poesie, S. 636–638.

53 Dan Diner (Hrsg.), Enzyklopädie jüdischer Geschichte und Kultur: Bd. 1: A–Cl, Stuttgart/Weimar 2011, S. 477.

In Rom auf dem Campo di Fiori
[...]

Auf diesem selben Markte
Verbrannte Giordano Bruno,
Das Feuer, geschürt vom Henker,
Wärmte die Neugier der Gaffer.
Und kaum war die Flamme erloschen,
Füllten sich gleich die Tavernen,
Körbe Oliven, Zitronen
Trugen die Händler auf Köpfen.

Ich dachte an Campo di Fiori
In Warschau an einem Abend
Im Frühling vor Karussellen
Bei Klängen lustiger Lieder.
Der Schlager dämpfte die Salven
Hinter der Mauer des Gettos
Und Paare flogen nach oben
weit in den heiteren Himmel.

Der Wind trieb zuweilen schwarze
Drachen von brennenden Häusern,
Die Schaukelnden fingen die Flocken
Im Fluge aus ihren Gondeln.
Der Wind von den brennenden Häusern
Blies in die Kleider der Mädchen,
Die fröhliche Menge lachte
Am schönen Warschauer Sonntag.

Vielleicht wird jemand hier folgern,
Das Volk von Rom oder Warschau
Handele, lache und liebe
Vorbei an den Scheiterhaufen;
Ein andrer, möglich, die Kunde
Von der Vergänglichkeit dessen
Empfangen, was schon vergessen,
Bevor die Flamme erloschen.

Ich aber dachte damals
An die Einsamkeit der Opfer.
Daran, daß, als Giordano
Den Scheiterhaufen bestieg,
Er keine einzige Silbe,
Menschliche Silbe gefunden,
[…]

Auch diese Opfer sind einsam,
Bereits von der Welt vergessen,
Und fremd ist uns ihre Sprache,
Als wäre sie vom andern Planeten.
Bis alles dann zur Legende
Erkaltet und später nach Jahren
Auf neuem Campo di Fiori
Ein Dichterwort aufruft zum Aufruhr.“[54]

Miłosz hat die in dem Gedicht geschilderte Szene nach eigener Auskunft selbst erlebt, als die Straßenbahn, mit der er unterwegs war, an der Ghettomauer hielt und er die Szene mit dem Karussell beobachtete. Dieses Bild des Karussells, das sich auf dem Krasiński-Platz unter der Ghettomauer drehte, wurde zum Symbol für die Zuschauerrolle der Polen.[55]

54 www.via-regia.org/bibliothek/pdf/Heft2122/milosz_campo.pdf [11. 4. 2020].

55 Zu den Kontroversen über die polnischen Reaktionen auf den Aufstand siehe: Tomasz Szarota, Karuzela na placu Krasińskich. Czy „śmiały się tłumy wesołe“? Spór o postawę warszawiaków wobec powstania w getcie, in: ders., Karuzela na placu Krasińskich. Szkice z lat wojny i okupacji, Warszawa 2007, S. 149–169. Siehe auch: Aufstand im Warschauer Getto: Der Maulwurf unter dem Karussell. Von Konrad Schuller, Warschau, in: FAZ.net, 18. 4. 2013, www.faz.net/aktuell/politik/ausland/europa/aufstand-im-warschauer-getto-der-maulwurf-unter-dem-karussell-12154014.html?printPagedArticle=true#pageIndex_2 [11. 4. 2020]. Zeitzeugenaussage „Polen über Juden“, in: Herder-Institut (Hrsg.), Dokumente und Materialien zur ostmitteleuropäischen Geschichte. Themenmodul „Holocaust in Polen“. Bearb. v. Imke Hansen, www.herder-institut.de/resolve/qid/2466.html [14. 4. 2020].

Die letzten Juden im Generalgouvernement

Das Lubliner Land
Lager und Restghettos

Nachdem das Ghetto in Majdan Tatarski, einem Vorort von Lublin, aufgelöst worden war, lebten in Lublin nur noch einige Tausend jüdische Häftlinge. Statistischen Angaben der SS zufolge befanden sich Ende 1942 im KZ Lublin-Majdanek 7342 Juden – 4683 Männer und 2659 Frauen.[56] Die Anzahl der Häftlinge veränderte sich unablässig, je nachdem, wie hoch die Sterblichkeitsrate war und wie viele neue Gefangene eintrafen. Im Konzentrationslager herrschten extreme Lebens- und Arbeitsbedingungen. Zahllose Häftlinge starben an Hunger, Krankheiten und Gewalt. Die relativ gesehen besten Haftbedingungen hatten Funktionshäftlinge, die aus der Slowakei und dem Protektorat stammten und am längsten im Lager inhaftiert waren. Im Gegensatz zu den polnischen Häftlingen konnten Juden nicht darauf hoffen, aus dem Lager entlassen zu werden. Auch erhielten sie keinerlei Unterstützung von außen, etwa in Form von Paketen ihrer Familienangehörigen oder von Einrichtungen der Wohlfahrt. Sie verfügten über keine Möglichkeit, offizielle Verbindungen zur Welt außerhalb des Lagers aufrechtzuerhalten, und auch informelle Kontakte waren nur äußerst eingeschränkt möglich. Juden arbeiteten nicht nur auf dem Gelände des Lagers Majdanek, sondern auch in zahlreichen Arbeitskommandos überall in der Stadt.[57]

Vor allem der ausgebaute Komplex des Zwangsarbeitslagers Alter Flugplatz des SSPF Lublin spielte eine herausgehobene Rolle. Im Herbst 1942 wurden dort rund 3000 Frauen kaserniert und beim Sortieren der Habseligkeiten der Opfer aus den Vernichtungslagern Belzec, Sobibor und Treblinka, die mit der Bahn herbeigeschafft worden waren, eingesetzt. Ihre Aufgabe bestand darin, die Kleidung zu durchsuchen, sie zu sortieren und zu säubern. Die am besten erhaltenen Stücke wurden für die Verschickung ins Reich aufbereitet. Bald lagerten Unmengen an Kleidung in Hangars aus der Vorkriegszeit, als hier noch Flugzeuge hergestellt wurden, sowie in Baracken. Weiterhin kamen Transporte mit Deportierten auf dem Gelände des Flugplatzes an, wo die Neuankömmlinge einer Selektion unterzogen wurden. Bereits bei den früheren Deportationen aus dem Generalgouvernement und aus dem Ausland nach Lublin war das Gepäck der

56 Korherr-Bericht, http://www.ns-archiv.de/verfolgung/korherr/korherr-lang.php.

57 Über die Lage der jüdischen Häftlinge siehe Kuwałek, Żydzi lubelscy w obozie koncentracyjnym na Majdanku, S. 113–115; Tatiana Berenstein/Adam Rutkowski, Żydzi w obozie koncentracyjnym Majdanek (1941–1944), in: Biuletyn ŻIH 58 (1966) 2, S. 21–35.

Verschleppten auf dem Flugplatz eingelagert worden, ebenso wie all die Dinge, vor allem Geld und Wertgegenstände, die den Opfern bei den Selektionen abgenommen wurden. Ein SS-Richter, der nach Lublin kam, um Unregelmäßigkeiten zu untersuchen, sagte nach dem Krieg aus: „Es war ein Lager, das die Effekten oder einen Teil der Effekten seiner Opfer aufnahm. Schon aus diesem Umfange – es waren unerhört viele Uhren, die da nun gestapelt waren – mußte ich erkennen, daß hier Ungeheuerliches vor sich ging. Ich bekam auch die Wertsachen gezeigt. Ich kann sagen, ich habe noch nie soviel Geld, insbesondere ausländisches Geld, sämtliche Münzsorten der ganzen Welt, zusammen gesehen; außerdem eine Goldschmelze und geradezu gewaltige Barren Gold.“[58] Gegenstände von besonderem Wert kamen in ein geräumiges Gebäude in der nach Chopin benannten Szopena-Straße 27 im Stadtzentrum.[59] Dort befand sich die Abteilung IVa „Verwaltung Jüdischer Besitz“, die dem SS-Sturmbannführer im Stab „Einsatz Reinhardt“, Oberzahlmeister Georg Wippern (1909–1993), unterstand. Und von dort aus wurden sie ins Deutsche Reich verschickt, der Reichsbank und dem SS-Wirtschaftsverwaltungshauptamt übergeben.

Als sich die Zahl der hier eintreffenden Transporte verringerte, wurden die bei der Sortierung eingesetzten weiblichen Häftlinge an andere Arbeitsstellen versetzt. Männer waren ebenfalls in dem Zwangsarbeitslager Alter Flugplatz inhaftiert, jedoch weitaus weniger. Die außerordentliche Bedeutung des Lagers ist auch daran zu erkennen, dass der Inspekteur der Vernichtungslager der „Aktion Reinhardt“, Christian Wirth, zu dessen Kommandant ernannt wurde. Er machte es vom Konzentrationslager Lublin-Majdanek unabhängig und ließ bis auf den kleinen Kreis des Stabs „Einsatz Reinhardt“ niemanden ins Lager. Das Lagerregime ähnelte nun dem in Majdanek: Die kleinsten Vergehen wurden bestraft, und die SS-Männer führten regelmäßig Selektionen durch und töteten die Kranken.[60]

Die Situation der Häftlinge in dem Arbeitslager an der Lipowa-Straße, das Globocnik 1939 hatte einrichten lassen, stellte sich weiterhin als besser dar. Das Lager war dem KZ Lublin-Majdanek nicht unterstellt – und erhielt erst im Januar 1944 den Status eines Außenlagers. Inhaftiert waren dort weiterhin mehrere Tausend Kriegsgefangene aus Polen. Einige Hundert – vor allem zivile – Häftlinge wurden im Frühjahr 1942 nach Majdanek verlegt. Obwohl die militärischen Uniformen, die die Kriegsgefangenen die ganze Zeit über trugen, bei

58 Aussage Konrad Morgen, zit. nach Shoaportal Archiv: SS Richter Konrad Morgen, Nürnberger Hauptverhandlung 1946, https://shoaportalvienna.wordpress.com/2015/04/11/shoaportal-archiv-ss-richter-konrad-morgen-nurnberger-hauptverhandlung-1946/ [12. 4. 2020].

59 Gegenwärtig befindet sich in dem Gebäude die Bibliothek der Katholischen Universität Lublin.

60 Siehe Lenarczyk, Obóz pracy na Flugplatzu w Lublinie.

ihnen den Eindruck hervorrufen mussten, einen gesicherten Status zu haben, fanden nach der Auflösung des Ghettos in Lublin mehrere spektakuläre Massenfluchtversuche statt. Einer Gruppe gelang es, sich Waffen anzueignen, aus der Stadt herauszukommen und den Partisanenkampf aufzunehmen. Das Schicksal einer anderen Gruppe, die Verbindungen zu Angehörigen der polnischen Widerstandsbewegung hatte, endete tragisch. Fast alle wurden im Untergrund heimtückisch ermordet.[61] Die Repressalien der Deutschen und Nachrichten über das Schicksal der Geflüchteten bewirkten, dass keine weiteren Fluchtversuche mehr unternommen wurden.

Der Höhere SS- und Polizeiführer Ost und Staatssekretär in der Regierung des Generalgouvernements Krüger erließ am 28. Oktober 1942 eine Verordnung, die festlegte, dass im Distrikt Lublin in acht Gemeinden noch offiziell Ghettos existieren durften. Am Ende gab es sie jedoch lediglich in sechs: in Międzyrzec Podlaski, Łuków, Włodawa, Izbica, Piaski und in Końskowola. Juden, die an anderen Orten angetroffen wurden, sollten erschossen werden. Wie überall im Generalgouvernement dienten solche Restghettos dazu, denjenigen, die während der Ghettoräumungen geflohen waren und fortan verzweifelt versuchten, im Verborgenen zu überleben, einen Ausweg vorzutäuschen. Die lokalen Behörden riefen dazu auf, in die Ghettos zurückzukehren, und versprachen, dass es keine weiteren Verfolgungen geben würde. So auch in Izbica. In die ausgestorbene Ortschaft kehrten mehrere Hundert verzweifelte Flüchtlinge zurück. Sicherheit fanden sie dort jedoch weder tagsüber noch nachts. Wenn uniformierte Deutsche sich auch nur näherten, rannten sie weg und versteckten sich. Am 28. April 1943 kamen Trawniki-Männer und Gendarmerie nach Izbica und begannen die Jagd auf Juden. Aufgegriffen wurde auch der damals sechzehnjährige Thomas Blatt. Dutzende wurden erschossen, die Überlebenden auf Lastwagen verladen und nach Sobibor verschleppt, wo eine Selektion stattfand. Blatt erinnerte sich: „Mir war klar, dass ich keinerlei Qualifikationen anbieten konnte. Ich war klein und dünn und sah viel jünger aus, als ich war. [...] Ich sah den SS-Mann durchdringend an und wiederholte leise in meinem Kopf: ‚Gott, laß ihn MICH nehmen, MICH nehmen, MICH nehmen!'" Blatt hatte Glück, es wurde ihm erlaubt herauszutreten.[62]

61 Die Identität der Täter ist strittig, doch belegen Archivquellen, dass Angehörige des rechtsnationalistischen Untergrunds aus Kraśnik und seinem Umland die Morde verübten. Siehe Dariusz Libionka, Narodowa Organizacja Wojskowa i Narodowe Siły Zbrojne wobec Żydów pod Kraśnikiem – korekta obrazu, in: Zagłada Żydów. Studia i Materiały 7 (2011), S. 23–62.

62 Bericht Blatt, AŻIH, 302/190. Siehe auch Thomas Blatt, Nur die Schatten bleiben. Der Aufstand im Vernichtungslager Sobibor, Berlin 2003, S. 12, und ders., Sobibór. Der vergessene Aufstand. Bericht eines Überlebenden, Hamburg 2004.

Zwei Tage später wurde die letzte Gruppe Juden, 2000 Menschen, aus Włodawa verschleppt. Auch hier versuchten die Opfer – meist vergeblich – alles, um sich auf dem Ghettogelände zu verstecken. Nur wenigen gelang es, in die umliegenden Wälder zu entkommen und sich dort Partisanen anzuschließen. Wie bei allen vorhergegangenen Deportationen wurden viele Juden bereits an Ort und Stelle ermordet. In diesem Zeitraum kamen auch alle Häftlinge aus den umliegenden kleineren Arbeitslagern nach Sobibor. Einige Tausend Juden, die die bisherigen Razzien in Łuków und Międzyrzec Podlaski überlebt hatten, wurden Anfang Mai in das Konzentrationslager Majdanek gebracht. In Piaski, dem zweitgrößten der ehemaligen Transitghettos, lebten nach der letzten „Judenumsiedlung" noch 300 Juden kaserniert in einem kleinen Arbeitslager. Nach ein paar Monaten wurden sie in das Arbeitslager Trawniki verlegt.

Transporte aus dem Warschauer Ghetto

Zur gleichen Zeit, als die Juden aus den letzten Ghettos im Distrikt Lublin nach Majdanek überstellt wurden, trafen dort auch Transporte aus dem Warschauer Ghetto ein. Unter den Deportierten, von denen viele in einem schlimmen physischen wie psychischen Zustand waren, befanden sich sowohl Zivilisten, die im Ghetto aus den Bunkern geholt worden waren, als auch Kämpfer der Widerstandsgruppen. Die sechzehnjährige Estera Kerżner, die zu diesem Zeitpunkt im Lager Alter Flugplatz inhaftiert war, über dessen Bahnhof die Transporte nach Majdanek fuhren, erinnert sich: „Ich sah die Leute von meinem Arbeitsplatz aus ganz genau. Sie waren in einem schrecklichen Zustand. Oft war es so, dass die Deutschen die Waggons öffneten und dort viele Leichen waren. Ältere Leute hielten den Transport mit so vielen Menschen selten durch. Manchmal konnten wir jemanden retten, aber das passierte nur selten. Diese Menschen wurden unter Schlägen nach Majdanek getrieben."[63]

Die Ankunft der Juden aus Warschau veränderte die Lage im Konzentrationslager Lublin grundlegend. Am 15. Mai 1943 stieg die Zahl der Juden im Lager auf 17 500 an, 8000 von ihnen Frauen. Die meisten Transporte kamen direkt aus dem Ghetto, manche nahmen aber auch den Umweg über das Vernichtungslager Treblinka.[64] Viele Warschauer Juden, vor allem Frauen und Kinder, wurden entweder unmittelbar nach der Ankunft oder bald darauf in den

63 Bericht Estera Kerżner, Juni 1946, AŻIH, 301/816.

64 Dokumente zu diesen Transporten sind veröffentlicht bei: Beata Siwek-Ciupak, Meldunki o liczbie więźniów w obozie na Majdanku (1 kwietnia–16 czerwca 1943), in: Zeszyty Majdanka 26 (2014), S. 251–271.

Gaskammern von Majdanek ermordet. Die Einlieferung ins KZ Majdanek war für die Warschauer Juden ein Schock. Es fiel ihnen schwer, sich an die Regeln des Lagerlebens und vor allem an die dort herrschenden Lebensbedingungen anzupassen. Ein Überlebender schrieb in seinen Erinnerungen: „Wenn es eine Hölle auf Erden gibt, dann ist eine schlimmere Hölle als bei uns in Majdanek nicht möglich."[65]

Einer derjenigen, die vom Umschlagplatz im Warschauer Ghetto nach Lublin kamen, war der 20-jährige Israel Gutman. Am 22. April war er durch einen Schuss im Gesicht verletzt und Anfang Mai in seinem Bunker entdeckt worden. Die Erinnerung an Majdanek war für ihn die schlimmste aus der Besatzungszeit:

> „Ich war auf Feld IV. ... das Feld IV war ein neues Feld ... Das war ein schreckliches Lager ... Ich war dort zwei Monate lang. Dieses Majdanek war das Schrecklichste ... das war furchtbar ... sie weckten uns um fünf ... wir mussten stehen – danach musste man zur Latrine kommen ... Tausende, die standen und warteten ... Man wartete ... kämpfte um einen Platz ... um sich zu waschen ... man musste das Bett machen ... das war schwierig, denn wenn nicht, dann gab es eine Strafe für die ganze Baracke, [dann machte] die ganze Seite dieser Reihe Gymnastik. Die Arbeit bestand daraus, dass wir Steine schleppen mussten: von einem Ort zum anderen – und wieder zurück. Wir erhielten auch kein Essen und man erhielt Schläge ... für alles ... es fühlte sich an, als würde von einem Tag auf den anderen alles enden und keinen Sinn haben ... Oft habe ich so etwas [empfunden], als hätte ich mich schon von der Welt verabschiedet. Dutzende Male. Als ich nach Majdanek kam, nahmen sie mich ins Bad – ich war nackt – ich fragte diejenigen, die dort arbeiteten: Sagt mir, ist das eine echte Dusche? Ist das das Ende? Sie lachten mich aus, aber sie sagten mir nichts. Es war eine Dusche ..."

Nach zwei Monaten setzte ein Bekannter Gutman auf die Liste der Häftlinge, die nach Auschwitz gebracht werden sollten. Er überlebte.[66]

65 Bericht Leon Sobol, AŻIH, 301/3136.

66 Zit. nach: Barbara Engelking, Rozmowa z profesorem Israelem Gutmanem, in: Zagłada Żydów. Studia i Materiały 9 (2013), S. 236 f.

Die Arbeitslager in Poniatowa, Trawniki und Budzyń

Im April und Mai 1943 kamen Tausende Juden in die Arbeitslager Poniatowa und Trawniki. Die Züge nach Poniatowa hielten an der Bahnstation Nałęczów, die nach Trawniki gingen über das Lager Alter Flugplatz. Das Lager in Poniatowa[67] befand sich 36 km westlich von Lublin und war auf dem Gelände einer bis Ende der 1930er-Jahre nicht fertiggestellten Fabrik errichtet worden. Von September 1941 bis Sommer 1942 bestand hier einige Monate lang ein Lager für 24 000 sowjetische Kriegsgefangene. Mehr als 20 000 starben an Hunger und an den unerträglichen Lebensbedingungen. Dann übergab die Wehrmacht das Lager dem SS- und Polizeiführer im Distrikt Lublin, Globocnik.

Im Herbst 1942 kam Amon Göth (1908–1946), der Judenreferent im Stab Globocniks, aus Lublin nach Poniatowa, denn er war auf der Suche nach einem geeigneten Ort für ein Arbeitslager. Göth baute Poniatowa zu einem Zwangsarbeitslager für Juden aus. Die ersten Häftlinge wurden aus dem Ghetto Opole Lubelskie nach Poniatowa überstellt, darunter tschechische und österreichische Juden, sowie aus dem nahe gelegenen Ghetto Bełżyce. Von Mitte Februar bis Mitte April 1943 wurden rund 3000 Juden aus dem Warschauer Ghetto, die dort zumeist in den Shops der Firma Többens beschäftigt gewesen waren, nach Poniatowa verbracht. Schließlich befanden sich dort über 16 000 Menschen. Den Lagerkomplex bewachten SS-Männer unter dem Kommando von SS-Obersturmführer Gottlieb Hering, der zuvor Kommandant des Vernichtungslagers Belzec gewesen war. Die SS-Mannschaft bestand aus einem Dutzend Männern, unterstützt von einer Wachmannschaft aus Trawniki. Die meisten Juden arbeiteten in Schneiderwerkstätten und anderen der Firma Többens gehörenden Betrieben, die aus Warschau in das Lager Poniatowa verlegt worden waren. Unter der Aufsicht deutscher Zivilangestellter erledigten sie Großaufträge der Wehrmacht. Die übrigen Häftlinge arbeiteten für die SS. Anfänglich waren die Lebensbedingungen erträglich. Die Häftlinge waren in einer Siedlung bei der Fabrik und in Baracken untergebracht. Das Gelände war nicht hermetisch geschlossen, sodass es ohne größere Schwierigkeiten möglich war, es zu verlassen. Später erwies sich das Problem, einen sicheren Unterschlupf zu finden, als weitaus größer. Mitte 1943 verschärfte die SS Disziplin und Kontrolle, für die kleinsten Vergehen drohte die Todesstrafe. Im Lager bildete sich eine Widerstandsgruppe, die Kontakte zum Führungsstab der Jüdischen Kampforganisation in Warschau unterhielt und der sich Aktivisten des Jüdischen National-

67 Siehe Sara Berger, Experten der Vernichtung: Das T4-Reinhardt-Netzwerk in den Lagern Belzec, Sobibor und Treblinka, Hamburg 2013, S. 264–266.

komitees anschlossen. Polnischen Unterstützern gelang es, Geld, Medikamente und gefälschte Papiere für die Häftlinge zu beschaffen, die ihnen im Fall einer Flucht helfen sollten.

Das Arbeitslager Trawniki befand sich auf dem Gelände einer Zuckerfabrik aus der Vorkriegszeit unweit des SS-Ausbildungslagers im gleichen Ort. Vor den Transporten aus Warschau arbeiteten dort Juden aus den umliegenden Ghettos und ausländische Juden, die bei ihrer Ankunft im Distrikt Lublin zur Arbeit selektiert worden waren. Anfang 1943 kamen 1500 Personen aus dem Warschauer Ghetto hinzu. Während des Ghettoaufstands wurden noch einmal Tausende nach Trawniki verbracht, vor allem Arbeiter der Firma Schultz. Mitte August befanden sich 6350 Juden in Trawniki: 3000 Männer, 2950 Frauen und 400 Kinder und Jugendliche. Eintausend Häftlinge wurden nach einer gewissen Zeit in das nur wenige Kilometer entfernte kleinere Arbeitslager in Dorohucza[68] überstellt, um Torf abzubauen; zuvor schon hatten dort Häftlinge aus Trawniki gearbeitet, die unter Bewachung täglich hierher kamen und abends wieder zurückkehrten. In das Arbeitslager Dorohucza gelangten auch Juden, die bei der Ankunft im Vernichtungslager Sobibor zur Arbeit selektiert wurden. Kommandant des Arbeitslagers Trawniki war Karl Streibel, der Kommandant des SS-Ausbildungslagers. Tatsächlich lag die Macht jedoch bei seinem Stellvertreter SS-Oberscharführer Franz Bartetzko (1902–1945), der zuvor andere Zwangsarbeitslager der SS im Distrikt Lublin geleitet hatte.

Unter den Juden, die im April 1943 nach Trawniki kamen, war auch Emanuel Ringelblum, die treibende Kraft des Untergrundarchivs im Warschauer Ghetto. Es gelang ihm, Verbindung zum Jüdischen Nationalkomitee aufzunehmen, das ihn aus dem Lager herausholte: Mitte Juli trafen Verbindungsleute des Jüdischen Nationalkomitees – Emilka Rozencwajg (Pseudonym „Marylka“) und Teodor Pajewski, der mit der Heimatarmee in Verbindung stand – in Trawniki ein. An einem verabredeten Tag setzte sich Ringelblum von der Kolonne ab, die zur Arbeit aus dem Lager marschierte, und versteckte sich in einer Bäckerei. In eine Eisenbahneruniform gekleidet, entkam er mit dem Zug nach Warschau, wo er sich fortan mit seiner Frau und seinem Sohn versteckte.[69] Andere Häftlinge flüchteten auf eigene Faust, was wie in Poniatowa nicht schwer war. Und auch hier entstand unter den Häftlingen eine Widerstandsgruppe, in der Repräsentanten unterschiedlicher politischer Parteien vertreten waren. Denn wie in

68 Siehe ebenda, S. 267 f.

69 Genaueres über die Kontakte in die Lager bei Dariusz Libionka, Obozy pracy dla Żydów na Lubelszczyźnie i ich likwidacja w optyce struktur Polskiego Państwa Podziemnego, in: Lenarczyk/Libionka (Hrsg.), Erntefest, S. 236 f.

Poniatowa war den Inhaftierten bewusst, dass sich die Juden, obwohl sich die Situation scheinbar stabilisiert hatte, in tödlicher Gefahr befanden.

Die schlimmsten Bedingungen herrschten im dritten Lager, in das Juden aus dem Warschauer Ghetto überstellt wurden: Budzyń in der Nähe von Kraśnik.[70] Das Arbeitslager wurde Ende August 1942 von Amon Göth eingerichtet. Zur gleichen Zeit übernahm der Heinkel-Konzern eine nahe gelegene Flugzeugfabrik. Zunächst wurden mehrere Hundert jüdische Kriegsgefangene in dem Lager inhaftiert, später kamen Männer hinzu, die bei Ghettoräumungen selektiert worden waren, sowie Häftlinge aus kleineren Arbeitslagern. Ende April 1943 verschleppten die Deutschen 807 Juden aus Warschau über Treblinka und das Lager Alter Flugplatz nach Budzyń. Einer von ihnen war Dawid Wdowiński, Arzt und engagierter Aktivist der Neuen Zionistischen Organisation, die im Warschauer Ghetto mit dem Jüdischen Militärbund verbunden war, sowie Eliezer Lipa Bloch, einer der Anführer der Partei der Allgemeinen Zionisten und Mitarbeiter von Oneg Schabbat. Das Jüdische Nationalkomitee versuchte vergeblich, die Flucht einiger wichtiger Häftlinge aus dem Lager zu unterstützen.[71] Später kamen noch Juden aus dem Distrikt Lublin nach Budzyń. Mitte 1943 lag die Zahl der Häftlinge bei 3000. Kommandant war SS-Unterscharführer Reinhold Feix (*1888), der zuvor der SS-Mannschaft in Belzec angehört hatte. Wie auch Poniatowa und Trawniki firmierte Budzyń als „SS-Lager", es herrschte ein hartes Regiment, und die Sterblichkeitsrate war extrem hoch. Im Oktober 1943 sollte Budzyń Außenlager des KZ Majdanek werden, tatsächlich erfolgte die Übernahme erst im Februar 1944.

Das Ende des Krakauer Ghettos und das Arbeitslager Plaszow

Nur wenige jüdische Gemeinden im Distrikt Krakau überstanden die „Judenumsiedlungen" in das Vernichtungslager Belzec im Jahr 1942. Nachdem im Juni 1942 an mehreren Tagen einige Tausend Menschen aus dem Krakauer Ghetto nach Belzec deportiert und mehrere Hundert im Ghetto erschossen worden waren, wiederholte sich das Grauen noch einmal Ende Oktober 1942: Abermals verschleppte die SS einige Tausend Ghettoinsassen und erschoss Hunderte von ihnen. Das verkleinerte Ghetto teilte man in zwei Bereiche auf: Ghetto A für die „Arbeitsfähigen" und ihre Familien, Ghetto B für die, die als „nicht arbeitsfähig"

70 Siehe Wojciech Lenarczyk, Obóz pracy przymusowej w Budzyniu (1942–1944), S. 261–286. Siehe auch Berger, Experten der Vernichtung, S. 268 f.

71 Wdowiński überlebte das NS-Regime und emigrierte in die Vereinigten Staaten, Bloch starb im Konzentrationslager Mauthausen.

galten, das hieß vor allem Alte, Kranke, Kinder. Insgesamt lebten in beiden Bereichen noch etwa 10 000 Menschen, Krakauer ebenso wie Flüchtlinge aus umliegenden Ortschaften. Diese von Unsicherheit über die weiteren deutschen Pläne geprägte Übergangsphase hielt einige Monate an. Sie endete am 13. März 1943. In den Morgenstunden umstellte Polizei das Ghetto. Dieses Mal leitete der Stabschef des Krakauer SS- und Polizeiführers, SS-Sturmbannführer Wilhelm Haase, den Vernichtungseinsatz. Der Judenrat erhielt Befehl, die Arbeiter aus dem Ghetto A in das Arbeitslager in Płaszów zu überstellen. Dort war mittlerweile der fanatische Göth Kommandant. Die Arbeiter der einzelnen Betriebsstätten wurden in Kolonnen aufgestellt und selektiert. Kinder unter 14 Jahren und Kranke, die sich in Krankenhäusern aufgehalten hatten, mussten zurückbleiben. Die ganze Zeit über kam es zu Fluchtversuchen: Viele konnten durch die Abwasserkanäle entkommen, darunter auch der Arzt Julian Aleksandrowicz, der auf diese Weise mit Frau und Kindern aus dem Ghetto entwich. Auf dem Weg traf die Familie auf zahllose andere Juden.[72] Andere hatten weniger Glück und wurden von Blauen Polizisten aufgegriffen. Die Deutschen und ihre Helfer kämmten das Ghettogelände systematisch durch, plünderten und töteten Juden, die zurückgeblieben waren, an Ort und Stelle.

Am nächsten Tag drangen Einheiten von SS und Polizei in das Ghetto B ein, wo sich rund 3000 verängstigte Menschen aufhielten, und setzten eine Mordorgie in Gang. Sie trennten die Männer von den Frauen und führten sie in Gruppen zur Erschießung. Dann brachten sie Kinder und Kranke um und spürten jenen nach, die sich in Kellern oder auf Dachböden verstecken wollten. Nur einige Dutzend kamen nach Plaszow. Diejenigen, die das Massaker überlebten, verschleppten sie in das Lager Auschwitz-Birkenau, wo sie nach der Ankunft ermordet wurden. Am Leben blieben nur 484 Männer und 24 Frauen.[73] Die Leichen der Ermordeten wurden in Massengräbern verscharrt. Es waren die blutigsten Tage in der Geschichte der Krakauer Juden. Über mehrere Tage wurden die Gebäude des Ghettos weiter durchsucht und die von den Opfern zurückgelassenen Habseligkeiten „gesichert".[74] Wie ein Häftling dies beschrieb, fand „die ‚Säuberung' straßenweise statt und betraf jedes Haus vom Keller bis zum

72 Später schloss er sich unter anderem Namen der Heimatarmee an und nahm am Partisanenkampf teil, siehe seine Erinnerungen: Julian Aleksandrowicz, Kartki z dziennika doktora Twardego, Kraków 2001, bes. S. 49–51. Siehe auch Maria Kłańska, Jüdisches Städtebild Krakau, Frankfurt a. M. 1994, S. 246–256.

73 Danuta Czech, Kalendarium der Ereignisse im Konzentrationslager Auschwitz-Birkenau 1939–1945, Reinbek 1989, S. 442.

74 Siehe Löw/Roth, Juden in Krakau, S. 177–182; Rączy, Zagłada Żydów w dystrykcie krakowskim, S. 284 f.

Dachboden. In jedem Raum sollten die Wände abgeklopft, die Öfen und Ofenrohre nach versteckten Schätzen durchsucht werden. Sammelpunkte sind leer stehende Gebäude im Viertel. [...] Es lohnt sich in solch ein Magazin hineinzuschauen. Man hat den Eindruck, als befänden wir uns in einem Warenhaus, nur dass die Eigentümer der Waren bereits im Jenseits sind."[75]

Die Anzahl der Häftlinge im Lager Plaszow wuchs nun auf über 10 000 an. Die neu Eingetroffenen konnten sich nur mit allergrößter Mühe an die extremen Existenzbedingungen gewöhnen. Bei ihrer Ankunft wurden ihnen Gepäck, Geld und Wertgegenstände abgenommen. Frauen und Männer wurden getrennt in primitive Baracken gepfercht. Eine Baracke war für die Kinder bestimmt, die trotz Verbot ins Lager geschmuggelt worden waren. Ein Wachbataillon Trawniki bewachte das Lager. Innerhalb des Lagers waren Männer eingesetzt, die dem Jüdischen Ordnungsdienst im Ghetto angehört hatten. Nach kurzer Zeit wurde die Arbeit in den Werkstätten wieder aufgenommen. Die Maschinen und Rohstoffe waren ebenso wie der sortierte Besitz der Verschleppten ins Lager gebracht worden.

Göths Kommando bedeutete pausenlosen Terror. Auf die meisten „Verbrechen" – Schmuggel von Lebensmitteln, Geldbesitz, Nachlässigkeit, Verdacht auf Vorbereitung einer Flucht – stand die Todesstrafe. Das Lagerregime setzte obendrein auf Kollektivstrafen – für das „Vergehen" Einzelner mussten jeweils Dutzende „büßen". Göth verübte viele Morde selbst. Im Lager wurden auch die Juden ermordet, die sich in Krakau versteckt gehalten hatten, entdeckt worden waren und nun zur Hinrichtung aus dem Gestapogefängnis nach Płaszów gebracht wurden. Göth unterstanden die Arbeitslager in Płaszów, Prokocim und Bieżanów, die als Julag I, II, III bekannt und zwischen Frühjahr und Herbst 1942 eingerichtet worden waren, wobei man zur Arbeit selektierte Juden aus den umliegenden Ghettos herbeischaffte. Daneben bestanden 1942/43 in Krakau kleinere Betriebe, in denen Juden beschäftigt waren. Eine dieser Firmen war die Fabrik von Oskar Schindler. Die Arbeiter unterstanden zwar offiziell dem Zwangsarbeitslager Plaszow, wohnten jedoch auf dem Fabrikgelände, wo die Lebensbedingungen besser waren. Später wurde in Płaszów auch ein kleineres Lager für Polen eingerichtet.

Die letzten Ghettos im Distrikt Krakau in Bochnia, Tarnów, Rzeszów und Przemyśl bestanden bis Anfang September 1943. Dort hielten sich 20 000 Juden auf, die in Werkstätten und zu verschiedenen Aufgaben eingesetzt waren. Das Vorgehen war an allen Orten gleich: Nach der Umzingelung des Ghettos durch

75 Bericht Samson Koenigsberg, veröffentlicht in: Michał Borwicz/Nella Rost/Józef Wulf (Hrsg.), Dokumenty zbrodni i męczeństwa, Kraków 1945, S. 116.

Polizei wurden die „Arbeitsfähigen" nach Plaszow oder in kleinere Arbeitslager – unter anderem nach Szebnie bei Jasło – gebracht. Die übrigen verschleppte man nach Auschwitz oder ermordete sie an Ort und Stelle. Die Mordaktion in Tarnów, der größten jüdischen Gemeinde im Distrikt mit rund 12 000 Mitgliedern, fand am 2. September statt. Angeordnet wurde, dass sich alle auf dem Magdeburski-Platz versammeln sollten, wo unter Aufsicht von Göth, der aus Krakau angereist war, die Selektion stattfand. 5000 Menschen wurden nach Auschwitz verbracht, 3000 nach Płaszów, Hunderte ermordet. Eine kleine Gruppe blieb zurück, die den Besitz „sichern" sollte. Wie schon bei früheren solchen Aktionen versuchten einige Juden, sich in vorbereiteten Verstecken zu verbergen, andere unternahmen Fluchtversuche.

Die Beendigung der Vernichtungsaktionen im Distrikt Galizien

Galizien war Anfang 1943 der Distrikt im Generalgouvernement, in dem noch die meisten Juden, nämlich über 160 000, lebten. Der Grund dafür lag in erster Linie an den fehlenden technischen Voraussetzungen. Das Vernichtungslager Belzec war nicht in der Lage, dermaßen viele Transporte aufzunehmen wie Treblinka.[76] Die erste „Judenumsiedlung" nach Neujahr begann am 5. Januar im Ghetto Lemberg. Innerhalb von nur drei Tagen wurden von den insgesamt 24 000 Bewohnern über 10 000 zusammengetrieben, 8000 in das Lager Janowska verbracht und in der Sandgrube erschossen. 2000 deportierten man nach Sobibor, da das Lager Belzec bereits geschlossen war. Auch die Angehörigen des letzten Judenrats wurden erschossen. Die Aufsicht über das auch räumlich verkleinerte Ghetto beziehungsweise das Judenlager, wie es nach den großen Mordaktionen offiziell hieß, übernahm die SS. Mitte Februar wurde SS-Hauptscharführer Josef Grzimek (1905–1950) zum Lagerkommandanten ernannt. Zeitgleich mit der „Aktion" in Lemberg wurde die jüdische Gemeinde in Lubaczów mit 6000 Menschen aufgelöst, das letzte Ghetto im Kreis Rawa Ruska. Deutsche und ukrainische Polizisten richteten ein Massaker unter den Juden an. Die meisten wurden nach Sobibor deportiert, nicht wenige konnten aber fliehen. Dann kamen weitere Ortschaften an die Reihe. Diese Deportationen hatten jedoch bei Weitem nicht die aus dem Vorjahr bekannte Dimension. Die meisten Juden wurden vor Ort ermordet, und es ist nicht ausgeschlossen, dass der Grund dafür Transportschwierigkeiten waren, die sich aus der Lage an der Front ergaben, sowie an der Bedrohung durch Partisanen.[77]

76 Pohl, Nationalsozialistische Judenverfolgung in Ostgalizien, S. 245 f.
77 Kuwałek, Nowe ustalenia, S. 49.

Zu einer weiteren Serie von Hinrichtungen, die mehrere Tausend jüdische Opfer forderte, kam es Ende April und Anfang Mai. Die letzte Mordwelle, die im Zusammenhang mit dem Aufstand im Warschauer Ghetto stand, setzte Ende Mai ein. Die erste Tötungsaktion fand in Sambor statt, gefolgt von den Ghettos Busko und Sokal im Kreis Kamionka Strumiłowa (heute Rajon Kamjanka-Buska), den Ghettos Przemyślany (Peremyschljany) und Brody im Kreis Złoczów (heute Rajon Solotschiw), in Drohobycz und Stryj und weiteren Orten. Am 1. Juni begannen deutsche Polizei und Hilfseinheiten, das Ghetto in Lemberg aufzulösen, wo sich zu diesem Zeitpunkt noch rund 15 000 Juden aufhielten, darunter viele „Illegale". Eine kleine Gruppe wurde als „arbeitsfähig" selektiert und im Janowska-Lager inhaftiert. Die anderen wurden sofort erschossen oder deportiert.

Es fällt schwer, die Zahl der Juden zu schätzen, die in dieser Zeit nach Sobibor verschleppt wurden, da dort niemand überlebte. Alle wurden direkt nach ihrer Ankunft in den Gaskammern ermordet. Zygmunt Klukowski notierte am 28. Mai 1943 in seinem Tagebuch: „Längere Zeit haben wir nichts mehr von den Juden in unserem Gebiet gehört. Jetzt fahren durch die Bahnstation von Szczebrzeszyn wieder lange Züge mit Juden in Richtung Chełm. Sie transportieren sie völlig nackt, in kaputten Güterwaggons. Unterwegs springen Juden in voller Fahrt aus den Zügen, die Gendarmen schießen auf sie und töten oder verletzen sie schwer. Entlang der Eisenbahngleise liegen hier und da nackte jüdische Leichen."[78]

Die Bewohner der letzten Restghettos wussten, dass die endgültige Liquidierung bevorstand, sie hatten sich vorbereitet und getarnte Bunker und Unterstände gebaut. Friedrich Katzmann, der zum SS-Gruppenführer befördert worden war, schrieb in seinem Bericht über die Hindernisse, auf die seine Untergebenen stießen:

> „Bei den Aktionen ergaben sich auch noch sonstige ungeheure Schwierigkeiten, da sich die Juden unter allen Umständen der Aussiedlung zu entziehen trachteten. Sie versuchten nicht nur zu flüchten, sondern versteckten sich in allen nur undenkbarsten Winkeln, in Abflusskanälen, in Kaminen, selbst in Jauchegruben usw.: Sie verbarrikadierten sich in Katakombengängen, in als Bunker ausgebauten Kellern, in Erdlöchern, in raffinierten Verstecken auf Böden und Schuppen, in Möbeln usw. Je geringer die Zahl der noch verbleibenden Juden wurde, umso grösser wurde der Widerstand. Waffen aller Art, darunter insbesondere solche italienischer Herkunft, wurden zur

78 Klukowski, Tagebuch aus den Jahren der Okkupation, S. 431.

> Verteidigung benutzt. Diese italienischen Waffen kauften die Juden von den im Distrikt stationierten ital. Soldaten gegen hohe Zlotybeträge auf."[79]

Die Verstecke waren oft gut getarnt und kaum zu entdecken. Die Bewohner des Ghettos in Rohatyn beispielsweise „hatten im Ghetto Rohatyn 3 große Erdbunker gebaut und diesen laut Katzmann folgende Namen gegeben: ‚Stalingrad-Bunker', ‚Sewastopol-Bunker'" und ‚Leningrad-Bunker'".[80] Die Verstecke hätten der Judenrat und der Ordnungsdienst angelegt. Die Auflösung des Ghettos erfolgte am 6. Juni. Danach wurden die Ghettos in Podhajce (Pidhajzi) und Brzeżany (Bereschany) vernichtet. Oft leisteten die Juden erbitterten Widerstand. Um Verluste zu vermeiden, setzten Katzmanns Leute Häuser in Brand oder sprengten sie in die Luft. Viele der Gejagten, denen die Flucht unmöglich war, nahmen sich das Leben. „Mindestens 3000 jüd. Leichen, die durch Einnehmen von Gift Selbstmord begingen", berichtet Katzmann aus dem Ghetto Lemberg, „mussten bei den Aufräumungsarbeiten aus allen möglichen Verstecken geborgen werden."[81]

Als Letztes wurde Mitte Juni 1943 das Ghetto in Czortków (Tschortkiw) aufgelöst. Alle Juden, die zu diesem Zeitpunkt noch am Leben waren, wurden entweder getötet oder in Arbeitslager gebracht. In seinem Abschlussbericht prahlte Katzmann:

> „In der Zwischenzeit wurde die weitere Aussiedlung energisch betrieben, sodaß mit Wirkung vom 23. 6. 43 sämtliche Judenwohnbezirke aufgelöst werden konnten. Der Distrikt Galizien ist damit, bis auf die Juden, die sich in den unter Kontrolle des SS- und Polizeiführers stehenden Lagern befinden, j u d e n f r e i. Die noch vereinzelt aufgegriffenen Juden werden von den jeweiligen Ordnungspolizei- und Gendarmerieposten sonderbehandelt. Bis zum 27. 6. 43 waren insgesamt 434 329 Juden ausgesiedelt."

In 21 Arbeitslagern im Distrikt befanden sich – so Katzmann – noch „21 156 Juden. Diese werden noch lfd. [laufend] reduziert".[82] Katzmann erwähnte auch

79 Siehe: Der SS- und Polizeiführer in Galizien berichtet am 30. Juni 1943 abschließend über die Ermordung der Juden im Distrikt, in: VEJ 9, Dok. 251, S. 704.

80 Ebenda, S. 705.

81 Ebenda, S. 708.

82 Fritz Katzmann, Lösung der Judenfrage im Distrikt Galizien, siehe Rozwiązanie kwestii żydowskiej w dystrykcie Galicja. Hrsg. v. Andrzej Żbikowski, Warszawa 2001, Bl. 14. Siehe auch: Der SS- und Polizeiführer in Galizien berichtet am 30. Juni 1943 abschließend über die Ermordung der Juden im Distrikt in: VEJ 9, Dok. 251, S. 696.

„eigene Verluste, die bei der Durchführung der Aktionen eintraten“: Dem Fleckfieber erlagen demnach 18 seiner Männer, sieben wurden von Juden erschossen, einer erstochen, zwei kamen durch „Unglücksfälle“ um. Seinen Untergebenen hielt Katzmann abschließend zugute: „Trotz der außerordentlichen Belastung, die jeder einzelne SS- und Polizeiangehörige während dieser Aktionen durchzumachen hatte, ist die Stimmung und der Geist der Männer vom ersten bis zum letzten Tage außerordentlich gut und lobenswert gewesen. Nur durch persönliches Pflichtbewusstsein jedes einzelnen Führers und Mannes ist es gelungen, dieser P e s t in kürzester Frist Herr zu werden.“[83] Nachdem er seine Aufgabe erfüllt hatte, wurde Katzmann versetzt und befehligte fortan als Höherer SS- und Polizeiführer den SS-Oberabschnitt Weichsel/Danzig-Westpreußen.

Im Lemberger Ghetto blieb nur eine kleine Gruppe jüdischer Zwangsarbeiter zurück. Doch hielten sich noch viele Flüchtlinge in der Stadt auf. Sie besaßen wie in anderen großen Städten Papiere, die sie als „Arier“ auswiesen, oder verbargen sich in Verstecken. Zu Fluchten kam es bei allen „Umsiedlungen“. Jagd auf Juden machten deutsche und ukrainische Polizisten, aber auch zahlreiche Denunzianten. „Wer erwischt wurde, kam ins Lager an der Janowska-Straße und wurde dort ermordet. Die tägliche Ernte an diesen Opfern war reichlich. Es gab Tage, an denen Dutzende, manchmal bis zu 100 Menschen in die Hände der Deutschen fielen. Daher nahm die Zahl der versteckten Juden täglich ab“, schrieb Filip Friedman.[84] Sie erhielten nicht nur von Privatpersonen Hilfe, sondern auf Bitte des Metropoliten Andrej Scheptyzkyj auch von Teilen der griechisch-katholischen Geistlichkeit[85] sowie von dem parteiübergreifenden Rat für Judenhilfe (Deckname: Żegota), der sich seit Ende 1942 bemühte, mit begrenzten Mitteln einzelne Juden in den Ghettos zu unterstützen und ihre Flucht und ihr Untertauchen zu erleichtern, etwa durch die Beschaffung gefälschter Pässe.

83 Ebenda, S. 708.

84 Friedman, Die Vernichtung der Lemberger Juden, S. 54. Friedman überlebte auf der „arischen Seite“. Nach der Befreiung leitete er die Zentrale Jüdische Historische Kommission (Centralna Żydowska Komisja Historyczna).

85 Siehe: David Kahane, Lvov Ghetto Diary, Amherst 1990. Zur Haltung Scheptyzkyjs siehe auch: Der griechisch-katholische Metropolit von Lemberg informiert am 28. März 1942 Papst Pius XII. über die Lage in Ostgalizien und die Massenmorde in der Ukraine, in: VEJ 9, Dok. 55, S. 234–236.

In den Lagern der „Aktion Reinhardt"

Die Schließung des Vernichtungslagers Belzec

Im Januar 1943 wurde der Massenmord im Vernichtungslager Belzec nicht wieder aufgenommen. Das erste Lager der „Aktion Reinhardt" hatte seine Funktion erfüllt, in ihm waren die meisten Juden aus den Distrikten Krakau, Lublin und Galizien ermordet worden. Warum die Verantwortlichen entschieden, den Massenmord an diesem Ort einzustellen, ist nicht genau bekannt. Der Hauptgrund war Robert Kuwałek zufolge der mangelnde Platz für weitere Massengräber auf dem Lagergelände. Als weitere mögliche Gründe nennt Kuwałek die Kämpfe bei Stalingrad und die Notwendigkeit, dorthin Truppen zu verlegen, was mit dem Verbot nichtmilitärischer Bahntransporte zusammenfiel. Überdies waren die lange angekündigten, für Belzec vorgesehenen Transporte aus Rumänien ausgeblieben.[86] Im Sommer 1942 hatte das Deutsche Reich ein Abkommen mit der Regierung Rumäniens über die Deportation von fast 300 000 rumänischen Juden geschlossen, und im Herbst verstärkten Vertreter des Dritten Reichs den Druck auf die rumänischen Behörden, die Vereinbarung umzusetzen. Geplant war, die rumänischen Juden nach Belzec und in die Arbeitslager in der Lubliner Region zu deportieren. Die Transporte sollten Ende des Jahres anlaufen. Sogar der Transportweg war bereits ausgearbeitet worden. Der Plan scheiterte, weil der Marschall Rumäniens, Ion Antonescu, seine Zusagen zurückzog, da er internationale Reaktionen befürchtete.[87]

Nun machte sich die SS daran, das Lager aufzulösen und die Spuren zu verwischen. Bereits im Frühjahr 1942 hatte Himmler den Befehl ausgegeben, die Leichen der von Einsatzgruppen Ermordeten verbrennen zu lassen. Diese Operation unter dem Decknamen „Sonderkommando 1005" leitete der SS-Standartenführer Paul Blobel (1894–1951). Mit der Verbrennung begann man Ende 1942 in den Gebieten, die in das Deutsche Reich eingegliedert worden waren. Später wurde die Aktion ausgeweitet, und Globocnik erhielt den Auftrag, die Leichenbeseitigung in den ihm unterstehenden Lagern der „Aktion Reinhardt" durchzuführen. Zur gleichen Zeit wurde in Belzec, Sobibor und Treblinka damit begonnen, die sterblichen Überreste der Opfer aus den Massengräbern zu holen

86 Siehe Kuwałek, Das Vernichtungslager Bełżec, S. 229.

87 Siehe ebenda, S. 175–177. Auf einer Konferenz der Deutschen Reichsbahn und dem Reichssicherheitshauptamt wurde festgelegt, dass „Sonderzüge" (50 Güterwaggons) vom Bahnhof Adjud losfahren, die Grenze in Śniatyn überqueren und nach Belzec geleitet werden sollten. Siehe Lichtenstein, Mit der Reichsbahn in den Tod, S. 63 f.

und zu verbrennen. Ausführen mussten diese schreckliche Arbeit Häftlinge, die das Terrorregime vorläufig am Leben ließ. Nach Belzec wurden ein Bagger und andere Gerätschaften gebracht. Die Leichen brannten auf Gerüsten, auf die sie gelegt worden waren, über viele Wochen hinweg Tag und Nacht, der Geruch verkohlter Leichen reichte viele Kilometer weit. Die Knochen der Opfer wurden in speziellen Mühlen zermahlen.

In Belzec lebten zu der Zeit noch mehrere Hundert Gefangene, unter ihnen auch Frauen. Ihr Leben glich einem nicht enden wollenden Albtraum. Auf die kleinsten Vergehen stand die Todesstrafe. Die Häftlinge bereiteten wohl einen Aufstand vor, der vielen die Flucht ermöglichen sollte, aber der Plan wurde verraten.[88] Die Leichenverbrennung war Ende März 1943 beendet, danach ging die SS dazu über, das Lager vollkommen aufzulösen. Die Gebäude wurden der Reihe nach abgebaut und manche davon nach Majdanek und Trawniki transportiert. Auf dem Gelände ließ die SS Bäume pflanzen.

Dann kam der Tag, an dem die Häftlinge die trügerische Information erhielten, dass sie in ein „von ihnen gewähltes Arbeitslager" gebracht werden würden. Die Deutschen gaben ihnen Lebensmittel und verluden sie unter der Aufsicht von Wirth, der dafür eigens aus Lublin angereist war, in bereitgestellte Waggons.[89] Einige Juden erkannten die Täuschung und entschieden sich zu fliehen. Einer von denen, die aus dem Deportationszug entkommen konnten, war Chaim Hirszman. Nachdem die verzweifelten Menschen Bretter aus dem Boden des Waggons herausgebrochen hatten, sprang er als Erster hinaus. Nach der Flucht kehrte er in seine Heimatstadt zurück und fand bei einem Bekannten aus den Vorkriegsjahren Unterschlupf. Anfang 1944 schloss er sich der kommunistischen Volksarmee (Armia Ludowa) an und erlebte als Einziger derjenigen, die mit ihm deportiert worden waren, die Befreiung. Der Zug, aus dem er sich hatte retten können, fuhr nach Sobibor. Alle Insassen wurden unmittelbar nach ihrer Ankunft ermordet.

In Belzec blieb eine Gruppe SS-Männer zurück, um die Einebnung des Geländes abzuschließen. Später wurden sie nach Sobibor, Treblinka und in Arbeitslager versetzt. Einige kehrten jedoch bald wieder zurück, um das Gelände „abzusichern". Die örtliche Bevölkerung hatte damit begonnen, den Erdboden nach wertvollen Gegenständen zu durchwühlen. Nachdem der Lubliner Stab „Einsatz Reinhardt" mehrmals zusammengekommen war, entschieden die Verantwortlichen, auf dem ehemaligen Lagergelände einen

88 Bericht Pola Hirszman, in: Libionka (Hrsg.), Obóz zagłady w Bełżcu w relacjach, S. 96–99.

89 Michael Tregenza, Christian Wirth: Inspekteur der SS-Sonderkommandos „Aktion Reinhard", in: Zeszyty Majdanka 15 (1993), S. 50 f.

„Bauernhof" zu errichten. Dort lebte dann ein von seiner Familie begleiteter Aufpasser, der das Gelände bewachen und potenzielle Grabräuber abschrecken sollte.[90]

Die Deportationen aus den Niederlanden und Frankreich nach Sobibor

Anders als Belzec fungierte Sobibor weiterhin als Mordlager. Seit Anfang 1943 trafen Transporte mit polnischen Juden aus dem Generalgouvernement ein. Am 12. Februar stattete Himmler dem Lager einen Besuch ab und sah sich einen eigens für ihn in Szene gesetzten Massenmord durch Giftgas an. Leon Felhendler erinnerte sich: „Aus Lublin wurden für diesen Tag 200 Frauen gebracht. Zwei Tage lang verbrachten sie in einer abgesonderten Baracke, um sie dem obersten Henker vorführen zu können. In drei gepanzerten Waggons sitzend, traf die Eskorte mit dem Stab höherer Offiziere ein. Oben an dem Badehaus – der Gaskammer – gab es ein kleines Fenster, durch das Himmler die Auswirkungen des neuen Gases zufrieden verfolgen konnte."[91] Himmlers Visite in Sobibor kündigte eine Intensivierung des Massenmordes an. Während die Transporte aus dem Generalgouvernement weitgehend beendet waren, sollten nun Juden aus anderen Ländern Europas hierher deportiert werden. So erreichte am 5. März der erste Transport mit Juden aus den besetzten Niederlanden Sobibor.[92]

In den Niederlanden lebten bei Kriegsbeginn rund 140 000 Personen, die nach nationalsozialistischer Auffassung der jüdischen Bevölkerung angehörten, 80 000 von ihnen in Amsterdam.[93] Die meisten von ihnen waren assimiliert und

90 Das Erdreich auf dem Lagergelände wurde bis in die Nachkriegszeit hinein aufgewühlt. Siehe Aussage Mieczysław Niedużak, in: Libionka (Hrsg.), Obóz zagłady w Bełżcu w relacjach, S. 185.

91 Auch Zelda Metz erinnerte sich an den Besuch. Beide Berichte in: Dokumenty i materiały z czasów okupacji, Bd. 1, S. 206, 211. In beiden Berichten ist der Aufenthalt Himmlers nicht genau datiert.

92 Siehe Marek Bem (Hrsg.), Sobibór, Warszawa 2010; Józef Marszałek, Rozpoznanie obozów śmierci w Bełżcu, Sobiborze i Treblince przez wywiad Armi Krajowej i Delegatury Rządu Rzeczypospolitej Polskiej na Kraj, in: Biuletyn Głównej Komisji Badania Zbrodni Hitlerowskich w Polsce 35 (1993), S. 36–52, bes. S. 45 f.

93 Zur NS-Politik in den besetzten Niederlanden siehe z. B. Katja Happe, Viele falsche Hoffnungen. Judenverfolgung in den Niederlanden 1940–1945, Paderborn 2017; dies., Die Verfolgung und Ermordung der europäischen Juden durch das nationalsozialistische Deutschland 1933–1945, Bd. 5: West- und Nordeuropa, 1940 – Juni 1942, München 2012; Peter Romijn u. a., The Persecution of the Jews in the Netherlands, 1940–1945: New perspectives, Amsterdam 2012; Pim Griffioen/Ron Zeller, Niederlande: die höchste Zahl jüdischer Opfer in Westeuropa, www.annefrank.org/de/anne-frank/vertiefung/niederlande-die-hochste-zahl-judischer-opfer-westeuropa/ [12. 4. 2020].

gut in die Gesellschaft integriert. Die niederländische Königsfamilie, die Regierung und das Parlament waren nur wenige Tage nach Beginn des Westfeldzugs im Frühjahr 1940 nach London ins Exil geflohen. An der Spitze der Besatzungsbehörden stand der Reichskommissar Arthur Seyß-Inquart (1892–1946), ein Wiener NS-Funktionär, der zuvor Stellvertreter des Generalgouverneurs Hans Frank gewesen war. Im Herbst 1940 wurden die ersten antijüdischen Verordnungen erlassen, jüdisches Eigentum wurde „arisiert“ und in Amsterdam ein „jüdischer Rat“ installiert, der sämtliche niederländischen Juden vertreten und für die Ausführung der deutschen Befehle sorgen sollte. Im Februar 1942 wurden bei einer Razzia in Amsterdam mehr als 400 Männer aus ihren Häusern geholt; sie kamen in das KZ Mauthausen, wo sie kurz nach ihrer Ankunft ermordet wurden. Viele Einwohner Amsterdams waren Zeugen der Festnahmen, und es wurden heimlich aufgenommene Fotos dieser Aktion bekannt. Die Bevölkerung reagierte mit einem Generalstreik, den Polizeitruppen jedoch brutal niederschlugen. Es kam zur systematischen Verfolgung der niederländischen Juden sowie all jener aus anderen Ländern, die in den Niederlanden Zuflucht gefunden hatten. Arbeitslager wurden eingerichtet. Im Frühjahr 1942 übernahm die Sicherheitspolizei unter Hanns Albin Rauter (1895–1949) die „jüdischen Angelegenheiten“. Die Vorschriften wurden verschärft, die Verfolgten auch verpflichtet, den gelben Stern zu tragen. Die von Adolf Eichmanns Büro in Berlin koordinierten Deportationen „nach Osten“ begannen im Sommer 1942. Bestimmungsorte waren Konzentrationslager im Deutschen Reich und das Vernichtungslager Auschwitz-Birkenau. Die Deportationszüge gingen unter Aufsicht der Sicherheitspolizei vom „Polizeilichen Durchgangslager Westerbork“ ab.

Seit März 1943 fuhren die Deportationszüge nicht mehr nach Auschwitz, sondern nach Sobibor, vermutlich, weil zu diesem Zeitpunkt die Gaskammern in Auschwitz-Birkenau umgebaut wurden. Aus einigen Transporten selektierten die Deutschen „arbeitsfähige“ Häftlinge und ließen sie nach Majdanek und in Arbeitslager bringen. Viele von ihnen starben schon nach kurzer Zeit an den extremen Lebens- und Arbeitsbedingungen. „Sie wussten sich nicht zu helfen, sie starben wie die Fliegen“, schrieb Estera Kerżner über jene, die zum Ausbau des Lubliner Lagers Alter Flugplatz eingesetzt worden waren.[94]

Felhendler notierte in seinem Bericht, dass die Abfertigung der Transporte aus den Niederlanden in Sobibor völlig anders verlief als die der polnischen. Es wurde keine Gewalt ausgeübt. Das Häftlingskommando, das auf der Rampe arbeiten musste, trug das Gepäck in eine eigens dafür vorgesehene Baracke. Den

94 Bericht Estera Kerżner, AŻIH, 301/1816.

Eintreffenden wurden fiktive Nummern ausgehändigt, damit sie ihr Gepäck später wiederfinden könnten. „Auf dem Platz stand eigens ein Tisch, auf dem Schreibwaren lagen, die den Ankömmlingen dazu dienen sollten, Briefe zu verfassen. Sie schrieben [...], dass sie in Włodawa seien. [...] Danach mussten sie ihre Schuhe ausziehen. Da die Schuhpaare durcheinandergerieten und um das Sortieren zu erleichtern, fanden mit deutscher Pedanterie auch hier Vorschriften Anwendung. Jeder erhielt einen Bindfaden und band seine Schuhe und sogar die Strümpfe damit zusammen."[95] Das Täuschungsszenario war so erfolgreich, dass die Niederländer nicht begriffen, wohin sie gekommen waren, und die Anweisungen arglos befolgten.

Die meisten Neuankömmlinge wurden in die Gaskammern getrieben. Die als „arbeitsfähig" Geltenden blieben entweder in Sobibor oder wurden in ein Arbeitslager der Umgebung überstellt, darunter der damals 20-jährige Jules Schelvis aus Amsterdam. Er war im Mai 1943 bei einer Polizeirazzia festgenommen und einige Tage später zusammen mit seiner Familie „nach Osten" deportiert worden. In dem Transport befanden sich 3000 Personen, jeweils 60 in einem Waggon. „Wir fuhren", so erinnerte sich Schelvis, „zusammengedrängt wie Ölsardinen, von dem Gepäck gar nicht zu reden. [...] Es gab keinen Platz, um die Beine auszustrecken. Es gab nur eine kleine, vergitterte und nicht verglaste Fensteröffnung, durch die frische Luft in unseren Wagen kam." Die Fahrt dauerte drei Tage. Der Zug hielt unzählige Male an. Alle dachten nur daran, endlich aus dem Waggon herauszukommen. Die Insassen erklärten sich die lange Fahrt damit, dass „unsere Anwesenheit hier für die Deutschen von großer Wichtigkeit sein muss. Wenn es anders wäre, warum hätten sie sich denn sonst solche Umstände gemacht, um uns so einen langen Weg zu transportieren?" Nach der Ankunft nahmen die Verschleppten den Befehl entgegen, das Gepäck abzugeben, danach fand eine Selektion statt. Schelvis wurde einer Gruppe junger Männer zugeteilt. Ein SS-Mann versicherte ihnen, dass sie an einem anderen Ort arbeiten würden, sie jedoch täglich ins Lager kommen und mit ihren Nächsten sprechen könnten, die währenddessen ins „Bad" geschickt wurden. Die zur Arbeit Ausgewählten wurden aus dem Lager herausgeführt. Schelvis kam nach Dorohucza. Seine Frau Rachel wurde noch am selben Tag ermordet.[96]

In anderen Transporten befanden sich jeweils über tausend Menschen. Zuerst traf es viele Ältere aus Betreuungseinrichtungen und Krankenhäusern

95 Bericht Feldhändler (Felhendler), in: Dokumenty i materiały z czasów okupacji, Bd. 1, S. 205.

96 Schelvis, Vernichtungslager Sobibór, S. 91. Schelvis starb 2016.

Amsterdams. Später waren die meisten der Deportierten Kinder und Jugendliche bis 17 Jahre. Anders als bei den polnischen Juden legten die Deutschen für die niederländischen Juden Transportlisten an, auf denen alle Opfer namentlich aufgeführt waren. Viele von ihnen galten als kriminelle Häftlinge, denn es handelte sich um Opfer von Razzien und Treibjagden wie auch um Menschen, die inhaftiert worden waren, weil sie gegen das Besatzungsrecht verstoßen hatten. Der letzte Transport aus den Niederlanden, es war der 19., erreichte Sobibor am 20. Juli 1943. Die Verschleppung erfasste insgesamt 34 313 Personen, von denen nur wenige zur Zwangsarbeit selektiert wurden. Insgesamt ermordeten die Nazis über 100 000 niederländische Juden.[97]

Die Niederlande waren nicht das einzige besetzte Land, aus dem Juden nach Sobibor deportiert wurden. Zwischen dem 4. und dem 25. März wurden vier Transporte mit jeweils rund 1000 Juden aus dem Zwischenlager in Drancy in das Vernichtungslager verbracht. Fast ein Drittel der 1168 Deportierten waren Juden aus Polen, die in Frankreich gelebt hatten. Wie auch bei der Verschleppung der niederländischen Juden war der Umbau der Gaskammern in Auschwitz-Birkenau der Grund, weshalb die Züge nach Sobibor geleitet wurden. Die meisten erstickten unmittelbar nach ihrer Ankunft in den Gaskammern. Vorläufig am Leben ließ man lediglich diejenigen, die beim Zwischenstopp in Lublin zur Zwangsarbeit im Lager Alter Flugplatz ausgesondert worden waren. Die NS-Herrschaft überlebten elf Personen, darunter zwei Männer, die nach Sobibor gekommen waren.[98] Einer davon war Józef Duniec. Er war bei einer Polizeirazzia am 13. Februar 1943 aufgegriffen und nach Drancy verbracht worden. Fünf Wochen später wurde er mit dem Zug „nach Osten“ deportiert. Kurz nach dem Krieg erzählte er, dass er bei der Ankunft den Eindruck gehabt habe, in die Hölle gekommen zu sein. Von der ersten Minute an wurden die Opfer gepeinigt.[99] Alle Deportierten aus den Niederlanden und Frankreich sind namentlich bekannt, da die Transportlisten erhalten blieben.

Die Deportationen aus Jugoslawien und Griechenland nach Treblinka

Weitere Transporte mit nichtpolnischen Opfern trafen im Frühjahr 1943 im Vernichtungslager Treblinka ein. Ende März/Anfang April 1943 wurden Juden vom Balkan dorthin deportiert. Sie hatten in griechischen und jugoslawischen Gebieten gelebt, die 1941 von Bulgarien annektiert worden waren: eines Teils von

97 Genauere Informationen dazu in: ebenda, S. 198–208.

98 Kuwałek, Nowe ustalenia, S. 46 f.

99 Bericht Józef Duniec, Oktober 1944, Lublin (auf Jiddisch), AŻIH, 301/4.

Thrakien (Provinz Belomorie) und von Makedonien. Organisatorische Fragen, wie die Bezahlung der Fahrt, hatte der bulgarische Kommissar für Judenangelegenheiten, Aleksander Belev, als Vertreter der bulgarischen Regierung mit Theodor Dannecker besprochen. Dannecker war von Eichmann als „Judenberater" zum deutschen Polizeiattaché in Sofia geschickt worden.

Die thrakischen Juden wurden zunächst in Internierungslagern festgesetzt, ihre Vermögenswerte wurden eingezogen. Dann brachte man sie Richtung Norden: mit dem Zug bis zum Donauhafen Lom, dann weiter auf vier Frachtkähnen über Belgrad und Budapest nach Wien und von dort aus in zwei Zügen in das besetzte Polen. 4215 Menschen fanden in den Gaskammern den Tod. Die makedonischen Juden (aus den Städten Skopje, Bitola, Stip) konzentrierte man erst in Skopje und verschleppte sie dann in drei Transporten nach Treblinka. Die Fahrt in Güterwaggons dauerte eine Woche. Der erste Zug erreichte Treblinka am 29. März, er war über Krakau, Częstochowa, Piotrków Trybunalski und Warschau gefahren. Die Bewachung stellten deutsche Polizisten. In dem dritten und letzten Transport, der am 5. April frühmorgens in Treblinka ankam, befanden sich, wie aus der Meldung des Kommandanten des Begleitkommandos hervorgeht, 2399 Männer, Frauen und Kinder. Fünf von ihnen – vier Ältere und ein sechsmonatiger Säugling – waren unterwegs gestorben, alle anderen wurden unmittelbar nach der Ankunft in den Gaskammern von Treblinka erstickt. Die Verschleppung aus Bulgarien nach Treblinka erfasste insgesamt 7144 Juden. Jankiel Wiernik schrieb: „Die bulgarischen Juden waren starke und kräftige Menschen. Sie ansehend war es schwer vorstellbar, dass sie alle in 20 Minuten in den Gaskammern tot sein würden. Diesen gutaussehenden Juden wurde kein einfacher Tod ermöglicht. Nur kleine Mengen des Gases wurden in die Kammern gelassen, so dass ihr Todeskampf die ganze Nacht andauerte. Sie mussten auch schwere Folterungen ertragen, bevor sie die Gaskammern betraten. Neid auf ihr gutgenährtes Aussehen veranlasste die Henker, sie um so mehr zu quälen."[100]

Mit diesen Deportationen endeten die Zugeständnisse Bulgariens an die Deutschen. Zar Boris verweigerte auf öffentlichen Druck[101] seine Zustimmung

100 Wiernik, Ein Jahr in Treblinka, S. 61.

101 Siehe beispielsweise: Der stellvertretende Vorsitzende der Nationalversammlung Pešev und 42 Abgeordnete der Regierungsmehrheit Bulgariens protestieren am 17. März 1943 beim Ministerpräsidenten gegen die Deportation, in: Die Verfolgung und Ermordung der europäischen Juden durch das nationalsozialistische Deutschland 1933–1945, Bd. 13: Slowakei, Rumänien, Bulgarien. Bearb. v. Mariana Hausleitner, Souzana Hazan und Barbara Hutzelmann, Berlin 2018, Dok. 315, online: https://die-quellen-sprechen.de/13-315.html [14. 4. 2020].

zur Deportation derjenigen Juden, die innerhalb der Vorkriegsgrenzen Bulgariens lebten und die bulgarische Staatsbürgerschaft besaßen.[102]

Auch aus der größten jüdischen Gemeinde in der deutsch besetzten Zone Griechenlands, aus dem nordgriechischen Thessaloniki, traf ein Transport in Treblinka ein. In Thessaloniki lebten damals rund zwei Drittel der insgesamt 70 000 bis 80 000 griechischen Juden. Nachdem die Wehrmacht in Griechenland einmarschiert war und Griechenland im April 1941 kapituliert hatte, wurde das Land zwischen Deutschland, Italien und Bulgarien in drei Besatzungszonen aufgeteilt. Nach ersten Razzien im Jahr 1941 begann 1942 die systematische Verfolgung der Juden in der deutsch besetzten Zone. Im Februar 1943 entsandte das Reichssicherheitshauptamt ein SS-Sonderkommando um die SS-Hauptsturmführer Dieter Wisliceny und Alois Brunner aus Adolf Eichmanns Dienststelle nach Thessaloniki. Wisliceny, der „Beauftragte für jüdische Angelegenheiten“ und Hauptverantwortliche für die Deportationen, stimmte sich mit der Militärverwaltung Saloniki-Ägäis ab. Zuerst wurde die Kennzeichnung der jüdischen Geschäfte und Firmen eingeführt, dann ein Ghetto eingerichtet und die Stigmatisierung durch ein Abzeichen auf der Kleidung angeordnet. Zahllose weitere antijüdische Bestimmungen folgten. Mitte März 1943 begannen die Razzien und Deportationen. In etwa acht Wochen wurden 46 000 Juden verschleppt, die meisten nach Auschwitz-Birkenau.[103] Dokumente der Reichsbahn belegen, dass mindestens ein Transport mit 2800 Opfern nach Treblinka fuhr.[104] Die Ankunft der griechischen Juden wurde dort als Sensation wahrgenommen. Samuel Willenberg erinnerte sich: „Geordnet und ohne Hektik stiegen sie aus. Attraktive, vornehme Frauen. Hübsche Kinder. Die Männer strichen sich ihre elegante Kleidung glatt. Gelassen gingen sie von der Rampe zum Transportplatz. Miete [ein Angehöriger der Lagerbesatzung] fand drei Griechen, die der deutschen Sprache mächtig waren, und erteilte ihnen die Aufgabe zu dolmetschen. Niemand wusste, wo er war und welches Schicksal ihn erwartete. Die traurige Wahrheit stach ihnen erst in die Augen, als sie nackt auf dem Weg zu den angeblichen Duschen waren und unerwartet Schläge auf sie niedergingen, begleitet von dem Gebrüll der Deutschen Schnell, schnell!“[105]

102 Siehe Hilberg, Die Vernichtung der europäischen Juden, Bd. 2, S. 807 f.; Arad, Belzec, Sobibor, Treblinka, S. 143–146.

103 Hilberg, Die Vernichtung der europäischen Juden, Bd. 2, S. 737–748.

104 Arad, Belzec, Sobibor, Treblinka, S. 146.

105 Samuel Willenberg, Treblinka. Lager – Revolte – Flucht – Warschauer Aufstand, Münster 2009, S. 105.

Organisation des Widerstands und Aufstand in Treblinka

Im Vernichtungslager Treblinka waren mehr als eintausend Gefangene den Arbeitskommandos zugeteilt, die genau festgelegte Aufgaben hatten. Sie mussten die neu eintreffenden Transporte abfertigen, das Eigentum der Ermordeten sortieren, Aufräumarbeiten erledigen usw. Den relativ gesehen besten Kommandos waren diejenigen zugeteilt, die für die Lagerbesatzung arbeiteten (sie wurden als Hofjuden bezeichnet), und die sogenannten Goldjuden, die die Wertgegenstände der Ermordeten sortieren mussten. Rund 300 Häftlinge waren im Todesbereich eingeschlossen und gehörten einem Sonderkommando an. Die SS-Männer wie auch die Wachleute misshandelten die Häftlinge physisch wie psychisch. Das kleinste „Vergehen“ konnte mit dem Tod bestraft werden. Im März 1943 wurde damit begonnen, die Leichen aus den Massengräbern herauszuholen und sie auf eigens angefertigten Gerüsten zu verbrennen. Mit dieser Aufgabe beauftragten die Deutschen die Gefangenen aus dem Todesbereich unter dem Kommando des Verbrennungsspezialisten Herbert Floß, der zuvor in Belzec und Sobibor eingesetzt gewesen war. Es dauerte mehrere Monate, bis die sterblichen Überreste verbrannt waren. Chil Rajchman beschrieb in seinen Erinnerungen entsetzliche Einzelheiten dieser Arbeit.[106]

Trotz der extremen Bedingungen, unter denen die Häftlinge in Treblinka leben mussten, bildete sich auch hier eine Widerstandsgruppe heraus. Sie nannte sich „Organisationskomitee“ und entstand auf Initiative von Dr. Julian Chorążycki (1885–1943). Chorążycki war im Ersten Weltkrieg Offizier der russischen Armee gewesen, später gehörte er der der Polnischen Armee an. Danach lebte und arbeitete er in Warschau. „Die Idee eines Aufstands“, berichtete Stanisław Kon, der im September 1939 am Krieg teilgenommen hatte und aus Częstochowa nach Treblinka deportiert worden war, „nahm nach der Ankunft von Dr. Chorążycki aus Warschau konkrete Formen an. Er organisierte und leitete das ganze Vorhaben zusammen mit Kapitän Ziela [Zelomir oder Zoltan Bloch], mit Kurland aus Warschau und Lubing aus dem Kohlebecken von Dombrowa. Mit ihnen zusammen arbeitete Leon Haberman, ein Handwerker aus Warschau, Galzberg, ein Kürschner aus Kielce, Markus, ein 22-jähriger Ingenieur aus Warschau, und Gadowicz aus Warschau. Es wurde ein Plan ausgearbeitet, die Todesfabrik zu zerstören, die Mörder zu töten und schließlich zu fliehen. Zur Umsetzung des Vorhabens waren vor allem Waffen nötig, die entweder außerhalb des Lagers gekauft oder von den Deutschen und Ukrainern

106 Siehe Rajchman, Ich bin der letzte Jude.

gestohlen werden konnten. Die Waffen besorgte Dr. Chorążycki."[107] Mitte April griff der stellvertretende Lagerkommandant Kurt Franz ihn mit einer großen Summe Bargeld auf. Überliefert sind verschiedene Versionen seines Todes: Er nahm sich in Anbetracht der ihm drohenden Strafe das Leben, der anderen Version zufolge tötete ihn Franz. Die Vorbereitungen für den Aufstand liefen dennoch weiter. Die Zahl der Eingeweihten wuchs auf mehrere Dutzend. Anführer der Verschwörer wurde der 30-jährige Zoltan Bloch, ein ehemaliger Offizier der tschechoslowakischen Armee und von Beruf Fotograf. Am 12. Mai 1942 war er mit seiner Frau aus Dęblin deportiert worden. Nachdem Bloch zum Sonderkommando versetzt worden war, wurde der Ingenieur Marceli Galewski, der die Funktion des „Lagerältesten" innehatte, zum Anführer bestimmt.[108] Später schlossen sich weitere polnische, tschechische und slowakische Häftlinge an. Die meisten Verschwörer waren Funktionshäftlinge.

Im April und Mai 1943 kamen Transporte nach Treblinka, in denen sich Kämpfer aus dem Warschauer Ghetto befanden. Beim Ausladen der Züge leisteten einige der Deportierten Widerstand. „Als die Neuankömmlinge ihre Kleidung übergaben, kam es plötzlich zu einer Explosion. Wahrscheinlich hatte einer eine Granate in der Tasche versteckt, sie während der Abgabe der Jacken entsichert und dann die Jacke mit der Granate von sich geworfen." Panik brach aus. Die meisten der Neuankömmlinge wurden kurz darauf in den Gaskammern ermordet, doch eine kleine Gruppe Warschauer Juden wurde an der Rampe in Treblinka zur Arbeit selektiert und nach Lublin überstellt, eine andere Gruppe den Arbeitskommandos in Treblinka zugeteilt. Sie berichteten den Häftlingen von den Kämpfen im Ghetto. Die sensationellen Neuigkeiten verbreiteten sich in Windeseile. Alle waren aufgeregt. Samuel Willenberg schrieb später: „Mit den Herzen waren wir bei den Aufständischen und sorgten uns um das Schicksal der Helden des Warschauer Ghettos. Der jüdische Aufstand wärmte uns, gab unseren Adern neue Kraft und neue Entscheidungen."[109] Abgesehen von den Nachrichten über den Ghettoaufstand erreichten die Gefangenen auch Mitteilungen darüber, dass die Deutschen an allen Fronten hatten Niederlagen einstecken müssen.

Nun wurden die Pläne für einen Aufstand auch in Treblinka noch konkreter. Die etwa 60 Verschwörer, die in kleine Gruppen unterteilt waren, hatten

107 Bericht Szulem (Stanisław) Kon, Januar 1945, AŻIH, 301/26. Siehe auch den Bericht von Stanislaw Kon in: Alexander Donat (Hrsg.), The Death Camp Treblinka: A Documentary, New York 1979, S. 224–230. Mehr über Chorążycki bei Agnieszka Haska, Julian Eliasz Chorążycki (1885–1943), in: Zagłada Żydów. Studia i Materiały 9 (2012), S. 245–256.

108 Glazar, Die Falle mit dem grünen Zaun, S. 60 f. Galewski stammte aus Nowy Dwór oder aus Łódź.

109 Willenberg, Treblinka, S. 130.

den Plan entworfen, die über das Lager verstreuten SS-Männer auszuschalten, das Gelände zu übernehmen, die Infrastruktur in Brand zu setzen und so eine Massenflucht zu ermöglichen. Gleichzeitig bildete sich unter der Leitung von Bloch eine Widerstandsgruppe unter den Gefangenen des Sonderkommandos. Den Kontakt zwischen dieser Gruppe und dem „Organisationskomitee" hielt Wiernik aufrecht, denn er konnte sich in beiden Lagerteilen bewegen.

Das Datum des Aufstands wurde mehrere Male verschoben, schließlich jedoch auf Montag, den 2. August – einem normalen Arbeitstag – um 16.30 Uhr festgelegt. Bei dem Angriff sollten weitere Waffen erbeutet und in den Kämpfen benutzt werden. Die Gefangenen des Sonderkommandos drängten darauf, den Aufstand so schnell wie möglich zu beginnen. Sie wussten, dass sie jederzeit ermordet werden konnten. Die Situation schien günstig, da ein Teil der Lagerbesatzung mit Kurt Franz das Lager verlassen hatte. Den Gefangenen gelang es, aus dem Magazin unbemerkt einige Gewehre, Pistolen und Granaten zu entwenden. Dann kam es jedoch zu einem unerwarteten Zwischenfall: Der SS-Mann Küttner fand bei einem Gefangenen Gold und ging dem nach. Dies zwang die Aufständischen, ihre Aktion um eine halbe Stunde vorzuziehen. Ein SS-Mann wurde erschossen, und der Aufstand begann. Galewski verlor damit die Kontrolle über das Geschehen, einige Widerstandsgruppen aber begannen, die ihnen zugewiesenen Aufgaben auszuführen. Die Munitionsvorräte gingen schnell zur Neige. Obwohl die Gefangenen aus dem Todesbereich unter dem Kommando von Bloch hinzukamen, gelang es nicht, die Schützen auf den Wachtürmen außer Gefecht zu setzen und die Kontrolle im Lager zu übernehmen. Einige Gebäude wurden in Brand gesetzt, die Gaskammern konnten jedoch nicht zerstört werden. Viele Häftlinge wurden bei der nun einsetzenden chaotischen Flucht erschossen. Da die Aktion vorgezogen worden war, hatten die Telefonleitungen nicht unterbrochen werden können, sodass die Deutschen rasch Polizeikräfte mobilisieren und die Suche nach den Flüchtigen aufnehmen konnten. Im Kampf und bei der Flucht kamen sämtliche Initiatoren des Aufstands ums Leben. Galewski war noch einmal außerhalb des Lagers gesehen worden, Bloch war bereits zuvor im Gewehrfeuer seiner Verfolger umgekommen.[110]

Diejenigen, die im Laufe des ersten Tages nicht aufgegriffen und getötet worden waren, flohen einzeln oder in kleinen Gruppen und versuchten, in der Umgebung unterzutauchen. Ihre Lage schildert der Bericht einer lokalen Einheit der Heimatarmee:

110 Siehe: Zeugenaussage zum Aufstand in Treblinka, in: Herder-Institut (Hrsg.), Dokumente und Materialien zur ostmitteleuropäischen Geschichte. Themenmodul „Holocaust in Polen", bearb. von Imke Hansen, www.herder-institut.de/resolve/qid/2523.html [14. 4. 2020].

> „Nachdem eine große Gruppe Juden aus Treblinka geflohen war, kamen viele von ihnen in unser Gebiet. Sie sind gut gekleidet und recht gut ernährt (meist hatten sie im Lager seit längerer Zeit bestimmte Aufgaben erledigt). Viele von ihnen haben Waffen (Pistolen) und größere Geldsummen oder Wertsachen bei sich; das führt übrigens zu ihrem Untergang, weil sie deswegen zum Ziel von Jagdzügen werden, die der Abschaum aus den Dörfern und Städten unternimmt. Derzeit treten vagabundierende Juden nicht mehr in Erscheinung. Fast alle haben bereits irgendeine dauerhafte Unterkunft gefunden und sitzen oft schon seit einigen Monaten in einem engen Erdloch."[111]

Einigen der Geflohenen gelang es, sich nach Warschau durchzuschlagen, darunter Chil Rajchman, Samuel Willenberg und Jankiel Wiernik. Letzterer schrieb im Versteck seine Erinnerungen nieder, die ein Untergrund-Verlag noch im Jahr 1944 unter dem Titel „Ein Jahr in Treblinka" herausbrachte.[112] Das Kriegsende erlebten fast 70 Personen, die aus dem Vernichtungslager Treblinka geflohen waren.[113]

111 Siehe: Die Heimatarmee berichtet am 31. August 1943 über den Besatzungsterror, die Jagd auf Juden und den Häftlingsaufstand in Treblinka, in: VEJ 9, Dok. 266, S. 725–728, hier S. 726; zum Kenntnisstand über den Verlauf des Aufstands im Lager siehe S. 727 f.

112 Rok w Treblince, Warszawa 1944, Nachdruck: Jankiel Wiernik, Rok w Treblince. Vorwort v. Władysław Bartoszewski, Warszawa 2003. Der Bund gab eine jiddische und auch eine englische Übersetzung heraus: Yankel Wiernik, A Year in Treblinka, New York [1944]; siehe auch Wiernik, Ein Jahr in Treblinka, und über weitere frühe Berichte Donat, The Death Camp Treblinka.

113 Willenberg und Wiernik nahmen am Warschauer Aufstand teil. Wiernik starb 1972 in Israel. Willenberg emigrierte 1946 aus Polen. Bis zu seinem Tod im Jahr 2015 lebte er in Israel. Rajchman ging nach dem Krieg nach Uruguay, wo er 2004 starb. Auch zwei tschechische Juden konnten sich retten: Richard Glazar und Karl Unger. Sie gaben sich als tschechische Zwangsarbeiter aus und gelangten unerkannt zur Arbeit nach Deutschland. Glazar sagte in den Prozessen gegen die Täter von Treblinka aus. 1968 verließ er die Tschechoslowakei und zog in die Schweiz. 1997 nahm er sich das Leben.

← Abbildung

Bagger in Treblinka, mit dem Massengräber geöffnet wurden, 1942/43. Das Foto stammt aus dem privaten Album des stellvertretenden Lagerkommandanten Kurt Franz.

Yad Vashem, ITEM ID: 102716, Archival Signature: 16GO1

Im Frühjahr 1942 entschied Himmler, dass alle Spuren der Massenerschießungen und der Massenmorde in den Vernichtungslagern durch das Ausgraben und Verbrennen der Opfer restlos beseitigt werden sollten. Im Sommer 1943 folgte der Befehl, künftig keine Massengräber mehr anzulegen; Leichen seien unverzüglich zu verbrennen. Die von SS-Standartenführer Paul Blobel geleiteten Operationen unter dem Tarnnamen „Aktion 1005“ unterlagen der höchsten Geheimhaltungsstufe. In den Lagern der „Aktion Reinhardt“ begann die SS ab Herbst 1942 mit der systematischen Kremierung sowohl der jeweils aktuell Ermordeten als auch der bereits in Massengräbern Verscharrten.

VII. Die letzte Phase der „Aktion Reinhardt"

Die Auflösung des Ghettos in Białystok

Das brutale Vorgehen Odilo Globocniks im Rahmen der deutschen Siedlungsvorhaben in Zamość und Umgebung im Herbst 1942 rief Widerstand von polnischer Seite hervor und gefährdete die allgemeine Sicherheit. Die Konflikte zwischen lokalen Stellen der Zivilverwaltung und dem SS- und Polizeiführer im Distrikt Lublin verschärften sich. Im April 1943 wurde der Gouverneur im Distrikt Lublin ausgewechselt: SS-Gruppenführer Richard Wendler, der bisherige Gouverneur im Distrikt Krakau, ersetzte Ernst Zörner, der sich in ständigem Streit mit Globocnik befunden hatte. Wendler seinerseits intervenierte bei Himmler, was am 10. Juli die Absetzung Globocniks als SS- und Polizeiführer im Distrikt Lublin zur Folge hatte. An seine Stelle trat SS-Gruppenführer Jakob Sporrenberg (1902–1952), der eine lange Laufbahn in der NSDAP und der SS vorweisen konnte. In den ersten Monaten des deutsch-sowjetischen Kriegs war er zum SS- und Polizeiführer in Minsk ernannt, jedoch von Himmler schon bald als zu „schwach" wieder abgesetzt worden. Dann war er mit Sonderaufgaben im Stab des Reichkommissars Ukraine Erich Koch betraut. Nach Lublin kam Sporrenberg Mitte August 1943. Zunächst wurden ihm jedoch nicht die „jüdischen Angelegenheiten" anvertraut, die unverändert im Machtbereich Globocniks blieben.[1] Es waren Globocniks Mitarbeiter, die nun die letzten Deportationen aus Białystok organisierten.

Im Sommer 1943 lebten im dortigen Ghetto noch über 30 000 Juden. Die meisten waren in Betrieben und Werkstätten beschäftigt, die für die deutsche Wirtschaft produzierten. Eine Widerstandsgruppe bereitete sich sich auf den Moment vor, in dem das Ghetto geräumt werden sollte. In der Untergrundorganisation waren sämtliche politische Richtungen vertreten, wobei das Spektrum von Kommunisten bis zu zionistischen Revisionisten reichte. An der Spitze stand Mordechaj Tenenbaum (1916–1943), ein Mitglied des Jugendbundes Dror, der

1 Sporrenberg sagte nach dem Krieg aus, dass er zum Lager Alter Flugplatz in Lublin, zum KZ Majdanek und zum Vernichtungslager Sobibor keinen Zugang gehabt habe.

die Jüdische Kampforganisation in Warschau mitgegründet hatte. Eine ständige Streitfrage unter den Aktivisten war, ob sie das Ghetto verlassen oder bleiben und bis zum Schluss innerhalb des Ghettos kämpfen sollten. Einige Gruppen Jugendlicher, die sich für die erste Option aussprachen, gingen in die umliegenden Wälder und schlossen sich den Partisanen an. Der Vorsitzende des Judenrats, Efraim Barasz, unterstützte den Plan, sich im Fall der Ghettoräumung selbst zu verteidigen.

Bereits im Juni 1943 hatte die SS vor, die Werkstätten aus Białystok in den Distrikt Lublin zu verlegen und sie dort der SS-eigenen Ostindustrie GmbH zu unterstellen. Da die Erfahrungen der Deutschen mit dem Aufstand im Warschauer Ghetto noch allzu frisch waren und sie die Produktionsstätten vor der Zerstörung bewahren wollten, hielten sie den Plan geheim. Verantwortlicher Offizier des Stabs „Einsatz Reinhardt" für die Verschleppung in den Tod war der mit derartigen Operationen erfahrene Georg Michalsen. In der Nacht vom 15. auf den 16. August umstellte die SS das Ghetto. Dafür eingesetzt wurden örtliche Polizeikräfte, unterstützt von Angehörigen des Polizeibataillons 26, des Polizei-Schützenregiments 34 und einem weißrussischen Polizeibataillon. Der Judenrat erhielt die Mitteilung, die Insassen würden in den Distrikt Lublin transportiert und dort ihre Arbeit wieder aufnehmen.

Anders als in Warschau wussten die Ghettoinsassen weder etwas von den Aufstandsplänen, noch war ihnen bekannt, dass es überhaupt eine Widerstandsgruppe gab. Auch waren keine Schutzräume angelegt worden. Tenenbaum ging davon aus, dass sich die Ghettbevölkerung angesichts der Bedrohung der Revolte anschließen und die Kämpfer zumindest teilweise unterstützen würde. Dadurch sollte es möglich sein, den Ring um das Ghetto zu durchbrechen. Erst im letzten Moment rief die Widerstandsgruppe zum Kampf auf.

Tenenbaums Hoffnung erwies sich jedoch als falsch. Am 16. August um 9.30 Uhr wurde der bewaffnete Kampf in der Smolna-Straße am Rand des Ghettos aufgenommen. Als aber die Munition ausging, endete der Aufstandsversuch mit einer Niederlage. Im Ghetto brachen Feuer aus. Nur wenig später entdeckten die Deutschen einige Dutzend Aufständische in einem Bunker in der Chmielna-Straße 7 und erschossen sie auf der Stelle. In den folgenden Tagen fanden noch kleinere Gefechte statt. Am 20. August nahmen sich Tenenbaum und sein Vertreter Moszkowicz das Leben. Zwei Tage zuvor hatte der Abtransport der Ghettoisierten begonnen. Nach stundenlangem Warten am Sammelpunkt wurden sie selektiert und danach in die Waggons getrieben. Sonderkommandos durchkämmten das Ghetto nach Menschen, die sich der Verschleppung entzogen hatten und sich verborgen hielten. Die Aufgegriffenen wurden in Gruppen vor die Stadt geführt und erschossen. Eine Gruppe von 1000 Juden musste noch eine Zeit lang für Aufräumarbeiten in der Stadt bleiben. Dann wurden auch sie weggeschafft. Mitte September war der Bezirk Bialystok offiziell „judenrein"[2]

11 000 Deportierte aus Białystok kamen nach Treblinka. Dort war nach dem Aufstand der Häftlinge am 2. August und der Flucht von Gefangenen Lagerkommandant Stangl abberufen und durch Kurt Franz ersetzt worden, der die Gaskammern wieder in Betrieb nahm. Der letzte Transport aus Białystok mit der Kennzeichnung PJ-204, der aus 39 Waggons bestand, erreichte das Vernichtungslager am 19. August.[3] Insgesamt 16 800 Juden aus dem Bezirk Bialystok verschleppten die Deutschen in das Lager Alter Flugplatz in Lublin. Während der stundenlangen Fahrt nahmen sich einige Verzweifelte das Leben.

Nach der Ankunft organisierte Wirth eine Selektion. Rund 4000 Menschen wurden weitergeschickt nach Bliżyn im Distrikt Radom, 1000 verblieben im Lager Alter Flugplatz. Eine gewisse Anzahl wurde in Arbeitslager im Lubliner Land gebracht. Etwa 10 000 Juden aus Białystok kamen in das Konzentrationslager Majdanek,[4] darunter der Vorsitzende des Judenrats Efraim Barasz. In Majdanek ist ein Dokument über die Ankunft des ersten Transports im Lager am 20. August erhalten geblieben, in dem sich 2031 Juden aus Białystok befanden. Später wurden sie Selektionen unterzogen, einige von ihnen in den Gaskammern ermordet. Einhundert Kinder erlitten nach einer Sonderaktion den Tod. Über 1200 Kinder aus Białystok mussten den Weg nach Theresienstadt und von dort nach Auschwitz antreten.

Die Transporte aus Białystok waren die letzten Verschleppungen in den Tod, die der Stab „Einsatz Reinhardt" durchführte. Nachdem die Wehrmacht im September 1943 Italien besetzt hatte, berief Himmler Globocnik als Höheren SS- und Polizeiführer der neu gebildeten Operationszone Adriatisches Küstenland nach Triest. Globocnik verließ Lublin am 20. September in Begleitung einer Gruppe seiner engsten Mitarbeiter, allen voran Michalsen. Ebenfalls versetzt wurden Angehörige des SS-Personals der Vernichtungslager, darunter Wirth, Oberhauser und Stangl. Ihnen folgten bewährte Trawniki-Männer sowie der Führer des Trawniki-Bataillons, Johann Schwarzenbacher.[5] Diesen schlossen sich bald weitere an. Von der Mannschaft, die den „Einsatz Reinhardt" ins Werk

2 Bender, „Akcja Reinhardt" w okręgu białostockim, S. 214 f.; Stoll, Deportacje, S. 136–139. Siehe auch Katrin Stoll, Die Herstellung der Wahrheit. Strafverfahren gegen ehemalige Angehörige der Sicherheitspolizei für den Bezirk Białystok, Berlin/Boston 2012, bes. Kapitel IV: Białystok und Umgebung unter deutscher Besatzung, S. 133–196.

3 Ząbecki, Wspomnienia stare i nowe, S. 96 f. Dort sind die Fahrpläne der Transporte von Białystok nach Treblinka und nach Lublin via Treblinka abgedruckt.

4 Lenarczyk, Obóz pracy na Flugplatzu, S. 99 f.; Kranz, Vernichtung der Juden im Konzentrationslager Majdanek, S. 25.

5 Siehe Tregenza, Christian Wirth, S. 55.

setzte, blieben lediglich Höfle und die Besatzung des Vernichtungslagers Sobibor zurück. Auch die Arbeitslager des SS-Wirtschaftsunternehmens Osti waren weiterhin in Betrieb. Die größten befanden sich in Poniatowa und Trawniki. Zehntausende Juden wurden dort zu Zwangsarbeiten herangezogen.

Die letzten Transporte und der Aufstand in Sobibor

Die Abreise Globocniks aus Lublin fiel mit der Auflösung der letzten Ghettos im Reichskommissariat Ostland zusammen, das den größten Teil der westlichen weißrussischen Gebiete sowie Lettland, Litauen und Estland umfasste,. Ein Teil der Ghettobewohner wurde in das Vernichtungslager Sobibor verschleppt, da Treblinka zu diesem Zeitpunkt bereits geschlossen war. Am 18. September 1943 wurde im Ghetto Lida ein Deportationszug mit 1400 Menschen abgefertigt. Bewacht wurden sie von dem deutschen Angestellten einer Baufirma und einem Dutzend Polen, die bei der lokalen Hilfspolizei beschäftigt waren. 630 junge Männer schickte man nach Majdanek und nach Trawniki. Die Übrigen, vor allem Frauen und Kinder, wurden nach Sobibor verschleppt, wo sie unmittelbar nach der Ankunft ermordet wurden. In diesen Tagen erreichten das Lager auch drei Transporte mit geschätzt 3000–5000 Menschen aus Minsk. Der Transport mit der Kennzeichnung PJ-1025 fuhr am 17. September über die Bahnstation Treblinka.[6] Auch dieses Mal wurde eine Gruppe von „Arbeitsfähigen“ nach Majdanek und an andere Orte weitergeleitet. Einige Dutzend – die meisten von ihnen Kriegsgefangene der Roten Armee jüdischer Abstammung – behielten die Deutschen als „Arbeitsjuden“ in Sobibor; Frauen und Kinder wurden ermordet.[7]

Am 16. September begann die mehrere Tage andauernde Auflösung des Ghettos in Wilna, an der sich litauische Hilfseinheiten beteiligten. Zum Jahreswechsel 1941 und 1942 hatte sich dort die Vereinigte Partisanenorganisation (Fareynikte Partizaner Organizatsye) gebildet, die in gewissem Maß vom Vorsitzenden des Judenrats, Jakub Gens, unterstützt wurde. Die Widerstandsgruppe verfügte über einen Bestand an Waffen und Munition, zu bewaffneten Auseinandersetzungen kam es jedoch nicht. Viele junge Leute flohen in die umliegenden Wälder in der Hoffnung, den Partisanenkampf von dort aus aufnehmen zu können. Gens nahm das Angebot nicht wahr, sich auf der „arischen Seite“ zu verbergen, und wurde erschossen. „Arbeitsfähige“ Männer überstellte man nach Estland und Lettland, 4300–5000 Juden, darunter viele Frauen und Kinder,

6 Ząbecki, Wspomnienia stare i nowe, S. 98.

7 Siehe Kuwałek, Nowe ustalenia, S. 55 f., über den Transport aus Lida auf Grundlage einer Aussage von Otto Weißbecker aus dem Jahr 1966.

wurden nach Sobibor verschleppt.[8] Dies war wahrscheinlich der letzte Transport, der das Vernichtungslager Sobibor erreichte.

Mitte 1943 befanden sich dort etwa 600 Häftlinge, darunter 150 Frauen, die meisten von ihnen aus Polen. Die Deutschen hatten sie als „Arbeitsjuden“ vorläufig von der Ermordung ausgenommen, um sie bei der Abfertigung neu eintreffender Transporte, beim Sortieren der Habe der Ermordeten, bei Aufräumarbeiten sowie bei Bau- und Waldarbeiten einzusetzen. Einige Dutzend waren als Schuhmacher, Schneider, Schreiner, Schmiede und Juweliere in Werkstätten beschäftigt. Die Angehörigen des Sonderkommandos, die vollkommen isoliert in abgetrennten Baracken untergebracht waren, mussten die Gaskammern leerräumen, was bedeutete, die ineinander verschlungenen Körper der Toten herauszuschaffen. Sie waren gleichfalls gezwungen, die Leichen nach Wertgegenständen zu durchsuchen und Goldzähne herauszubrechen. Anschließend wurden die Leichen verscharrt und später verbrannt.

Fluchtversuche hatte es gegeben, seitdem das Lager bestand. Vereinzelt war es Häftlingen auch gelungen, aus Sobibor zu entkommen. Eine Gruppe niederländischer Gefangener, die von dem Offizier zur See Joseph Jacobs angeführt wurde, bereitete sogar eine Massenflucht vor. Sie versuchten im April 1943, einen Tunnel unter dem das Lager umgrenzenden Stacheldrahtzaun zu graben. An den Vorbereitungen beteiligten sich auch Trawniki. Doch ein ukrainischer Trawniki-Mann verriet den Plan, und die meisten Niederländer wurden erschossen.[9]

Seit dem Frühjahr 1943 kamen einige Juden zu dem Schluss, dass ein Aufstand, der möglichst vielen zur Flucht verhelfen sollte, die einzige Chance sei, der Vernichtung zu entgehen. Immer weniger Transporte erreichten das Lager, und es gab keinen Zweifel daran, dass die Deutschen bei der Schließung der Mordstätte nicht zögern würden, alle verbliebenen Gefangenen gleichfalls zu ermorden.[10] Die polnischen Juden organisierten sich um den Rabbinersohn Leon Felhendler. Erwogen wurde, die Angehörigen der Lagerbesatzung zu vergiften oder das von den Deutschen besuchte Kasino mit einer Bombe in die Luft zu sprengen. Sie rechneten damit, von Partisanengruppen, die in der Umgebung operierten, unterstützt zu werden. Doch all diese Überlegungen blieben im Bereich des Wunschdenkens. Wenngleich das Schicksal der Häftlinge, die aus Belzec nach

8 Arad, Ghetto in Flames, S. 432.

9 Siehe Franziska Bruder, Hunderte solcher Helden. Der Aufstand jüdischer Gefangener im NS-Vernichtungslager Sobibór, Münster 2013, und Arad, Belzec, Sobibor, Treblinka, S. 306–333. Berichte enthält: Bem (Hrsg.), Sobibór.

10 Zu den Plänen der SS siehe: Himmler ordnet am 5. Juli 1943 die Umwandlung des Vernichtungslagers Sobibor in ein Konzentrationslager für die Verwertung von erbeuteter Munition an, in: VEJ 9, Dok. 253, S. 709.

Sobibor gebracht worden waren, ihre Bedrohung deutlich machte, waren die Handlungsmöglichkeiten der Häftlinge vorerst doch gering.

Die Lage veränderte sich erst, als 60 Rotarmisten jüdischer Herkunft am 23. September aus Minsk eintrafen. Sie kamen aus dem Kriegsgefangenenlager in der Schirokaja-Straße auf dem Gelände des dortigen Ghettos. Einer von ihnen war Aleksandr Petscherski. Es zeigte sich, dass der 34-jährige Reserveoffizier und Absolvent der Musikschule in Rostow ein hervorragender Organisator und Anführer war. Nachdem er Kontakt zu der Gruppe um Felhendler aufgenommen hatte, begannen die Vorbereitungen zum Aufstand. Petscherski entwarf einen Plan, bei dem alle SS-Männer ausgeschaltet werden sollten. Die Aufständischen würden sich deren Waffen aneignen und den Gefangenen ermöglichen, durch das Haupttor zu flüchen. Dies war der einzig denkbare Fluchtweg, da das gesamte Gelände um das Lager vermint war. Später zeigte sich jedoch, dass sich nahezu alle auf eigene Faust retten mussten. Die Häftlinge des Lagerabschnitts III waren nicht in die Pläne eingeweiht.

Am 14. Oktober um 15.30 Uhr begannen die Aufständischen, Angehörige der deutschen Lagerbesatzung zu töten. Sie nutzten den günstigen Umstand, dass Lagerkommandant Franz Reichleitner auf Urlaub und daher abwesend war. Petscherski und seine Mitstreiter lockten die SS-Männer unter diversen Vorwänden an einen geeigneten Ort, um sie unauffällig zu töten. Als Erstes starb Unterscharführer Josef Wolf. Er war „eingeladen" worden, einen Mantel anzuprobieren. Innerhalb kürzester Zeit wurden auf ähnliche Weise die meisten Deutschen ausgeschaltet, darunter Johann Niemann,[11] der zu diesem Zeitpunkt die Funktion des Kommandanten innehatte, und der Führer der Trawniki-Männer Siegfried Graetschus. Die Telefonverbindung wurde gekappt und der Strom unterbrochen. Dann kam es jedoch zu Komplikationen. Als sich eine Kolonne Häftlinge in Richtung Tor aufmachte, begann eine wilde Schießerei. Die Trawniki-Männer eröffneten von den Wachtürmen aus das Feuer. Einige der am Leben gebliebenen Deutschen kamen hinzu, darunter der Kommandant des Lagerabschnitts I, Karl Frenzel, den die Aufständischen nicht hatten finden und töten können. In der anbrechenden Dämmerung gelang es dennoch rund 350 Häftlingen, aus dem Lager zu entkommen und in die umliegenden Wälder zu fliehen.[12]

11 Zu Niemann siehe Karin Graf/Florian Ross, Johann Niemann, Von Völlen nach Sobibor, in: Bildungswerk Stanisław Hantz e. V./Forschungsstelle Ludwigsburg der Universität Stuttgart (Hrsg.), Fotos aus Sobibor, S. 27–35 und S. 57–70.

12 Zum Aufstand der Häftlinge in Sobibor siehe Anne Lepper/Andreas Kahrs/Annett Gerhardt/Steffen Hänschen, Die Revolte von Sobibor und das Ende des Mordlagers, in: ebenda, S. 257–275, und Bruder, Hunderte solcher Helden.

Die einige Stunden später aus Chełm eintreffenden Polizeikräfte erstickten die Reste des Widerstands. Die Verluste der Deutschen waren beträchtlich: Neun SS-Männer und zwei Trawniki waren getötet worden. Am folgenden Tag traf Sporrenberg in Sobibor ein und befahl, sämtliche im Lager zurückgebliebenen Juden zu ermorden – einschließlich der Angehörigen des Sonderkommandos, die am Aufstand nicht teilgenommen hatten. Gendarmerie und Polizei setzten ihre Jagd auf Geflüchtete fort. Verstärkung bekamen sie von Einheiten der Wehrmacht. Im Laufe weniger Tage wurden etwa 100 ehemalige Häftlinge aufgegriffen und ermordet.[13] Dutzende weitere wurden in den folgenden Tagen und Wochen in den Wäldern und in provisorischen Verstecken aufgespürt und ebenfalls getötet. Die acht Männer starke Gruppe um Aleksandr Petscherski verfügte über die meisten Waffen, überquerte den Bug und schloss sich einer sowjetischen Partisaneneinheit an.[14] Die Übrigen verteilten sich in alle Richtungen. Die größten Chancen zu überleben hatten diejenigen, die sich in der Umgebung auskannten. Leon Felhendler fand mit zwei weiteren Flüchtlingen aus Sobibor Unterschlupf in dem Dorf Maciejów Stary unweit seines Heimatorts Żółkiewka.[15] Thomas Blatt versteckte sich mit zwei anderen Männern bei dem ihnen bekannten Landwirt Bojarski, der sich bereit erklärt hatte, sie gegen Bezahlung zu verstecken. Am 23. April 1944 aber versuchte er, sie zu ermorden. Blatt entkam der Attacke. Das Ende der NS-Herrschaft erlebten 47 ehemalige Gefangene, darunter zwei Niederländerinnen und der tschechische Jude Kurt Ticho.

Aktion „Erntefest"

Die Konsequenzen des Aufstands im Vernichtungslager Sobibor ließen nicht lange auf sich warten. Am 19. Oktober wurde auf einer Sicherheitskonferenz am Regierungssitz des Generalgouvernements die sofortige Inspektion der Arbeitslager befohlen. Ziel war es festzustellen, wie viele Juden als Arbeitskräfte ausgebeutet werden können: „Die übrigen sollte man aus dem Generalgouverne-

13 Siehe: Ein Oberleutnant der Schutzpolizei erstattet um den 24. Oktober 1943 Bericht über den Einsatz berittener Polizei bei der Verfolgung der Flüchtlinge aus Sobibor, in: VEJ 9, Dok. 274, S. 742 f.

14 Noch während des Kriegs wurde Aleksandr Petscherski in ein Strafbataillon versetzt. Später ging er nach Moskau, wo er vor der Kommission zur Untersuchung der Naziverbrechen aussagte. Petscherski veröffentlichte seine Erinnerungen: Aleksandr A. Pečerskij, Vosstanie v Sobiburskom lagere, Rostov na Donu 1945; siehe auch Aleksandr Petscherski, Bericht über den Aufstand in Sobibor. Hrsg. v. Ingrid Damerow, Berlin 2018.

15 Am 3. April 1945 wurde Felhendler in seiner Wohnung unter ungeklärten Umständen erschossen. Siehe Adam Kopciowski, Zajścia antyżydowskie na Lubelszczyźnie w pierwszych latach po II wojnie światowej, in: Zagłada Żydów. Studia i Materiały 3 (2007), S. 178–207, hier S. 191–193.

ment abschieben.“[16] Der Aufstand in Sobibor „dürfte für Himmler der letzte Anstoß gewesen sein, Krüger noch im Oktober 1943 den Befehl zu erteilen, die letzten wichtigen Lager im Distrikt Lublin zu liquidieren“.[17] Die Auflösung der letzten Ghettos im Distrikt Krakau und der Arbeitslager im Distrikt Galizien hatte schon früher begonnen. Im Hintergrund spielte sich ein Wettbewerb um die jüdischen Arbeitskräfte ab. Das SS-Wirtschaftsverwaltungshauptamt wollte verhindern, dass die Betriebe der Ostindustrie GmbH vom Reichsministerium für Bewaffnung und Munition, das Albert Speer unterstand, übernommen würden, und plante, die Arbeitslager in Poniatowa, Trawniki, Płaszów sowie andere Lager der SS dem Konzentrationslager Lublin-Majdanek als Außenlager zu unterstellen. Dies minderte aber kaum den Druck auf die SS, jüdische Arbeitskräfte zur Verfügung zu stellen. Abgesehen von ideologischen Motiven wollte Himmler„seine Juden“ möglicherweise nicht abgeben.[18] Aus ökonomischer Sicht war Himmlers Entscheidung vollkommen irrational: Die Betriebe der SS-eigenen Osti in Lublin, Poniatowa und Trawniki hatten ein gewaltiges Volumen an Aufträgen, unter anderem für die Wehrmacht. Die Erschießungen waren noch nicht abgeschlossen, als Friedrich-Wilhelm Krüger der Rüstungsinspektion eine Zusage gab, den Rüstungsbetrieben in nächster Zeit 10 000 Juden zur Verfügung zu stellen.

Die Anweisung Himmlers in die Praxis umsetzen sollte der SS- und Polizeiführer im Distrikt Lublin Jakob Sporrenberg.[19] Für den Mordeinsatz wurde der Tarnname „Erntefest“ verwendet.[20] Um dem Massenmord durchführen zu können, mussten Kräfte zusammengezogen werden. Insgesamt sollten rund 2000 Angehörige von Niederlassungen der Sicherheitspolizei und Einheiten der Waffen-SS, die in Eile aus Lublin, aber auch von Standorten außerhalb des Generalgouvernements hinzugezogen wurden, teilnehmen. Stefan Klemp nennt folgende Polizeieinheiten: die Polizeibataillone 41, 67 und 101, das I. motorisierte Gendarmeriebataillon, die Polizei-Reiterabteilung III, das Polizei-Reiterschwadron Lublin, Teile der Reiterabteilung III, die Trawniki-Bataillone 41 und 67, daneben das III. Bataillon des SS-Polizeiregiments 17 und das Polizeibataillon 316.[21] Auch einige SS-Männer aus Auschwitz wurden herbeigeholt.

16 Die Regierung des Generalgouvernements sieht am 19. Oktober 1943 die Zwangsarbeitslager für Juden als Gefahr für die Sicherheit an, in: VEJ 9, Dok. 273, S. 739–741, hier S. 741.

17 Peter Longerich, Heinrich Himmler. Biographie, München 2008, S. 687.

18 Karay, Żydowskie obozy pracy, S. 259.

19 Siehe Lenarczyk/Libionka (Hrsg.), Erntefest.

20 Manche Täter gebrauchten diese Bezeichnung, um die Massenhinrichtung der verbliebenen Juden zu benennen. Sporrenberg, dessen Aussage eine wichtige Quelle zur Rekonstruktion des Geschehens war, ließ offen, wie es zu dieser Bezeichnung kam.

21 Stefan Klemp, „Aktion Erntefest“: Mit Musik in den Tod. Rekonstruktion eines Massenmords, Münster 2013, S. 9.

Am frühen Morgen des 3. November 1943 umstellten Einheiten der Waffen-SS und der Polizei in voller Montur das Arbeitslager Trawniki mit einer doppelten Postenkette. Die völlig überraschten Häftlinge wurden in Gruppen zu großen Gräben geführt, die einige Tage zuvor ausgehoben worden waren, und mit Schüssen aus automatischen Waffen ermordet. Das kleine Hinrichtungskommando aus Angehörigen der Sicherheitspolizei wurde stündlich ausgewechselt. Überrascht wurde auch das deutsche Personal der Firma Schultz, die im Lager Trawniki eine Produktionsstätte hatte. Die Wachmannschaften der SS aus Trawniki, die sich auf dem Gelände des Schulungslagers befanden, beteiligten sich an dem Massaker. Innerhalb weniger Stunden starben sämtliche jüdischen Häftlinge in Trawniki. Betroffen waren auch die Juden aus dem nur wenige Kilometer entfernten Lager Dorohucza. Insgesamt wurden 10 000 Häftlinge beider Lager ermordet. Während der Erschießung erschallte Marschmusik aus zuvor aufgestellten Lautsprechern über das Gelände. Nur Einzelne überlebten das Massaker, unter ihnen Raja Mileczina und ihre Tante Zina Czapnik aus Minsk. Sie waren nach der Selektion an der Rampe von Sobibor nach Trawniki gekommen und hatten sich viele Tage lang auf dem Lagergelände versteckt gehalten. Bis Kriegsende überlebten sie in anderen Lagern.[22]

Das Massaker in Lublin fand am gleichen Tag statt. Unter schwerer Bewachung wurden die Häftlinge aus den Lagern in der Stadt nach Majdanek abgeführt: die jüdischen Kriegsgefangenen aus dem Lager in der Lipowa-Straße, die Frauen aus dem Lager Alter Flugplatz und die Arbeiter, die an verschiedenen Arbeitsstellen kaserniert waren. Auch in Majdanek waren zuvor große Gräben ausgehoben worden. Die Arbeiten hatten bei den Häftlingen kein Misstrauen hervorgerufen, da man bekannt gegeben hatte, dass es sich um eine Schutzmaßnahme gegen Luftangriffe handele. Selbst die Kommandantur des Konzentrationslagers Lublin-Majdanek war bis zum letzten Moment von der bevorstehenden Erschießung nicht informiert worden (damals kam es zu einem Wechsel in der Lagerleitung, da der bisherige Kommandant Hermann Florstedt im Oktober wegen Unterschlagungen verhaftet worden war und Martin Weiß seine Nachfolge erst am 4. November antrat).

Die Opfer wurden durch ein dichtes Spalier von Wachleuten zum Hinrichtungsort geführt, wo ein Kommando aus wenigen Tätern wartete. Bei ihnen handelte es sich um Angehörige der Sicherheitspolizei aus Lemberg[23] und aus

22 Die Aussage von Raja Mileczina ist veröffentlicht in: Lenarczyk/Libionka (Hrsg.), Erntefest, S. 415 f.

23 Aus Lemberg kam ein 15-köpfiges Kommando. Ein Angehöriger sagte aus, er habe 500 Juden getötet, sich danach schlecht gefühlt und nur noch die Magazine für seine Kollegen nachgeladen. 1999 wurde er zu einer Gefängnisstrafe von zehn Jahren verurteilt, von denen

Zamość. Auch der Leiter des Krematoriums in Majdanek nahm an der Hinrichtung aktiv teil. Nach dem Krieg erklärte er, das Morden habe ohne Pause bis fünf Uhr nachmittags gedauert. Die SS-Männer, die die Erschießungen durchführten, hätten sich abgewechselt, seien zwischendurch zu den SS-Kasernen im Stadtzentrum gefahren, um sich zu stärken. Die Mordaktion sei ohne Pause weitergegangen, während die ganze Zeit über aus zwei Lautsprecherwagen Musik gespielt wurde.[24] Die Lautsprecher hatte die Propagandaabteilung im Amt des Distriktgouverneurs aufgestellt. Danach kamen die jüdischen Häftlinge in Majdanek an die Reihe. Die polnischen Häftlinge wurden in ihren Baracken eingeschlossen, damit sie die Exekutionen nicht mit eigenen Augen beobachten konnten. Insgesamt wurden bis zum Abend in Majdanek 18 000 Männer und Frauen ermordet. Noch Tag nach dem Massenmord wurde das Lagergelände durchkämmt, um Juden aufzuspüren, die sich versteckt hatten, und sie zu ermorden.

Am nächsten Tag wurden alle Häftlinge des Arbeitslagers Poniatowa erschossen. Auch hier erklang während des Mordens aus Lautsprechern Schlagermusik. Die Juden hatten nichts Schlimmes erwartet, als sie auf den Appellplatz getrieben wurden, denn die Informationen über die Geschehnisse in Trawniki und Lublin waren noch nicht zu ihnen durchgedrungen. Das Gelände war von Einheiten umzingelt, die aus Lublin und Trawniki angereist waren. Einige, die dem Lagerwiderstand zuzurechnen waren, konnten sich kurzzeitig in einer Baracke verbarrikadieren, dann aber steckten SS-Männer die Baracke in Brand. Im Verlauf von zehn Stunden erfasste dieser Massenmord 15 000 Menschen. Später wurde das Lagergelände auch hier akribisch durchsucht und diejenigen, die aufgegriffen werden konnten, wurden getötet. Nur zwei Frauen, Estera Rubinsztejn und Ludwika Fiszerowa, überlebten das Massaker. Sie konnten sich aus den Massengräbern befreien.[25]

Insgesamt wurden in zwei Tagen rund 42 000 jüdische Häftlinge ermordet. Außerdem starben auch die Häftlinge einiger kleinerer Arbeitslager im Distrikt Lublin. Viele Opfer dieses Massenmords waren zuvor im Warschauer Ghetto

er jedoch keine einzige Stunde absaß, da ihm der langjährige Aufenthalt in einem sowjetischen Lager angerechnet wurde; siehe Jochen Böhler, Totentanz. Ermittlungen zur „Aktion Erntefest“, in: Klaus-Michael Mallmann/Andrej Angrick (Hrsg.), Die Gestapo nach 1945. Karrieren, Konflikte, Konstruktionen, Darmstadt 2009, S. 235–254.

24 Aussage Erich Mußfeldt, 1947, in: Lenarczyk/Libionka (Hrsg.), Erntefest, S. 402–407. Mußfeldt stritt ab, an den Exekutionen aktiv beteiligt gewesen zu sein, zuvor jedoch hatte er sich vor seinen SS-Kameraden damit gebrüstet.

25 Beide begaben sich nach Warschau. Der schockierende Bericht von Ludwika Fiszerowa (Fiszer) wurde im Mai 1944 an die polnische Regierung in London gesandt. Veröffentlicht ebenda, S. 429–442. Englische Übersetzung: The Liquidation of the Camp in Poniatowa. The Testimony of Ludwika Fiszer, www.zchor.org/poniatowa/fiszer.htm [7. 4. 2020].

Erschießungsgräben auf dem Gelände des ehemaligen KZ Majdanek, August 1944
Państwowe Muzeum na Majdanku

inhaftiert gewesen und im Frühjahr 1943 in den Distrikt deportiert worden. Globocnik nahm an der „Aktion Erntefest" nicht teil, wenngleich sie den Abschluss der „Aktion Reinhardt" markierte. Schwer fällt es jedoch, Christopher Browning zuzustimmen, der den 3. und 4. November als „Höhepunkt des Himmler'schen ‚Kreuzzugs' zur Vernichtung des polnischen Judentums" bezeichnete.[26] Es handelte sich um die größte koordinierte Erschießungsaktion, die im Zweiten Weltkrieg stattfand. Denn die Zahl der Opfer der „Aktion Erntefest" überstieg selbst die der Ermordeten in Babyn Jar bei Kiew im September 1941.

Die Auflösung der Arbeitslager in den Distrikten Krakau und Galizien

Zur gleichen Zeit, als die „Aktion Erntefest" lief, entschied sich das Schicksal einiger Arbeitslager im Distrikt Krakau. Am 3. November, als die Häftlinge in Lublin und Trawniki ermordet wurden, umstellten Einheiten der SS das Lager in Szebnie. Mehrere Hundert Häftlinge wurden erschossen und über 4200 nach Auschwitz-Birkenau verschleppt, wo 2900 von ihnen ins Gas geschickt wurden. Die Baracken wurden auseinandergenommen und die Maschinen für

26 Browning, Ganz normale Männer, S. 182.

den Abtransport nach Płaszów vorbereitet.[27] Wenige Wochen später kamen die Julags I, II und III in Płaszów, Prokocim und Bieżanów an die Reihe. Rund 200 Häftlinge wurden erschossen. Den Rest trieb man nach Płaszów, von wo aus der Weitertransport in Arbeitslager im Distrikt Radom organisiert wurde. Die Frauen brachte man nach Skarżysko-Kamienna, Kielce, Pionki und die Männer in Betriebe in Częstochowa.[28] Mitte Dezember wurden die jüdischen Polizisten im Krakauer Ghetto, die nach der Auflösung des Ghettos noch am Leben gebliebenen waren, verhaftet und erschossen.

Aufgelöst wurden auch die letzten Arbeitslager für Juden im Distrikt Galizien. Darunter war auch das größte an der Janowska-Straße in Lemberg, in dem sich rund 7000 Häftlinge aufhielten, die zum größten Teil in Werkstätten der Deutschen Ausrüstungswerke beschäftigt waren. Am frühen Morgen des 19. November umstellte eine dichte Postenkette der Ordnungspolizei das Lager. Die Häftlinge wurden in die Sandgruben geführt und erschossen. Es gab verzweifelte Versuche, Widerstand zu leisten; einigen gelang zwar die Flucht, doch konnten sich nur wenige dauerhaft retten. Am selben Tag ermordete man auch die Angehörigen des Sonderkommandos, der sogenannten Todesbrigade, die dazu gezwungen worden war, in Lemberg die Spuren der Massenhinrichtungen zu verwischen. Obwohl die Täter auf Widerstand stießen, gelang auch hier nur Einzelnen die Flucht. Und als Lemberg durchkämmt wurde, fand man auch die wenigen, die sich in der Stadt versteckt gehalten hatten, brachte sie ins Lager und erschoss sie. Die letzten hundert Häftlinge wurden im August 1944 vor dem Einmarsch der Roten Armee in Lemberg in das Lager in Płaszów überstellt.[29]

Verwischen der Spuren der Verbrechen in Treblinka und Sobibor

An allen Orten, an denen der letzte Akt des Völkermordes unter der Tarnbezeichnung „Aktion Erntefest“ stattgefunden hatte, machten die Täter sich daran, die Spuren ihrer Verbrechen zu verwischen. In Majdanek mussten 300 Häftlinge aus dem Lager Lipowa-Straße, die man bis dahin am Leben gelassen hatte, bei der Beseitigung der Leichen helfen. Mehrere Wochen lang verbrannten Kommandos von Juden, die von anderen Orten dorthin geschafft worden waren, die Leichen der Opfer von Trawniki und Poniatowa. Danach wurden auch sie ermordet. Entsprechend war zuvor in den Lagern der „Aktion Reinhardt“ verfahren worden.

27 Zum Zwangsarbeitslager Szebnie siehe Wenzel, Arbeitszwang und Judenmord, S. 234–247.
28 Kotarba, Niemiecki obóz w Płaszowie, S. 55–58.
29 Siehe Yones, Die Juden in Lemberg, S. 295.

Jüdische Gefangene, die für das „Sonderkommando 1005“ arbeiten mussten, neben einer Knochenzerkleinerungsmaschine im Janowska-Lager in Lemberg. Die Aufnahme entstand kurz nach der Befreiung der Stadt, während die sowjetische Untersuchungskommission vor Ort war. Das Bild zeigt (v. l. n. r.) Henryk Hamaides, David Manusewicz, Mosche Korn. Ihnen war die Flucht aus dem „Sonderkommando“ gelungen.
United States Holocaust Memorial Museum, courtesy of Belarusian State Archive of Documentary Film and Photography | Photograph Number: 67019

Unmittelbar nachdem die Opfer der letzten Transporte aus Białystok ermordet worden waren, begann man in Treblinka, die Gebäude abzubauen und das Material wegzuschaffen. Die Arbeiten beaufsichtigte Kurt Franz, der Stangl als Kommandant abgelöst hatte. Zur Verfügung standen ihm eine Einheit Trawniki-Männer und hundert Gefangene.

Als die Arbeiten beendet waren, schickte man Dutzende von ihnen nach Sobibor. Die übrigen wurden von dreißig SS-Männern Mitte November erschossen, Trawniki-Männer verbrannten die Leichen. Die SS ließ auf dem Lagergelände einen Bauernhof errichten und um ihn herum Bäume pflanzen. Den Bauernhof übernahm Oswald Strebel, der zuvor Angehöriger der Lagerbesatzung gewesen war, mit seiner Familie.[30]

Sobibor war, nachdem alle Häftlinge ermordet worden waren, die nach dem Aufstand noch am Leben gewesen waren, eine Zeitlang verlassen. Später brachte man die bereits erwähnte Gruppe aus Treblinka nach Sobibor. Der Abbau der Gaskammern und der anderen Gebäude sowie das Verwischen der Spuren und der Abtransport der Materialien dauerten bis Ende 1943. Nach Abschluss der Arbeiten erschossen der SS-Mann Gustav Wagner und Trawniki-Männer die noch verbliebenen Juden, ihre Leichen wurden verbrannt. Danach entstand auch hier ein Bauernhof, den ein ehemaliger Angehöriger der Wachmannschaft bewirtschaftete; auf dem Gelände sollte ein Wald wachsen. Die Deutschen und einige Angehörige der Wachmannschaft wies die SS der Einheit Globocniks in Triest zu. Die Bevölkerung aus der Umgebung von Sobibor und Treblinka begann – wie in Belzec – unverzüglich damit, das Erdreich auf dem Lagergelände zu durchwühlen.[31]

Bilanz der „Aktion Reinhardt"

Der Raub der Habe

Der Raub und die Verwertung der Besitztümer der polnischen Juden bei ihrer Ermordung waren integraler Bestandteil der „Aktion Reinhardt“. Geraubt wurde bei den Vernichtungsaktionen in den Ghettos und deren Räumung wie auch in den Vernichtungslagern. In den Lagern mussten Häftlinge die Habseligkeiten der Deportierten, insbesondere Kleidung und Wertgegenstände, sortieren, damit die SS sie später einer neuen Verwendung zuführen konnte. Besondere Anweisungen, etwa das Rundschreiben „Verwertung des Besitzes anläßlich der An- und Aussiedlung der Juden“ vom 26. September 1942, normierten dieses beispielslose Vorgehen bis ins Detail. Himmler bestimmte, die Habe der Juden als „Diebes-, Hehler- und Hamstergut“ zu bezeichnen.[32] Bargeld sollte bei der Reichsbank

30 Ząbecki, Wspomnienia stare i nowe, S. 99. Den Namen erwähnen auch andere Zeugen. Siehe Martyna Rusiniak, Obóz zagłady Treblinka II w pamięci społecznej, Warszawa 2008, S. 20 f.

31 Dieser Zustand währte noch lange Jahre. Siehe Rusiniak, Obóz zagłady Treblinka II, v. a. das Kapitel mit dem Titel „Długi cień Treblinki – Eldorado Podlasia?“ [Der lange Schatten Treblinkas – das Eldorado Podlachiens?], S. 29–33. Siehe Jan Tomasz Gross/Irena Grudzińska-Gross, *Golden Harvest*. Events at the Periphery of the Holocaust, New York 2012.

32 Siehe: Eine Verfügung vom 26. September 1942 über die Nutzung des Eigentums der in Auschwitz eintreffenden Juden sieht keine Rückgabe von Effekten mehr vor, in: Die Verfolgung

eingezahlt werden; Devisen, Edelmetalle, Zahngold usw. seien dem WVHA zu übergeben, das es an die Reichsbank weiterleitete; Gebrauchsgegenstände wie Uhren, Füllfederhalter, Rasierapparate, Scheren usw. seien (mit Ausnahme der goldenen Uhren) ebenfalls an das WVHA abzugeben, damit dieses sie säubern, instandsetzen, schätzen und der Wehrmacht verkaufen konnte; Kleidung, Bettwäsche, Handtaschen, Gürtel, Brillen, Koffer usw. waren zu sortieren und sollten – mit Ausnahme von Wertvollerem, wie etwa Pelzen, das direkt an die SS ging – der volksdeutschen Bevölkerung in den besetzten Gebiete zugute kommen.

Dabei sollte genauestens darauf Acht gegeben werden, dass bei den Kleidungsstücken der Judenstern entfernt werde. Alle abzugebenden Dinge sollten mit äußerster Sorgfalt durchsucht werden, damit sich keine „versteckten oder eingenähten“ Wertgegenstände mehr darin befänden.[33] Den Großteil dieser Arbeiten verrichteten Juden in den Vernichtungslagern selbst, im Fall der „Aktion Reinhardt“ brachte man dann alle gesammelten Gegenstände in das Lager Alter Flugplatz in Lublin. Dieselben Richtlinien wurden dem Kommandanten des Lagers Auschwitz übermittelt.

Einige Schlüsseldokumente, die das Raubgut betreffen, sind erhalten. Eines davon ist der Bericht Katzmanns. Auf der Liste der aus dem Distrikt Galizien an den Stab „Einsatz Reinhardt“ geschickten Werte wurden u. a. aufgelistet:

„97,581 kg Goldmünzen
82,600 kg Halsketten – Silber
6,640 kg Halsketten – Gold
4326,780 kg Silberbruch
167,740 kg Silbermünzen
18,490 kg Eisenmünzen
20,050 kg Messingmünzen
20,952 kg Eheringe – Gold
22,740 kg Perlen
11,730 kg Zahngold – Zahnprothesen
28,200 kg Puderdosen – Silber oder Metall
44,655 kg Bruchgold
482,900 kg Silberbestecke
343,100 kg Zigarettendosen – Silber u. Metall
20,880 kg Ringe Gold mit Steinen“

und Ermordung der europäischen Juden durch das nationalsozialistische Deutschland 1933–1945, Bd. 16: Das KZ Auschwitz 1942–1945 und die Zeit der Todesmärsche 1944/45. Bearb. v. Andrea Rudorff, Berlin 2018 (VEJ 16), Dok. 32, S. 172–174, hier S. 172.

33 Siehe Piotrowski, Misja Odyla Globocnika, S. 72.

Eine weitere Aufstellung betraf das Geld, das den Opfern gestohlen wurde, darunter u. a.:

> „*Banknoten*: Papier – Metall.
> 261 589,75 USA-Dollar – Papier
> Gold-Dollar 3 à 5, 18 à 10, 28 à 20
> 2515,75 Kan. Dollar
> 124 Arg. Pesos
> 18 766,64 Ung. Pengö
> 231 789 Rubel – Papier
> Rubel – Gold 1 à 7 1/2, 11 à 10, 29 à 5“[34]

Katzmann errechnete auch die Gewinne aus den Zwangsarbeitslagern und den Rüstungsbetrieben. Dem Wirtschaftsverwaltungshauptamt übergab man von dem Betrag 13 423 764,69 Zloty.[35]

Die übrigen SS- und Polizeiführer schickten ihre Beuteware ebenfalls nach Lublin, diesbezügliche Dokumente sind jedoch nicht überliefert. Erhalten geblieben ist der Bericht Globocniks an Himmler und des leitenden Beamten des SS-Wirtschafts- und Verwaltungshauptamtes Oswald Pohl, der auf Wunsch des Reichsführers-SS erstellt und Globocnik schon nach seiner Abreise aus Lublin übergeben wurde. Der erstgenannte Bericht wurde am 5. Januar 1944 aus Triest abgeschickt. Im Anschreiben meldete Globocnik dem Chef der SS: „Ich habe mit 19. 10. 1943 die Aktion Reinhardt, die ich im Generalgouvernement geführt habe, abgeschlossen und alle Lager aufgelöst.“ Das Datum stand zweifellos in direktem Zusammenhang mit dem Aufstand in Sobibor und der Schließung des Vernichtungslagers, woran Globocnik jedoch nicht mehr beteiligt war. Globocnik fährt fort:

> „Meine Feststellungen in Lublin haben ergeben, daß es sich im Generalgouvernement und besonders aber im Distrikt Lublin um einen besonderen Ausstrahlungsherd gehandelt hat, und versuchte ich daher diese Gefahrenmomente bildlich festzuhalten. Es wird vielleicht für die Zukunft sich zweckmäßig erweisen, auf die Ausschaltung dieser Gefahr hinweisen zu können. Andererseits aber habe ich versucht, eine Darstellung über den Arbeitseinsatz zu geben, aus dem nicht nur die Arbeitsmenge zu ersehen,

34 Der SS- und Polizeiführer in Galizien berichtet am 30. Juni 1943 abschließend über die Ermordung der Juden im Distrikt, in: VEJ 9, Dok. 251, S. 695–708, hier S. 701 f.

35 Ebenda, S. 703.

> sondern auch mit wie wenig Deutschen dieser Großeinsatz ermöglicht wurde. […] Bei einem Besuch haben mir Reichsführer in Aussicht gestellt, daß für die besonderen Leistungen dieser harten Aufgabe einige EK's nach Abschluß der Arbeiten verliehen werden könnten. Ich bitte, Reichsführer, um Mitteilung, ob ich hierfür Vorschläge unterbreiten darf. Ich darf mir erlauben darauf hinzuweisen, daß für den Warschauer Einsatz [Niederschlagung des Warschauer Ghettoaufstands], der einen verhältnismäßig kleinen Teil der Gesamtarbeit ausgemacht hat, an die Kräfte des dortigen SS- und Polizeiführers ebenfalls eine solche Verleihung bewilligt wurde. Ich wäre Ihnen, Reichsführer, für eine positive Entscheidung diesbezüglich sehr dankbar, als ich gerne die harte Arbeit meiner Männer belohnt sehen möchte.“[36]

Dem Schreiben beigefügt war eine vom Abteilungsleiter im Stab „Einsatz Reinhardt“, Wippern, angefertigte „[w]ertmäßige Aufstellung der bis zum 3. 2. 1943 zur Ablieferung gelangten Judensachen“, die Bargeld, Edelmetalle, Schmucksachen, Gebrauchsgegenstände und Kleidung umfasste und der Reichsbank und dem WVHA übergeben worden waren. Ihr Gesamtwert überschritt die Summe von 100 Millionen Reichsmark.[37]

Nachdem er diesen Bericht empfangen hatte, sprach Himmler seinem „lieben Globus“ Dank und Anerkennung aus für die „großen und einmaligen Verdienste, die Sie sich bei der Durchführung der Aktion Reinhardt für das gesamte deutsche Volk erworben haben“.[38]

In seinem „Vorläufige[n] Abschlußbericht der Kasse Aktion ‚Reinhardt‘ Lublin per 15. Dezember 1943“, den er am 5. Januar 1944 Himmler übersandte, legte Globocnik eine detaillierte Aufstellung darüber vor, dass „[d]em Großdeutschen Reich […] im Zuge der Aktion ‚Reinhardt‘ Lublin in der Zeit vom 1. April 1942 bis einschliesslich 15. Dezember 1943 nachstehende Geld- und Sachwerte zugeführt“ wurden.[39]

Der Bericht bestand aus zwei Teilen: einer Beschreibung und der eigentlichen Abrechnung. Im ersten Teil zeichnete Globocnik vier Aspekte der „Aktion Reinhardt“ nach: Aussiedlung, Ausnutzung der Arbeitskraft, die Übernahme des

36 Siehe: Globocnik bittet Himmler am 4. November 1943 darum, die am Judenmord im Generalgouvernement beteiligten SS-Männer auszuzeichnen, in: VEJ 9, Dok. 275, S. 743 f.

37 Siehe Piotrowski, Misja Odyla Globocnika, S. 81–84.

38 Ebenda, S. 91 (30. 11. 1943).

39 Ebenda, S. 97–101, hier S. 97. Siehe auch: Herder-Institut (Hrsg.), Dokumente und Materialien zur ostmitteleuropäischen Geschichte. Themenmodul „Holocaust in Polen“. Bearb. v. Imke Hansen, www.herder-institut.de/resolve/qid/2516.html [10. 4. 2020].

Eigentums und der Immobilien. Seiner Meinung nach hatten die Deportationen mit Ausnahme Warschaus, wo „aus Verkennung der Sachlage der Abschluß methodisch falsch durchgeführt wurde", nur geringen Schaden an der Kriegsproduktion angerichtet.[40] Die jüdischen Arbeitskräfte wurden in Lagern der SS konzentriert und äußerst effektiv eingesetzt, die Immobilien der Liegenschaftshauptverwaltung im Generalgouvernement übertragen.

Der beigefügte Bericht betraf die Übernahme des Bargelds und andere „Erwerbungen". Aus ihm geht hervor, dass in der Zeit von April 1942 bis Mitte Dezember 1943 nach Abzug der Kosten für den Transport der Juden in die Vernichtungslager und weiterer Ausgaben ein Gewinn in der Höhe von 73 852 080 RM in Bargeld erwirtschaftet wurde. Außerdem sammelte man 2909,68 kg Gold, 18 733,69 kg Silber und 15,44 kg Platin im Gesamtwert von insgesamt 8 973 651,60 RM und darüber hinaus Devisen ein.[41]

Die Aufstellung enthält eine Liste von Geldscheinen aus 48 Ländern sowie Goldmünzen aus 34 Ländern. Darunter befanden sich amerikanische Dollars (1 081 521,40), britische Pfund, Rubel, französische Francs und sogar Peseten aus Uruguay und Kolumbien (jeweils einer) und japanische Yen (4). Ein wichtiger Posten waren Juwelen und sonstige Wertgegenstände, deren Wert auf 43 662 450 RM geschätzt wurde. Hinzu kamen Spinnstoffe (1901 Waggons mit Bekleidung, Wäsche, Bettfedern und Lumpen) im Wert von 26 Millionen Reichsmark. Globocnik betonte, dass der Gewinn weit höher sei, da Grundlage für die Schätzung des Werts der Gegenstände der Mindestpreis war. Postwertzeichen wurden an das WVHA geschickt. Seife, Geschirr und Lebensmittel stellte man den Lagern zur Verfügung, die sie für die Juden verwenden sollten. Haushaltsgegenstände in gutem Zustand wurden an deutsche Siedler, Ämter oder die Wehrmacht übergeben oder diesen geliehen. Dinge von minderwertigerem Zustand waren „entweder vernichtet oder an die Bevölkerung zur Prämierung bei guten Ernteleistungen usw. verwendet" worden.[42] Globocnik unterstrich, dass mit Ausnahme einiger Bestandteile der Infrastruktur und der Fahrzeuge alles, was in der „Aktion Reinhardt" erwirtschaftet wurde, abgeliefert wurde.

Insgesamt bezifferte Globocnik die Ausbeute auf 178 745 960,59 RM:

40 Siehe: Globocnik berichtet am 5. Januar 1944 über Umfang und Wert des geraubten Besitzes der ermordeten Juden, in: VEJ 9, Dok. 281, S. 773–780, hier S. 774.

41 Siehe Piotrowski, Misja Odyla Globocnika, S. 98.

42 Globocnik berichtet am 5. Januar 1944 über Umfang und Wert des geraubten Besitzes der ermordeten Juden, in: VEJ 9, Dok. 281, S. 780.

„Gesamtzusammenstellung:

Abgelieferte Geldmittel Zl- und RM-Noten	RM	73 582 080,74
Edelmetalle	„	8 973 651,60
Devisen in Noten	„	4 521 224,13
Devisen in gemünztem Gold	„	1 736 554,12
Juwelen und sonstige Werte	„	43 662 450
Spinnstoffe	„	46 000 000
	RM	178 745 960,59“[43]

Die planmäßige Ausraubung der jüdischen Bevölkerung während des Judenmordes kam jedoch nicht allein dem Staat zugute, sie eröffnete zugleich Möglichkeiten der privaten Bereicherung und Korruption. Doch das, was die Angehörigen des Stabs „Einsatz Reinhardt“ in die eigenen Taschen steckten, bleibt in der Aufstellung selbstredend unberücksichtigt. Die SS-Männer, die an den Deportationen teilnahmen, die Angehörigen der Polizeieinheiten und der Hilfstruppen, die Angehörigen der Zivilverwaltung ebenso wie „normale“ Deutsche prahlten gleichwohl in aller Öffentlichkeit mit ihren neuen Reichtümern. Alfred Franke-Gricksch (1906–1952), ein als Inspekteur in das Generalgouvernement entsandter Abteilungsleiter im Berliner SS-Personalhauptamt, berichtete im Mai 1943 über seine Dienstreise nach Trawniki und Lublin: „Wir gingen durch die Keller dieses ‚Spezialunternehmens‘ [die Wippern unterstehende Verwaltung des geraubten jüdische Besitzes im Stadtzentrum von Lublin] und wurden an die Märchen von ‚Tausend und einer Nacht‘ erinnert. Ganze Kartons, gefüllt mit echten Perlen, Schachteln voller Diamanten, ein Korb voller Goldstücke und viele Kilo Silbermünzen, neben Juwelen jeder Art.“[44]

In seinem Schreiben an den Reichsführer SS wies Globocnik auf die Notwendigkeit hin, die Sache im Geheimen zu belassen. Er bemerkte, dass alle Rechnungsbelege des Unternehmens „baldigst vernichtet werden müssen, nachdem von allen anderen Arbeiten in dieser Sache die Unterlagen schon vernichtet sind“.[45] Zu diesem Zweck traf er eine Vereinbarung mit dem Reichsfinanz-

43 Siehe Piotrowski, Misja Odyla Globocnika, S. 101.

44 Bericht von Alfred Franke-Gricksch, in: Gerald Fleming, Hitler und die Endlösung. „Es ist der Wunsch des Führers …“, Wiesbaden/München 1982, S. 154 f., 159. Faksimile in Jean-Claude Pressac, Auschwitz: Technique and Operation of the Gas Chambers, New York 1989, S. 236–239 (dt. Ausgabe: Die Krematorien von Auschwitz. Die Technik des Massenmordes. Aus dem Franz. von Eliane Hagedorn und Barbara Reitz, 2. Aufl., München 1995), und www.deathcamps.org/reinhard/wippern_de.html [10. 4. 2020].

45 Globocnik berichtet am 5. Januar 1944 über Umfang und Wert des geraubten Besitzes der ermordeten Juden, in: VEJ 9, Dok. 281, S. 774.

ministerium. Vollständig wurde diese jedoch nicht umgesetzt; eine der vier Kopien des Dokuments ist überliefert und wurde beim Nürnberger Prozess gegen die Naziverbrecher vorgelegt.

Opferzahlen

Inwieweit das „Hauptziel“ – die Ermordung der Juden im Generalgouvernement – erreicht worden war, erwähnte Globocnik in dem zitierten Abschlussbericht nicht.[46] Eine bilanzierende Dokumentation ist nicht überliefert, die Unterlagen wurden fast vollständig vernichtet. Es besteht jedoch kein Zweifel daran, dass es sich bei der „Aktion Reinhardt“ um einen in der Geschichte beispiellosen Massenmord handelt. Binnen weniger Monate ermordeten Globocnik und seine Untergebenen fast alle Juden, die ihnen in die Hände fielen. Kein einziges Ghetto im Generalgouvernement blieb bestehen. Globocnik prahlte damit, dass in den Erinnerungen seiner Mitarbeiter stehen werde, dass er zwei Millionen Menschen ermordet hat.

Von Beginn der deutschen Besatzung an starben Juden an den Folgen der Lebensbedingungen, denen sie unterworfen worden waren. In den Ghettos ebenso wie in den Konzentrationslagern und Arbeitslagern, die über das gesamte Generalgouvernement verstreut waren, fielen sie Hunger, Krankheiten, Kälte, Erschöpfung und den unmenschlichen Arbeitsbedingungen zum Opfer. Die meisten jedoch starben qualvoll in den Gaskammern der „Aktion Reinhardt“.

Nachkriegsschätzungen zur Gesamtzahl der Opfer basierten vor allem auf den Berichten der wenigen Überlebenden und den Aussagen polnischer Zeugen und deutscher Täter.

Der für die Transporte in Lublin zuständige SS-Hauptsturmführer Höfle fasste in seinem Funkspruch vom Januar 1943 die Zahl der Morde in den drei Vernichtungslagern und in Majdanek von März bis Dezember 1942 zusammen. In diesem Zeitraum forderten Höfle zufolge die Todeslager das Leben von 1 274 166 Männern, Frauen und Kindern.[47] Für Belzec, das Ende 1942 geschlossen worden war, gab Höfle die Zahl von 434 508 an (was nicht bedeutet, dass sie mit der Realität übereinstimmte). In der Literatur wird angenommen, dass es sich hier um die Mindestzahl der Opfer des Lagers handelt; früher war man sogar von einer Zahl von 600 000 ausgegangen, sie war auch auf dem Gedenkstein genannt,

46 Siehe Johannes Sachslehner, Zwei Millionen ham'ma erledigt. Odilo Globocnik – Hitlers Manager des Todes, Wien 2014.

47 Witte/Tyas, A New Document on the Deportation and Murder of Jews during „Einsatz Reinhardt“ 1942, S. 469.

der 1961 auf dem ehemaligen Lagergelände aufgestellt worden war und bis zur Neugestaltung der Gedenkstätte in Belzec im Jahr 2004 stehen blieb.[48] Ermordet wurden in dem Lager Juden aus den Distrikten Lublin, Galizien, Krakau und aus der Slowakei, dem Protektorat Böhmen und Mähren, aus Österreich und dem Deutschen Reich. Das Ende der NS-Herrschaft erlebten zwei Personen: Reder in Lemberg und Hirszman in einer Partisanengruppe.[49]

Die meisten Opfer verschlang das Vernichtungslager Treblinka. In der zweiten Jahreshälfte 1942 wurden dort laut Höfle 713 555 Juden ermordet. Es waren polnische Juden aus den Distrikten Warschau, Radom und Lublin, aus dem Bezirk Bialystok sowie Juden, die aus dem Ausland dorthin deportiert worden waren. Im Jahr 1943 war das Ausmaß der Vernichtung geringer, da die meisten Juden bereits ermordet worden waren. Geschätzt wird, dass bis zur Auflösung des Lagers noch einmal 67 000 Menschen in den Gaskammern ermordet wurden. Die Mindestzahl der Opfer liegt bei 780 000–800 000.[50] Im Vergleich mit Belzec und Treblinka forderte Sobibor weniger Opfer. Der Grund dafür ist die mehrere Monate andauernde Unterbrechung des Lagerbetriebs, als die Bahngleise erneuert wurden. Dennoch wurden Höfle zufolge 1942 innerhalb nur weniger Monate 101 370 Menschen ermordet. Lange wurde die Opferzahl des Vernichtungslagers Sobibor in der Forschung auf 250 000 geschätzt. Heute geht

48 Robert Kuwałek kommt zu dem Schluss: „Trotz vieler auseinandergehender Informationen über die Zahl der Juden, die in das Vernichtungslager Bełżec deportiert und dort ermordet wurden, kann man auf der Grundlage der erhalten gebliebenen und heute bekannten Quellen sagen, dass die Gesamtzahl der Opfer dieses Lagers 500 000 nicht überschreitet, jüngste Annahmen gehen sogar davon aus, dass sie noch unter 450 000 liegen könnte." Kuwałek, Das Vernichtungslager Bełżec, S. 246; zur Diskussion um die Zahl der Opfer siehe ebenda das entsprechende Kapitel, S. 237–246. Stephan Lehnstaedt geht von „mindestens 440 823, maximal 596 200" Getöteten aus. Stephan Lehnstaedt, Der Kern des Holocaust. Bełżec, Sobibór, Treblinka und die Aktion Reinhardt, München 2017, S. 84

49 Das Schicksal Hirszmans nach dem Krieg verlief tragisch. Wie viele Partisanen der Volksarmee (Armia Ludowa) trat er zunächst der Bürgermiliz (Milicja Obywatelstwa) bei, um schließlich vom Amt für Öffentliche Sicherheit (Urząd Bezpieczeństwa) in Lublin übernommen zu werden. Anfang 1946 ließ er sich vom Dienst befreien und plante, Polen mit seiner neuen Frau und ihrem neugeborenen Kind zu verlassen. Am 19. März 1946 wurde er in seiner Wohnung von Jugendlichen erschossen, die einer Untergrundorganisation angehörten. Der Grund für dieses Attentat ist nicht abschließend geklärt. Nur wenige Stunden zuvor hatte Hirszman vor der Jüdischen Historischen Kommission Zeugnis über seinen Aufenthalt im Lager Belzec abgelegt. Den unterbrochenen Bericht beendete später seine Frau Pola. Siehe die Berichte von Chaim Hirszman und Pola Hirszman, in: Libionka (Hrsg.), Obóz zagłady w Bełżcu w relacjach, S. 82–99.

50 Jacek Młynarczyk, Treblinka – ein Todeslager, S. 281, gibt als Mindestzahl 780 863 an. Die Schätzungen anderer Historiker schwanken zwischen 750 000 und 900 000. Lehnstaedt, Der Kern des Holocaust, S. 84, geht von „mindestens 780 863, maximal 951 800" Getöteten aus.

man von 170 000–180 000 Opfern aus.[51] Nicht vergessen werden darf, dass im Jahr 1943 fast die Hälfte der Opfer dieses Lagers ihre letzte Reise im Ausland angetreten hatten, die meisten in den Niederlanden.

Zu den Opferzahlen der „Aktion Reinhardt“ sind die Juden hinzuzurechnen, die im Konzentrationslager Majdanek starben oder ermordet wurden. Laut Höfle waren dies 24 733. Neuesten Studien zufolge wurden 74 000 Juden nach Majdanek verschleppt, von denen zwischen 1942 und 1944 rund 15 000 in andere Lager verlegt wurden, die übrigen, rund 59 000, wurden ermordet. Darin inbegriffen sind die Opfer der Mordaktion „Erntefest“ im KZ Majdanek, zu der die Häftlinge auch aus anderen Lagern in der Stadt Lublin nach Majdanek gebracht wurden.[52]

Aus den Schätzungen folgt, dass in den Vernichtungszentren der „Aktion Reinhardt“ und im Konzentrationslager Lublin-Majdanek rund 1,5 Millionen Juden ermordet wurden. Die weitaus meisten Opfer stammten aus dem Generalgouvernement. Mehrere Zehntausend polnische Juden wurden aus dem Bezirk Bialystok und dem Reichskommissariat Ostland herbeigeschafft, um sie in Treblinka und Sobibor zu ermorden. 135 000 Opfer der Lager der „Aktion Reinhardt“ wurden aus dem Ausland ins Generalgouvernement deportiert.[53] In Belzec und Treblinka ermordete man auch mehrere Tausend Roma und Sinti.

Eine jüngere Feststellung über die Opferzahlen geht von insgesamt „mindestens 1,8 Millionen Menschen [aus], die gemäß den nationalsozialistischen Rassengesetzen als Juden galten“.[54] Den Opfern der „Aktion Reinhardt“ sind nämlich alle Juden hinzuzurechnen, die bei den zahllosen Hinrichtungen umkamen, welche die Deportationen begleiteten und integraler Bestandteil der Vernichtung waren. Sie trafen Kranke, Alte, Frauen und Kinder. Und auch alle, die Widerstand leisteten, wurden getötet. Allein im Distrikt Krakau tötete man bei den „Ghettoräumungen“ über 30 000 Juden.[55] Im Distrikt Galizien war diese Zahl um ein Vielfaches höher und lag bei 100 000.

Zum Vergleich: Im Konzentrationslager Auschwitz wurden etwa eine Million Menschen ermordet, darunter rund 900 000 Juden, 70–75 000 Polen,

51 Schelvis gibt die Zahl 170 000 an: Schelvis, Vernichtungslager Sobibór, S. 227; Kuwałek, Nowe ustalenia, S. 60, schätzt die Zahl der Opfer auf 170 000–183 000. Stephan Lehnstaedt, Der Kern des Holocaust, S. 84, geht von „mindestens 170 618, maximal 238 900“ aus.

52 Kranz, Die Vernichtung der Juden im Konzentrationslager Majdanek, S. 73–78, Kapitel „Die Zahl der jüdischen Opfer“.

53 Arad, Belzec, Sobibor, Treblinka, S. 149.

54 Stephan Lehnstaedt/Robert Traba, Die „Aktion Reinhardt“ – Wissenschaft und Gedenken, in: dies. (Hrsg.), Die „Aktion Reinhardt“. Geschichte und Gedenken, Berlin 2019, S. 9–23, hier S. 9.

55 Auf der Grundlage von Erhebungen der Amtsgerichte. Nach: Rączy, Zagłada Żydów w dystrykcie krakowskim, S. 338. Die Autorin selbst nennt die zu hohe Zahl von 49 000.

21 000 Roma und Sinti, 15 000 sowjetische Kriegsgefangene und 10–15 000 Häftlinge anderer Nationen. Die meisten jüdischen Opfer stammten aus Ungarn (438 000), rund 300 000 aus Polen – der Großteil aus den dem Deutschen Reich angegliederten Gebieten: aus Łódź, Białystok, dem Kohlebecken von Dombrowa, dem nördlichen Masowien (Regierungsbezirk Zichenau), aus Großpolen, Pommerellen und dem östlichen Oberschlesien –,[56] 70 000 aus Frankreich, 60 000 aus den Niederlanden, 55 000 aus Griechenland, 46 000 aus dem Protektorat Böhmen und Mähren, 23 000 aus Deutschland und Österreich, 27 000 aus der Slowakei, 25 000 aus Belgien, 10 000 aus dem ehemaligen Jugoslawien, 7500 aus Italien, 690 aus Norwegen und 34 000 aus den Konzentrationslagern und Herkunftsorten, die nicht genau festgestellt werden konnten. Lediglich 200 000 wurden als Häftlinge ins Lager aufgenommen. Alle anderen wurden direkt nach ihrer Ankunft ermordet.[57]

Überdies flohen Zehntausende Juden aus den Ghettos und jüdischen Stadtbezirken und suchten Unterschlupf bei der christlichen Bevölkerung. Die meisten von ihnen erlebten die Befreiung nicht.

56 Zu diesem Thema siehe Wacław Długoborski, Żydzi z ziem polskich wcielonych do Rzeszy w KL Auschwitz-Birkenau, in: Zagłada Żydów na polskich terenach wcielonych do Rzeszy, S. 147.

57 Alle Angaben nach Franciszek Piper, Die Zahl der Opfer von Auschwitz aufgrund der Quellen und der Erträge der Forschung 1945–1990, Oświęcim 1993, S. 186–189.

121

← Abbildung

Jüdische Zwangsarbeiterinnen in Plaszow, 1943/44
Hinter ihnen ist eine Baracke der Wiener Bekleidungsfirma von Julius Madritsch zu erkennen.

Julius Madritsch, ein Wiener Textilkaufmann, wurde nach seiner Einberufung zur Wehrmacht ins Generalgouvernement für die besetzten polnischen Gebiete versetzt und verwaltete in Krakau zwei „arisierte“ Konfektionsbetriebe. Nach der Errichtung des Krakauer Ghettos im Stadtteil Podgórze gestatteten die Besatzungsbehörden Madritsch die Errichtung eines Textilbetriebs im Ghetto selbst; später kam eine Filiale in Tarnów dazu. Madritsch sorgte für humane Arbeitsbedingungen sowie erhöhte Nahrungsmittelrationen für die jüdischen Zwangsarbeiterinnen und -arbeiter. Einer seiner wichtigsten Helfer war Raimund Titsch, der Leiter der Filiale in Tarnów, der dieses Foto aufgenommen hat. 1964 ehrte die israelische Gedenkstätte Yad Vashem Madritsch und Titsch als „Gerechte unter den Völkern“.

United States Holocaust Memorial Museum, courtesy of Leopold Page Photographic Collection | Photograph Number: 50708

VIII. Das Ende des Massenmords im Generalgouvernement

Die letzten Arbeitslager

Nach dem Massenmord mit dem Decknamen „Erntefest“ lebten im Generalgouvernement noch mehrere Zehntausend Juden in geschlossenen Arbeitslagern, die meisten von ihnen im Lager Plaszow, die übrigen in Lagern, die über den Distrikt Radom verstreut waren. Tausende kämpften außerdem in Verstecken um ihr Überleben, vor allem in Warschau fanden mehrere Tausend Juden heimlich Unterschlupf. Außerhalb des Generalgouvernements lebte die größte Gruppe polnischer Juden im Ghetto Litzmannstadt. Von der Welt abgeschnitten, fristeten dort rund 83 288 Menschen ihr Leben.[1] Tausende waren zudem im Konzentrationslager Auschwitz inhaftiert.

Distrikt Lublin

Diejenigen, die von der „Aktion Erntefest“ verschont geblieben waren, lebten weiter unter SS-Aufsicht in Lagern in Budzyń, Kraśnik, Zamość, Biała Podlaska und Dęblin. Die etwa 3000 Häftlinge in Budzyń rettete fürs Erste die Tatsache, dass sie Zwangsarbeit für die Heinkel-Werke leisteten. Die Entscheidung gegen ihre Ermordung war sprichwörtlich im letzten Moment gefallen. Die Häftlinge in Budzyń wussten genau, dass das Lager jederzeit aufgelöst werden könnte. Doch als die Produktion für den Nachschub der Luftwaffe eingestellt wurde, blieb das Lager bestehen. Im Februar 1944 erhielt es den Status eines Außenlagers des KZ Majdanek und veränderte damit seinen Charakter. Wie in den KZ, die der Inspektion der Konzentrationslager unterstellt waren, üblich, mussten die Insassen fortan die gestreifte Häftlingskleidung tragen, und auch die Befehlsstruktur und die Wachmannschaften wurden entsprechend angepasst; den äußerst sadistischen Kommandanten Feix ersetzte im Sommer 1943 Josef Leipold. Gleichzeitig verbesserten sich die Lebensbedingungen für die Insassen

1 Siehe Sascha Feuchert u. a. (Hrsg.), Die Chronik des Ghettos Lodz/Litzmannstadt 1943, Göttingen 2007, S. 592 (1. 12. 1943).

deutlich. Sie hatten unterschiedliche Arbeiten zu verrichten und wurden schrittweise in andere Arbeitslager und einige nach Majdanek verlegt. Unmittelbar vor dem Einmarsch der Roten Armee verschleppte man die letzten Häftlinge im Juli 1944 nach Westen.[2]

Im Stammlager Majdanek gab es nach der Mordaktion „Erntefest" noch ein Arbeitskommando von 300 Männern, das gezwungen war, die Leichen der Ermordeten zu verbrennen und die Spuren des Verbrechens zu verwischen, sowie eine Gruppe von 315 Frauen, die die Kleidung der Opfer sortieren mussten. Nach kurzer Zeit wurden die Männer entweder ermordet oder aus dem Lager weggeschafft. Die Frauen schickte man im April 1944 nach Auschwitz zur Ermordung. Einige, denen es gelungen war, aus dem Zug zu springen, überlebten. Zu ihnen gehörte die bereits mehrfach erwähnte Estera Kerżner.[3] In der ersten Hälfte des Jahres 1944 wurden noch mehrfach kleinere Gruppen von Juden aus anderen Lagern nach Majdanek verlegt. Dies hatte jedoch kaum mehr Einfluss auf den Charakter des Lagers und die Zusammensetzung der Häftlingsgesellschaft: Nach der „Aktion Erntefest" waren die meisten Häftlinge Polen.

Distrikt Krakau: Płaszów

Der einzige Ort im Distrikt Krakau, an dem sich offiziell noch Juden aufhielten, war das Lager Plaszow. In ihm waren Juden aus Krakau und den Ghettos im westlichen Kleinpolen inhaftiert. Im Januar 1944 wurde auch dieses Lager der Inspektion der Konzentrationslager unterstellt. Neben dem Lager für Juden gab es ab Juli 1943 ein kleineres Arbeitserziehungslager für Polen auf dem Gelände des Lagers Plaszow (inhaftiert waren hier etwa Tausend Häftlinge). Mit der Umwandlung in ein Konzentrationslager behielt Amon Göth zunächst seine Stellung als Kommandant, doch wurden seine Exzesse eingeschränkt. Es bildete sich eine Lagerhierarchie mit Funktionshäftlingen an der Spitze heraus, und die Häftlinge erhielten Nummern und bekamen die KZ-typischen gestreiften Anzüge. Außerdem verbesserten sich ähnlich wie in Budzyń ihre Lebensbedingungen spürbar. Die Häftlinge arbeiteten in Werkstätten auf dem Lagergelände. Sie mussten die Habe der Opfer aus dem Krakauer Ghetto aufnehmen, sortieren und in das Deutsche Reich schicken. In den folgenden Monaten veränderte sich die Situation. Das Lager erfuhr ständig Erweiterungen und wurde zur Zwischen-

2 Lenarczyk, Obóz pracy przymusowej w Budzyniu, S. 280–286.

3 Sie begab sich nach Lublin und von dort nach Warschau – zu Bekannten aus der Vorkriegszeit. In Warschau nahm sie am Aufstand teil und gelangte schließlich in das Umsiedlungslager Pruszków. Siehe Bericht Estera Kerżner, AŻIH, 301/1816.

station für Juden, die zwischen den Lagern der Distrikte Radom und Lublin und dem Lager Auschwitz verlegt wurden. Seit dem Frühjahr 1944 brachte man Juden in Arbeitslager im Distrikt Radom, nach Auschwitz und in Konzentrationslager im Deutschen Reich. Am 14. Mai beispielsweise verschleppte man rund 1400 Menschen nach Auschwitz, fast alle von ihnen waren Kinder. Gleichzeitig kamen ungarische Juden ins Lager. Im September 1944 verlor Göth wegen Unterschlagung seinen Posten als Lagerkommandant.[4] Als die Rote Armee näher rückte, wurden die meisten Insassen ermordet und die Spuren der Verbrechen verwischt. Ein Teil der Häftlinge kam in den Gaskammern von Auschwitz ums Leben. Die letzten 600 Juden wurden am 14. Januar 1945 aus dem Lager geführt. Insgesamt verloren im Lager Plaszow etwa 5000 Juden ihr Leben.[5]

Viele Juden aus dem Außenlager des KZ Plaszow, das sich in der Emailwarenfabrik von Oskar Schindler (1908–1974) befand, konnten durch dessen Bemühungen gerettet werden. Schindler war es im Oktober in Verhandlungen mit der SS gelungen, die meisten seiner Beschäftigten – auf der später berühmten Liste standen 1200 Namen – in das Lager Brünnlitz im heutigen Tschechien zu evakuieren. Hier konnten die „Schindler-Juden" durchhalten, bis die Rote Armee kam.

Distrikt Radom

Nachdem im Distrikt Radom die Restghettos in den größeren Städten Kielce, Ostrowiec Świętokrzyski, Piotrków Trybunalski, Częstochowa, Radom und Tomaszów Mazowiecki aufgelöst worden waren, blieb eine gewisse Anzahl Juden kaserniert auf dem Gelände der Ghettos zurück. Sie mussten dort in verschiedenen Betrieben Zwangsarbeit verrichten. Im Frühjahr 1943 wurden diese Arbeitsstellen jedoch aufgelöst und die Beschäftigten in Arbeitslager überstellt. Zugleich begann man in all diesen Orten mit Selektionen und Mordaktionen. Danach gingen die örtlichen Polizeikräfte zur schrittweisen Auflösung der Arbeitslager über.[6]

4 Kurz vor seiner Festnahme ordnete Göth an, die Ältesten des Lagers zu erschießen, da er fürchtete, sie könnten seine Maschinerie verraten. Das nahe Kriegsende bewahrte ihn vor dem Prozess. Nach dem Krieg stand er aber in Polen vor Gericht, erhielt die Todesstrafe und wurde im September 1946 hingerichtet. Siehe Nachman Blumental (Hrsg.), Proces ludobójcy Amona Leopolda Goetha przed Najwyższym Trybunałem Narodowym, Kraków/Łódź/Warszawa 1947.

5 Die frühen Schätzungen der Opferzahlen beruhen auf Nachkriegsberichten, sie weichen voneinander ab und sind ungenau. Siehe Kotarba, Niemiecki obóz w Płaszowie, S. 148 f.

6 Młynarczyk, Organisation und Durchführung der „Aktion Reinhard" im Distrikt Radom, S. 194 f.

Im Ghetto von Częstochowa war eine jüdische Kampforganisation tätig. Sie war im Herbst 1942 nach der Verschleppung der meisten Ghettoinsassen nach Treblinka entstanden. Die Organisation bestand aus 300 jungen Leuten aus verschiedenen politischen Parteien, in erster Linie aber zionistischen Gruppierungen, und wurde von Mosze Zilberberg und Rywka Glanc angeführt. Sie nahmen Kontakt zum Jüdischen Nationalkomitee in Warschau auf, das Gelder zum Ankauf von Waffen übermittelte. Ein Tunnel wurde angelegt, durch den die Kämpfer das Ghetto verlassen könnten, wenn es gefährlich werden sollte. Am Freitag, den 25. Juni 1943, war das Ghettogelände umstellt. Bei dem Versuch, die Einkreisung zu durchbrechen, starben mehrere Dutzend Menschen. Nur wenige schafften es, sich in die Wälder durchzuschlagen. Ein Teil der Ghettoinsassen musste in das Lager auf dem Gelände einer Munitionsfabrik ziehen, Frauen und Kinder wurden auf dem Friedhof erschossen.[7]

1944 lebten die meisten Juden des Generalgouvernements im Distrikt Radom. Es handelte sich um etwa 25 000 Menschen, die von den Vernichtungsaktionen ausgenommen worden waren, sowie um Häftlinge, die man aus Majdanek, Plaszow und anderen Lagern in den Distrikt Radom verbracht hatte. Sie befanden sich in insgesamt 14 Lagern, die nicht dem Verantwortungsbereich der SS unterlagen. Die größten waren auf dem Gelände der Rüstungsbetriebe der HASAG-Werke in Skarżysko-Kamienna (mit 7500 Häftlingen im Juni 1944), in Betrieben in Starachowice, Ostrowiec, Pionki und Kielce sowie in weiteren Lagern, die zu Firmen gehörten. Wie lange sie bestanden, hing von dem jeweiligen Produktionsprofil ab. Während in Poniatowa und Trawniki im Auftrag der Wehrmacht gearbeitet wurde, hatte die Produktion der Betriebe im Distrikt Radom eine Schlüsselrolle für den Nachschub der Kriegsrüstung. In der Niederlassung der HASAG waren 15 000 Juden beschäftigt, deren Arbeit ein Drittel des Munitionsbedarfs der Ostfront deckte.[8] Die Lager wurden mit Ausnahme von Bliżyn bei Kielce und Radom, die im Februar 1944 zu Außenlagern des KZ Lublin-Majdanek wurden und in denen mehrere Tausend Häftlinge u. a. bei Textilarbeiten tätig waren, von der SS nicht kontrolliert.

Alle Lager bestanden bis Juli 1944, als die Rote Armee vorrückte und die „Evakuierung" der Häftlinge eingeleitet wurde. Die Juden aus Radom, Starachowice, Pionki und Ostrowiec Świętokrzyski wurden nach Auschwitz verlegt. Einige Juden konnten das größer werdende Chaos und die unsichere Lage nutzen und in den Tagen vor der Verlegung fliehen. In Starachowice kamen bei der Flucht oder unmittelbar danach mehre Dutzend Menschen um oder wurden

7 Betti Ajzensztajn (Bearb.), Ruch podziemny w gettach i obozach. Materiały i dokumenty, Warszawa/Łódź/Kraków 1946, S. 66–69.

8 Karay, Żydowskie obozy pracy, S. 259 f.

verletzt. Nur wenige hatten Glück und entkamen.[9] Im Lager der HASAG in Skarżysko-Kamienna wurden nach einer Selektion 500 Häftlinge ermordet. Am 30. Juli unternahmen rund 250 Häftlinge aus Skarżysko-Kamienna den Versuch, in die umliegenden Wälder zu entkommen, aber fast alle kamen ums Leben, viele starben durch Polen.[10] Am 1. August wurden 1500 Männer in das Konzentrationslager Buchenwald verlegt und 1200 Frauen nach Leipzig. Weitere 3000 gelangten nach Częstochowa, wo sie auf verschiedene Niederlassungen der HASAG aufgeteilt wurden. Die letzten 1000 Häftlinge wurden am 8. September von Skarżysko nach Buchenwald überstellt. Insgesamt waren etwa 6700 Juden verlegt worden. Geschätzt wird, dass 20 000 Juden durch das Lager der HASAG-Werke gingen, von denen 14 000 nicht überlebten.[11]

Konzentrationslager Warschau (Gęsiówka)

Einen eigenen Platz nimmt das Arbeitslager Warschau ein, dass nach der Niederschlagung des Ghettoaufstands auf Initiative von Stroop auf dem Gelände des ehemaligen Ghettos eingerichtet wurde. Die Häftlinge sollten stark beschädigte Gebäude abreißen und verwertbare Materialien aus den Ruinen holen. Als die Gebäude des ehemaligen Gefängnisses in der Gęsia- und Zamenhofa-Straße übernommen wurden, in denen ein „Erziehungslager" für Polen bestanden hatte, und nachdem ein Dutzend Holz- und Steinbaracken errichtet worden waren, inhaftierte man hier im Frühjahr 1944 5000 Häftlinge. Das Lager Warschau war ein Männerlager, seine Insassen waren in erster Linie Juden, die aus dem Ausland stammten, die meisten aus Griechenland, aber auch aus Frankreich, Deutschland, Österreich, Belgien, den Niederlanden und später aus Ungarn – sie waren zuvor in Auschwitz inhaftiert gewesen und von dort nach Warschau verbracht worden. Funktionshäftlinge waren vor allem deutsche Nichtjuden. Anfangs unterstand das Lager dem SS- und Polizeiführer, am 1. Mai wurde es jedoch als KZ Warschau zu einem Außenlager des KZ Majdanek, was eine Veränderung der Kommandostruktur und der Bedingungen im Lager nach sich zog. Die Häftlinge bereiteten Ziegelsteine, Eisen und Buntmetalle auf und sortierten Geld und Wertgegenstände, die dann nach Majdanek und ins Deutsche Reich

9 Browning, Remembering Survival, S. 294–302.

10 Die Einheit „Barwy Białe" der Heimatarmee richtete 50–60 Flüchtlinge aus Skarżysko-Kamienna im Siekierzyński-Wald hin. Siehe Jerzy Mazurek/Alina Skibińska, „Barwy Białe" on their Way to Aid Fighting Warsaw: The Crimes of the Home Army against the Jews, in: Holocaust. Studies and Materials. Journal of the Polish Center for Holocaust Research (2013), S. 433–481.

11 Karay, Death Comes in Yellow, S. 72 f.

geschafft wurden. Zur Arbeit wurden auch zivile polnische Arbeiter herangezogen. Auf dem Ghettogelände ereigneten sich Massenhinrichtungen von Polen, die bei Razzien festgenommen, und von Juden, die in der Stadt aufgegriffen worden waren. Die Leichen verbrannten Sonderkommandos.[12]

Am 28. Juli 1944 wurden auf Anordnung Himmlers 4000 Lagerhäftlinge weggebracht. Vor Ort blieben rund 400 Personen, darunter einige Dutzend Häftlinge aus dem Pawiak-Gefängnis, und eine kleine Wachmannschaft. Am 5. August befreiten Kämpfer des Warschauer Aufstands die Inhaftierten. Das Konzentrationslager Warschau war das einzige Arbeitslager, dessen Insassen befreit wurden. Die meisten von ihnen kamen allerdings während der Kämpfe in Warschau um oder wurden danach ermordet.[13]

Die „dritte Phase des Holocaust" und polnische Reaktionen

Der Begriff der „dritten Phase des Holocaust“ hat erst vor Kurzem Eingang in die Historiografie gefunden, ohne dass er jedoch präzisiert und zeitlich näher bestimmt wurde. Bezogen auf das Generalgouvernement beschreibt er nicht nur den Zeitraum nach Abschluss der Deportationen und der Ghettoauflösungen, sondern ebenso alle Aktionen gegen jene, die sich dem Judenmord zu entziehen versuchten. Das Vorgehen gegen potenzielle Flüchtlinge war von jeher in die Praxis der „Judenumsiedlungen“ eingebunden, die sich ab März 1942 im Distrikt Lublin und im Distrikt Galizien vollzogen. Einige Monate später wurde die „Judenjagd“ auf das gesamte Generalgouvernement ausgeweitet und hielt bis zum Rückzug der deutschen Truppen ungebrochen an. In den östlichen Gebieten dauerte die Verfolgung der Juden bis in den Sommer 1944, im westlichen Kleinpolen bis Januar 1945. Vorgegangen wurde mit wechselndem Nachdruck, immer jedoch mit absoluter Entschlossenheit. Die deutschen Täter gaben sich nicht damit zufrieden, Städte, Siedlungen und Dörfer von ihrer jüdischer Bevölkerung „frei zu machen“ – ihr Ziel war es, auch noch den letzten Juden und die letzte Jüdin aufzuspüren und zu ermorden.

Die erste Phase der Jagd begann, als die Ghettos aufgelöst wurden. Für diese Aufgabe zog man all jene Kräfte heran, die zuvor bei den Ghettoräumungen

12 In einigen Veröffentlichungen ist fälschlicherweise von Gaskammern im KZ Warschau die Rede, in denen Polen ermordet worden seien. Zum KZ Warschau und den Kontroversen um seine Geschichte siehe Bogusław Kopka, Das KZ Warschau. Geschichte und Nachwirkungen. Aus dem Polnischen von Jürgen Hensel, Warszawa 2010.

13 Barbara Engelking/Dariusz Libionka, Żydzi w powstańczej Warszawie, Warszawa 2009, S. 108–147.

eingesetzt waren: Beamte der Schupo in den Städten und der Gendarmerie in der Provinz, Angehörige des Sonderdienstes (dies waren meist Volksdeutsche) und der Hilfsformationen – der Blauen Polizei und, im Distrikt Galizien, der ukrainischen Polizei. Anfangs war auch der Jüdische Ordnungsdienst einbezogen, sein Einsatz war jedoch auf die Ghettos selbst beschränkt. Bei der Suche nach Geflüchteten und Untergetauchten zog man von Anfang an auch die lokale Verwaltung hinzu – Bürgermeister, Feuerwehrmänner, Gemeinde- und Dorfvorsteher sowie in manchen Gegenden des Distrikts Krakau den Baudienst. Treibjagden auf Juden, die bei den Mordaktionen die Flucht ergriffen hatten, veranstaltete nicht nur die Polizei, sondern auch manche Kreishauptmänner, wobei die Landbevölkerung dazu gezwungen wurde, sich daran zu beteiligen. Mitunter, insbesondere unmittelbar nach den Ghettoauflösungen, führten motorisierte Einheiten der Gendarmerie Strafexpeditionen durch, die gegen Juden und ihre Unterstützer aus der Landbevölkerung vorgehen sollten. Später fanden regelmäßig systematische „Säuberungen" statt, die sich über Monate hinzogen. Die Aufsicht über diese Einsätze hatten die deutsche Gendarmerie und in den größeren Städten die Beamten der Kripo. Verstärkung erhielten sie durch die Blaue Polizei mit ihrem dichten Postennetz. Stets verfolgte man auch jene, die von Zügen abgesprungen waren, die in die Vernichtungslager fuhren.[14] Meist wurden sie von Bauern zu den Polizei- und Gendarmerieposten gebracht und dann ermordet.[15] In manchen Gegenden operierten auch Jagdkommandos, die das Gebiet „befrieden", das „allgemeine Banditentum" bekämpfen und nach versteckten Juden suchen sollten – und tatsächlich die Bevölkerung terrorisierten. Dabei konnten die Deutschen von Anfang an auf die Unterstützung eines Teils der lokalen Bevölkerung zählen. Die Geschehnisse, die Zygmunt Klukowski aus Szczebrzeszyn in seinem Tagebuch beschrieb,[16] waren, wie andere Quellen bestätigen, keine Ausnahme. Im gesamten Generalgouvernement fielen Juden

14 Siehe: Franziska Bruder, Das eigene Schicksal selbst bestimmen. Fluchten aus Deportationszügen der „Aktion Reinhardt" in Polen, Hamburg/Münster 2019.

15 So notierte etwa Klukowski am 28. Mai 1943: „Vor ein paar Tagen sprang gleich neben der Fabrik ‚Alwa' eine junge Jüdin mit einem 7-jährigen Kind aus dem Zug. Die Gendarmen töteten sie auf der Stelle mit Gewehrschüssen, das Kind verletzte sich beim Fallen lediglich. Arbeiter aus der ‚Alwa' gaben ihm zu essen, verständigten aber die Gendarmeriewache in Szczebrzeszyn. Nach ein paar Stunden kamen die Gendarmen, erschossen das Kind vor den Augen der Arbeiter und befahlen ihnen, den Körper [die Leiche] an Ort und Stelle zu vergraben." Klukowski, Tagebuch aus den Jahren der Okkupation, S. 431 f.

16 Klukowski war am 26. November 1942 zu folgender Einschätzung gekommen: „Insgesamt trat im Verhältnis zu den Juden eine merkwürdige Verrohung ein. Eine Art Psychose erfasste die Menschen, die nach dem Beispiel der Deutschen im Juden oft nicht den Menschen sehen, sondern ihn als ein schädliches Tier betrachten, das es mit allen Mittel zu vertilgen gilt, ähnlich wie tollwütige Hunde oder Ratten." Ebenda, S. 387.

Erpressern, Denunzianten und Antisemiten zum Opfer. Die Täter waren oft gewöhnliche Leute, demoralisiert durch die Besatzungsjahre und angelockt vom Versprechen auf Belohnung. Das Ausmaß der polnischen Beteiligung an der „Judenjagd“ sowohl in Warschau, wo sich die meisten Juden versteckt hielten, wie auch in der Provinz ist Gegenstand scharfer Kontroversen und seit einiger Zeit auch wissenschaftlicher Untersuchungen.[17]

Zweifellos wurden der Stab „Einsatz Reinhardt“ und die lokalen Polizeistrukturen von dem mitunter starken passiven Widerstand und von Massenfluchten überrascht. Sie waren darüber aufgebracht und reagierten mit rücksichtsloser Härte. Es wurden nicht nur alle, die sich der „Aussiedlung“ entzogen, mit dem sofortigen Tod bestraft, auch die christliche Bevölkerung wurde mit Terror bedroht. Mit Aushängen warnten Zivilverwaltung wie Polizei im Vorfeld von „Umsiedlungsaktionen“, dass jedwede Hilfe für Juden mit strengen Strafen geahndet würde.[18] Nicht selten wurden diese Androhungen in die Tat umgesetzt und der Hilfe für Juden Verdächtigte ermordet. Dabei fand auch das Prinzip der Kollektivverantwortung Anwendung.[19] Jene, die Juden verrieten, und andere „Helfer“ belohnten die Deutschen mit Bargeld oder Sachleistungen. Denunzianten oder Kollaborateure, die ertappt wurden, wenn sie sich am Besitz der Opfer bereicherten, erlitten jedoch nicht selten die Todesstrafe. Ein weiterer Versuch, der zahlreichen Fluchten Herr zu werden, war die Einrichtung von Restghettos. Mit ihnen sollten die Verzweifelten, die in den Wäldern und angesichts der ihnen gegenüber häufig feindlich eingestellten Bevölkerung kaum eine Überlebensmöglichkeit mehr sahen, verlockt werden, sich abermals ihren Verfolgern auszuliefern.

Historiker schätzen, dass ungefähr 150 000 Juden im deutsch besetzten Polen vor ihrem Tod einen Fluchtversuch unternommen hatten,[20] doch sind solche

17 Siehe Gunnar S. Paulsson, Secret City: The Hidden Jews of Warsaw, 1940–1945, New Haven 2002. Neue Aspekte zum Altkreis Dąbrowa Tarnowska in: Jan Grabowski, Hunt for the Jews: Betrayal and Murder in German-Occupied Poland, Indiana 2013. Über die Täter dieser Verbrechen: Alina Skibińska/Jakub Petelewicz, The Participation of Poles in Crimes Against Jews in the Swietokrzyskie Region, in: Yad Vashem Studies 35 (2007) 1, S. 5–48; Barbara Engelking, Such a Beautiful Sunny Day. Jews Seeking Refuge in the Polish Countryside, 1942–1945, Jerusalem 2016.

18 Am 27. Juli 1942 drohte der in Przemyśl tätige Kreishauptmann Dr. Friedrich Anton Heinisch (1890–1959), Polen und Ukrainer erschießen zu lassen, sollten sie die Deportation behindern, Juden verstecken, ihnen anderweitig helfen oder sich deren Habe aneignen. Faksimile in: Stanisław Wroński/Maria Zwolakowa (Hrsg.), Polacy – Żydzi 1939–1945, Warszawa 1971, S. 410. Siehe auch die für die polnischen „Bürgermeister und Voigte“ bestimmte Anordnung: Der SS- und Polizeiführer im Distrikt Radom fordert am 21. September 1942, polnischen Helfern von Juden mit der Todesstrafe zu drohen, in: VEJ 9, Dok. 144, S. 447.

19 Beispiele aus der Zeit Ende 1942 in: Młynarczyk/Piątkowski, Cena poświęcenia, S. 75–110.

20 Siehe Krzysztof Persak, Einleitung, in: Barbara Engelking/Jan Grabowski (Hrsg.), Zarys krajobrazu. Wieś polska wobec zagłady Żydów 1942–1945, Warszawa 2011, S. 24 f.

Schätzungen unsicher. Aus manchen Ortschaften des Generalgouvernements flüchteten Hunderte Bewohner. Dies geschah vor allem in der Zeit, als die Kenntnis über das Schicksal der Deportierten bereits Allgemeinwissen war. So wurden beispielsweise am 3. Oktober 1942 980 der rund 2100 jüdischen Einwohner von Legionowo zum Sammelpunkt in Radzymin gebracht. 1200 Juden versuchten in die umliegenden Wälder zu entkommen. An den beiden folgenden Tagen wurde in der Umgebung nach den Geflohenen gesucht; griff man Juden auf, wurden sie ermordet.[21] Vielerorts gelang es aber fast niemandem zu entkommen. Auch sind zahlreiche Fluchten nicht überliefert. Das Problem, das Ausmaß der Fluchtbewegung zu beziffern, resultiert vor allem daraus, dass die allermeisten Juden, die aus Ghettos, Arbeitslagern und Zugtransporten flohen, das Ende des NS-Regimes nicht erlebten und die Umstände ihres Todes bis auf wenige Ausnahmefälle, die nach dem Ende von Krieg und Besatzung in Ermittlungsverfahren und Prozessen aufgearbeitet wurden, unbekannt sind. Deutsche Polizei- und Gendarmerie-Berichte sind unvollständig und würden ohnehin nur ein unvollständiges Bild des Geschehens geben. Berücksichtigt werden muss auch, dass die Ghettos in großen Städten von Mauern umgeben und bewacht waren, während es in kleineren Ghettos vergleichsweise leicht war, sich zu entfernen.

Die Handlungsweisen der Juden, die den Mordaktionen entkommen wollten, waren überall ähnlich. Anfangs hofften sie darauf, dass die Verfolgungen zeitlich begrenzt blieben, und versuchten, sich vor der drohenden Deportation entweder auf dem Ghettogelände oder in der näheren Umgebung zu verstecken. Eine andere Strategie bestand darin, sich in Regionen abzusetzen, die noch nicht von den Deportationen betroffen waren. So flohen beispielsweise im Frühjahr 1942 viele Juden aus Lublin nach Warschau, auf die „arische Seite" oder ins Ghetto. Später versuchten sie, in eine andere Richtung zu entkommen, und flohen nach Osten. Die meisten jedoch waren bestrebt, auf der „arischen Seite" Warschaus unterzukommen. Geschätzt wird, dass während der „großen Aktion" im Warschauer Ghetto im September 1942 etwa 8000 Menschen flohen.[22] Doch viele wurden früher oder später entdeckt, andere kehrten nach einer gewissen Zeit ins Ghetto zurück. Sie waren von Erpressern – „Schmalzowniks"[23] – ausgeraubt worden oder hielten den Druck der allgegenwärtigen Bedrohung nicht

21 Siehe Wiadomości z kraju, in: Biuletyn Informacyjny, Nr. 49, Ausgabe P, 16. 10. 1942, S. 6.

22 Gutman, Resistance. The Warsaw Ghetto Uprising, S. 133; siehe auch Engelking/Leociak, The Warsaw Ghetto, S. 730.

23 Vom polnischen Wort „szmalcownik", Bezeichnung für einen Erpresser, der in den Straßen außerhalb des Warschauer Ghettos Juden auflauerte und von ihnen „Geld für Schmalz" forderte. Siehe Jan Grabowski, „Ja tego Żyda znam". Szantażowanie Żydów w Warszawie, 1939–1943, Warszawa 2004.

mehr aus. Die nächste Fluchtwelle erfasste das Warschauer Ghetto während des Aufstands. Vom ersten Tag des Aufstands an wurden Geflüchtete aufgegriffen, die versucht hatten, sich auf die „arische Seite" durchzuschlagen. Um den Einsatz der Blauen Polizei zu erhöhen, wurde den Polizisten für das Aufgreifen eines Flüchtigen ein Drittel des Eigentums des Betroffenen versprochen. Überall gab es Agenten und „Schmalzowniks", die Juden entweder beraubten oder sie auf die Polizeistationen brachten. Die Zahl der Aufgegriffenen ging in die Hunderte. Ähnlich sah es in der Warschauer Provinz aus. Die Berichte der Gendarmeriezüge im Kreis Warschau dokumentieren das Ausmaß der „Judenjagd" – im April 1943 wurden 196, im Mai 537 Juden aufgegriffen und ermordet.[24] Doch diese Zahlen beziehen sich lediglich auf Aktionen, an denen die Gendarmerie beteiligt war. In Warschau gelang es den deutschen Verfolgern, mehrere Tausend Juden mit einer Täuschung davon zu überzeugen, ihre Verstecke zu verlassen. Sie hatten ihnen Hoffnung gemacht, sie sich mit Papieren retten zu können, die sie aus Mittel- und Südamerika bekommen hatten. Personen, die über diese Dokumente verfügten – man konnte sie für einen entsprechenden Preis erwerben –, durften sich eine gewisse Zeit im Hotel Polski in der Długa-Straße 29 melden. Am 5. Juli 1943 verließ der erste Zug Warschau, ein zweiter folgte am 11. Juli. Ziel war das Konzentrationslager Bergen-Belsen. Ein Teil der Getäuschten wurde im Oktober 1943 von dort nach Auschwitz-Birkenau verschleppt und ermordet.[25] Die meisten aber, die in Warschau blieben, kamen in das Pawiak-Gefängnis, wo sie am 15. Juli erschossen wurden.

Für eine Flucht waren finanzielle Mittel und Bekanntschaften auf der „arischen Seite" unerlässlich, ebenso wie ein (verändertes) Äußeres, das nicht den antijüdischen Stereotypen entsprach. Nur so konnte man sich falsche Papiere beschaffen oder überhaupt hoffen, zumindest für eine Übergangszeit eine Unterkunft zu finden. Aber auch das war keine Garantie zu überleben: Oft entschied der Zufall über Leben und Tod. Religiöse Juden, die kein Polnisch sprachen, waren generell in einer weitaus schlechteren Lage als assimilierte. Frauen hatten es leichter, sich zu verstecken, als Männer, deren Herkunft ein Erpresser leicht feststellen konnte, indem er prüfte, ob sie beschnitten waren. Viele entschieden sich dagegen, ihr bisheriges Lebensumfeld zu verlassen – aus Sorge um die Angehörigen, die man nicht allein zurücklassen wollte, oder weil sie um die feindliche Haltung und die Gleichgültigkeit seitens der christlichen Umgebung wussten.

24 Młynarczyk, „Akcja Reinhardt" w gettach prowincjonalnych dystryktu warszawskiego, S. 72 f. Von Februar bis September 1943 wurden 1094 Juden aufgegriffen.

25 Siehe Agnieszka Haska, „Jestem Żydem, chcę wejść". Hotel Polski w Warszawie, 1943, Warszawa 2006.

In dem Maße, in dem der Massenmord ausgeweitet wurde, verringerten sich die Chancen auf eine Flucht. Es gab immer weniger sichere Orte, und auch dort war Sicherheit kaum mehr als eine Illusion. Die meisten Restghettos erwiesen sich als Falle, und denjenigen, die noch Arbeitsstellen auf dem Gelände ehemaliger Ghettos gefunden hatten, war schlicht nicht bekannt, wann auch diese aufgelöst würden oder zu welchem Zeitpunkt der Abtransport ins Unbekannte stattfinden sollte. Dennoch hofften jene, die die extremen Bedingungen im Untergrund, die Lebensumstände im Versteck, die Angst vor dem Entdecktwerden und vor dem damit verbundenen sofortigen Tod nicht aushielten, einen Ausweg zu finden, indem sie sich ins Warschauer Ghetto und dann in die letzten von den Behörden geduldeten jüdischen Wohnorte im Generalgouvernement begaben. In den späten Besatzungsjahren waren Juden ausschließlich auf sich selbst gestellt oder auf nichtjüdische Polen angewiesen, die bereit waren, ihnen zumindest kurzzeitig Hilfe zu leisten.

Nur wenige hatten so gute Voraussetzungen oder das Glück, dass sie die gesamte Besatzungszeit an einem Ort verbringen konnten. Die meisten waren gezwungen, ihren Aufenthaltsort unzählige Male zu wechseln. Entweder wurde ihnen der oft teuer bezahlte Unterschlupf verweigert[26] oder die Verstecke wurden entdeckt. Diejenigen, die über das entsprechende Äußere verfügten, konnten als Polen durchkommen, indem sie sich „arische" Dokumente besorgten. Möglich war dies jedoch nur in der eine gewisse Sicherheit bietenden Anonymität großer Städte, vor allem in Warschau. Doch auch hier entschieden die meisten angesichts des stets drohenden Entdecktwerdens, einer möglichen Festnahme mit Todesfolge, in ihren Verstecken zu bleiben. Schon zu Beginn der Besatzung hatte es Personen gegeben, die die verzweifelte Lage der Juden ausnutzten, sei es aus Antisemitismus oder aus Gewinnsucht. Als die Ghettoräumungen begannen, wurde dies zu einer Massenerscheinung. Erpresser hielten sich bei den Toren zum Ghetto auf, durchstreiften die Stadt, sprachen ihre Opfer auf der Straße an oder überfielen Wohnungen, in denen sie Juden vermuteten. Im günstigsten Fall forderten sie lediglich ein Bestechungsgeld, doch oft nahmen sie ihren Opfern den gesamten Besitz ab, wodurch diese praktisch der Möglichkeit beraubt wurden, sich weiter zu verstecken. Viele Monate konnten die „Schmalzowniks" gänzlich straffrei agieren. Sie gingen allein vor oder auch in Gruppen, denen manchmal auch Angehörige der Blauen Polizei oder der Kripo angehörten.[27]

26 Siehe Jan Grabowski, Ratowanie Żydów za pieniądze – przemysł pomocy, in: Zagłada Żydów. Studia i Materiały 4 (2008), S. 81–109.

27 Siehe etwa: Leon Feiner unterrichtet die Vertretung des Bunds in London am 22. Juni 1943 über die Kämpfe im Warschauer Getto und die Situation der Überlebenden im Versteck, in: VEJ 9, Dok. 250, S. 683–695, bes. S. 688.

Aus verschiedenen Gründen waren die Möglichkeiten des polnischen Untergrunds begrenzt, die jüdischen Staatsbürger zu unterstützen. In der Zentralen Kommandostruktur der Heimatarmee wie auch in der Vertretung der Exilregierung gab es wenige Abteilungen, die sich mit jüdischen Fragen beschäftigten. Die wichtigste war das erwähnte Referat Henryk Wolińskis in der Nachrichten- und Propagandastelle beim Oberkommando der Heimatarmee. Es sammelte Informationen über die Verfolgung der Juden und fertigte daraus Berichte an, die mithilfe von Kurieren an die polnische Exilregierung in London geschickt wurden. Von den im politischen Untergrund Tätigen traf sich einer, Jan Karski, mit Angehörigen der jüdischen Widerstandsbewegung. Ende 1942 wurde Woliński zur Verbindungsperson zwischen der Heimatarmee und der Jüdischen Kampforganisation. Neben ihm agierte der Chefredakteur des Biuletyn Informacyjny, Aleksander Kamiński, der noch aus der Vorkriegszeit Kontakte zu jüdischen Jugendbünden hatte. Ihre Handlungsmöglichkeiten waren jedoch gering. Im Laufe des Jahres 1942 war der mit der Heimatarmee verbundene Untergrund nicht in der Lage, den Geflüchteten aus dem Ghetto entscheidende Hilfe zu leisten.

Bis Mitte 1943 entstanden nur relativ wenige Partisaneneinheiten, und diese nahmen gewöhnlich keine Juden in ihre Reihen auf. Sie befürchteten, dass die Anwesenheit von Juden eine zusätzliche Gefährdung ihrer Tätigkeit darstellen könnte. Aber auch antisemitische Stereotype, Vorurteile und Ressentiments spielten eine bedeutende Rolle. Sie stammten noch aus der Vorkriegszeit oder waren in der Besatzungszeit entstanden, als den Juden vorgeworfen wurde, Polen nach der sowjetischen Besetzung der östlichen Landesteile verraten, prokommunistische Sympathien und insgesamt eine antipolnische Einstellung zu haben.

Um in die Reihen der Heimatarmee aufgenommen zu werden, mussten Juden ihre Identität verschweigen, auch noch in der Zeit des Warschauer Aufstands 1944. Während der „Judenumsiedlungen" im Generalgouvernement entstanden jüdische Widerstandsgruppen, doch sie hatten es in der feindlichen oder auch nur gleichgültigen Umgebung schwer.[28] Manchmal konnten sie auf die Unterstützung sowjetischer Partisanen hoffen, die sich aus geflohenen Kriegsgefangenen gebildet hatten, später wurden einige von den wenigen kommunistischen Partisaneneinheiten unterstützt. Kommunisten und Sowjets instrumentalisierten Juden jedoch oft und ermordeten sie, sobald sie zur Bedrohung

28 Die beste Aufarbeitung der Taten bewaffneter jüdischer Gruppen in den einzelnen Distrikten des Generalgouvernements ist nach wie vor Shmuel Krakowski, The War of the Doomed. Jewish Armed Resistance in Poland, 1942–1944, New York/London 1984. Bis zur Befreiung hielt lediglich die Partisaneneinheit unter der Führung von Chil Grynszpan durch, die in der Gegend um Parczew kämpfte. Nicht ohne Schwierigkeiten trat sie im Jahr 1944 der kommunistischen Volksarmee bei.

wurden. Doch verdankten zahlreiche Juden ihnen das Überleben. In den Kreisen der Heimatarmee wurde die Aufnahme von Juden in kommunistische Widerstandsgruppen als weiterer Beweis für das antisemitische Stereotyp der „Judenkommune" gewertet. In dem unauflöslichen Konflikt zwischen dem unabhängigen polnischen Untergrund und den von Moskau unterstützten Kommunisten befanden sich die Juden in einer schwierigen Lage. Hinzu kam, dass viele Widerstandsgruppen die im Untergrund versteckten Juden als Bedrohung für die polnische Bevölkerung ansahen. Und tatsächlich sahen sich verzweifelte jüdische Flüchtlinge nicht selten gezwungen, bei Bauern Lebensmittel in Beschlag zu nehmen. Dies hatte zur Folge, dass sie als gewöhnliche Kriminelle betrachtet wurden und ihre Verfolgung als Abrechnung mit dem „Banditentum" gelten konnte.

Offiziell positionierte sich die Hauptrichtung des polnischen Untergrunds, was die Ermordung der Juden anging, klar und unmissverständlich. Die Organe der Heimatarmee äußerten sich wiederholt zu den Massenmorden. Im September 1942 gab das Leitungsorgan für den Zivilen Kampf der Regierungsdelegatur im Namen der polnischen Widerstandsbewegung eine Verlautbarung zum Mord der deutschen Besatzer an den Juden heraus. Es verurteilte ihn scharf: „Dieser Massenmord ist im Weltgeschehen beispiellos, vor ihm verblassen alle aus der Geschichte bekannten Grausamkeiten."[29] Zugleich stellte man fest, dass sich dagegen nichts ausrichten ließe. Und tatsächlich lag es angesichts des Potenzials der Heimatarmee außerhalb ihrer Möglichkeiten, sich der deutschen Vernichtungsmaschinerie offen entgegenzustellen. Fast zur gleichen Zeit entstand in Warschau spontan das „Vorläufige Komitee für Judenhilfe", auch bekannt unter dem Decknamen „Konrad Żegota". Die Gruppierung setzte sich zum Ziel, untergetauchte Juden zu unterstützen. Gegründet wurde sie unter anderem von der katholischen Schriftstellerin Zofia Kossak, die in einer kleinen katholischen „Front zur Wiedergeburt Polens" (Front Odrodzenia Polski) organisiert war. Während der Deportationen schrieb Kossak das Flugblatt „Protest", in dem sie sich gegen das Schweigen der Welt im Angesicht des Mordes an den Juden wandte. Dies hinderte sie jedoch nicht daran, sich antisemitischer Anschuldigungen und Stereotype zu bedienen.[30] Zur Entstehung organisierter Hilfe für

29 Siehe: Rzeczpospolita Polska: Die Koordinierungsstelle der polnischen Regierung für den zivilen Widerstand äußert sich am 16. September 1942 zur Ermordung der Juden, in: VEJ 9, Dok. 140, S. 439. Siehe auch Friedrich, Der nationalsozialistische Judenmord und das polnisch-jüdische Verhältnis im Diskurs der polnischen Untergrundpresse, S. 59 f.

30 Zu Zofia Kossak siehe Carla Tonini, Il tempo dell'odio e il tempo della cura. Storia di Zofia Kossak, la polacca antisemita che salvò migliaia di ebrei, Torino 2005. Der Inhalt des Flugblatts „Protest" wurde bereits in den 1980er-Jahren zum Ausgangspunkt von Debatten über die polnisch-jüdischen Beziehungen in der Besatzungszeit, angefangen mit den Stellung-

Juden trugen auch Teile des Oberkommandos der Heimatarmee bei, vor allem deren Nachrichten- und Propagandastelle, dem auch das Referat Wolińskis angehörte. Das Vorläufige Komitee für Judenhilfe konnte aufgrund der ihm zur Verfügung stehenden geringen Mittel nur einer kleinen Zahl derjenigen helfen, die es nötig hatten.

Auf Initiative des Bevollmächtigten der Exilregierung, Jan Stanisław Jankowski, wurde am 4. Dezember 1942 als Neugründung des „Vorläufigen Komitees" unter dem Decknamen „Żegota" der Rat für Judenhilfe (Rada Pomocy Żydom) ins Leben gerufen. Ihm gehörten auch Vertreter der Polnischen Sozialistischen Partei und der Demokratischen Partei (Stronnictwo Demokratyczne) an, nach einiger Zeit kam ein Vertreter der Bauernpartei (Stronnictwo Ludowe) hinzu. Ihre jüdischen Partner waren Vertreter der Jüdischen Nationalkomitees und des Bunds.[31] Zofia Kossak schloss sich dem Rat nicht an, da sie keine politische Funktion übernehmen wollte. Mitglieder der Front, unter ihnen Władysław Bartoszewski, arbeiteten mit dem Rat aber als Vertreter der Regierungsdelegatur zusammen. Dieses Vorgehen wird oft kritisiert, wobei jedoch meist vergessen wird, dass es sich um die einzige aktive polnisch-jüdische Organisation handelte und darüber hinaus die wichtigsten rechten Gruppierungen eine Beteiligung am „Rat für Judenhilfe" nicht nur ablehnten, sondern dessen Arbeit und Mitglieder äußerst argwöhnisch betrachteten.[32] Zu den Arbeiten von „Żegota" gehörte es, im Verborgenen lebende Juden mit gefälschten Papieren auszustatten, ihnen bei der Wohnungssuche zu helfen und ihnen mit kleineren Geldbeträgen finanziell unter die Arme zu greifen. Der Rat für Judenhilfe erhielt monatliche Zuschüsse aus dem Budget der Regierungsdelegatur und wurde von internationalen jüdischen Organisationen unterstützt. Doch konnten diese Finanzmittel die beständig steigenden Bedürfnisse nur in geringem Maße decken. So kämpfte der Rat für Judenhilfe trotz steigender Zuwendungen vonseiten der Exilregierung ständig mit finanziellen Problemen – stets stand zu wenig Geld zur Verfügung, und die Zahlungen erfolgten unregelmäßig. Er nahm mithilfe des Jüdischen Nationalkomitees auch Kontakt zu Juden in den Arbeitslagern im Distrikt Lublin auf und versuchte, ihnen im Rahmen seiner Möglichkeiten beizustehen. Doch mit der Mordaktion „Erntefest" endeten auch diese Bemühungen.

nahmen von Jan Błoński, die in der katholischen Wochenzeitung „Tygodnik Powszechny" publiziert wurden.

31 Siehe die grundlegende, teils jedoch veraltete Bearbeitung: Teresa Prekerowa, Konspiracyjna Rada Pomocy Żydom w Warszawie 1942–1945, Warszawa 1982.

32 So stand Irena Sendlerowa im Frühjahr 1944 auf einer Liste von vermeintlich prokommunistischen Elementen, die der Nachrichtendienst der rechtsnationalistischen Narodowe Siły Zbrojne angelegt hatte.

Besondere Aufmerksamkeit widmete der Rat für Judenhilfe der Unterstützung jüdischer Kinder, die in Betreuungseinrichtungen, in Internaten, Klöstern oder bei polnischen Familien untergebracht waren. Berichte aus der Nachkriegszeit belegen, dass „Żegota“ und soziale Fürsorgeeinrichtungen daran beteiligt waren, etwa 2500 Kinder zu retten, was jedoch nicht in jedem Fall gelang.[33] Insgesamt half „Żegota“ etwa 3000 Juden, sich in Warschau zu verstecken, weitere 7000 erhielten durch Vermittlung des Jüdischen Nationalkomitees und des Bunds kleinere Geldsummen.[34] In Krakau und Lemberg initiierten lokale Sozialisten, Mitglieder der Polnischen Bauernpartei und der Demokratischen Partei eigenständige und vom Rat für Judenhilfe unabhängige Zentren, die in kleinerem Umfang einigen Hundert Hilfesuchenden unter die Arme griffen. Abgesehen von seinen Hilfsaktionen versuchte der Rat auch, Druck auf die Untergrundorgane auszuüben, damit diese ihre Anstrengungen intensivierten, verfolgte Juden zu unterstützen. Dies gelang nur in geringem Ausmaß. Der Rat vermochte es weder, konkrete Hilfe für jene Juden zu organisieren, die sich auf dem Land und in der Provinz versteckt hielten, noch die Haltung des Untergrunds mit Blick auf die bewaffneten Widerstands- und Selbstverteidigungsaktionen jüdischer Gruppen zu verändern. Mit Ausnahme der im Warschauer Ghetto Eingeschlossenen erhielten Juden im Widerstand keine direkte und konkrete Unterstützung seitens der Heimatarmee. Die Kämpfer der Jüdischen Kampforganisation, die aus dem Ghetto fliehen konnten, fanden bei keiner Einheit Aufnahme – die meisten kamen um. Sogar die Anweisung, die der Stab des Oberkommandierenden Ende Juli 1943 in London erteilte,[35] half hier nicht weiter. Der Befehlshaber der Heimatarmee, General Tadeusz Komorowski, begründete in seiner Entgegnung

33 Diese Zahl nannten vier Aktivistinnen des Rats für Judenhilfe – Irena Sendlerowa, Jadwiga Piotrowska, Izabela Kuczkowska und Wanda Drozdowska-Rogowiczowa – in einer 1979 abgelegten Erklärung. Etwa 500 Kinder kamen in Klöster, 200 wurden in der städtischen Notunterkunft im Haus des Priesters Bodouen in Warschau, 500 in Einrichtungen den Polnischen Hilfsausschusses (Rada Główna Opiekuńcza) untergebracht. 100 Kinder sollen zu Partisanen geschickt, 1300 von Pflegefamilien aufgenommen worden sein. Siehe Prekerowa, Konspiracyjna Rada, S. 215 f. Mitunter anzutreffende Behauptungen, dass Irena Sendlerowa, die einige Zeit das Kinderreferat leitete, sämtliche Kinder eigenhändig gerettet habe, beruhen auf einem Missverständnis. Siehe Tilar J. Mazzeo, Irenas Liste oder Das Geheimnis des Apfelbaums. Die außergewöhnliche Geschichte der Frau, die 2500 Kinder aus dem Warschauer Ghetto rettete, München 2017. Siehe auch Anna Mieszkowska, Die Mutter der Holocaust-Kinder. Irena Sendler und die geretteten Kinder aus dem Warschauer Ghetto, München 2006.

34 Paulsson, Secret City, S. 208. Das Jüdische Nationalkomitee half 5000, der Bund 2000 Juden, sich zu verstecken.

35 Armia Krajowa w dokumentach. 1939–1945. Bearb. v. Halina Czarnocka u.a., Bd. 3: April 1943–Juli 1944, Londyn 1976, Dok. 472, S. 51 (27.7.1943).

die Verweigerung einer „zu weit gehende[n] Unterstützung unsererseits für die Juden" mit den Anschauungen in der Gesellschaft, welche „die Juden als fremdes und in vielen Fällen Polen feindlich gesinntes Element" behandele. Juden hätten sich „räuberischen und kommunistischen Banden" angeschlossen, die eine Landplage seien und sich „durch besondere Grausamkeit gegenüber der polnischen Bevölkerung" auszeichneten. Umfangreichere Hilfe für die Juden werde daher vom Großteil der Gesellschaft wie auch der Angehörigen der Widerstandsbewegung abgelehnt.[36]

Der Rat für Judenhilfe übte Druck aus, damit Erpressungen von Juden energischer bekämpft würden. Doch die Untergrundpresse veröffentlichte erste Warnungen an Erpresser erst im Frühjahr 1943. Zivile Sondergerichte, organisiert von den Bezirksdelegaturen in Warschau und Krakau, die der polnischen Exilregierung unterstanden, fällten erste Urteile erst mehrere Monate später. Bis zum Ausbruch des Warschauer Aufstands wurden neun Urteile gegen Erpresser veröffentlicht.[37] Die Verfahren gegen jene, die sich an der Judenverfolgung beteiligten, hatten aus Sicht der Untergrundgerichte keine Priorität; zudem waren diese konspirativen Einrichtungen nicht in der Lage, eine größere Zahl von Verfahren durchzuführen, sodass sie sie auf die Nachkriegszeit verschoben. Einige Angestellte der Kripo und den deutschen Behörden zuarbeitende Informanten, die für Polen ebenso wie für Juden eine Gefahr darstellten, wurde zwar beseitigt. Insgesamt hatten die Urteile der Untergrundgerichte aber einen eher geringen Einfluss auf die Bekämpfung des weitverbreiteten Erpresser- und Denunziantentums.

Am 7. März 1944 fiel Emanuel Ringelblum Erpressern und Angehörigen der Kripo zum Opfer. Sein Versteck in der Grójecka-Straße 81, in dem er sich nach seiner Flucht aus Trawniki aufgehalten hatte, wurde verraten. Alle 38 Juden, die sich dort verborgen hatten, wurden in das Pawiak-Gefängnis verschleppt und kurz darauf erschossen. Außer Ringelblum selbst befanden sich unter den Opfern auch seine Ehefrau Judyta und sein Sohn Uri.[38] Der 18-jährige Jan Łakiński, der

36 Als Faksimile in: Polacy – Żydzi. Bearb. v. Andrzej Krzysztof Kunert, Warszawa 2001, Dok. II/41, S. 289, dt. Übersetzung S. 290. Siehe auch Libionka, ZWZ-AK i Delegatura Rządu RP wobec eksterminacji Żydów, S. 99–102.

37 Siehe etwa: Biuletyn Informacyjny: Das Leitungsorgan für den Untergrundkampf gibt am 7. September 1943 bekannt, dass gegen einen polnischen Erpresser von Juden die Todesstrafe vollstreckt wurde, in: VEJ 9, Dok. 269, S. 731 f. Demnach war Bogusław Jan Pilnik am 7. Juli 1943 verurteilt und das Todesurteil am 25. August 1943 vollstreckt worden.

38 Jan Grabowski, Hunting down Emanuel Ringelblum. The Participation of the Polish Kriminalpolizei in the „Final Solution of the Jewish Question", in: Holocaust. Studies and Materials (2017), S. 11–41. Von denjenigen, die am Untergrundarchiv des Warschauer Ghettos (Oneg Schabbat) mitgearbeitet hatten, überlebten lediglich drei Personen: Rachela Auerbach und das Ehepaar Wasser.

das Versteck verraten haben soll, war einer der neun Erpresser, die von der Heimatarmee hingerichtet wurden. Ob aber tatsächlich die Denunziation der Juden in der Grójecka-Straße 81 der Grund für das Todesurteil war, ist ungewiss.[39]

Die Deutschen ermordeten nicht nur die Juden aus dem Versteck, sondern auch Mieczysław Wolski, der sich um sie gekümmert hatte. Er war einer von zahllosen Helfern, die im Generalgouvernement den bei Hilfeleistung für Juden fälligen Repressalien zum Opfer fielen. Wie aus den Ergebnissen der Hauptkommission zur Erforschung der Verbrechen gegen das polnische Volk hervorgeht, wurden mehrere Hundert Polen getötet, da sie Juden geholfen hatten.[40] Die meisten von ihnen gehörten der Landbevölkerung an, und Funktionäre der Sicherheitspolizei, der Gendarmerie und manchmal der Blauen Polizei töteten sie oft vor Ort zusammen mit den versteckten Juden. Auf der Grundlage von Hans Franks Verordnung vom 15. Oktober 1941 über die Aufenthaltsbeschränkungen im Generalgouvernement und Krügers Verordnungen vom Herbst 1942 über das Weiterbestehen einiger Restghettos im Generalgouvernement verhängten überdies deutsche Gerichte Todesurteile gegen Polen, Ukrainer und sogar gegen Deutsche wegen Hilfeleistungen für Juden; in den Urteilen genannte Delikte waren: Juden Unterschlupf bieten, Juden verstecken, ihnen Hilfe leisten. In einigen Fällen wurde das Todesurteil in eine mehrjährige Haftstrafe umgewandelt. Auch konnten sich die Angeklagten verteidigen, manche wurden freigelassen oder mangels Beweisen freigesprochen.[41]

Doch nicht immer wurden die Helfer vor Gericht gestellt. Es kam auch zu außergerichtlichen Hinrichtungen, bei denen manchmal Kollektivstrafen vollzogen, ganze Familien ermordet wurden und nicht einmal Kinder verschont

39 Siehe Prekerowa, Konspiracyjna Rada, S. 286.

40 Die Publikation Those who Helped. Polish Rescuers of Jews during the Holocaust, Warszawa 1997, herausgegeben von der Główna Komisja Badania Zbrodni przeciwko Narodowi Polskiemu – Instytut Pamięci Narodowej (Hauptkommission zur Erforschung der Verbrechen gegen das polnische Volk – Institut für das Nationale Gedenken) und der Polskie Towarzystwo Sprawiedliwych Wśród Narodów Świata (Polnische Vereinigung der Gerechten unter den Völkern) enthält 704 Namen von Personen, die ermordet wurden, weil sie Juden geholfen hatten. Leider wurde die Liste jedoch keiner sorgfältigen Überprüfung unterzogen, weshalb die Angaben nicht als endgültig gelten können.

41 Eine Analyse von 66 Verfahren wegen unterschiedlicher Hilfeleistungen für Juden, die zumeist gegen Bezahlung geleistet wurden, ergab: Es sind im gesamten Generalgouvernement 127 Personen verurteilt worden, davon 34 Ukrainer, 5 Deutsche; Hilfe hatten 188 Juden erhalten. Von den 76 Personen, die verurteilt wurden, erhielten 45 die Todesstrafe; 10 Urteile wurden vollzogen, 13 Todes- in Gefängnisstrafen umgewandelt, bei weiteren 18 Urteilen fehlen Angaben. Siehe Aleksandra Namysło, Represje na polskich obywatelach za udzielanie pomocy ludności żydowskiej w świetle akt procesowych niemieckich sądów specjalnych, in: Zagłada Żydów na polskiej prowincji, S. 381 (Grafik).

blieben. Aus dem Distrikt Lublin sind vier Fälle bekannt, in denen polnische Familien Opfer einer solchen außergerichtlichen Hinrichtung wurden.[42] Einer der grausamsten Vorfälle war in der Nacht vom 23. auf den 24. März 1944 der Mord an der achtköpfigen Familie Ulma in dem Dorf Markowa bei Łańcut im Distrikt Krakau. Sie wurde zusammen mit den acht bei ihr versteckten Juden aus Łańcut und Markowa ermordet. Wie lange sie bei der Familie waren, ist nicht bekannt, außer Zweifel steht aber, dass sie wie viele andere Polen von skrupellosen Informanten verraten wurden. In diesem Fall war der Denunziant ein polnischer Polizist der Blauen Polizei in Łańcut, der befürchtete, das ihm zuvor von den verzweifelten Juden zur Aufbewahrung anvertraute Vermögen zu verlieren, sollten die Juden bis zum Abzug der Deutschen überleben. Angeführt von dem Bezirksoberleutnant der Gendarmerie in Łańcut, Eilert Dieken, begaben sich vier Gendarmen und sechs polnische Polizisten aus Łańcut nach Markowa. Nachdem sie das Haus der Familie Ulma durchsucht hatten, erschossen sie zunächst die versteckten Juden und dann Józef und Wiktoria Ulma sowie deren sechs Kinder.[43] Mehrere Kinder wurden von dem Gendarm Joseph Kokott getötet. Viele Monate später, nachdem die Rote Armee einmarschiert war, sorgte der polnische Untergrund für die Hinrichtung des Denunzianten; der Grund dafür war aber wahrscheinlich sein Gesamtverhalten während der Besatzungszeit.

Dass über den Mord an der Familie Ulma außer in zwei internen Bulletins in keiner Publikation des Untergrunds informiert wurde und die Täter nicht angeprangert und verfolgt wurden, zeigt die Vereinzelung und Wehrlosigkeit derjenigen, die Juden halfen. Den Deutschen gelang es mit grausamer Härte, die polnische Bevölkerung einzuschüchtern und eine Atmosphäre der Angst zu verbreiten. Wie der in der Nähe von Markowa versteckte Jehuda Ehrlich berichtete, brach nach dem Mord an der Familie Ulma überall in der Gegend Panik aus. Bauern hatten Angst vor Verrat und drohenden Repressalien und begannen, sich der bei ihnen versteckten Juden zu entledigen.[44] Es gab jedoch auch Juden, die sich bis zur Befreiung verborgen halten konnten: In Markowa selbst überlebten die Familien Riesenbach, Lorbenfeld und Weltz sowie einige Einzelpersonen.

42 Libionka, Ludność chrześcijańska wobec eksterminacji Żydów, S. 324.

43 Siehe: Franciszka Reizer notiert am 26. März 1944, dass in Markowa die Familie von Józef und Wiktoria Ulma ermordet wurde, weil sie Juden versteckt hatte, in: VEJ 9, Dok. 290, S. 805. Siehe auch Mateusz Szpytma, The Risk of Survival. The Rescue of the Jews by the Poles and the Tragic Consequences for the Ulma Family from Markowa, Warszawa 2009; ders., The Righteous and Their World. Markowa through the Lens of Józef Ulma, Institute of National Remembrance o. J.

44 Bericht Jehuda Ehrlich, Yad Vashem Archiv, M1/E 1369. Die Angaben sind im Einzelnen kaum zu verifizieren, da keine weiteren Quellen vorliegen.

Die Ermordung von Polen, die Juden bei sich versteckt hatten und entdeckt wurden, war nicht die Regel. In zahlreichen Fällen blieben Polen, bei denen man Juden auffand, von Strafen verschont. Überlieferte Dokumente wie auch Berichte von Überlebenden deuten darauf hin, dass viel von den lokalen Gegebenheiten und Umständen abhing, aber auch von der jeweiligen Einstellung der deutschen Beamten sowie der polnischen Polizisten.

Trotz der beständig über ihnen schwebenden Gefahr und ungeachtet der Vereinsamung, die die Hilfe für Juden mit sich brachte, fanden sich viele Polen, die Juden unterstützten. Allein über 7000 Polen wurden von der israelischen Gedenkstätte Yad Vashem als Gerechte unter den Völkern ausgezeichnet. In der Regel hatten die Helfer keinen Kontakt zur polnischen Untergrundbewegung, und ihrem Handeln lagen ganz unterschiedliche Motive zugrunde.[45] Weit größer aber war die Zahl derjenigen, die es ablehnten, Juden zu unterstützen – sei es aufgrund von antisemitischen Vorurteilen und Ressentiments, die aus der judenfeindlichen Propaganda der Vorkriegszeit herrührten und unter der deutschen Besatzung noch verstärkt wurden, oder auch aus Angst um das eigene Leben. Anders als die Unterstützung des polnischen Untergrunds galten Hilfeleistungen für Juden weder als moralische Verpflichtung noch als erste Bürgerpflicht.

Weder ist genau bekannt, wie viele Juden auf dem Gebiet des Generalgouvernements überlebten, noch wie viele ihr Überleben nichtjüdischen Landsleuten verdanken. Die in der Literatur genannten Zahlen sind sehr unterschiedlich. Einige gehen von 100 000 Geretteten aus, was die Quellen jedoch keinesfalls bestätigen. Relativ viele Juden, über 4000, überlebten im Distrikt Galizien, also dem Gebiet, das die Rote Armee als Erstes befreite. In Lublin ließen sich Anfang August 1944 300 Juden registrieren, am Ende dieses Monats waren es 1200, darunter 200 Kinder.[46] In kleineren Ortschaften meldeten sich bedeutend weniger: in Chełm ein paar Dutzend, in Zamość nur ein Dutzend. In Rzeszów wurden 466 Personen registriert, von denen sich 309 bei Polen, 67 in den Wäldern und 61 mithilfe von „arischen Papieren“ versteckt gehalten und 17 in Lagern überlebt hatten.[47]

45 Kurze Einträge über 5333 Gerechte (zum Stand im Jahr 2000) finden sich in: Sara Bender/Szmuel Krakowski (Hrsg.), The Encyclopedia of the Righteous Among the Nations: Rescuers of Jews during the Holocaust in Poland, Jerusalem 2005. Siehe auch: Zuzanna Schnepf-Kołacz, Pomoc Polaków dla Żydów na wsi w czasie okupacji niemieckiej. Próba opisu na przykładzie Sprawiedliwych wśród Narodów Świata, in: Engelking/Grabowski (Hrsg.), Zarys krajobrazu, S. 195–258.

46 Shmuel Krakowski, Żydowski opór w Generalnym Gubernatorstwie, in: Libionka (Hrsg.), Akcja Reinhardt, S. 291.

47 Eine Namensliste in: Rączy, Pomoc Polaków, S. 341–370. Bei den Komitees in der Wojewodschaft meldeten sich bis zum Ende des Jahres 2921 Überlebende. Es gibt jedoch keine Angaben darüber, wo oder wie sie überlebten. Für die Behauptung, die meisten hätten dank polnischer Hilfe überlebt (ebenda, S. 120), gibt es keine Belege.

In anderen Landesteilen sah es ähnlich aus. Aus dem Rahmen fällt aber Warschau, wo mehrere Tausend Juden, die sich versteckt hatten, während des zweimonatigen Warschauer Aufstands umgekommen waren.

Mit aller Vorsicht lässt sich schätzen, dass im Generalgouvernement in den Wäldern und auf der „arischen Seite" etwa 30 000 Juden überlebten.[48] Diejenigen, die in ihre Heimatorte zurückkehrten, blieben dort jedoch nur in Ausnahmefällen längere Zeit. Mit Feindseligkeit konfrontiert, die so weit ging, dass sie um ihr Leben fürchten mussten, begaben sie sich in die großen Städte, viele auch in die früher deutschen Gebiete im Westen des Landes. In den folgenden Jahren kehrten die meisten von ihnen Polen den Rücken und emigrierten ins Ausland.

Der weitere Lebensweg der deutschen Täter

Im September 1943 wurde Globocnik auf den Posten des Höheren SS- und Polizeiführers in der „Operationszone Adriatisches Küstenland" mit Sitz in Triest berufen. Einen Teil des Stabs „Einsatz Reinhardt" nahm er mit und bildete aus ihnen die „Sonderabteilung R".[49] Diese hatte die Aufgabe, italienische und jugoslawische Partisanen zu bekämpfen, die Juden vor Ort zu ermorden und deren Eigentum zu konfiszieren. Zudem leitete die Dienststelle Globocniks das Konzentrationslager Risiera di San Sabba in Triest.[50] Zwei SS-Männer, die eine bedeutende Rolle bei der „Aktion T4" und der „Aktion Reinhardt" eingenommen hatten, kamen bei Kämpfen mit Partisanen um. Christian Wirth, Konstrukteur der Gaskammern und einer der niederträchtigsten NS-Verbrecher, wurde am 26. Mai 1944 von jugoslawischen Partisanen erschossen, als er mit dem Auto auf dem Weg von Triest nach Rijeka (ital. Fiume) war. Das Ehrenbegräbnis fand auf dem Friedhof von Opicina statt. Ende der 1950er-Jahre wurde sein Grab auf den großen deutschen Soldatenfriedhof in Costermano am Gardasee verlegt. Bereits im Januar 1944 war Franz Reichleitner, der zweite Kommandant des Vernichtungslagers Sobibor, der bei einem Partisanenüberfall nahe Rijeka verletzt worden war, im Krankenhaus gestorben.

48 Siehe Filip Friedman, Zagłada Żydów polskich, in: Biuletyn Głównej Komisji Badania Zbrodni Niemieckich w Polsce (1946), Bd. 1, S. 203–205. Friedman schätzte die Zahl der Überlebenden für die besetzten polnischen Gebiete auf insgesamt 40–50 000, einschließlich der Zwangsarbeiter der HASAG-Werke. Seine Angaben basieren auf der Liste der Juden, die sich zum 1. 7. 1945 hatten registrieren lassen.

49 Siehe Berger, Experten der Vernichtung, S. 278 ff.

50 Hilberg, Die Vernichtung der europäischen Juden, Bd. 2, S. 722. Ausführlicher: Berger, Experten der Vernichtung, S. 278–290.

Drei Hauptverantwortliche für den Judenmord im Generalgouvernement begingen kurz nach Kriegsende Selbstmord. Heinrich Himmler biss am 23. Mai 1945, als er in einem Gefangenenlager in Lüneburg einer Leibesvisitation unterzogen werden sollte, auf ein Röhrchen mit Zyankali, das er in seinem Mund versteckt hatte. Britische Soldaten hatten ihn dorthin gebracht, nachdem sie ihn zusammen mit einer Gruppe verdächtig aussehender Zivilisten angehalten hatten.[51] Er wurde in einem nicht gekennzeichneten Grab beigesetzt. Drei Wochen zuvor, am 9. Mai, hatte sich Friedrich-Wilhelm Krüger auf ähnliche Weise das Leben genommen. Odilo Globocnik wählte am 31. Mai den Freitod. Mehrere Tage hatte er sich mit einigen anderen NS-Tätern, darunter Michalsen und Höfle, in einer Berghütte in Kärnten versteckt und verschiedene Fluchtmöglichkeiten erwogen. Dann aber wurde der Aufenthaltsort der Gruppe an die Briten verraten, die ihn daraufhin verhafteten. Globocnik wurde in ein Gefängnis überführt und biss, nachdem er erkannt worden war, auf eine Zyankalikapsel. Seine Leiche warf man in eine Grube und verwischte die Spuren. Zuvor ließ man jedoch eine Fotografie anfertigen, die in einer Zeitschrift der britischen Besatzungsbehörden veröffentlicht wurde.[52]

Philipp Bouhler, Leiter der „Aktion T4", beging am 19. März 1945 Selbstmord. Seinen engsten Mitarbeiter Viktor Brack verurteilte man zum Tode, ebenso wie den Chef des WVHA, Oswald Pohl. Die Todesurteile wurden im Jahr 1948 beziehungsweise 1951 vollstreckt.

Julian Scherner, SS- und Polizeiführer in Krakau, war von einem SS-Gericht verurteilt, degradiert und strafweise zum Regiment Dirlewanger versetzt worden; er starb im April 1945 unter ungeklärten Umständen. Den Nachfolger Globocniks als SS- und Polizeiführer im Distrikt Lublin, Jakob Sporrenberg, der unter anderem für die Mordaktion „Erntefest" verantwortlich gewesen war, lieferte Norwegen an Polen aus. Ein Lubliner Gericht verurteilte ihn zum Tode, die Hinrichtung durch den Strang erfolgte Ende 1952 in Warschau. Jürgen Stroop, den Verantwortlichen für die Niederschlagung des Aufstands im Warschauer Ghetto, klagte das Warschauer Wojewodschaftsgericht an. Das Todesurteil gegen ihn wurde im Mai 1952 vollstreckt. Den SS- und Polizeiführer im Distrikt Radom, Herbert Böttcher, verurteilte das Kreisgericht Radom zum Tode, die Vollstreckung des Urteils fand im Juni 1950 statt. Den Befehlshaber der Sicherheitspolizei im Generalgouvernement, Karl Eberhard Schöngarth, verurteilte ein britisches Militärgericht zur Höchststrafe, da er in den Niederlanden den Tod eines britischen Piloten zu verantworten hatte. Am 15. Mai 1946 wurde der

51 Der genaue Ablauf bei: Longerich, Heinrich Himmler, S. 7–9.

52 Siehe Rieger, Creator of Nazi Death Camps, S. 186–192, die Fotografie S. 187.

einstige Kommandant des Lagers Plaszow, Amon Göth, in Krakau gehängt. Er war nach Polen ausgeliefert worden und vor das Oberste Volkstribunal gestellt worden.

Von den SS- und Polizeiführern im Generalgouvernement entzog sich lediglich der Schlächter von Galizien, Friedrich Katzmann, der Strafverfolgung. Bis zu seinem Lebensende hielt er sich unter falschem Namen in Hessen auf. 1957 starb er in einem Krankenhaus in Darmstadt.

Hermann Höfle, der ehemalige Chef des Stabs „Einsatz Reinhardt", wurde zusammen mit Globocnik vom britischen Militär festgenommen und interniert. 1947 übergab man ihn den österreichischen Justizbehörden, die ihn noch im Oktober des gleichen Jahres freiließen. Als Polen sich 1948 um seine Auslieferung bemühte, versteckte er sich zunächst in Italien und später in Bayern. Dort warb ihn der US-amerikanische Geheimdienst als Informant an, was ihn davor schützte, zur Verantwortung gezogen zu werden. 1961 wurde er in Salzburg verhaftet. Am 21. August 1962, am Vortag des Prozessbeginns, beging er in der Untersuchungshaft in Wien Selbstmord. Der Judenreferent im Stab des SS- und Polizeiführers Lublin, Georg Michalsen, blieb bis 1948 in britischer Gefangenschaft. Er hatte sich als einfacher Soldat der Waffen-SS ausgegeben. Da den Briten von seinen Verbrechen bei der „Aktion Reinhardt" nichts bekannt war, kam er frei. 1961 wurde er abermals verhaftet und 1974 in Hamburg zu 12 Jahren Haft verurteilt. Das Urteil für den an der Auflösung der Ghettos in Warschau und Białystok und der Räumung kleinerer Ghettos Verantwortlichen war verhältnismäßig mild, da er als Beschuldigter ausführliche Aussagen machte und als Zeuge auch in anderen Verfahren auftrat. Den einstigen Judenreferenten beim Kommandeur der Sicherheitspolizei und des SD Lublin, Hermann Worthoff, verurteilte das Landgericht Wiesbaden 1975 für die Mitverantwortung an der Ermordung von 8000 Bewohnern des Lubliner Ghettos zu acht Jahren Gefängnis.

Irmfried Eberl, der erste Kommandant des Vernichtungslagers Treblinka, nahm sich im Februar 1948 während seiner Untersuchungshaft in Ulm das Leben. Sein Nachfolger Franz Stangl, der zuvor auch Kommandant des Vernichtungslagers Sobibor gewesen war, flüchtete im Mai 1948 aus dem Linzer Gefängnis. Er schlug sich nach Rom durch, wo er beim Bischof Alois Hudal vorsprach. Dieser hatte es sich zur Aufgabe gemacht, ehemaligen Nazis zu helfen. Mit seinem Hilfsnetzwerk half er Stangl, nach Syrien zu gelangen und von dort aus nach Brasilien zu entkommen. Stangl arbeitete dort viele Jahre unter eigenem Namen für VW do Brasil. Erst im Februar 1967 verhaftete man ihn auf internationalen Druck und lieferte ihn nach Westdeutschland aus, wo er inhaftiert wurde. Im Dezember 1970 verurteilte ihn das Düsseldorfer Landgericht wegen

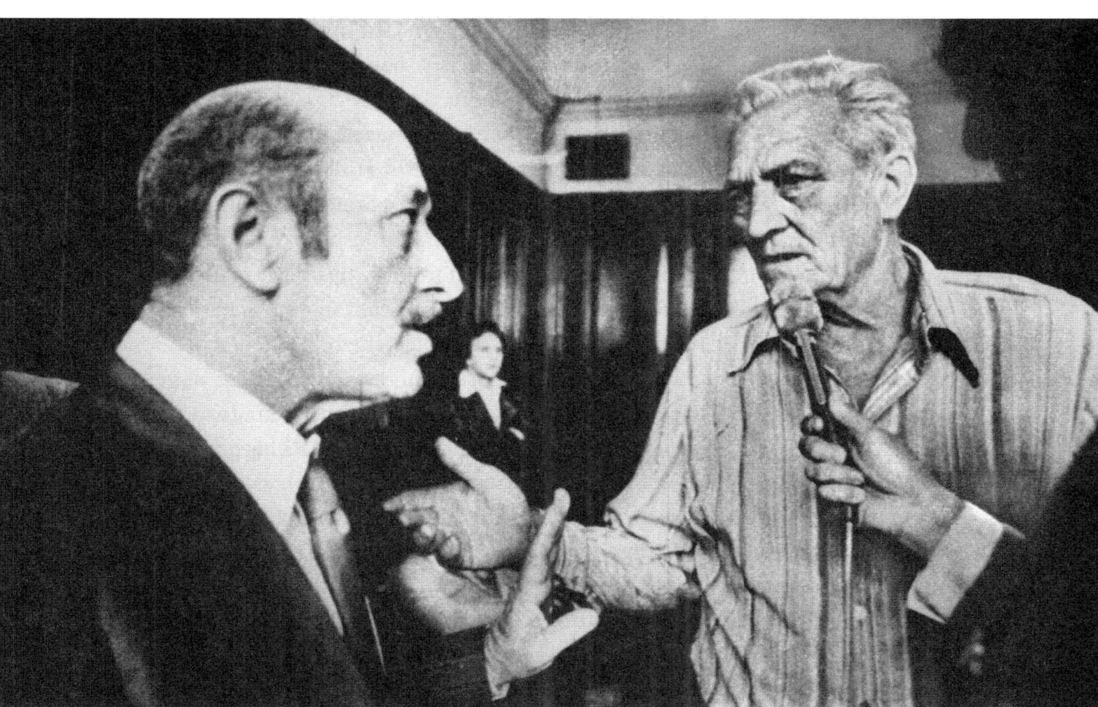

Stanisław Szmajzner, Überlebender des Vernichtungslagers Sobibor, begegnet 1967 in einem brasilianischen Gericht dem ehemaligen stellvertretenden Kommandanten des Vernichtungslagers Sobibor, Gustav Wagner. | *Quelle unbekannt*

gemeinschaftlichen Mordes in mindestens 400 000 Fällen zu lebenslanger Haft. Noch bevor über seinen Revisionsantrag entscheiden war, starb er im Juni 1971 in der Haft an Herzversagen. Stangls Stellvertreter in Sobibor Gustav Wagner, der am meisten gefürchtete SS-Mann, lebte bis zu seinem Tod im Jahr 1980 in Brasilien. Kurt Franz, letzter Kommandant des Vernichtungslagers Treblinka, wohnte bis 1959 völlig unbehelligt in Düsseldorf, wo er als Koch tätig war. Dann wurde er im ersten Prozess der bundesdeutschen Justiz gegen Täter in Treblinka u. a. wegen gemeinschaftlichen Mordes in mindestens 300 000 Fällen zu lebenslanger Haft verurteilt. 1993 ließ man ihn aufgrund seiner schlechten gesundheitlichen Verfassung frei. Er starb fünf Jahre später. In dem Gerichtsverfahren, das von Oktober 1964 bis September 1965 vor dem Landgericht Düsseldorf stattfand, erhielten noch drei Angeklagte lebenslängliche Zuchthausstrafen, fünf weitere wurden zu Haftstrafen von drei bis zwölf Jahren verurteilt, ein Angeklagter wurde freigesprochen.

Josef Oberhauser, den ehemaligen Adjutanten des Inspekteurs der „Aktion Reinhardt", Christian Wirth, nahmen die Briten bei Kriegsende in Gefangenschaft, doch kam er wieder frei und wurde in die Sowjetische Besatzungszone abgeschoben. In Magdeburg verurteilte man Oberhauser für seine Teilnahme an der „Aktion T4" zu 15 Jahren Haft. Nachdem er 1956 im Rahmen einer Amnestie vorzeitig entlassen worden war, begab er sich nach München und arbeitete als Kellner. 1959 nahm die Zentrale Stelle der Landesjustizverwaltungen zur Aufklärung nationalsozialistischer Verbrechen in Ludwigsburg Ermittlungen zu den in Belzec begangenen Verbrechen auf. Sie mündeten in den Jahren 1964 und 1965 in den Münchner Prozess gegen einen Angehörigen der deutschen Wachmannschaft von Belzec. Verurteilt wurde Josef Oberhauser lediglich wegen Beihilfe zum Mord, er erhielt eine Haftstrafe von viereinhalb Jahren. Zwar hatte die Staatsanwaltschaft gegen sieben weitere Täter aus Belzec Anklage erhoben, die Hauptverhandlung eröffnete das Gericht dann aber allein im Fall Oberhauser. Dieser wurde 1966 freigelassen, da man ihm die Untersuchungshaft anrechnete. Er starb 1979 in München.

Von September 1965 bis Dezember 1966 fand in Hagen der Prozess gegen zwölf SS-Angehörige des Vernichtungslagers Sobibor statt. Fünf von ihnen wurden zu Haftstrafen zwischen drei und acht Jahren verurteilt. Lediglich ein Angeklagter, Karl Frenzel, erhielt eine lebenslange Haftstrafe; nachdem er 16 Jahre abgesessen hatte, kam er frei. Fünf weitere SS-Männer wurden wegen „Putativnotstands" freigesprochen. Der SS-Mann Kurt Bolender beging vor der Urteilsverkündung Selbstmord.

Nach Beendigung der „Aktion Reinhardt" waren die meisten Trawniki-Männer dem WVHA zugeteilt und in unterschiedlichen Aufgabenbereichen eingesetzt. Teilweise kamen sie in Konzentrationslager in Deutschenland, unter anderem nach Sachsenhausen, Buchenwald und Flossenbürg. Einige Trawniki-Einheiten formierten sich zum „SS- und Polizeibataillon Streibel" unter Führung des Lagerkommandanten von Trawniki. Ende Juli zog sich das Bataillon Streibel aus dem Raum Lublin zurück. Zunächst wurde es in den Distrikt Radom verlegt, wo es an Kämpfen gegen Partisanen teilnahm und Wachdienste ausführte. Als Flugzeuge der Alliierten im Februar 1945 Dresden bombardierten, hielt sich das Bataillon in der Stadt auf. Als das Kriegsende nahte, befand sich das Bataillon in Tschechien. Es wurde aufgelöst, seine Angehörigen mischten sich unter die Flüchtlingsströme. Manche kehrten in die Sowjetunion zurück, wo einige verhaftet und zum Tode verurteilt wurden.[53] Andere emigrierten nach

53 Von den Trawniki, die 1942 in Belzec ihren Dienst verrichteten, kamen mindestens 53 vor ein sowjetisches Gericht, 17 von ihnen wurden zum Tode verurteilt und hingerichtet.

Süd- und Nordamerika. Über zwanzig ließen sich in den Vereinigten Staaten nieder.[54]

Polnische Gerichte verhandelten auch über Angehörige der Ordnungspolizei, die an den Massenmorden der „Endlösung“ im Generalgouvernement beteiligt waren. Unter ihnen war Major Wilhelm Trapp, der im Jahr 1948 für die Hinrichtung Dutzender Polen zum Tode verurteilt wurde. Der sudetendeutsche Josef Kokott, der sich an der Ermordung der Familie Ulma in Markowa beteiligt hatte, wurde aus der Tschechoslowakei nach Polen ausgeliefert und 1958 in Rzeszów zunächst zur Todesstrafe, nach Berufung zu lebenslänglich und schließlich zu 25 Jahren Haft verurteilt; er starb 1980 im Gefängnis. Die meisten ehemaligen Ordnungspolizisten gingen jedoch ebenso wie jene, die an Massenerschießungen teilgenommen hatten, straffrei aus.

Auch einige Akteure an der Spitze der deutschen Zivilverwaltung konnten ihrer Bestrafung nicht entgehen. Generalgouverneur Hans Frank wurde vor dem Internationalen Militärgerichtshof in Nürnberg wegen Kriegsverbrechen und Verbrechen gegen die Menschheit angeklagt, am 1. Oktober 1946 zum Tod durch den Strang verurteilt und am 16. Oktober 1946 hingerichtet. Franks Stellvertreter und Staatssekretär im Generalgouvernement Josef Bühler verurteilte das Oberste Volkstribunal Polens, das ihn 1948 hinrichten ließ. Ebenso erging es 1947 Ludwig Fischer, dem ehemaligen Gouverneur des Distrikts Warschau. Richard Wendler, zur Zeit der „Aktion Reinhardt“ Gouverneur im Distrikt Lublin, verbrachte mehrere Jahre hinter Gittern. Er starb 1972. Der einstige Gouverneur des Distrikts Radom, Ernst Kundt, wurde am 15. Februar 1947 in der Tschechoslowakei zum Tode verurteilt und noch am selben Tag hingerichtet. Der Gouverneur im Distrikt Galizien, Otto Wächter, versteckte sich mit Unterstützung der katholischen Kirche bis zu seinem Tod im Jahr 1949 in Rom. Ernst Zörner wurde bei Kriegsende als verschollen gemeldet.

Von den Kreishauptmännern, die das Ende des Kriegs erlebten, musste sich fast niemand vor Gericht verantworten. Anfang der 1970er-Jahre stellte die Staatsanwaltschaft Flensburg ihre Ermittlungen gegen den Rechtsanwalt und Notar Dr. Friedrich Schmidt ein. Obwohl Schmidt persönlich Hinrichtungen

Darunter war jedoch keiner der aus der Sowjetunion stammenden Deutschen, die in Belzec als Unteroffiziere eingesetzt waren. Siehe Dieter Pohl, Die Trawniki-Männer im Vernichtungslager Belzec 1941–1943, in: Alfred Gottwaldt/Norbert Kampe/Peter Klein (Hrsg.), NS-Gewaltherrschaft. Beiträge zur historischen Forschung und juristischen Aufarbeitung, Berlin 2005, S. 278–289, hier S. 288.

54 Siehe Black, Die Trawniki-Männer und die „Aktion Reinhard“, S. 351. Der bekannteste von ihnen war der Wachmann in Sobibor Iwan Demjanjuk. Er wurde 2011 in München zu fünf Jahren Haft verurteilt und starb ein Jahr später, ehe das Urteil rechtskraft erlangte.

angeordnet hatte, sah sie die Beweislast als zu schwach an. Schmidt stellte die Glaubwürdigkeit der jüdischen Zeugen infrage, indem er behauptete, diesen gehe es lediglich darum, sich an ihm zu rächen.[55]

Ungestraft blieben auch die Mitarbeiter der Deutschen Reichsbahn. Der ehemalige Staatssekretär im Reichsverkehrsministerium und frühere stellvertretende Generaldirektor der Reichsbahn Albert Ganzenmüller floh nach Kriegsende aus einem US-amerikanischen Internierungslager und setzte sich nach Argentinien ab. 1955 kehrte er in die Bundesrepublik Deutschland zurück. Im Mai 1973 wurden die einen Monat zuvor aufgenommenen Ermittlungen gegen ihn aufgrund seines schlechten Gesundheitszustands wieder eingestellt. Der frühere Präsident der Generaldirektion der Ostbahn, Adolf Gerteis, stieg 1950 zum stellvertretenden Generaldirektor der Deutschen Bundesbahn auf. Gegen Beamte, die die Fahrpläne der „Sonderzüge“ nach Belzec, Sobibor und Treblinka zusammengestellt hatten, wurde nicht ermittelt. Sie arbeiteten alle weiter – für die Deutsche Bundesbahn. 1964, als sie im Verfahren gegen die Wachmannschaft Treblinkas in den Zeugenstand gerufen wurden, konnten sie sich an nichts mehr erinnern.[56]

55 Siehe Roth, Herrenmenschen, S. 380–384.
56 Siehe Lichtenstein, Mit der Reichsbahn in den Tod, S. 136.

Abkürzungen

YVA	Yad Vashem Archives
AŻIH	Archiwum Żydowskiego Instytutu Historycznego [Archiv des Jüdischen Historischen Instituts]
Biuletyn ŻIH	Biuletyn Żydowskiego Instytutu Historycznego
EG	Einsatzgruppe der Sicherheitspolizei
EK	Einsatzkommando
Gedob	Generaldirektion der Ostbahn
Gestapo	Geheime Staatspolizei
GKBZHwP IPN	Główna Komisja Badania Zbrodni Hitlerowskich w Polsce – Instytut Pamięci Narodowej [Hauptkommission zur Erforschung der NS-Verbrechen in Polen – Institut für das Nationale Gedenken]
GKBZPNP	Główna Komisja Badania Zbrodni przeciwko Narodowi Polskiemu [Hauptkommission zur Erforschung der Verbrechen gegen das polnische Volk]
HASAG	Hugo Schneider Aktiengesellschaft Metallwarenfabrik
Hiwis	Hilfswillige (Trawniki-Männer)
HSSPF	Höherer SS- und Polizeiführer
IPN	Instytut Pamięci Narodowej [Institut für das Nationale Gedenken]
Julag	Arbeitslager für Juden
KdS	Kommandeur der Sicherheitspolizei und des Sicherheitsdienstes
Kripo	Kriminalpolizei
NKWD	Volkskommissariat für Innere Angelegenheiten
NSDAP	Nationalsozialistische Deutsche Arbeiterpartei
Orpo	Ordnungspolizei
Osti	Ostindustrie GmbH
PPR	Polska Partia Robotnicza [Polnische Arbeiterpartei]
PPS	Polska Partia Socjalistyczna [Polnische Sozialistische Partei]

RSHA	Reichssicherheitshauptamt
SA	Sturmabteilungen der NSDAP
Schupo	Schutzpolizei
SD	Sicherheitsdienst
Sipo	Sicherheitspolizei
SK	Sonderkommando
SS	Schutzstaffel der NSDAP
SSPF	SS- und Polizeiführer
VEJ	Edition „Die Verfolgung und Ermordung der europäischen Juden durch das nationalsozialistische Deutschland 1933–1945"
WVHA	SS-Wirtschafts- und Verwaltungshauptamt
ŻIH	Żydowski Instytut Historyczny [Jüdisches Historisches Institut]

Quellen- und Literaturverzeichnis

Quellen

Ajzensztajn, Betti (Bearb.), Ruch podziemny w gettach i obozach. Materiały i dokumenty [Untergrundbewegung in Ghettos und Lagern. Materialien und Dokumente], Warszawa/Łódź/Kraków 1946.

Aleksandrowicz, Julian, Kartki z dziennika doktora Twardego [Blätter aus dem Tagebuch von Doktor Twarde], Kraków 2001.

Arad, Yitzhak/Gutman, Yisrael/Margaliot, Abraham, Documents on the Holocaust: Selected Sources on the Destruction of the Jews of Germany and Austria, Poland, and the Soviet Union, Jerusalem 1981.

Archiwum Ringelbluma. Konspiracyjne Archiwum Getta Warszawy [Das Ringelblumarchiv. Das Untergrundarchiv aus dem Warschauer Ghetto]

- Bd. 1: Listy o Zagładzie [Briefe über den Judenmord]. Bearb. v. Ruta Sakowska, Warszawa 1997.
- Bd. 6: Generalne Gubernatorstwo. Relacje i dokumenty [Das Generalgouvernement. Berichte und Dokumente]. Bearb. v. Aleksandra Bańkowska, Warszawa 2012.
- Bd. 11: Ludzie i prace „Oneg Szabat“ [Die Mitglieder und die Arbeitsbereiche des „Oneg Schabbat“]. Hrsg. v. Aleksanda Bańkowska und Tadeusz Epsztein, Warszawa 2013.
- Bd. 13: Pomiechówek, Chełmno nad Nerem, Treblinka. Ostatnim etapem przesiedlenia jest śmierć [Pomiechówek, Chełmno an der Ner, Treblinka. Die letzte Etappe der Umsiedlung ist der Tod]. Bearb. v. Ewa Wiatr, Barbara Engelking und Alina Skibińska, Warszawa 2013.

Armia Krajowa w dokumentach. 1939–1945. Bearb. v. Halina Czarnocka u.a., Bd. 3: April 1943–Juli 1944, Londyn 1976.

Baranowski, Julian u. a. (Hrsg.), Kronika getta łódzkiego/Litzmannstadt Getto [Chronik des Ghettos Łódź/Litzmannstadt], Bd. 1–5, Łódź 2009.

Bem, Marek (Hrsg.), Sobibór. Bunt wobec wyroku [Sobibor. Auflehnung gegen das Urteil]. Ausgewählt v. Marta Janczewska, Warszawa 2012.

Berg, Mary, Pamiętnik. Relacja o dorastaniu w warszawskim getcie [Memoiren. Bericht über das Heranwachsen im Warschauer Ghetto]. Ins Polnische übersetzt v. Adam Tuz, Warszawa 2016.

– Warsaw Ghetto: A Diary. Ed. by S. L. Shneiderman, New York 1945.

– The Diary of Mary Berg: Growing up in the Warsaw Ghetto. Hrsg. v. S. L. Shneiderman, neu hrsg. v. Susan Lee Pentlin, Oxford 2007.

Bielawski, Szraga Fajwel, Ostatni Żyd z Węgrowa. Wspomnienia ocalałego z zagłady w Polsce [Der letzte Jude aus Węgrów. Erinnerungen eines Überlebenden des Holocaust in Polen]. Hrsg. und mit einer Einleitung v. Jan Grabowski. Übers. v. Sara Abrahamer, Warszawa 2015.

Blatt, Thomas, Nur die Schatten bleiben. Der Aufstand im Vernichtungslager Sobibor, 3. Aufl., Berlin 2003

– Sobibór. Der vergessene Aufstand. Bericht eines Überlebenden, Hamburg 2004.

Blumental, Nachman (Hrsg.), Proces ludobójcy Amona Leopolda Goetha przed Najwyższym Trybunałem Narodowym [Der Prozess gegen den Massenmörder Amon Leopold Göth vor dem Obersten Volkstribunal], Kraków/Łódź/Warszawa 1947.

– (Hrsg.), Te'udot mi-geto lublin – yudenrat le-lo derekh. Documents from Lublin Ghetto. Judenrat without direction, Jerusalem 1967.

Borwicz, Michał/Rost, Nella/Wulf, Józef (Hrsg.), Dokumenty zbrodni i męczeństwa [Dokumente der Verbrechen und des Leidens], Kraków 1945.

Cukierman, Icchak „Antek", Nadmiar pamięci (siedem owych lat). Wspomnienia 1939–1946 [Übermaß an Erinnerung (jene sieben Jahre). Erinnerungen 1939–1946]. Hrsg. v. Marian Turski, übers. v. Zoja Perelmuter, Warszawa 2000.

Czerniaków, Adam, Im Warschauer Getto. Das Tagebuch des Adam Czerniaków 1939–1942. Mit einem Vorwort von Israel Gutman, München 1986.

Dokumenty i materiały z czasów okupacji niemieckiej w Polsce [Dokumente und Materialien aus der Zeit der deutschen Besatzung Polens], Bd. 1: Obozy [Lager]. Bearb. v. N[achman] Blumental, Łódź 1946.

Dokumenty i materiały z czasów okupacji niemieckiej w Polsce, Bd. 2: Akcje i wysiedlenia [Aktionen und Aussiedlungen]. Bearb. v. J[ózef] Kermisz, Warszawa/Łódź/Kraków 1946.

Donat, Alexander (Hrsg.), The Death Camp Treblinka. A Documentary, New York 1979.

Edelman, Marek, Getto walczy (Udział Bundu w obronie getta warszawskiego) [Das Ghetto kämpft (Die Teilnahme des Bunds an der Verteidigung des Warschauer Ghettos)], Warszawa 1945.

Elster, Aaron, Ocalony z Zagłady. Wspomnienia chłopca z Sokołowa Podlaskiego [Gerettet vor dem Holocaust. Erinnerungen eines Juden aus Sokołów Podlaski]. Hrsg. und eingeleitet von Barbara Engelking und Jan Grabowski. Übers. v. Elżbieta Olender-Dmowska, Warszawa 2014.

Engelking, Barbara, Rozmowa z profesorem Israelem Gutmanem [Gespräch mit Professor Israel Gutman], in: Zagłada Żydów. Studia i Materiały 9 (2013), S. 207–244.

Faschismus – Getto – Massenmord. Dokumentation über Ausrottung und Widerstand der Juden in Polen während des zweiten Weltkriegs. Ausgewählt, bearbeitet und eingeleitet von Tatiana Berenstein, Artur Eisenbach und Adam Rutkowski, Frankfurt a. M. 1962.

Feuchert, Sascha u. a. (Hrsg.), Die Chronik des Ghettos Lodz / Litzmannstadt 1942, Göttingen 2007.

Friedman, Filip, Die Vernichtung der Lemberger Juden, in: Frank Beer/Wolfgang Benz/Barbara Distel (Hrsg.), Nach dem Untergang. Die ersten Zeugnisse der Shoah in Polen 1944–1947. Berichte der Zentralen Jüdischen Historischen Kommission, 2. Aufl., Berlin 2014, S. 27–63.

Goebbels, Joseph, Die Tagebücher von Joseph Goebbels, Teil I: Aufzeichnungen 1923–1941, 14 Bde. Hrsg. v. Elke Fröhlich, München 1998–2005.

– Die Tagebücher von Joseph Goebbels, Teil II: Diktate 1941–1945, 15 Bde. Hrsg. v. Elke Fröhlich, München 1993–1996.

Glazar, Richard, Die Falle mit dem grünen Zaun. Überleben in Treblinka, Frankfurt a. M. 1992.

Grudzińska, Marta, Dionyz Lénard. Relacja z pobytu w obozie na Majdanku (kwiecień–czerwiec 1942 roku) [Dionyz Lénard. Bericht vom Aufenthalt im Lager Majdanek (April–Juni 1942), in: Zeszyty Majdanka 26 (2014), S. 181–250.

Grynberg, Michał (Hrsg.), Pamiętniki z getta warszawskiego. Fragmenty i regesty [Tagebücher aus dem Warschauer Ghetto. Fragmente und Regesten], 2. Aufl., Warszawa 1983.

– /Kotowska, Maria (Bearb.), Życie i zagłada Żydów polskich 1939–1945. Relacje świadków [Leben und Vernichtung der polnischen Juden 1939–1945. Zeugenberichte], Warszawa 2003.

Halder, Franz, Kriegstagebuch. Tägliche Aufzeichnungen des Chefs des Generalstabes des Heeres 1939–1942. Hrsg. v. Arbeitskreis für Wehrforschung. Bearb. v. Hans-Adolf Jacobsen, 3 Bde.

– Bd. 1: Vom Polenfeldzug bis zum Ende der Westoffensive (14. August 1939–30. Juni 1940), Stuttgart 1962.

– Bd. 2: Von der geplanten Landung in England bis zum Beginn des Ostfeldzuges (1. Juli 1940–21. Juni 1941), Stuttgart 1963.

– Bd. 3: Der Russlandfeldzug bis zum Marsch auf Stalingrad (22. Juni 1941–24. September 1942), Stuttgart 1964.

Herder-Institut (Hrsg.), Dokumente und Materialien zur ostmitteleuropäischen Geschichte. Themenmodul „Holocaust in Polen“, www.herder-institut.de/no_cache/digitale-angebote/dokumente-und-materialien/themenmodule/modul/1/seite.html [14. 4. 2020].

Hescheles, Janina, Mit den Augen eines zwölfjährigen Mädchens. Ghetto – Lager – Versteck. Aus dem Polnischen von Christina-Marie Hauptmeier. Hrsg. v. Markus Roth, Berlin 2019.

Hirszfeld, Ludwik, Historia jednego życia, Warszawa 1946.

– Geschichte eines Lebens. Autobiographie. Aus dem Polnischen von Lisa Palmes und Lothar Quinkenstein, Paderborn 2018.

– Kahane, David: Lvov Ghetto Diary, Amherst 1990.

Kapłan, Chaim Aron, Księga życia (Dziennik z getta warszawskiego) [Buch des Lebens (Tagebuch aus dem Warschauer Ghetto), in: Biuletyn ŻIH 45–46 (1963) 1–2.

Karski, Jan, Tajne państwo. Opowieść o polskim podziemiu [Ein geheimer Staat. Die Geschichte des polnischen Untergrunds]. Übers. v. Grzegorz Siwek, Kraków 2014.

Katzmann, Friedrich, Lösung der Judenfrage im Distrikt Galizien, in: Nürnberger Prozess gegen die Hauptkriegsverbrecher vor dem Internationalen Militärgerichtshof, Nürnberg, 14. November 1945 – 1. Oktober 1946, 42 Bde., Nürnberg 1949, Bd. 38, S. 391–431.

– Lösung der Judenfrage im Distrikt Galizien. Rozwiązanie kwestii żydowskiej w dystrykcie Galicja. Hrsg. v. Andrzej Żbikowski, Warszawa 2001.

– Bericht von Fritz Katzmann zur „Lösung der Judenfrage“ in Galizien, in: Herder-Institut (Hrsg.), Dokumente und Materialien zur ostmitteleuropäischen Geschichte. Themenmodul „Holocaust in Polen“, bearb. von Imke Hansen, www.herder-institut.de/resolve/qid/2517.html [10. 4. 2020].

Klemperer, Victor, LTI. Notizbuch eines Philologen, Berlin 1947.

– Ich will Zeugnis ablegen bis zum letzten. Tagebücher von 1933–1945. Bd. 1, Berlin 1995.

Klukowski, Zygmunt, Dziennik z lat okupacji Zamojszczyzny (1939–1944) [Tagebuch aus den Jahren der Besetzung der Region Zamość (1939–1944)]. Hrsg. und mit einer Einleitung versehen v. Zygmunt Mańkowski, Lublin 1959.

– Tagebuch aus den Jahren der Okkupation 1939–1944. Hrsg. v. Christine Glauning und Ewelina Wanke. Aus dem Polnischen übersetzt von Karsten Wanke. Mit einer Einleitung von Ingo Loose, Berlin 2017.

– Zamojszczyzna 1918–1943 [Die Region Zamość 1918–1943], 2 Bde., Warszawa 2007.

Kopciowski, Adam (Bearb.), Księga Pamięci żydowskiego Lublina [Gedenkbuch des jüdischen Lublins], Lublin 2011.

Krzepicki, Abraham, Achtzehn Tage in Treblinka, in: Frank Beer/Wolfgang Benz/Barbara Distel (Hrsg.), Nach dem Untergang. Die ersten Zeugnisse der Shoah in Polen 1944–1947. Berichte der Zentralen Jüdischen Historischen Kommission, 2. Aufl., Berlin 2014, S. 553–616.

Lebenszeichen aus Piaski. Briefe Deportierter aus dem Distrikt Lublin 1940–1943. Hrsg. v. Else Rosenfeld u. Gertrud Luckner, München 1968.

Lewin, Abraham, A Cup of Tears. A Diary of the Warsaw Ghetto. Hrsg. v. Antony Polonsky, Oxford 1988.

Libionka, Dariusz (Hrsg.), Obóz zagłady w Bełżcu w relacjach ocalonych i zeznaniach polskich świadków [Das Vernichtungslager Belzec in den Berichten Überlebender und den Aussagen polnischer Zeugen], Lublin 2013.

Longerich, Peter (Hrsg.), Die Ermordung der europäischen Juden. Eine umfassende Dokumentation des Holocaust 1941–1945, München 1989.

Margolis, Rachel/Tobias, Jim G. (Hrsg.), Die geheimen Notizen des K. Sakowicz. Dokumente zur Judenvernichtung in Ponary, Nürnberg 2003.

[Frank, Hans], Okupacja i ruch oporu w dzienniku Hansa Franka [Besatzung und Widerstandsbewegung im Tagebuch von Hans Frank], 2 Bde. Ausgewählt und bearbeitet unter wissenschaftlicher Leitung von Lucjan Dobroszycki u. a., übers. v. Danuta Dąbrowska und Mieczysław Tomala, Warszawa 1970.

Pankiewicz, Tadeusz, Die Apotheke im Krakauer Ghetto, Kraków 1982 [Neuauflage: Tadeusz Pankiewicz, Die Apotheke im Krakauer Ghetto. Hrsg. v. Jupp Schluttenhofer. Aus dem Poln. v. Manuela Freudenfeld, Friedberg 2017].

Perechodnik, Calel, Bin ich ein Mörder? Das Testament eines jüdischen Ghetto-Polizisten. Aus dem Poln. v. Lavinia Oelkers, Lüneburg 1997.

Petscherski, Aleksandr, Bericht über den Aufstand in Sobibor. Hrsg. von Ingrid Damerow, Berlin 2018.

Piotrowski, Stanisław, Hans Franks Tagebuch. Aus dem Polnischen übers. v. Katja Weintraub, Warszawa 1963.

– Misja Odyla Globocnika. Sprawozdania o wynikach finansowych zagłady Żydów w Polsce [Die Mission Odilo Globocniks. Abschlussbericht über die finanziellen Erträge der Ermordung der Juden in Polen], Warszawa 1949.

Polacy – Żydzi. Polen – Juden. Poles – Jews. 1939–1945. Wybór źródeł. Quellenauswahl. Selection of documents. Bearb. v. Andrzej Krzysztof Kunert, Warszawa 2001.

Rajchman, Chil, Ich bin der letzte Jude. Treblinka 1942/43. Aufzeichnungen für die Nachwelt, München/Zürich 2009.

Rajzner, Rafael, Losy nieopowiedziane. Zagłada Żydów białostockich 1939–1945 [Unerzählte Schicksale. Die Ermordung der Juden von Białystok]. Bearb. v. Henry R. Lew, polnische Ausgabe bearb. und hrsg. v. Agnieszka Żółkiewska, Warszawa 2013.

Ringelblum, Emanuel, Kronika getta warszawskiego, wrzesień 1939 – styczeń 1943 [Die Chronik des Warschauer Ghettos, September 1939 – Januar 1943]. Eingeleitet und hrsg. v. Artur Eisenbach, poln. Übers. Adam Rutkowski, Warszawa 1983.

– Stosunki polsko-żydowskie w czasie drugiej wojny światowej. Uwagi i spostrzeżenia [Polnisch-jüdische Beziehungen im Zweiten Weltkrieg]. Bearb. v. Artur Eisenbach, Warszawa 1988.

[Rubinowicz, Dawid], Pamiętnik Dawida Rubinowicza [Tagebuch von Dawid Rubinowicz], Warszawa 1960.

– Das Tagebuch des Dawid Rubinowicz. Hrsg. von Walther Petri. Aus dem Polnischen von Stanisław Zylińsky, Weinheim 2001.

Sereny, Gitta, Am Abgrund. Eine Gewissensforschung, Frankfurt a. M./Berlin/Wien 1979.

– Am Abgrund. Gespräche mit dem Henker. Überarbeitete Neuausgabe, München 1995.

Siwek-Ciupak, Beata, Meldunki o liczbie więźniów w obozie na Majdanku (1 kwietnia–16 czerwca 1943) [Meldungen über die Anzahl der Häftlinge im Lager Majdanek (1. April – 16. Juni 1943)], in: Zeszyty Majdanka 26 (2014), S. 251–271.

Skibińska, Alina/Szuchta, Robert u. a. (Bearb.), Wybór źródeł do nauczania o zagładzie Żydów na okupowanych ziemiach polskich [Ausgewählte Quellen für den Unterricht über die Ermordung der Juden im besetzten Polen], Warszawa 2010.

Stroop, Jürgen, Es gibt keinen jüdischen Wohnbezirk in Warschau mehr, in: Nürnberger Prozess gegen die Hauptkriegsverbrecher vor dem Internationalen Militärgerichtshof, Nürnberg, 14. November 1945 – 1. Oktober 1946, 42 Bde., Nürnberg 1949, Bd. 26, Dokumentband 2. Nachdruck, München 1989.

– Es gibt keinen jüdischen Wohnbezirk in Warschau mehr! Żydowska dzielnica mieszkaniowa w Warszawie już nie istnieje! Hrsg. v. Andrzej Żbikowski, Warszawa 2009.

Szapiro, Paweł (Bearb.), Wojna żydowsko-niemiecka. Prasa konspiracyjna 1943–1944 o powstaniu w getcie Warszawy [Der jüdisch-deutsche Krieg.

Die Untergrundpresse 1943/44 über den Aufstand im Warschauer Ghetto], London 1992.

Die Verfolgung und Ermordung der europäischen Juden durch das nationalsozialistische Deutschland 1933–1945

- Bd. 4: Polen September 1939 – Juli 1941. Bearb. v. Klaus-Peter Friedrich, München 2011 (VEJ 4).
- Bd. 5: West- und Nordeuropa, 1940 – Juni 1942. Bearb. v. Katja Happe, München 2012 (VEJ 5).
- Bd. 6: Deutsches Reich und Protektorat Böhmen und Mähren Oktober 1941 – März 1943. Bearb. v. Susanne Heim, Berlin 2019 (VEJ 6).
- Bd. 7: Sowjetunion mit annektierten Gebieten I: Besetzte sowjetische Gebiete unter deutscher Militärverwaltung, Baltikum und Transnistrien. Bearb. v. Bert Hoppe, Hildrun Glass, München 2011 (VEJ 7).
- Bd. 9: Polen: Generalgouvernement August 1941–1945. Bearb. v. Klaus-Peter Friedrich, München 2014 (VEJ 9).
- Bd. 10: Polen: Die eingegliederten Gebiete August 1941–1945. Bearb. v. Ingo Loose, Berlin 2020 (VEJ 10).
- Bd. 13: Slowakei, Rumänien, Bulgarien. Bearb. v. Mariana Hausleitner, Souzana Hazan und Barbara Hutzelmann, Berlin 2018 (VEJ 13).
- Bd. 16: Das KZ Auschwitz 1942–1945 und die Zeit der Todesmärsche 1944/45. Bearb. v. Andrea Rudorff, Berlin 2018 (VEJ 16)

Weiser, Piotr (Hrsg.), Patrzyłam na usta … Dziennik z getta warszawskiego [Ich schaute auf den Mund … Tagebuch aus dem Warschauer Ghetto], Kraków/Lublin 2008.

Wiernik, Jankiel, Rok w Treblince. A Year in Treblinka. Mit einem Vorwort v. Władysław Bartoszewski, Warszawa 2003.

- Ein Jahr in Treblinka, Wien 2014.

Willenberg, Samuel, Treblinka. Lager, Revolte, Flucht, Warschauer Aufstand, Münster 2009.

Witte, Peter u. a. (Hrsg.), Der Dienstkalender Heinrich Himmlers 1941/42, Hamburg 1999.

Wulf, Josef, Das Dritte Reich und seine Vollstrecker. Die Liquidation von 500 000 Juden im Ghetto Warschau, Berlin 1961.

Ząbecki, Franciszek, Wspomnienia dawne i nowe [Alte und neue Erinnerungen], Warszawa 1977.

Zuckerman, Yitzhak, A Surplus of Memory: Chronicle of the Warsaw Ghetto Uprising, Berkeley 1993.

Literatur

Charles Ajenstat, Daniel Buk, Thomas Harlan (Hrsg.), Hermann Höfle, l'Autrichien artisan de la Shoah en Pologne. Archives inédites, Paris 2007.

Aly, Götz, Die Belasteten. ‚Euthanasie' 1939–1945. Eine Gesellschaftsgeschichte, Frankfurt a. M. 2013.

– /Heim, Susanne, Vordenker der Vernichtung. Auschwitz und die deutschen Pläne für eine neue europäische Ordnung, Frankfurt a. M. 2013.

Andrzejewski, Die Karwoche. Roman. Aus dem Poln. v. Oskar Jan Tauschinski. Mit einem Nachw. von Ariane Thomalla, München 2000.

Angrick, Andrej, „Aktion 1005". Spurenbeseitigung von NS-Massenverbrechen 1942–1945: Eine „geheime Reichssache" im Spannungsfeld von Kriegswende und Propaganda, 2 Bde., Göttingen 2018.

Arad, Yitzhak, Belzec, Sobibor, Treblinka. The Operation Reinhard Death Camps, Bloomington/Indianapolis 1987.

– Ghetto in Flames. The Struggle and Destruction of the Jews in Vilna in the Holocaust, Jerusalem 1980.

Bakunowicz, Czesław, Wykorzystanie kolei w Generalnym Gubernatorstwie do deportacji Żydów [Der Einsatz der Bahn im Generalgouvernement bei der Deportation der Juden], in: Biuletyn GKBZPNP (1993), Bd. 35, S. 83–99.

Bauer, Yehuda, Die dunkle Seite der Geschichte. Die Shoah in historischer Sicht. Interpretationen und Re-Interpretationen, Frankfurt 2001.

Bem, Marek (Hrsg.), Sobibór, Warszawa 2010.

– Sobibór. Obóz zagłady 1942–1943 [Das Vernichtungslager Sobibór, 1942–1943], Warszawa 2014.

Bender, Sara, „Akcja Reinhardt" w okręgu białostockim [Die „Aktion Reinhardt" im Bezirk Bialystok], in: Dariusz Libionka (Hrsg.), Akcja Reinhardt. Zagłada Żydów w Generalnym Gubernatorstwie [Aktion Reinhardt. Die Ermordung der Juden im Generalgouvernement], Warszawa 2004, S. 203–216.

– /Krakowski, Szmuel (Hrsg.), The Encyclopedia of the Righteous Among the Nations: Rescuers of Jews during the Holocaust in Poland, Jerysalem, Yad Vashem 2005,

Benz, Angelika, Handlanger der SS. Die Rolle der Trawniki-Männer im Holocaust, Berlin 2015.

Benz, Wolfgang, Die Protokolle der Weisen von Zion. Die Legende von der jüdischen Weltverschwörung, München [4]2019.

Berenstein, Tatiana, Eksterminacja ludności żydowskiej w dystrykcie Galicja (1941–1943) [Die Vernichtung der jüdischen Bevölkerung im Distrikt Galizien (1941–1943)], in: Biuletyn ŻIH 61 (1967), S. 3–58.

– /Rutkowski, Adam, Żydzi w obozie koncentracyjnym Majdanek (1941–1944) [Juden im Konzentrationslager Majdanek (1941–1944)], in: Biuletyn ŻIH 58 (1966) 2, S. 21–35.

Berger, Sara, Experten der Vernichtung. Das T4-Reinhardt-Netzwerk in den Lagern Belzec, Sobibor und Treblinka, Hamburg 2013.

Bildungswerk Stanisław Hantz e. V./Forschungsstelle Ludwigsburg der Universität Stuttgart (Hrsg.), Fotos aus Sobibor. Die Niemann-Sammlung zu Holocaust und Nationalsozialismus, Berlin 2020.

Black, Peter, Odilo Globocnik: Himmlers Vorposten im Osten, in: Ronald Smelser/Enrico Syring u. a. (Hrsg.), Die braune Elite II. 21 weitere biographische Skizzen, Darmstadt 1993, S. 103–115.

– Die Trawniki-Männer und die „Aktion Reinhard", in: Bogdan Musial (Hrsg.), „Aktion Reinhardt". Der Völkermord an den Juden im Generalgouvernement 1941–1944, Osnabrück 2004, S. 309–352.

– Indigenous Collaboration in the Government General – The Case of the Sonderdienst, in: Peter M. Judson/Marsha L. Rozenblit (Hrsg.), Constructing Nationalities in East Central Europe, Oxford 2005, S. 243–266.

Böhler, Jochen, Auftakt zum Vernichtungskrieg. Die Wehrmacht in Polen 1939, Frankfurt a. M. 2006.

– /Mallmann, Klaus-Michael/Matthäus, Jürgen, Einsatzgruppen in Polen. Darstellung und Dokumentation, Darmstadt 2008.

– Totentanz. Die Ermittlungen zur „Aktion Erntefest", in: Klaus-Michael Mallmann/Andrej Angrick (Hrsg.), Die Gestapo nach 1945. Karrieren, Konflikte, Konstruktionen, Darmstadt 2009, S. 235–254.

– Foot Soldiers of the Final Solution: The Trawniki Training Camp and Operation Reinhard, in: Holocaust and Genocide Studies 25 (2011), H. 1, S. 1–99.

– /Gerwarth, Robert (Hrsg.), The Waffen-SS: A European History, Oxford 2016.

Bothe, Alina/Pickhan, Gertrud (Hrsg.), Ausgewiesen! Berlin, 28. 10. 1938. Die Geschichte der „Polenaktion", Berlin 2018.

Browning, Christopher R., Die Entfesselung der „Endlösung". Nationalsozialistische Judenpolitik 1939–1942, München 2003.

– Pamięć przetrwania. Nazistowski obóz pracy oczami więźniów [Das Überleben erinnern. Das nationalsozialistische Arbeitslager in den Augen der Häftlinge]. Übers. v. Hanna Pustuła-Lewicka, Wołowiec 2012.

– Ganz normale Männer. Das Reserve-Polizeibataillon 101 und die „Endlösung" in Polen, Hamburg 1993.

Bruder, Franziska, Hunderte solcher Helden. Der Aufstand jüdischer Gefangener im NS-Vernichtungslager Sobibór, Münster 2013.

- Das eigene Schicksal selbst bestimmen. Fluchten aus Deportationszügen der „Aktion Reinhardt“ in Polen, Hamburg/Münster 2019.

Cesarani, David, Adolf Eichmann. Bürokrat und Massenmörder, Berlin 2004.

Chmielewski, Jakub, Likwidacja getta szczątkowego w Lublinie [Die Auflösung des Restghettos in Lublin], in: Justyna Gałuszka (Hrsg.), Wiek XX wiekiem kryzysu? Kryzys człowieczeństwa, czyli ludobójstwa w minionym stuleciu [Das 20. Jahrhundert, ein Jahrhundert der Krise? Die Krise der Menschlichkeit, oder auch der Völkermord im vergangenen Jahrhundert], Kraków 2014, S. 53–76.

Chmielewski, Jakub, Zagłada żydowskiego miasta – likwidacja getta na Podzamczu [Die Vernichtung einer jüdischen Stadt – Auflösung des Ghettos Podzamcze], in: Kwartalnik Historii Żydów (2015) 4, S. 705–739.

Cüppers, Martin, Wegbereiter der Shoah. Die Waffen-SS, der Kommandostab Reichsführer SS und die Judenvernichtung 1939–1945, Darmstadt 2005

Czech, Danuta, Kalendarium der Ereignisse im Konzentrationslager Auschwitz-Birkenau 1939–1945, Reinbek bei Hamburg 1989.

Datner, Szymon, Eksterminacja ludności żydowskiej w Okręgu Białostockim [Vernichtung der jüdischen Bevölkerung im Bezirk Bialystok], in: Biuletyn ŻIH 60 (1966) 4.

- Kampf und Zerstörung des Ghettos von Białystok, in: Frank Beer/Wolfgang Benz/Barbara Distel (Hrsg.), Nach dem Untergang. Die ersten Zeugnisse der Shoah in Polen 1944–1947. Berichte der Zentralen Jüdischen Historischen Kommission, 2. Aufl., Berlin 2014, S. 131–162.

Długoborski, Wacław, Żydzi z ziem polskich wcielonych do Rzeszy w KL Auschwitz-Birkenau [Juden aus den ins Reich eingegliederten polnischen Gebieten im KL Auschwitz-Birkenau], in: Aleksandra Namysło (Hrsg.), Zagłada Żydów na polskich terenach wcielonych do Rzeszy [Der Judenmord in den ins Reich eingegliederten polnischen Gebieten], Warszawa 2008, S. 129–147.

Engelking, Barbara, Such a Beautiful Sunny Day: Jews Seeking Refuge in the Polish Countryside, 1942–1945, Jerusalem 2016.

- /Grabowski, Jan, „Przestępczość“ Żydów w Warszawie 1939–1942 [„Kriminalität“ von Juden in Warschau 1939–1942], Warszawa 2010.
- /Grabowski, Jan (Hrsg.), Zarys krajobrazu. Wieś polska wobec zagłady Żydów 1942–1945 [Eine Skizze des ländlichen Raums. Reaktionen der polnischen Landbevölkerung auf den Judenmord], Warszawa 2011.
- /Leociak, Jacek/Libionka, Dariusz (Hrsg.), Prowincja noc. Życie i zagłada Żydów w dystrykcie warszawskim [Die Provinz bei Nacht. Leben und Ermordung der Juden im Distrikt Warschau], Warszawa 2007.

– Leociak Jacek, The Warsaw Ghetto: A Guide to the Perished City, New Haven/London 2009.
– /Libionka, Dariusz, Żydzi w powstańczej Warszawie [Juden im aufständischen Warschau], Warschau 2009.
Fest, Joachim, Hitler. Eine Biographie. Erster Band: Der Aufstieg, Frankfurt a. M. 1976.
Fleming, Gerald, Hitler und die Endlösung. „Es ist der Wunsch des Führers ..." Mit 12 Fotos und Dokumenten, Wiesbaden und München 1982.
Friedländer, Saul, Das Dritte Reich und die Juden. Bd. 2: Die Jahre der Vernichtung 1939–1945, München 2006.
Friedrich, Klaus-Peter, Über den Widerstandsmythos im besetzten Polen in der Historiographie, in: 1999. Zeitschrift für Sozialgeschichte des 20. und 21. Jahrhunderts 13 (1998), S. 10–60.
– Die deutsche polnischsprachige Presse im Generalgouvernement (1939–1945). NS-Propaganda für die polnische Bevölkerung, in: Publizistik 46 (2001), S. 162–188.
– Der nationalsozialistische Judenmord in polnischen Augen: Einstellungen in der polnischen Presse 1942–1946/47, phil. Diss. Köln 2003, URL: http://kups.ub.uni-koeln.de/volltexte/2003/952/.
– Spontane ‚Volkspogrome' oder Auswüchse der NS-Vernichtungspolitik? Zur Kontroverse um die Radikalisierung der antijüdischen Gewalt im Sommer 1941, in: Kwartalnik Historii Żydów, Nr. 212 (2004), S. 587–611.
– Rassistische Seuchenprävention als Voraussetzung nationalsozialistischer Vernichtungspolitik: Vom Warschauer „Seuchensperrgebiet" zu den „Getto"-Mauern (1939/40), in: Zeitschrift für Geschichtswissenschaft 53 (2005), S. 609–636.
– Der nationalsozialistische Judenmord und das polnisch-jüdische Verhältnis im Diskurs der polnischen Untergrundpresse (1942–1944), Marburg 2006.
– Kontaminierte Erinnerung: Vom Einfluß der Kriegspropaganda auf das Gedenken an die Warschauer Aufstände von 1943 und 1944. Über Veränderungsprozesse in der polnischen und der deutschsprachigen Publizistik und Erinnerungskultur, in: Zeitschrift für Ostmitteleuropa-Forschung 55 (2006), 3, S. 395–432.
Gilbert, Martin, Atlas historii Holocaustu [Atlas der Geschichte des Holocaust], poln. Übers. Marek Klimowicz [Liszki 2001].
– The Routledge Atlas of the Holocaust, 3. Aufl., London/New York 2002
Głowiński, Tomasz, O nowy porządek europejski. Ewolucja hitlerowskiej propagandy politycznej wobec Polaków w Generalnym Gubernatorstwie 1939–1945 [Die Neuordnung Europas. Die Entwicklung der national-

sozialistischen politischen Propaganda in Bezug auf die Polen im Generalgouvernement 1939–1945], Wrocław 2000.

Grabowski, Jan, Hunt for the Jews: Betrayal and Murder in German-Occupied Poland, Indiana 2013.

– Ratowanie Żydów za pieniądze – przemysł pomocy [Die Rettung von Juden für Geld als Gewerbe], in: Zagłada Żydów. Studia i Materiały 4 (2008), S. 81–109.

– Tropiąc Emanuela Ringelbluma. Udział polskiej Kriminalpolizei w „ostatecznym rozwiązaniu kwestii żydowskiej“ [Emanuel Ringelblum auf der Spur. Der Beitrag der polnischen Kriminalpolizei zur „Endlösung der Judenfrage“], in: Zagłada Żydów. Studia i Materiały 10 (2014) 1, S. 27–56.

– Zarząd powierniczy i nieruchomości żydowskie w Generalnym Gubernatorstwie. „Co można skonfiskować? W zasadzie wszystko“ [Die Treuhandverwaltung und die jüdischen Immobilien im Generalgouvernement. „Was kann konfisziert werden? Im Prinzip alles“], in: ders./Libionka, Klucze i kasa, S. 73–112.

– /Libionka, Dariusz (Hrsg.), Klucze i kasa. O mieniu żydowskim w Polsce pod okupacją niemiecką i we wczesnych latach powojennych 1939–1950 [Schlüssel und Kasse. Über das jüdische Eigentum in Polen unter deutscher Besatzung und in den frühen Nachkriegsjahren 1939–1950], Warszawa 2014.

Grabitz, Helge/Scheffler, Wolfgang: Letzte Spuren. Ghetto Warschau, SS-Arbeitslager Trawniki, Aktion Erntefest. Fotos und Dokumente über Opfer des Endlösungswahns im Spiegel der historischen Ereignisse, 2. Aufl., Berlin 1993.

Griffioen, Pim/Zeller, Ron, Prześladowania Żydów w Holandii, Francji i Belgii, 1940–1945 w ujęciu porównawczym: podobieństwa, różnice, przyczyny [Judenverfolgung in den Niederlanden, Frankreich und Belgien 1940–1945 im Vergleich: Ähnlichkeiten, Unterschiede, Gründe], in: Zagłada Żydów. Studia i Materiały 11 (2015), S. 90–130.

Gross, Jan Tomasz, Nachbarn. Der Mord an den Juden von Jedwabne. Aus dem Englischen von Friedrich Griese, München 2001.

– /Grudzińska-Gross, Irena, Golden Harvest. Events at the Periphery of the Holocaust, New York 2012.

Grünberg, Karol, SS – czarna gwardia Hitlera [SS – die schwarze Garde Hitlers], Warszawa 1985.

Grupińska, Anka, Odczytanie listy. Opowieści o warszawskich powstańcach Żydowskiej Organizacji Bojowej [Interpretierte Briefe. Erzählungen über die Warschauer Aufständischen der Jüdischen Kampforganisation], Wołowiec 2014.

Gutman, Yisrael, Resistance. The Warsaw Ghetto Uprising, Boston/New York 1994.

- The Jews of Warsaw, 1939–1943: Ghetto, Underground, Revolt, Bloomington 1989 [zuerst 1982].
- /Krakowski, Shmuel, Unequal Victims: Poles and Jews during World War II, New York 1986.

Hänschen, Steffen, Das Transitghetto Izbica im System des Holocaust, Berlin 2018.

Happe, Katja, Viele falsche Hoffnungen. Judenverfolgung in den Niederlanden 1940–1945, Paderborn 2017.

Haska, Agnieszka, Julian Eliasz Chorążycki (1885–1943), in: Zagłada Żydów. Studia i Materiały 9 (2013), S. 245–256.
- „Jestem Żydem, chcę wejść". Hotel Polski w Warszawie, 1943 [„Ich bin Jude, ich möchte rein". Das Hotel Polski in Warschau 1943], Warszawa 2006.

Heberer, Patricia, Eine Kontinuität der Tötungsoperationen. T4-Täter und die „Aktion Reinhard", in: Bogdan Musial (Hrsg.), „Aktion Reinhardt". Der Völkermord an den Juden im Generalgouvernement 1941–1944, Osnabrück 2004, S. 285–308.

Hilberg, Raul, Sonderzüge nach Auschwitz, Mainz 1981.
- Täter, Opfer, Zuschauer. Die Vernichtung der Juden 1933–1945. Übers. v. Hans Günter Holl, Frankfurt a. M. 1992.
- Die Vernichtung der europäischen Juden, 3 Bde., Frankfurt a. M. 1993.

Hlavinka, Ján, „Dôjsť silou-mocou na Slovensko a informovať": Dionýz Lénard a jeho útek z koncentračného tábora Majdanek [„Mit aller Gewalt in die Slowakei gelangen, um zu informieren": Dionýz Lénard und seine Flucht aus dem Konzentrationslager Majdanek], Bratislava 2015.

Jockheck, Lars, Propaganda im Generalgouvernement. Die NS-Besatzungspresse für Deutsche und Polen 1939–1945, Osnabrück 2006.

Juskiewicz, Ryszard/Śliwczyński, Jerzy Piotr/Zakrzewski, Andrzej (Hrsg.), Those who Helped: Polish Rescuers of Jews during the Holocaust, Warszawa 1997.

Kaienburg, Hermann, Die Wirtschaft der SS, Berlin 2003

Karay, Felicja, Żydowskie obozy pracy w czasie „akcji Reinhardt" [Jüdische Arbeitslager in der Zeit der „Aktion Reinhardt"], in: Dariusz Libionka (Hrsg.), Akcja Reinhardt. Zagłada Żydów w Generalnym Gubernatorstwie [Aktion Reinhardt. Die Ermordung der Juden im Generalgouvernement], Warszawa 2004, S. 248–260.

Kassow, Samuel D., Ringelblums Vermächtnis. Das geheime Archiv des Warschauer Ghettos. Reinbek 2010.

Kershaw, Ian, Hitler, 1889–1936. Stuttgart 1998

Kiełboń, Janina, Judendeportationen in den Distrikt Lublin (1939–1943), in: Bogdan Musiał (Hrsg.), „Aktion Reinhardt". Der Völkermord an den Juden im Generalgouvernement 1941–1944, Osnabrück 2004, S. 111–140.

Kłańska, Maria, Jüdisches Städtebild Krakau, Frankfurt am Main 1994.

Klein, Peter, Massentötung durch Giftgas im Vernichtungslager Chełmno, in: Günter Morsch/Bertrand Perz unter Mitarbeit von Astrid Ley (Hrsg.), Neue Studien zu nationalsozialistischen Massentötungen durch Giftgas. Historische Bedeutung, technische Entwicklung, revisionistische Leugnung, 2., überarb. Aufl., Berlin 2012, S. 176–184.

Klemp, Stefan, „Aktion Erntefest": Mit Musik in den Tod. Rekonstruktion eines Massenmords. Münster 2013.

Kopciowski, Adam, Zagłada Żydów w Zamościu [Der Judenmord in Zamość], Lublin 2005.

– Zajścia antyżydowskie na Lubelszczyźnie w pierwszych latach po II wojnie światowej [Antijüdische Vorfälle in der Region Lublin in den ersten Jahren nach dem Zweiten Weltkrieg], in: Zagłada Żydów. Studia i Materiały 3 (2007), S. 178–207.

Kopka, Bogusław, Das KZ Warschau. Geschichte und Nachwirkungen, Warschau 2010.

Kopówka, Edward, Karny obóz pracy w Treblince [Strafarbeitslager Treblinka], in: ders. (Hrsg.), Co wiemy o Treblince? Stan badań [Was wissen wir über Treblinka? Der Stand der Forschung], Siedlce 2013, S. 45–60.

Kotarba, Ryszard, Niemiecki obóz w Płaszowie 1942–1945 [Deutsches Lager in Płaszów 1942–1945], Warszawa/Kraków 2009.

Krakowski, Shmuel, The War of the Doomed. Jewish Armed Resistance in Poland, 1942–1944, New York–London 1984.

– Żydowski opór w Generalnym Gubernatorstwie, in: Dariusz Libionka (Hrsg.), Akcja Reinhardt. Zagłada Żydów w Generalnym Gubernatorstwie [Aktion Reinhardt. Die Ermordung der Juden im Generalgouvernement], Warszawa 2004, S. 283–291.

Kranz, Tomasz, Eksterminacja Żydów na Majdanku i rola obozu w realizacji „Akcji Reinhardt" [Die Vernichtung der Juden in Majdanek und die Rolle des Lagers bei der Durchführung der „Aktion Reinhardt"], in: Zeszyty Majdanka 22 (2003), S. 7–55.

– Das Konzentrationslager Majdanek und die „Aktion Reinhardt", in: Bogdan Musial (Hrsg.), „Aktion Reinhardt". Der Völkermord an den Juden im Generalgouvernement 1941–1944, Osnabrück 2004, S. 233–256.

– Die Vernichtung der Juden im Konzentrationslager Majdanek, Lublin 2007.

– /Kuwałek, Robert/Siwek-Ciupak, Beata, Odszyfrowane radiotelegramy ze stanami dziennymi obozu koncentracyjnego na Majdanku (styczeń 1942–tyczeń 1943) [Verschlüsselte Funktelegramme mit den täglichen Stärkemel-

dungen des Konzentrationslagers Majdanek (Januar 1942–Januar 1943)], in: Zeszyty Majdanka 24 (2008), S. 201–232.
– Massentötungen durch Giftgase im Konzentrationslager Majdanek, in: Günter Morsch/Bertrand Perz unter Mitarbeit von Astrid Ley (Hrsg.), Neue Studien zu nationalsozialistischen Massentötungen durch Giftgas. Historische Bedeutung, technische Entwicklung, revisionistische Leugnung, 2., überarb. Aufl., Berlin 2012, S. 219–227.

Krempa, Andrzej, Zagłada Żydów mieleckich [Der Judenmord in Mielec], Mielec 2012.

Kunert, Andrzej Krzysztof (Bearb.), Polacy - Żydzi 1939–1945. Wybór źródeł [Polen - Juden 1939–1945. Ausgewählte Quellen], Warszawa 2001.

Kuwałek, Robert, Deportacje z dystryktu lubelskiego do obozu zagłady w Treblince [Deportationen aus dem Distrikt Lublin in das Vernichtungslager Treblinka], in: Edward Kopówka (Hrsg.), Co wiemy o Treblince? Stan badań [Was wissen wir über Treblinka? Der Stand der Forschung], Siedlce 2013, S. 143–164.
– Die Durchgangsghettos im Distrikt Lublin (u. a. Izbica, Piaski, Rejowiec und Trawniki, in: Bogdan Musial (Hrsg.), „Aktion Reinhardt". Der Völkermord an den Juden im Generalgouvernement 1941–1944, Osnabrück 2004, S. 197–232.
– Jeńcy sowieccy w formacji SS-Wachmannschaften [Sowjetische Kriegsgefangene unter den SS-Wachmannschaften], in: Jakub Wojtkowiak (Hrsg.), Jeńcy sowieccy na ziemiach polskich w czasie II wojny światowej [Sowjetische Kriegsgefangene auf polnischem Boden während des Zweiten Weltkriegs], Warszawa 2015, S. 201–231.
– Nowe ustalenia dotyczące liczby ofiar niemieckiego obozu zagłady w Sobiborze [Neue Erkenntnisse über die Zahl der Opfer des deutschen Vernichtungslagers Sobibór], in: Zeszyty Majdanka 26 (2014), S. 17–60.
– Das Vernichtungslager Bełżec. Aus dem Polnischen von Steffen Hänschen. Mit einem Vorwort von Ingo Loose, 2. überarb. und erw. Aufl., Berlin 2014.
– Zagłada żydowskiego Chełma [Der Mord am jüdischen Chełm], in: Adam Sitarek/Michał Trębacz/Ewa Wiatr (Hrsg.), Zagłada Żydów na polskiej prowincji [Der Judenmord in der polnischen Provinz], Łódź 2012, S. 175–202.
– Żydzi lubelscy w obozie koncentracyjnym na Majdanku [Lubliner Juden im Konzentrationslager Majdanek], in: Zeszyty Majdanka 22 (2003), S. 77–120.

Kwiatkowski, Piotr T./Nijakowski, Lech M./Szacka, Barbara/Szpociński, Andrzej, Między codziennością a wielką historią. Druga wojna światowa w pamięci zbiorowej społeczeństwa polskiego [Zwischen Alltag und großer Geschichte. Der Zweite Weltkrieg im kollektiven Gedächtnis der polnischen

Gesellschaft]. Einleitung: Paweł Machcewicz, Kommentar: Marcin Kula, Gdańsk/Warszawa 2010.

Lehnstaedt, Stephan, Der Kern des Holocaust. Bełżec, Sobibór, Treblinka und die Aktion Reinhardt, München 2017.

– /Traba, Robert (Hrsg.), Die „Aktion Reinhardt". Geschichte und Gedenken, Berlin 2019.

Lenarczyk, Wojciech, Obóz pracy na Flugplatzu w Lublinie. Historia, funkcjonowanie, więźniowie [Das Arbeitslager „Flugplatz" in Lublin. Geschichte, Funktionsweise, Häftlinge], in: Zeszyty Majdanka 26 (2014), S. 61–126.

– /Libionka, Dariusz (Hrsg.), Erntefest, 3–4 listopada 1943. Zapomniany epizod Zagłady [Erntefest, 3.–4. November 1943. Vergessene Episode des Holocaust], Lublin 2009.

– Obóz pracy przymusowej dla Żydów przy ul. Lipowej w Lublinie (1939–1943) [Das Zwangsarbeitslager für Juden in der Lipowa-Straße in Lublin (1939–1943)], in: Wojciech Lenarczyk/Dariusz Libionka (Hrsg.), Erntefest, 3–4 listopada 1943. Zapomniany epizod Zagłady [Erntefest, 3.–4. November 1943. Vergessene Episode des Holocaust], Lublin 2009, S. 37–72.

– Obóz pracy przymusowej w Budzyniu (1942–1944), in: in: Wojciech Lenarczyk/Dariusz Libionka (Hrsg.), Erntefest, 3–4 listopada 1943. Zapomniany epizod Zagłady [Erntefest, 3.–4. November 1943. Eine vergessene Episode des Holocaust], Lublin 2009, S. 261–286.

Libionka, Dariusz (Hrsg.), Akcja Reinhardt. Zagłada Żydów w Generalnym Gubernatorstwie [Die Aktion Reinhardt. Die Ermordung der Juden im Generalgouvernement], Warszawa 2004.

– Narodowa Organizacja Wojskowa i Narodowe Siły Zbrojne wobec Żydów pod Kraśnikiem – korekta obrazu [Die Haltung der Nationalen Militärorganisation und der Nationalen Streitkräfte gegenüber den Juden bei Kraśnik – Korrektur des Bildes], in: Zagłada Żydów. Studia i Materiały 7 (2011), S. 23–62.

– Obozy pracy dla Żydów na Lubelszczyźnie i ich likwidacja w optyce struktur Polskiego Państwa Podziemnego [Arbeitslager für Juden im Lubliner Land und ihre Auflösung aus dem Blickwinkel des polnischen Untergrundstaates], in: Wojciech Lenarczyk/Dariusz Libionka (Hrsg.), Erntefest, 3–4 listopada 1943. Zapomniany epizod Zagłady [Erntefest, 3.–4. November 1943. Eine vergessene Episode des Holocaust], Lublin 2009, S. 229–260.

– Polska ludność chrześcijańska wobec eksterminacji Żydów – dystrykt lubelski [Die polnische christliche Bevölkerung und die Ausrottung der Juden im Bezirk Lublin], in: ders. (Hrsg.), Akcja Reinhardt. Zagłada Żydów w Generalnym Gubernatorstwie [Aktion Reinhardt. Die Ermordung der Juden im Generalgouvernement], Warszawa 2004, S. 306–333.

- Polska konspiracja wobec eksterminacji Żydów w dystrykcie warszawskim Prasa konspiracyjna wobec eksterminacji Żydów w dystrykcie warszawskim [Der polnische Untergrund und die Ermordung der Juden im Distrikt Warschau], in: Barbara Engelking/Jacek Leociak/Dariusz Libionka (Hrsg.), Prowincja noc. Życie i zagłada Żydów w dystrykcie warszawskim [Die Provinz bei Nacht. Leben und Ermordung der Juden im Distrikt Warschau], Warszawa 2007, S. 443–504.
- Relacje Chaima Hirszmana i Poli Hirszman [Berichte von Chajm Hirszman und Pola Hirszman], in: Dariusz Libionka (Hrsg.), Obóz zagłady w Bełżcu w relacjach ocalonych i zeznaniach polskich świadków [Das Vernichtungslager Belzec in den Berichten Überlebender und den Aussagen polnischer Zeugen], Lublin 2013.
- ZWZ-AK i Delegatura Rządu RP wobec eksterminacji Żydów polskich [ZWZ-AK und die polnische Regierungsdelegatur im Angesicht der Vernichtung der polnischen Juden], in: Andrzej Żbikowski (Hrsg.), Polacy i Żydzi pod okupacją niemiecką 1939–1945. Studia i materiały [Polen und Juden unter deutscher Besatzung 1939–1945. Studien und Materialien], Warszawa 2006.
- /Weinbaum, Laurence, Bohaterowie, hochsztaplerzy, opisywacze. Wokół Żydowskiego Związku Wojskowego [Helden, Hochstapler, Geschichtenerzähler: der jüdische Militärverband], Warszawa 2011.

Lichtenstein, Heiner, Mit der Reichsbahn in den Tod. Massentransporte in den Holocaust, Köln 1985.

Longerich, Peter, Heinrich Himmler. Biographie, München 2008.

Löw, Andrea, Juden im Getto Litzmannstadt. Lebensbedingungen, Selbstwahrnehmung, Verhalten, Göttingen 2006.
- /Roth, Markus, Juden in Krakau unter deutscher Besatzung 1939–1945, Göttingen 2011.

Loewy, Hanno/Schoenberner, Gerhard, „Unser einziger Weg ist Arbeit". Das Getto in Lódz 1940–1944, Wien 1990.

Łuczak, Czesław, Polska i Polacy w drugiej wojnie światowej [Polen und die Polen im Zweiten Weltkrieg], Poznań 1993.

Machcewicz, Paweł/Persak, Krzysztof (Hrsg.), Wokół Jedwabnego [Um Jedwabne], Bd. 1: Studia [Studien], Bd. 2: Dokumenty [Dokumente], Warszawa 2002.

Madajczyk, Czesław, Polityka III Rzeszy w okupowanej Polsce [Die Politik des Dritten Reichs im besetzten Polen], 2 Bde., Warszawa 1970.
- Die Okkupationspolitik Nazideutschlands in Polen 1939–1945, Berlin 1987.

Mallmann, Klaus-Michael, „Mensch, ich feiere heut' den tausendsten Genickschuß". Die Sicherheitspolizei und die Shoah in Westgalizien, in: Bogdan

Musial (Hrsg.), „Aktion Reinhardt“. Der Völkermord an den Juden im Generalgouvernement 1941–1944, Osnabrück 2004, S. 353–382.

Marszałek, Józef, Rozpoznanie obozów śmierci w Bełżcu, Sobiborze i Treblince przez wywiad Armi Krajowej i Delegatury Rządu Rzeczypospolitej Polskiej na Kraj [...] [Aufklärung über die Todeslager in Belzec, Sobibor und Treblinka durch den Nachrichtendienst der Heimatarmee und die Regierungsdelegation für Polen im Inland], in: Biuletyn Głównej Komisji Badania Zbrodni Hitlerowskich w Polsce 35 (1993), S. 36–52.

Mazanowska, Izabela/Ceran, Tomasz S. (Hrsg.), Zapomniani kaci Hitlera. Volksdeutscher Selbstschutz w okupowanej Polsce 1939–1940. Wybrane zagadnienia [Vergessene Henker Hitlers. Volkdeutscher Selbstschutz im besetzten Polen 1939–1940], Bydgoszcz/Gdańsk 2016.

Mazurek, Jerzy/Skibińska, Alina, „Barwy Białe“ on their Way to Aid Fighting Warsaw: The Crimes of the Home Army against the Jews, in: Holocaust. Studies and Materials. Journal of the Polish Center for Holocaust Research, Warsaw 2013, S. 433–481.

Mazzeo, Tilar J., Irenas Liste oder Das Geheimnis des Apfelbaums. Die außergewöhnliche Geschichte der Frau, die 2500 Kinder aus dem Warschauer Ghetto rettete, München 2017.

Mieszkowska, Anna, Die Mutter der Holocaust-Kinder. Irena Sendler und die geretteten Kinder aus dem Warschauer Ghetto. Aus dem Poln. v. Urszula Usakowska-Wolff und Manfred Wolff, München 2006.

Młynarczyk, Jacek A., „Akcja Reinhard“ w gettach prowincjonalnych dystryktu warszawskiego [Die „Aktion Reinhardt“ in den Provinzghettos im Distrikt Warschau], in: Barbara Engelking/Jacek Leociak/Dariusz Libionka (Hrsg.), Prowincja noc. Życie i zagłada Żydów w dystrykcie warszawskim [Die Provinz bei Nacht. Leben und Ermordung der Juden im Distrikt Warschau], Warszawa 2007, S. 39–74.

– Bestialstwo z urzędu. Organizacja hitlerowskich akcji deportacyjnych w ramach „Operacji Reinhard“ na przykładzie likwidacji kieleckiego getta [Grausamkeit vom Amt. Die Organisation der nationalsozialistischen Deportationen im Rahmen der „Aktion Reinhardt“], „Kwartalnik Historii Żydów“ 2002, Nr. 3, S. 363–372.

– Treblinka – ein Todeslager der „Aktion Reinhardt“, in: Bogdan Musial (Hrsg.), „Aktion Reinhardt“. Der Völkermord an den Juden im Generalgouvernement 1941–1944, Osnabrück 2004, S. 257–286.

– Organisation und Durchführung der „Aktion Reinhard“ im Distrikt Radom, in: Bogdan Musial (Hrsg.), „Aktion Reinhardt“. Der Völkermord an den Juden im Generalgouvernement 1941–1944, Osnabrück 2004, S. 165–196.

– Wpływ inicjatyw oddolnych Arthura Greisera i Odilona Globocnika na decyzje o wymordowaniu Żydów [Einfluss der Initiativen Arthur Greisers und Odilo Globocniks von unten auf die Entscheidung zur Ermordung der Juden], in: Aleksandra Namysło (Hrsg.), Zagłada Żydów na terenach polskich wcielonych do Rzeszy [Ermordung der Juden in den ins Reich eingegliederten polnischen Gebieten], Warszawa 2008, S. 14–32.
– /Piątkowski, Sebastian, Cena poświęcenia. Zbrodnie na Polakach za pomoc udzielaną Żydom w rejonie Ciepielowa [Der Preis für Hilfsbereitschaft. Verbrechen an Polen für ihre Hilfe von Juden in der Region Ciepielów], Kraków 2007.

Montague, Patrick, Chełmno and the Holocaust: The History of Hitler's First Death Camp, London/New York 2012.

Musial, Bogdan, Ursprünge der „Aktion Reinhardt". Planung des Massenmordes an den Juden im Generalgouvernement, in: ders. (Hrsg.), „Aktion Reinhardt". Der Völkermord an den Juden im Generalgouvernement 1941–1944, Osnabrück 2004, S. 49–86.
– Deutsche Zivilverwaltung und Judenverfolgung im Generalgouvernement. Eine Fallstudie zum Distrikt Lublin 1939–1944, Wiesbaden 1999.
– „Konterrevolutionäre Elemente sind zu erschießen." Die Brutalisierung des deutsch-sowjetischen Krieges im Sommer 1941, München 2000.

Namysło, Aleksandra, Represje na polskich obywatelach za udzielanie pomocy ludności żydowskiej w świetle akt procesowych niemieckich sądów specjalnych [Die Repression polnischer Staatsbürger für Hilfeleistungen für die jüdische Bevölkerung im Licht der Prozessakten deutscher Sondergerichte], in: Adam Sitarek/Michał Trębacz/Ewa Wiatr (Hrsg.), Zagłada Żydów na polskiej prowincji [Der Judenmord in der polnischen Provinz], Łódź 2012, S. 367–383.
– (Hrsg.), Zagłada Żydów na polskich terenach wcielonych do Rzeszy [Der Judenmord in den ins Deutsche Reich eingegliederten Gebieten], Warszawa 2008.

Paul, Gerhard (Hrsg.), Die Täter der Shoah: Fanatische Nationalsozialisten oder ganz normale Deutsche?, Göttingen 2002.

Paulsson, Gunnar S., Secret City: The Hidden Jews of Warsaw, 1940–1945, New Haven 2002.

Peters, Jan-Henrik, Zwischen Lohnarbeit und Deportation. Juden bei der Ostbahn im Generalgouvernement 1939–1943, in: Zeitschrift für Geschichtswissenschaft 58 (2010), S. 816–837.

Piątkowski, Sebastian, Dni życia, dni śmierci. Ludność żydowska w Radomiu w latach 1918–1950 [Tage des Lebens, Tage des Todes. Die jüdische Bevölkerung in Radom in den Jahren 1918–1950], Warszawa 2006.

- Okupacja i propaganda. Dystrykt radomski Generalnego Gubernatorstwa w publicystyce polskojęzycznej prasy niemieckiej (1939–1945) [Der Distrikt Radom des Generalgouvernements in der polnischsprachigen Publizistik der deutschen Presse], Lublin/Radom 2013.

Piper, Franciszek, Liczba ofiar KL Auschwitz [Die Zahl der Opfer von Auschwitz], in: Franciszek Piper/Teresa Świebocka (Hrsg.), Auschwitz. Nazistowski obóz śmierci, Oświęcim 1998.

- Die Zahl der Opfer von Auschwitz. Aufgrund der Quellen und der Erträge der Forschung 1945 bis 1990, Oświęcim 1993.
- /Świebocka, Teresa (Hrsg.), Auschwitz. Nazistowski obóz śmierci [Auschwitz. Das nationalsozialistische Todeslager], Oświęcim 1998
- /Świebocka, Teresa (Hrsg.), Auschwitz. Nationalsozialistisches Vernichtungslagers. Red. der dt. Ausgabe Sybille Goldmann/Halina Jastzębska. Aus dem Polnischen von Jochen August/Jürgen Pagel, Oświęcim 1997.

Pohl, Dieter, Die Trawniki-Männer im Vernichtungslager Belzec 1941–1943, in: Alfred Gottwaldt/Norbert Kampe/Peter Klein (Hrsg.), NS-Gewaltherrschaft: Beiträge zur historischen Forschung und juristischen Aufarbeitung, Berlin 2005, S. 278–289.

- Die Stellung des Distrikts Lublin in der „Endlösung der Judenfrage", in: Bogdan Musial (Hrsg.), „Aktion Reinhardt". Der Völkermord an den Juden im Generalgouvernement 1941–1944, Osnabrück 2004, S. 87–110.
- Nationalsozialistische Judenverfolgung in Ostgalizien 1941–1944. Organisation und Durchführung eines staatlichen Massenverbrechens, München 1996.

Poliakov, Léon/Wulf, Josef, Das Dritte Reich und die Juden. Dokumente und Aufsätze, Berlin 1955.

- Geschichte des Antisemitismus, 8 Bde., deutsche Übersetzung Rudolf Pfiste rer, Frankfurt a. M. 1989 (Erstausgabe Worms 1977–1988).

Polit, Monika, „Moja żydowska dusza nie obawia się dnia sądu". Mordechaj Chaim Rumkowski. Prawda i zmyślenie, Warszawa 2012.

- „Meine jüdische Seele fürchtet den Tag des Gerichts nicht". Mordechaj Chaim Rumkowski – Wahrheit und Legende. Aus dem Polnischen von Heidemarie Petersen, Jürgen Hensel und Małgorzata Sparenberg, Osnabrück 2017.

Prekerowa, Teresa, Konspiracyjna Rada Pomocy Żydom – Warszawa 1942–1945 [Der Rat für Judenhilfe im Warschauer Untergrund 1942–1945], Warszawa 1982.

Puławski, Adam, Nie ujawniać czynnikom nieoficjalnym. Depesze AK o Zagładzie [Nicht an inoffizielle Stellen weitergeben. Meldungen der Heimatarmee über den Judenmord], in: Więź (2007) 7, S. 69–80.

Rączy, Elżbieta, Pomoc Polaków dla ludności żydowskiej na Rzeszowszczyźnie 1939–1945 [Polnische Hilfe für die jüdische Bevölkerung in der Region Rzeszow 1939–1945], Rzeszów 2008.

– Zagłada Żydów w dystrykcie krakowskim [Der Judenmord im Distrikt Krakau], Rzeszów 2014.

Radzik, Tadeusz, Lubelska dzielnica zamknięta [Das geschlossene Stadtviertel in Lublin], Lublin 1999.

Rappak, Wojtek, „Raport Karskiego" – kontrowersje i interpretacje [Der Karski-Report – Kontroversen und Interpretationen], in: Zagłada Żydów. Studia i Materiały 10 (2014) 1, S. 96–130.

Rieger, Berndt, Creator of Nazi Death Camps. The Life of Odilo Globocnik, London 2007.

Ringelblum, Emanuel, Notes from the Warsaw Ghetto, New York 1958.

– Ghetto Warschau. Tagebücher aus dem Chaos. Vorw. v. Arieh Tartakower, Stuttgart 1967.

Rossino, Alexander B., Hitler Strikes Poland: Blitzkrieg, Ideology, and Atrocity, Lawrence/KS 2003.

Roth, Markus, Herrenmenschen. Die deutschen Kreishauptleute im besetzen Polen. Karrierewege, Herrschaftspraxis und Nachgeschichte, Göttingen 2009.

– Starostowie powiatowi i zagłada Żydów w dystrykcie krakowskim Generalnego Gubernatorstwa [Die Kreishauptmänner und die Ermordung der Juden im Distrikt Krakau des Generalgouvernements], in: Adam Sitarek/ Michał Trębacz/Ewa Wiatr (Hrsg.), Zagłada Żydów na polskiej prowincji [Der Judenmord in der polnischen Provinz], Łódź 2012, S. 279–294.

Rudnicki, Szymon, Mogą żyć, byle nie u nas … Propaganda NSZ wobec Żydów [Sie können leben, aber nicht bei uns … Die Propaganda der NSZ gegen Juden], in: Więź (2006) 4, S. 95–111.

Rückerl, Adalbert (Hrsg.), Nationalsozialistische Vernichtungslager im Spiegel deutscher Strafprozesse. Belzec, Sobibor, Treblinka, Chelmno. Mit einem Vorwort von Martin Broszat, München 1977.

Rusiniak, Martyna, Obóz zagłady Treblinka II w pamięci społecznej [Das Vernichtungslager Treblinka II in der gesellschaftlichen Erinnerung], Warszawa 2008.

Sachslehner, Johannes, Zwei Millionen ham'ma erledigt. Odilo Globocnik – Hitlers Manager des Todes, Wien 2014.

Szarota, Tomasz, Karuzela na placu Krasińskich. Czy „śmiały się tłumy wesołe"? Spór o postawę warszawiaków wobec powstania w getcie [Das Karussel auf dem Krasiński-Platz. „Die fröhlichen Menschenmengen lachten"? Der Streit um die Haltung der Warschauer zum Ghettoaufstand], in: ders., Karuzela na placu Krasińskich. Szkice z lat wojny i okupacji [Das Karussel auf dem Krasiński-Platz. Skizzen aus den Kriegs- und Besatzungsjahren], Warszawa 2007, S. 149–169.

Schelvis, Jules, Vernichtungslager Sobibór, 2. Aufl., Hamburg 2003.

Schenk, Dieter, Hans Frank: Hitlers Kronjurist und Generalgouverneur, Frankfurt a. M. 2006.

Schnepf-Kołacz, Zuzanna, Pomoc Polaków dla Żydów na wsi w czasie okupacji niemieckiej. Próba opisu na przykładzie Sprawiedliwych wśród Narodów Świata [Polnische Hilfe für Juden auf dem Land während der deutschen Besatzung. Versuch einer Beschreibung am Beispiel der Gerechten unter den Völkern], in: Barbara Engelking/Jan Grabowski (Hrsg.), Zarys krajobrazu. Wieś polska wobec zagłady Żydów 1942–1945 [Eine Skizze der Landschaft. Reaktionen der polnischen Landbevölkerung auf den Judenmord], Warszawa 2011, S. 195–258.

Schwindt, Barbara, Das Konzentrations- und Vernichtungslager Majdanek. Funktionswandel im Kontext der „Endlosung", Würzburg 2005.

Seidel, Robert, Deutsche Besatzungspolitik in Polen. Der Distrikt Radom 1939–1945, Paderborn/München/Wien/Zürich 2006.

Silberklang, David, Gates of Tears. The Holocaust in the Lublin District, Jerusalem 2013.

– Die Juden und die ersten Deportationen aus dem Distrikt Lublin, in: Bogdan Musial (Hrsg.), „Aktion Reinhardt". Der Völkermord an den Juden im Generalgouvernement 1941–1944, Osnabrück 2004, S. 141–164.

Sitarek, Adam, „Otoczone drutem państwo". Struktura i funkcjonowanie administracji żydowskiej getta łódzkiego [„Ein mit Stacheldraht umzäunter Staat". Aufbau und Wirken der jüdischen Verwaltung im Ghetto von Łódź], Łódź 2015.

Sitarek, Adam/Trębacz, Michał/Wiatr, Ewa (Hrsg.), Zagłada Żydów na polskiej prowincji [Der Judenmord in der polnischen Provinz], Łódź 2012.

Skibińska, Alina/Petelewicz, Jakub, The Participation of Poles in Crimes Against Jews in the Swietokrzyskie Region, in: Yad Vashem Studies 35 (2007) 1, S. 5–48.

Stoll, Katrin, Deportacja Żydów z Okręgu Białystok do obozu zagłady w Treblince [Deportation der Juden aus dem Bezirk Bialystok in das Vernichtungslager Treblinka], in: Edward Kopówka (Hrsg.), Co wiemy o Treblince? Stan badań [Was wissen wir über Treblinka? Der Forschungsstand], Siedlce 2013, S. 119–141.

– Die Herstellung der Wahrheit. Strafverfahren gegen ehemalige Angehörige der Sicherheitspolizei für den Bezirk Białystok, Berlin/Boston 2012.

– Rozkład jazdy tylko w jedną stronę. Przesłuchania byłych urzędników Reichsbahnu na temat deportacji Żydów z Prużan do Auschwitz w 1943 r. [Fahrplan nur in eine Richtung. Verhöre ehemaliger Mitarbeiter der Reichsbahn über die Deportation der Juden aus Prużana nach Auschwitz im Jahr 1943], in: Zagłada Żydów. Studia i Materiały 12 (2016), S. 281–297.

Szarota, Tomasz, On the Threshold of the Holocaust. Anti-Jewish Riots and Pogroms in Occupied Europe. Warsaw – Paris – The Hague – Amsterdam – Antwerp – Kaunas, Frankfurt a.M. 2015.

Szpytma, Mateusz, The Risk of Survival. The Rescue of the Jews by the Poles and the Tragic Consequences for the Ulma Family from Markowa, Warszawa 2009.

– The Righteous and Their World. Markowa through the Lens of Józef Ulma, Institute of National Remembrance o. J.

– Sprawiedliwi i ich świat. Markowa w fotografii Józefa Ulmy [Die Gerechten und ihre Welt. Markowa in den Fotografien Józef Ulmas], 2. korr. und erg. Aufl., Kraków 2015.

Tazbir, Janusz, Protokoły Mędrców Syjonu. Autentyk czy falsyfikat? [Die Protokolle der Weisen von Zion. Wahrheit oder Fälschung?], Warszawa 2003.

Tomaszewski, Jerzy, Auftakt zur Vernichtung. Die Vertreibung polnischer Juden aus Deutschland im Jahre 1938, Osnabrück 2002.

Tonini, Carla, Il tempo dell'odio e il tempo della cura. Storia di Zofia Kossak, la polacca antisemita che salvò migliaia di ebrei, Torino 2005.

Tregenza, Michael, Christian Wirth: Inspekteur des SS-Sonderkommandos „Aktion Reinhard", in: Zeszyty Majdanka 15 (1993), S. 7–58.

Tyas, Stephen, Der britische Nachrichtendienst: Entschlüsselte Funkmeldungen aus dem Generalgouvernement, in: Bogdan Musial (Hrsg.), „Aktion Reinhardt". Der Völkermord an den Juden im Generalgouvernement 1941–1944, Osnabrück 2004, S. 431–448.

Urynowicz, Marcin, Adam Czerniaków 1880–1942. Prezes Getta Warszawskiego, Warszawa 2009.

Wenzel, Mario, Arbeitszwang und Judenmord. Die Arbeitslager für Juden im Distrikt Krakau des Generalgouvernements 1939–1944, Berlin 2017.

Wette, Wolfram, Karl Jäger. Mörder der litauischen Juden, Frankfurt a. M. 2011.

Winstone, Martin, The Dark Heart of Hitler's Europe. Nazi Rule in Poland under the General Government, London 2015.

Witte, Peter/Tyas, Stephen, A New Document on the Deportation and Murder of Jews during „Einsatz Reinhardt" 1942, in: Holocaust and Genocide Studies 15 (2001) 3, S. 468–486.

Wojtczak, Stanisław, Karny obóz pracy Treblinka I i ośrodek zagłady Treblinka II [Das Strafarbeitslager Treblinka I und das Vernichtungslager Treblinka II], in: Biuletyn Głównej Komisji Badania Zbrodni Hitlerowskich w Polsce 26 (1975), S. 117–185.

Wroński, Stanisław/ Zwolakowa, Maria (Hrsg.), Polacy – Żydzi 1939–1945 [Polen – Juden 1939–1945], Warszawa 1971.

Wróblewski, Mścisław, Służba budowlana (Baudienst) w Generalnym Gubernatorstwie 1940–1945 [Der Baudienst im Generalgouvernement 1940–1945], Warszawa 1984.

Yones, Eliyahu, Die Juden in Lemberg während des Zweiten Weltkriegs und im Holocaust 1939–1944. Übersetzt von Heike Zaun-Goshen. Hrsg. v. Susanne Heim und Grzegorz Rossoliński-Liebe, Stuttgart 2018.

Zimmerer, Katarzyna, Zamordowany świat. Losy Żydów w Krakowie 1939–1945 [Eine vernichtete Welt. Das Schicksal der Juden in Krakau], Kraków 2004.

Żbikowski, Andrzej, U genezy Jedwabnego. Żydzi na kresach północno-wschodnich II Rzeczypospolitej, wrzesień 1939–lipiec 1941 [Zur Genese Jedwabnes. Juden in den nordöstlichen Grenzgebieten der Zweiten Republik, September 1939 – Juli 1941], Warszawa 2006.

– (Hrsg.), Polacy i Żydzi pod okupacją niemiecką 1939–1945 [Polen und Juden unter deutscher Besatzung 1939–1945], Warszawa 2006.

Personenregister

Ortsregister

Orte, in denen Ghettos eingerichtet waren, sind nicht eigens als solche aufgeführt.